알기쉽게 풀어놓은
불교고전
佛教古典

알기쉽게 풀어놓은
불교고전

범철(梵喆) 스님 엮음
각성(覺性) 큰스님 감수

한영출판사

책을 펴내며

 불교를 한 마디로 정의한다면 '인생의 본질은 괴로움(苦)이며, 따라서 괴로움에서 벗어나는 방법에 대한 가르침'이라고 할 수 있다. 부처님께서 스스로 '늙음(老)과 병듦(病)과 죽음(死)의 괴로움 때문에 출가하였다.'고 고백한 바와 같이 인생이 필연적으로 늙음과 병듦과 죽음으로 치닫는 불안정한 것이며, 여기에는 빈부귀천의 예외가 없다. 누구나 직면하는 이러한 한계상황에서 사람들은 안정과 구원을 갈구한다. 모든 종교적 물음은 여기에서 시작된다.

 부처님이 깨달음을 얻어 가르침을 펴기 이전부터 괴로움으로부터의 구원을 설하는 여러 종교들이 있었다. 그러나 부처님은 신(神)과 같은 절대적 존재가 만물을 창조하고, 따라서 그의 의지에 의해 인간이 구원될 것이라는 종교관을 배격했다. 또한 원자적 요소들의 필연적 운동에 의거해 세계가 전개되므로 인간의 구원도 물질운동의 필연성에 귀속될 것이라는 유물론의 가설도 부정했다.
 부처님은 욕망에 기반한 헛된 환상인 무명(無明)으로부터 잘못된 자아에 대한 견해가 확대되고, 그로 인해서 노병사(老病死)의 괴로움이 끝없이 일어난다는 사실을 발견했다. 또한 부처님은 '일체 존재는 서로 의존하여 성립[緣起]된 바,

실로 '나라고 할 것이 없음[無我]'을 여실히 인식한 곳에서 일체 괴로움으로부터 해방될 수 있다는 진리를 발견했다. 부처님의 가르침에 의거하면 괴로움은 무명의 어리석음에서 비롯되며, 그것은 지혜로써 혁파된다. 즉 불교는 지혜를 개발하여 어리석음을 깨쳐버리는 종교이다. 그래서 불교를 '지혜의 종교'라고 한다.

이 책은 부처님 경전과 우리나라 조사들의 어록들을 엄선하고 간추린 내용들로 구성하였다. 6장으로 분류하여 초기불교와 대승불교의 핵심을 이루는 경전들은 물론 우리나라 선승들의 주요한 어록들을 망라하였다. 또 스스로 경전과 어록들을 체계적으로 익히는데 도움을 주기 위해서 중요 대소승 경전과 조사어록에 대한 간명한 해설을 부록으로 실었다.
그리고 경전과 어록이 설해진 역사적 배경에 대한 이해를 돕기 위해 등장하는 인물들의 내력을 본문의 하단에 설명해 두었고, 불교의 주요 교리와 용어들을 해설하였다.

본문에 실린 여러 경전과 조사들의 말씀은 전문을 모두 실지 않고 중요한 부분을 간추려서 엮었다. 이 한 권의 불서가 여러 대중들에게 전하여져서 불교에 대한 체계적인 이해는 물론, 지혜개발과 삶의 지침서가 되기를 바란다.

불기 2560년(2016년) 6월
엮은이 순원(淳圓) 범철(梵喆)

卷頭辭 (추천사)

　부처님께서 말씀하시기를 "사람 몸을 얻기가 어렵고 부처님 법을 만나기도 어렵다"고 하셨다.
　이 지구상에 한량없는 무수한 생명들이 있으나 사람의 수는 수십억에 불과하고 그중에서도 사람다운 사람, 만물의 영장(靈長)다운 영장은 과연 몇백, 몇천이나 되겠는가?
　그리고 자기의 마음을 깨닫고 참 도(道)를 밝혀서 생사해탈(生死解脫)을 제대로 하여 일대사(一大事)를 끝낸 이가 수십억인(億人) 중에 과연 몇이나 있겠는가?
　그러므로 부처님께서 '인신난득(人身難得)이며 불법난봉(佛法難逢)'이라고 말씀하셨으며, 또한 최하의 인천교(人天敎)로부터 중간의 소승교(小乘敎), 대승교(大乘敎)와 최상의 일승원교(一乘圓敎)를 두루두루 다 말씀하시어 인간의 온갖 괴로움과 생사(生死)를 완전히 벗어나는 부처님 법을 펴신 것이다.
　그러므로 화엄경에서 "장대교망(張大敎網)하여 녹인천어(漉人天魚)"라고 하셨다. 그 말씀을 풀이하면 즉 광대한 교망(敎網, 佛法)의 그물인 인천교, 소승교, 대승교, 일승교 등을 펼쳐서 육도(六途) 윤회와 생사고해(生死苦海)속에서 온갖 고통을 받는 인천(人天)들을 제도하여 생가가 없는 열반 대각(大覺)의 피안(彼岸), 즉 안락한 세계에다 둔다는 의미이다.
　그러나 그러한 도리를 아는 자도 극소수이다. 그를 깊이 생각해보면 그냥 덤덤하게 보아 넘길 일이 아니다. 불법(佛

法)이 이 땅에 전해진 지도 벌써 말법(末法)에 접어들어 삼천년의 문턱에 가까이 닿고 있다.

 절을 운영하거나 신도들을 교화하기도 쉬운 일이 아니며, 이 세상을 슬기롭게 살아간다는 것도 용이하지 않다. 그런데 이번에 이 책을 출판한 부산광역시 기장군 장안읍에 있는 금산사(金山寺) 주지 순원(淳圓) 범철(梵喆)스님께서는 어려운 사찰운영과 신도교화와 및 세상을 슬기롭게 살아가는 모든 일들을 제대로 모두 다 해내고서, 또한 여가를 내어 만나기가 어려운 부처님 법을 공부함과 동시에 경율논(經律論) 삼장(三藏)과 가장 긴요한 불조(佛祖)의 유훈(遺訓)들을 엮어서 펴놓았다. 그 내용을 자세히 살펴본 즉 불문의 초입 문자와 더 나아가서는 중급, 상급의 수행자에게도 모두 필요한 모든 법문을 골고루 남김 없이 수록하였다. 원시경전부터 인천교, 소승교, 대승교, 일승교, 또한 조사(祖師)들의 법문까지 하나도 부족함 없이 잘 엮었으니 이는 모든 이에게 보고 익히고 수행하고 지니기를 권장할만하다.

 끝으로 더 붙여서 말한다면 금생(今生)에 생사 해탈을 하거나, 어렵고 쉽지 않은 모든 것을 해결하려면 염불수행(念佛修行)이 가장 절실하다는 것을 간곡히 부탁드리고 권하면서 또한 추천사를 대신하면서 끝을 맺겠습니다.

불기 2560년(2016년) 6월
동국역경원 역경사 증의위원
화엄학연구원장 원조각성(圓照覺性) 삼가 씀.

차례

1장 부처님 생애 이야기

1 도솔천에서 내려오시다 [兜率來儀相] ········· 23
수메다 선인 이야기 ‖ 연등불이 수기하시다 ‖
보살이 몸 바쳐 수행하다 ‖ 호랑이에게 몸을 보시하다 ‖
보살이 도솔천에서 때를 기다리다

2 세상에 태어나시다 [毘藍降生相] ········· 35
천상천하 유아독존(天上天下唯我獨尊) ‖ 아시타 선인의 예언

3 세상의 괴로움을 살피시다 [四門遊觀相] ········· 40
염부수 아래서의 명상 ‖ 야쇼다라와의 결혼 ‖ 사문유관

4 성을 넘어 출가하시다 [踰城出家相] ········· 48
불사(不死)의 길과 번민 ‖ 성을 넘어 출가하다

5 깨달음을 향해 고행하시다 [雪山修道相] ········· 54
구도의 시작 ‖ 당대 최고 수행자들과 만남 ‖ 참담한 고행

6 마왕을 항복시키다 [樹下降魔相] ········· 63
고행을 버리다 ‖ 최후의 선정과 연기법 ‖ 법열의 시간

7 녹야원에서 법을 전하시다 [鹿苑轉法相] ········· 70
최초의 설법과 교단의 성립 ‖ 전도 선언

8 육신을 버리고 열반에 드시다 [雙林涅槃相] ········· 76
자등명 법등명 ‖ 대반열반

2장 초기경전의 가르침

1 가장 오래된 부처님 육성 [숫타니파타經集·법구경]
무소의 뿔처럼 혼자서 가라 ·················· 83
누가 천한 사람인가 ························· 85
감로의 과보를 가져오는 농사 ················ 87
마음의 안락을 얻는 길 ······················ 88
게으름은 죽음이다 ·························· 89
연꽃이 진흙 속에 피듯이 ···················· 91
자기 자신의 주인이 되라 ···················· 92

2 지혜와 자비의 가르침 Ⅰ [장아함경·중아함경]
적(賊)을 막는 길 ··························· 93
고행과 올바른 수행 ························· 96
불교 근본 가르침, 사성제 ··················· 99
사성제(四聖諦)와 팔정도(八正道) ············ 101
신(神)을 숭배하는 외도에 대한 교화 ········· 105
열반으로 이끄는 사념처(四念處) ············ 108
탐욕의 재앙 ······························· 111
업(業, karma)과 과보(果報) ················ 114
뗏목의 비유 ······························· 116

3 지혜와 자비의 가르침 Ⅱ [잡아함경·증일아함경]
법을 보는 자가 부처를 본다 ················ 118
너무 조이거나 너무 늦추지 말라 ············ 120

맹구우목(盲龜遇木)의 비유 ……………………………… 121
제사의 두 가지 과보 ……………………………………… 123
어느 늙은 부부의 업보 …………………………………… 126
장애를 극복하고 아라한이 된 스님 …………………… 127
물에 빠진 일곱 종류의 사람 …………………………… 130

4 삶의 지혜 [육방예경 · 옥야녀경 · 사십이장경]
번뇌의 업과 재산을 없애는 일 ………………………… 132
바른 대인관계 ……………………………………………… 134
일곱 종류의 아내 ………………………………………… 137
열 가지 선악 ……………………………………………… 141
티끌을 벗어난 대장부 …………………………………… 142
허공에 침 뱉기 …………………………………………… 143
한 사람이 만 명과 싸우는 것 ………………………… 144
목숨은 호흡사이에 ………………………………………… 144

5 부처님의 마지막 유훈 [유교경]
계율은 스승이다 …………………………………………… 145
마음의 주인이 되라 ……………………………………… 146
빛깔과 향기를 다치지 않게 …………………………… 148
독사가 방안에서 자고 있는데 ………………………… 148
부끄러움을 아는 사람 …………………………………… 149
참는 덕 …………………………………………………… 149
순박하고 정직하라 ………………………………………… 150
욕심을 없애면 두려움도 없다 ………………………… 150

무리를 좋아하면 괴로움을 받는다 ·················· 151
알아차림[念]과 선정[定] ······························· 152
지혜는 번뇌의 나무를 찍는 도끼 ·················· 153
방일하지 말라 ·· 154

6 무아와 윤회에 관한 법문 [밀린다왕문경]

이름과 자아에 관한 문답 ···························· 155
나이에 관한 문답 ······································· 160
업(業)에서 벗어날 수 있는가 ······················· 160
윤회의 주체에 관한 문답 ···························· 162
무아설은 윤회와 모순되지 않는가 ················ 165
윤회에서의 벗어남 ····································· 167
영혼은 인정되지 않는다 ····························· 169
업(業)의 증명 ··· 170
윤회란 무엇인가 ·· 172
모르고 짓는 악행 ······································· 173
인간의 평등과 불평등 ································ 174
수행의 목적 ··· 175
수행을 해야 할 시기 ·································· 177
지혜(智慧)의 특징 ······································· 179
염불(念佛)에 의한 구원 ······························· 180

3장 인연·설화 경전

1 부처님 전생담 [자타카·대반열반경·비내야파승사]
　　죽은 소에게 풀을 먹이다 ································ 183
　　니그로다 사슴 ··· 184
　　애욕에 빠진 야생사슴 ··································· 187
　　대체 별이 뭐란 말인가 ································· 188
　　지혜로운 적이 어리석은 가족 보다 낫다 ········· 190
　　황금백조 이야기 ·· 191
　　둥근 달 속에 토끼가 보이는 이유 ··················· 193
　　거만한 하인으로부터 재산을 지키다 ··············· 196
　　기도가 성취되는 조건 ··································· 199
　　시 한 편과 바꾼 목숨 ··································· 201
　　배은망덕(背恩忘德) ······································ 204

2 인연과 과보 [현우경·법구비유경·잡비유경]
　　부처님 전생의 지극한 효행 ···························· 208
　　가난한 여인의 등불 ······································ 214
　　인간에게 가장 소중한 보물 ···························· 217
　　미묘(微妙) 비구니의 기구한 인연 ··················· 220
　　향 싼 천에 향냄새가 난다 ····························· 226
　　암소 한 마리가 세 사람을 죽인 인연 ·············· 227
　　죽은 아들을 살리려거든 ································ 229
　　할머니의 정성스런 공양 ································ 231

3 비유의 교훈 [백유경]
　화 잘 내는 사람 ··· 235
　삼층 누각 ·· 236
　물에 금을 긋는 사람 ·· 238
　외아들을 죽이려는 여자 ····································· 239
　실룩거리는 왕의 눈 ·· 239
　발로 장자의 입을 찬 하인 ································· 240
　떡 하나 때문에 도둑맞은 부부 ·························· 241
　가난한 아이의 욕심 ·· 242
　옹기장이 대신 나귀를 사오다 ··························· 243

4장 대승경전의 가르침

1 반야의 향기 [금강경 · 반야심경]
　대승불교의 바른 뜻 ·· 247
　머무름 없이 실천하라 ·· 248
　얻을 것도 말씀하신 것도 없다 ·························· 249
　정토를 장엄하다 ··· 249
　무위의 복이 더 크다 ·· 250
　마침내 나는 없다 ··· 251
　응화신은 참된 것이 아니다 ······························· 253
　지혜의 완성 ·· 253

2 연꽃과 같은 방편과 구원 [법화경]
　관세음보살을 일컫는 공덕 ································· 255

불난 집의 비유 ·· 257
　　삼승(三乘)은 일불승(一佛乘)의 방편 ············· 260
　　여래가 세상에 출현한 까닭 ······························ 261
　　여래의 한량없는 수명 ·· 263
　　〈법화경(法華經)〉 독경의 공덕 ······················ 265

3　극락정토의 서원 [무량수경·관무량수경·아미타경]
　　고해 중생들의 번뇌와 고통 ······························ 267
　　법장비구의 대서원 ·· 271
　　아미타불과 극락정토 ·· 273
　　극락정토에 태어나는 길 ···································· 275
　　염불수행 ·· 276

4　보살의 길 [원각경·열반경·화엄경]
　　한 마음 청정하면 온 세계가 청정하다 ········· 278
　　생사의 본질 ·· 282
　　보살의 참뜻 ·· 284
　　보리에 회향하는 공덕 ·· 285
　　마음의 정체 ·· 287
　　중생들의 성품에 맞는 수행법 ·························· 291
　　일체 중생을 향한 회향 ······································ 292

5　유마힐의 설법 [유마경]
　　좌선 ·· 295
　　설법 ·· 296
　　중생 그대로가 진여 ·· 297

중생이 아프니 보살도 아프다 ⋯⋯⋯⋯⋯⋯⋯⋯⋯⋯⋯⋯ 299
불이법문(不二法門) ⋯⋯⋯⋯⋯⋯⋯⋯⋯⋯⋯⋯⋯⋯⋯⋯ 302

6 승만부인의 서원 [승만경]
승만부인이 수기를 받다 ⋯⋯⋯⋯⋯⋯⋯⋯⋯⋯⋯⋯⋯ 305
열 가지 서원과 세 가지 큰 원 ⋯⋯⋯⋯⋯⋯⋯⋯⋯⋯ 306
바른 법을 거두어 들이는 이치 ⋯⋯⋯⋯⋯⋯⋯⋯⋯⋯ 309

7 불자의 자세 [불설아난문사불길흉경]
길함과 흉함의 이유 ⋯⋯⋯⋯⋯⋯⋯⋯⋯⋯⋯⋯⋯⋯⋯ 313
교살의 죄 ⋯⋯⋯⋯⋯⋯⋯⋯⋯⋯⋯⋯⋯⋯⋯⋯⋯⋯⋯⋯ 315
해야 할 일과 해서는 안 될 일 ⋯⋯⋯⋯⋯⋯⋯⋯⋯⋯ 316

5장 불교도의 윤리

1 신도의 기본계율 [우바새오계상경·재경]
삼귀의(三歸依)와 신도 오계(五戒) ⋯⋯⋯⋯⋯⋯⋯⋯ 321
팔관재계(八關齋戒) ⋯⋯⋯⋯⋯⋯⋯⋯⋯⋯⋯⋯⋯⋯⋯ 322

2 네 가지 근본계율 [수능엄경]
음행하지 말라 ⋯⋯⋯⋯⋯⋯⋯⋯⋯⋯⋯⋯⋯⋯⋯⋯⋯ 325
살생하지 말라 ⋯⋯⋯⋯⋯⋯⋯⋯⋯⋯⋯⋯⋯⋯⋯⋯⋯ 327
훔치지 말라 ⋯⋯⋯⋯⋯⋯⋯⋯⋯⋯⋯⋯⋯⋯⋯⋯⋯⋯ 329
거짓말 하지 말라 ⋯⋯⋯⋯⋯⋯⋯⋯⋯⋯⋯⋯⋯⋯⋯⋯ 330

3 대승 보살의 계율 [범망경 보살계본]
　보름마다 계법을 외우라 ································ 333
　열 가지 중한 계(十重大戒) ···························· 334
　마흔 여덟 가지 계(四十八輕戒) ····················· 338

6장 선사의 법어집

1 원효대사의 법어
　발심수행장(發心修行章) ································ 353
　대승육정참회문(大乘六情懺悔) ····················· 357

2 의상조사의 법어
　법성게(法性偈) ··· 363
　백화도량발원문(白花道場發願文) ················· 365

3 보조국사의 법어
　수심결(修心訣) ··· 367

4 서산대사의 법어
　선가귀감(禪家龜鑑) ······································· 379

부록 / 불교경전의 세계

1 불교 경전의 성립

1) 불경(佛經)의 의미 ··· 407
2) 경전의 결집(結集) ·· 408
   제1차 결집 · 408 / 제2차 결집 · 409 / 제3차 결집 · 410
   제4차 결집 · 410 / 경전의 문자기록과 대승경전의 성립 · 411

3) 대장경(大藏經)의 종류 ··· 412
   팔리어 대장경 · 413 / 산스크리트어 대장경 · 414 /
   티벳대장경 · 415 / 한역대장경 · 415 / 고려대장경 · 416

2 초기 불교경전

1) 다섯 니카야(Nikaya) ·· 417
   상응부경전(相應部經典, 상윳다니카야) · 417
   중부경전(中部經典, 맛지마니카야) · 417
   장부경전(長部經典, 디가니카야) · 417
   증지부경전(增支部經典, 앙구타라니카야) · 418
   소부경전(小部經典, 쿳다카니카야) · 418

2) 네 가지 아함경(四阿含經) ···································· 418
   잡아함경(雜阿含經) · 419 / 중아함경(中阿含經) · 419
   장아함경(長阿含經) · 420 / 증일아함경(增壹阿含經) · 420

3) 꼭 알아두어야 할 초기경전 ································ 420
   본생경(本生經) · 420 / 육도집경(六度集經) · 421 /
   법구경(法句經) · 421 / 우다나(Udāna, 優陀那) · 422 /
   숫타니파타(經集) · 423 / 법구비유경(法句譬喩經) · 423 /

육방예경(六方禮經)·424 / 범망경(梵網經)·424 /
유행경(遊行經)·425 / 대념처경(大念處經)·426 /
전유경(箭喩經)·426 / 옥야경(玉耶經)·427 /
사십이장경(四十二章經)·427 / 밀린다왕문경(Milindapanha)·428 /
현우경(賢愚經)·429 / 열반경(涅槃經)·430 /
불유교경(佛遺敎經)·430 / 잡보장경(雜寶藏經)·431 /
찬집백연경(撰集百緣經)·431 / 안반수의경(安般守意經)·431

3 대승불교 경전

1) 반야경전(般若經典) ··· 432
반야경(般若經)·432 / 대반야경(大般若經)·433 /
금강경(金剛經)·434 / 반야심경(般若心經)·435 /
인왕경(仁王經)·435

2) 법화(法華) 화엄경전(華嚴經典) ························· 436
법화경(法華經)·436 / 화엄경(華嚴經)·437 /
60화엄경(六十華嚴經)·438 / 80화엄경(八十華嚴經)·439

3) 정토삼부경(淨土三部經) ··································· 440
무량수경(無量壽經)·440 / 관무량수경(觀無量壽經)·440 /
아미타경(阿彌陀經)·441

4) 여래장사상(如來藏思想) 경전(經典) ····················· 441
능엄경(楞嚴經)·441 / 여래장경(如來藏經)·442 /
대승열반경(大乘涅槃經)·442 /

5) 유식경전(唯識經典) ·· 443
능가경(楞伽經)·443 / 해심밀경(解深密經)·444

6) 재가주의(在家主義) 경전(經典) ·· 445
　유마경(維摩經)·445 / 승만경(勝鬘經)·445

7) 밀교경전(密敎經典) ·· 446
　대일경(大日經)·446 / 금강정경(金剛頂經)·446 /
　천수경(千手經)·447

8) 대승(大乘) 계율경전(戒律經典) ······································ 448
　범망경(梵網經)·448 / 보살영락본업경(菩薩瓔珞本業經)·449
　보살지지경(菩薩地持經)·450

9) 지장경전(地藏經典) ·· 450
　지장경(地藏經)·450 / 지장십륜경(地藏十輪經)·451 /
　지장점찰선악업보경(地藏占察善惡業報經)·451

10) 미륵경전(彌勒經典) ·· 452
　미륵하생경(彌勒下生經)·452 / 미륵상생경(彌勒上生經)·453
　미륵성불경(彌勒成佛經)·454

11) 그 외 대승경전 ··· 454
　금광명경(金光明經)·454 / 대보적경(大寶積經)·455 /
　보현행원품(普賢行願品)·455 / 부모은중경(父母恩重經)·456
　백유경(百喩經)·458 / 우란분경(盂蘭盆經)·458 /
　목련경(目連經)·459 / 약사여래본원경(藥師如來本願經)·459
　원각경(圓覺經)·460

4. 선사의 법어집

1) 우리 나라의 조사어록 ·· 462
　발심수행장(發心修行章)·462 / 대승육정참회문(大乘六情懺悔)·462

법성게(法性偈)・463 / 백화도량발원문(白花道場發願文)・463 /
수심결(修心訣)・464 / 진심직설(眞心直說)・465 /
선가귀감(禪家龜鑑)・465

2) 중국의 조사어록 ··· 466
신심명(信心銘)・466 / 육조단경(六祖壇經)・467 /
마조록(馬祖錄)・469 / 백장광록(百丈廣錄)・470 /
전심법요(傳心法要)・471 / 임제록(臨濟錄)・471 /
돈오입도요문론(頓悟入道要門論)・472 / 전등록(傳燈錄)・473 /
벽암록(碧巖錄)・473 / 무문관(無門關)・474 /
증도가(證道歌)・474

| 제1장 |

부처님 생애 이야기

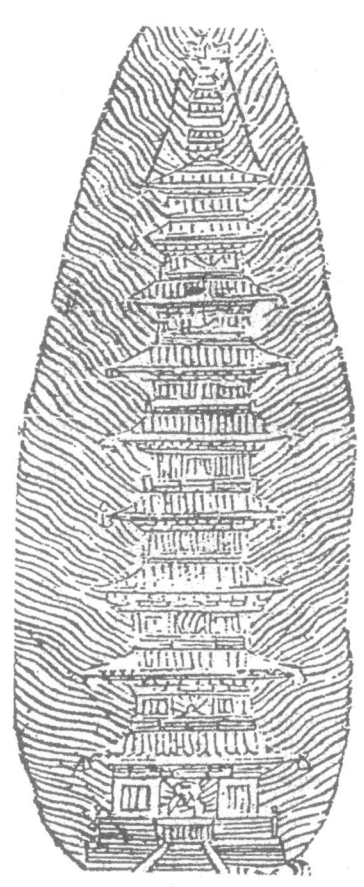

도솔천에서 내려오시다 [兜率來儀相]

수메다 선인의 이야기

과거 무량무수겁(無量無數劫) 전에 연등(燃燈)* 혹은 보광(普光)이라는 부처님이 중생들을 제도하고 있을 때의 일이다. 당시 열 가지 소리로 가득 찬 '아마라바티'라는 도시가 있었는데, 그곳에 '수메다'라는 수행자가 살고 있었다.

그의 모계와 부계는 모두 태생이 좋은 청정한 가문으로서 7대를 내려오면서 가문의 청정함이 흐트러진 적 없었고 또한 친족들로부터도 비난받을 만한 점이 없었다. 그는 수려하고 아름다우며 단정하였고 더할 나위 없이 훌륭하여, 마치 연꽃과도 같이 뛰어난 용모를 지니고 있었다. 그는 다른

교리탐구 연등불(燃燈佛)

*남방 빨리 불전에 의하면, 과거칠불을 포함해 모두 28분의 부처님이 석가모니부처님 이전에 출현했다. 최초의 부처님은 지금으로부터 약 4아승지겁 전에 태어난 탄항카라(作愛) 부처님이고, 같은 겁에 메당카라(作慧), 사라낭카라(作歸依), 연이어 디팡카라(燃燈) 부처님이 있었다. 이 디팡카라, 즉 연등불은 석가모니 부처님의 전생에 "미래세에 부처가 될 것"이라고 수기(授記)를 주신 분이다. 먼 과거에 제화위국에 '등성'이라는 성스러운 임금이 있었는데, 임종 때 태자 '정광'에게 나라를 맡겼다. 하지만 태자는 세상이 무상함을 알고 동생에게 나라를 물려주고 출가하였다. 여러 해의 수행 뒤에 성불하였고, 그 분이 바로 연등불이다.

직업은 갖지 않은 채 바라문의 학문과 기예만을 배우고 있었다. 그러나 그는 젊었을 때 양친을 잃게 되었다.

그러자 그 재산을 관리하던 집사가 재산목록을 적은 판을 갖고 와서 금·은·보석·진주 등으로 가득 찬 보물창고를 열고 그에게 말했다.

"수메다 수행자님, 이만큼이 그대 어머님의 재산이고, 이만큼이 아버님의 재산, 이만큼이 할아버지, 이만큼이 증조할아버님의 재산입니다. 부디 이것을 보관하소서."

현명한 수메다는 생각하였다.

'이만큼의 재산을 쌓았으면서도 나의 조상들은 내세를 향해 길을 떠날 때에는 한 푼도 가져가지 못하였다. 하지만 나는 이것을 가져갈 조건을 만들어내야 한다.'

그는 왕에게 알리고 큰 북을 울려 네거리에 사람들을 모이게 한 후 가문의 재산을 모두 보시하였다. 그리고 그 자신은 집을 나가 수행자가 되었다.

그 후 수메다 행자는 홀로 히말라야[雪山] 기슭에 있는 '굼마카'라는 산 부근에 암자를 짓고 나무껍질로 만든 옷을 입고 선인(仙人) 생활을 하였다.

수메다 선인은 생각하였다.

'마치 분뇨에 빠진 사람이 물이 가득 찬 연못을 보고도 그곳으로 가는 길을 찾지 않는다면 그것은 연못의 잘못이라 할 수 없듯이, 번뇌의 더러움을 씻을 수 있는 맑은 불사(不死)의 연못이 있음에도 불구하고 그 연못을 구하지 않는다면 그 잘못은 불사의 연못에 있다고 할 수 없다.'

수메다 선인은 스스로 다짐하였다.

'사람이 만약 시체를 머리에 얹게 된다면, 그는 그것을 싫어하여 빠져 나와서야 비로소 편안하고 뜻대로 되며 자유로운 몸이 될 수 있듯이, 갖가지 썩은 살점들을 쌓아둔 것과도 같은 부패한 이 몸을 벗어나야 아쉬움도 바람도 없는 자가 될 것이다. 또 보물을 지닌 사람이 도둑들과 함께 길을 갈 때 보물을 잃을까 염려하여 그들을 떨치고 떠나가듯이, 이 몸뚱이는 큰 도둑과 같으므로 나는 그것을 버리고 떠나갈 것이다.'

수메다 선인은 나무 밑에 살며 곡류로 만든 음식을 일체 피하고 야생과일을 먹었다. 오로지 앉거나 서거나 혹은 산책을 하면서 정진하고 노력하여 불과 이레 만에 여덟 가지 삼매와 다섯 가지 힘을 얻었다. 이리하여 그는 바라던 대로 자유자재하게 움직일 수 있는 힘을 얻은 것이다.

연등불이 수기(授記)하시다

그때 열 가지 힘을 갖추신 연등불께서는 번뇌를 끊은 40만 명의 제자를 거느리고 여러 나라를 두루 다니시다가 람마 거리에 도착하여 수닷사나 대승원에 머무르셨다.

람마 거리의 주민들은 그 소식을 전해 듣고, 딱딱한 버터나 부드러운 버터, 약품과 옷감, 옷 등을 마련하고 향료나 화환을 손에 들고 스승께 다가가 예배한 뒤 준비한 것을 공양 올린 후 부처님의 설법을 들었다.

당시의 국왕인 등조왕은 연등부처님을 대궐로 모셔서 법

문을 듣고자 준비했다. 부처님께 공양 올릴 성대한 음식을 준비하면서 연등불께서 오실 길을 치장하고 물 때문에 패인 구덩이에 흙을 채워 평평하게 하여 그 위에 다시 은색 모래와 갖가지 꽃을 흩뿌렸다. 또 여러 가지 색으로 물들인 천으로 깃발이나 당번(幢幡)을 만들어 내걸고 바나나와 물을 가득 채운 그릇을 나란히 두었다.

그때 수행에 전념하던 수메다 선인도 그 소식을 접하고 람마 거리로 달려와 마을 사람들에게 청하였다.

"만약 당신들이 부처님을 위해 이 길을 꾸미고 있다면, 나에게도 한 군데 나눠주지 않으시렵니까? 나도 당신들과 함께 길을 단장하고 싶습니다."

마을 사람들은 기꺼이 수락하였다.

"수메다 선인이여, 그대는 이곳을 맡아주십시오."

수메다 선인은 '부처님, 부처님' 하고 염불(念佛)하면서 흙을 날라 패어진 웅덩이를 메워 나가기 시작하였다.

왕과 여러 백성들은 연등불께 공양 올릴 꽃을 다투어 준비하고 있었다. 수메다 선인도 꽃을 구하려 하였으나 이미 꽃이 동이 나서 구할 수 없었다. 마침 그때 궁녀였던 고오피 선녀*가 푸른 연꽃 일곱 송이를 들고 지나가는 것을 보고 수메다 선인은 다가가서 말했다.

유래 이야기 — 불교 혼례식

*수메다 선인은 고오피에게 공양할 꽃을 구입하고 몇 겁 세월이 흘러 석가모니불이 되었고, 고오피 선녀는 야소다라 왕비가 되어 부부의 연이 이어졌다. 불교의식으로 치르는 혼례식에서 신랑이 다섯 송이의 꽃을, 신부가 두 송이의 꽃을 부처님께 공양하는데, 이것은 수메다 선인과 고오피 선녀의 설화에서 유래된 것이다.

"아가씨, 내가 지닌 은전 5백 냥을 드릴 터이니 다섯 송이만 제게 주십시오."

고오피 선녀가 대답하였다.

"이 꽃은 56전밖에 되지 않는데, 5백 냥으로 사시겠다니, 어디에 쓰려 하십니까?"

"저는 이 꽃을 연등부처님께 공양올리고 부지런히 정진하여 일체종지(一切種智)*를 성취한 후 삼계중생을 제도하려 합니다."

고오피 선녀는 수메다 선인의 지극한 불심에 감복했다. 그래서 그와의 인연을 내생에도 이어가고 싶었다.

"그대의 뜻이 그러하다면 저는 은전을 받지 않고 꽃을 공양올리겠습니다. 단, 조건이 있습니다. 청하오니, 미래에 오는 세상에 우리가 같은 세상에 태어나면 제가 당신의 아내가 될 것을 허락해 주십시오."

그 말을 들은 수메다 선인은 난감하여 정중히 거절하려 했지만 고오피 선녀는 그 약속을 하지 않으면 꽃을 줄 수 없다고 했다. 수메다 선인은 다른 도리가 없다고 생각하고 이렇게 말했다.

"그렇다면 저도 다짐을 받아야 할 것이 있습니다. 미래세(未來世)에 우리가 부부인연을 맺게 되더라도 나는 출가수행의 길을 갈 것입니다. 그래도 좋겠습니까?"

교리탐구　일체종지(一切種智)

* 모든 존재에 관하여 개괄적으로 아는 지혜를 일체지(一切智)라 하고, 보살이 중생을 교화하기 위하여 도(道)의 종별을 다 아는 지혜를 도종지(道種智)라고 하며, 모든 존재에 관하여 차별과 평등함을 세밀하게 가려내는 부처님의 위 없는 지혜를 일체종지(一切種智)라고 한다. 일체지·도종지·일체종지를 3지(三智)라고 한다.

고오피 선녀는 서로의 인연이 이어진다면 어떤 일이라도 견딜 수 있을 것이라고 다짐했다. 그녀는 다섯 송이의 꽃을 내어 주며 나머지 두 송이마저 자신을 위하여 공양 올려 달라며 수메다 선인에게 건네주었다.

수메다 선인이 웅덩이를 미처 다 단장하기도 전에 연등불께서 번뇌를 끊은 제자 40만 명과 함께 그곳으로 행진해오셨다. 수메다 선인은 생각하였다.

'나는 오늘 부처님을 위해 목숨까지도 기꺼이 버리리라.'

수메다는 곧 머리를 풀고 염소가죽과 머리털과 나무껍질로 만든 옷을 진흙 위에 펼치고 몸을 던져 엎드렸다.

그는 연등불께 사뢰었다.

"연등부처님, 제자들과 함께 흙탕물을 밟지 마시고 저를 밟고 지나가소서."

연등불께서 말씀하셨다.

"어찌 밟으랴."

"오직 부처님만이 밟으실 수 있나이다."

연등불께서는 비로소 밟으시고 서서 고요히 미소를 지으셨다. 이때 수메다 선인은 스스로 굳게 맹세하였다.

'오늘 나는 원한다면 나의 약한 마음을 멸(滅)할 수 있을 것이다. 내가 여기에서 누구에게도 알리지 않은 채 진리를 나의 것만으로 삼는다면 아무런 의미가 없을 것이다.

오히려 나는 모든 것을 아는 지혜[一切種智]에 도달한 부처가 되어 천상계는 물론 이 세계의 뭇 생명들을 위하여 가르침을 펴리라. 윤회의 흐름을 끊고 어두운 세계의 삶을 부수어

진리의 배에 올라 나는 천상계를 포함한 이 세계의 모든 생명들로 하여금 나고 죽는 윤회의 흐름을 건너뛰게 하리라.'

이러한 맹세를 알아들으시고 연등불께서는 제자들에게 말씀하셨다.

"그대들은 여기 진흙 위에 엎드려 참으로 견디기 힘든 고행을 하고 있는 이 젊은이를 보고 있는가?"

"그렇습니다, 세존이시여. 저희들은 보고 있습니다."

"그는 부처가 되고자 하는 굳은 마음으로 여기에 이렇게 엎드려 있다. 그의 맹세는 반드시 성취되리라. 지금으로부터 4아승기(阿僧祇) 십만 겁 후에 부처가 되리니, 그때의 명호를 석가모니라 이를 것이다."

수메다 선인은 이를 듣고 매우 기뻐하며 다시 다짐했다.

'나의 맹세는 반드시 이루어지고 말리라.'

수많은 백성들도 연등불의 말씀을 듣고 말할 수 없이 즐거워하였다.

"수메다 선인은 분명 부처님이 될 씨앗이요, 부처님의 싹이로다!"

연등불께서는 깨달음을 얻으려는 이 보살을 한없이 찬탄하시고 여덟 묶음의 꽃다발을 그에게 주어 공양하고 지극한 예(禮)로써 오른편으로 돌아 경의를 표하고 떠나가셨다.

40만 명의 번뇌를 여읜 제자들도 수메다 선인에게 향료와 꽃다발을 올리고 오른편으로 돌아 공손히 예배한 후 떠나갔다. 하늘의 신들과 인간들도 한결같이 공양하며 수메다 선인에게 예배 올린 후 떠나갔다.

보살이 몸 바쳐 수행하다

수메다 선인은 보살의 수행에 관하여 깊이 생각하였다.

'자, 이제 나는 부처가 되기 위한 수행의 덕목을 차례로 찾아 나서자. 하늘과 땅, 온 누리를 둘러보아 생각할 수 있는 모든 수행의 덕목을 찾아 나서자.'

그는 먼저 보시바라밀(布施波羅蜜)을 발견하였다. 이것은 과거의 위대한 성자들께서 걸으셨던 웅장한 길이다. 수메다 선인은 다음과 같이 맹세하였다.

'만약 보리(菩提, 깨달음)를 얻고자 한다면, 먼저 첫 번째 수행을 굳건히 지켜 나가야 된다. 모든 것을 아낌없이 베푸는 보시의 수행을 끝까지 이루어내야 한다.'

수메다 선인은 두 번째 수행인 지계바라밀(持戒波羅蜜)을 발견하였다. 또한 세 번째 수행인 인욕바라밀(忍辱波羅蜜), 네 번째 수행인 정진바라밀(精進波羅蜜), 다섯 번째 수행인 선정바라밀(禪定波羅蜜), 여섯 번째 수행인 지혜바라밀(智慧波羅蜜)을 차례로 발견하였다. 이렇게 하여 수메다 선인은 4아승기 십만 겁*에 이르는 기나긴 세월 동안, 수없이 많은 몸으로 거듭 태어나 수없이 많은 몸을 거듭 던지면서 멀고도 험한 보살의 수행을 굳건히 닦아나갔다.

호랑이에게 몸을 보시하다

아득한 먼 옛날 어떤 큰 나라에 대보(大寶)라는 왕이 있었다. 그에게는 아들 셋이었는데 보살은 그 중에 막내 마하살타로 태어났다. 한 번은 세명의 왕자가 함께 숲으로 놀러갔다가 암호랑이가 두 마리의 새끼 호랑이를 데리고 굶어서 젖이 나오지 않아 셋 다 굶어 죽게 된 장면을 목격했다.

어미 호랑이는 나머지를 살리기 위해 하는 수 없이 새끼 중에 하나를 잡아먹으려 하였는데, 그 모양을 보고 막내 왕자가 두 형들에게 물었다.

"형님, 호랑이들이 불쌍해요. 호랑이는 무엇을 먹습니까?"

"금방 죽여 뜨뜻한 피와 살을 먹고 사는데, 누구라도 저 호랑이의 먹이가 되어 주는 건 어려운 일이야."

막내 왕자는 생각했다.

'내가 구원(久遠)의 생사(生死) 중에서 몸을 버리기를 수없이 해왔는데 그때마다 헛되이 그저 신명을 버려왔을 뿐이었다. 혹은 탐욕 때문에 신명을 버리고, 혹은 성냄 때문에 신명을 버렸으며, 또 어리석음 때문에 신명을 버렸을 뿐 아직 한번도 법(法)을 위해 신명을 버린 적이 없었다. 나는 이제 여기서 큰 복전을 만났다. 이제야말로 이 신명을 바칠 때가 아니냐!'

이렇게 생각하고 조금 더 가다가 두 형에게 말했다.

"형님들 먼저 가세요. 난 좀 볼일이 있어 조금 뒤에 뒤따라가겠습니다."

낱말풀이 　불교의 시간개념

* 겁(劫) : 찰나의 반대로 무한히 긴 시간을 말한다. 둘레 사방 40리 되는 바위 위에 백 년마다 한 번씩 선녀가 내려와 그 위에서 춤을 추는데, 그 때 선녀의 얇은 옷으로 스쳐서 그 바위가 다 닳아 없어져도 1겁이 안 된다고 한다. 또는 사방 40리나 되는 성안에 겨자씨를 가득 채우고, 100년마다 하늘새가 날아와서 그 씨앗을 한 알씩 물고 하늘로 올라가서 그 겨자씨가 다 없어져도 1겁이 안 된다고 한다.

* 아승기겁(阿僧祇劫) : 어떤 시간의 단위로도 계산하거나 표현할 수 없는 무한히 긴 시간을 말하며 무량겁(無量劫)이라고도 한다. 갠지스강 모래 수의 만 배가 되는 수(10^{56}), 또는 억 배가 되는 수(10^{104})를 이르는 말이다. 그러므로 '4아승기(阿僧祇) 십만 겁'은 이보다 훨씬 오랜 시간을 말하는 것으로 여기에서는 보살의 무한한 수행을 의미한다.

그리고는 다시 호랑이가 있는 곳으로 와서 호랑이에게 몸을 던졌다. 그러나 호랑이는 너무 쇠약하여 입을 벌릴 수도 없어서 먹으려 하지 않았다. 그래서 그 왕자가 날카로운 나무막대기로 자기 목을 찔러 피가 나게 하니 호랑이가 그 피를 핥아 먹고 조금 기운을 차린 다음 살을 다 뜯어먹었다.

형들은 동생이 돌아오지 않아 혹시 호랑이에게 잡아먹힌 것이 아닌가 하고 호랑이가 있던 곳으로 되돌아가 보았다.

아니다 다를까, 동생이 호랑이에게 잡아먹혀 그 근방은 피투성이가 되어 있었다. 두 형은 그 모양을 보고 놀라 기절했다가 잠시 후에 정신을 되찾았다.

그때 왕비가 궁중에서 깜빡 졸다가 꿈을 꾸었는데, 세 마리의 비둘기가 숲에서 놀고 있는데 매가 와서 그중 제일 작은 것을 잡아먹어 버리는 것이었다. 잠에서 깨어 그 꿈 이야기를 왕에게 말하니, 왕은 그것이 혹시 자기 아들들에게 불상사가 생긴 징조가 아닌가 하여 사람을 보내 아들들을 찾게 했다.

조금 있다가 두 아들은 돌아왔으나 막내가 돌아오지 않아 자초지종을 물었다. 두 아들은 한참동안 말을 하지 못하다가 막내가 호랑이에게 잡혀먹은 이야기를 실토했다.

왕과 왕비는 그 소리를 듣고 몸부림치다가 정신을 잃었다. 한참 있다가 정신이 들어 신하들을 데리고 급히 막내아들이 죽은 곳으로 가보니 그곳에는 해골이 뒹굴고 있을 뿐이었다. 어머니는 그 해골을 집고, 아버지는 손뼈를 집은 뒤 다시 몸부림을 치다가 기절했다. 그러나 막내 왕자는 죽은 후 도솔천에 태어나게 되어 기뻐하며 생각했다.

'내가 무슨 공덕을 지었기에 도솔천에 태어났단 말인가!'

그리고 그는 천안(天眼)으로써 투시하여 자기의 시체가 산중에 있는 것을 보며 부모가 지극히 슬퍼하는 것을 보았다. 그는 곧 하늘에서 내려와 공중에서 부모에게 이렇게 말했다.

"아버님, 어머님 저의 죽음을 슬퍼하실 것 없습니다."

부모들은 아들의 범음을 듣자 곧 자기 아들이 보시의 공덕으로 하늘나라에 태어난 것을 알았다. 하늘신 아들이 다시 부모를 위해 갖가지로 설법하고 부모의 은혜에 대해 보은하니 부모는 성오(醒悟)하여 아들의 뼈를 칠보(七寶)로 된 함에 넣어 매장한 다음 그 위에 탑을 세우고 사람들과 함께 궁으로 돌아왔다.

하늘나라에 태어난 보살은 오랜 세월 동안 대자비심으로 수많은 생을 거듭하며 때로는 원숭이나 사슴 또는 토끼와 같은 축생의 몸으로, 때로는 인간이나 하늘나라 사람의 몸으로 태어나 무수한 보살행과 수행을 이어갔다.

보살이 도솔천*에서 때를 기다리다

보살이 발심한 이래, 한없는 겁을 지나면서 육바라밀행(六波羅密行)을 닦아 보처보살(補處菩薩)*이 되어 하늘나라 도솔천에 태어나자 하늘의 신들이 다투어 찬탄하였다.

'호명(護明)보살이 나셨네, 호명보살이 도솔천에 나셨네.'

도솔천에 태어난 호명보살은 하늘의 신들을 위하여 법을 설하여 천인(天人)들을 교화했다. 그러던 중에 하계중생들의 고통 받음을 깊이 관찰하며 그들을 제도하리라고 다짐하였다.

'이제 내가 인간 세상에 태어나기 알맞은 때가 아닌가.'

보살은 곧 다섯 가지를 관찰하였다.

첫째, 모든 인간들의 조건이 성숙하였는가? 둘째, 때가 이르렀는가? 셋째, 어느 나라로 갈 것인가? 넷째, 어느 종족이 가장 존귀한가? 다섯째, 누구를 부모로 삼을 것인가?

호명보살이 도솔천에서 하계중생들을 구제하고자 인간세상을 살피던 중, 눈 덮인 히말라야 산의 중턱을 유유히 흐르는 갠지스 강 상류에 평화스럽고 아름다운 인도의 카필라성을 발견하였다. 카필라성에는 인정이 많은 숫도다나 왕[淨飯王]과 아름답고 자비로운 왕후 마야부인이 살고 있었는데, 호명보살은 그들에게 아직 자식이 없음을 알고 숫도다나 왕과 마야부인 사이에서 태자(太子)로 태어나기로 결정했다.

호명 보살은 관찰을 마치자 작별을 서러워하는 뭇 하늘의 신들에게 말하였다.

"어두운 세상의 괴로운 생명들은 모두 무상한 것이니, 은혜와 사랑도 마침내 이별해야 하는 것을 어이하랴. 나는 이제 인간 세상으로 내려가 저 어두운 세상의 괴로운 생명들을 모두 고통에서 벗어나게 하리라."

낱말풀이   도솔천 / 보처보살

* 도솔천(兜率天) : 욕계(欲界) 6천(六天) 중의 제4천으로 도솔천의 어원은 '만족할 줄 안다' 의 의미로 지족천(知足天)·희락천(喜樂天) 등으로 번역한다. 도솔천에는 내원(內院)과 외원(外院)이 있는데 내원에는 장차 부처가 될 보살이 사는 곳이고, 석가모니부처님이 현세에 태어나기 이전에 이 도솔천에 머물며 수행했다. 현재에는 미륵보살(彌勒菩薩)이 머물면서 내원궁에서 설법하며 인간이 사는 세상인 남섬부주(南贍部洲)에 하생(下生)하여 성불할 시기를 기다리고 있다고 한다. 미륵이 내려온 인간세상은 이상적인 세상이 되고 세상의 모든 사람을 교화시켜 성인이 되게 하고 열반에 든다고 한다. 그리고 외원에는 천인들이 오욕(五欲)을 만족하며 머물고 있다고 한다.

* 보처보살(補處菩薩) : 보살의 가장 높은 지위로 다음 생에는 석가모니부처님처럼 부처가 될 보살을 보처보살이라 한다. 그 예로 미륵보살이 보처보살이다.

세상에 태어나시다 [毘藍降生相]

천상천하 유아독존(天上天下 唯我獨尊)

  히말라야 남쪽 기슭에는 사캬족이 살고 있었다. 그들은 지금의 네팔 타라이 지방에 '카필라'라는 조그마한 왕국을 이루고 있었는데, 카필라는 쌀을 주식으로 하는 농업국이었다. 숫도다나 왕은 어진 정치를 베풀어 백성들이 태평한 세월을 즐길 수 있었지만, 이웃에 코살라와 같은 큰 나라가 있어 침해를 받지 않을까 두려웠고, 왕권을 이을 왕자가 없는 것이 걱정이었다.

  그러던 어느 날 호명보살은 마야부인의 태중에 들었다. 그날 마야부인은 신비스러운 꿈을 꾸었다. 하늘에 달이 떠 있는 쪽에서 여섯 개의 이를 가진 눈이 부시도록 희고 커다란 코끼리가 나타나서 연꽃을 들고 침실을 세 번 돌더니 오른쪽 옆구리로 들어오는 상서로운 꿈이었다. 마야부인은 숫도다나 왕에게 가서 자신이 꾸었던 꿈 이야기를 하였고, 다음 날 왕은 해몽하는 선인을 성안에 불러들였다. 해몽하는 선인은 숫도다나 왕의 말을 듣고는 눈을 감고 한참 생각하더니 말하였다.

"이것은 아주 기쁜 꿈입니다. 이 나라에 곧 왕자가 탄생하는 것을 알리는 꿈입니다. 태어나는 왕자는 반드시 이 나라 백성들을 구제할 것입니다."

왕자가 태어난다는 소문은 어느새 온 나라에 퍼졌다. 슛도다나 왕과 마야부인뿐만 아니라 성 안의 모든 사람들은 기뻐하며 왕자가 태어나기를 기다렸다.

아기가 태어날 날이 가까워졌다. 마야부인은 풍속에 따라 왕자를 낳기 위하여 친정인 코올리 성으로 향하던 중 음력 4월 8일에 룸비니 동산에서 쉬게 되었다. 그때 마야부인이 아름다운 무우수(無憂樹) 가지에 살짝 손을 뻗치는 순간, 산기를 느끼고 꽃밭에 쓰러졌다. 시녀들은 갑자기 일어난 일에 놀라 마야부인의 곁으로 달려갔고, 이윽고 건강한 왕자가 태어났다.

그때 제석천(帝釋天, Indra)*은 하늘비단을 가지고 내려와서 태자를 받았다. 제석천이 거느린 사천왕들이 공경히 태자를 모시려고 하자 태자는 사방으로 각각 일곱 걸음을 걸

유래 이야기 — 제석천(帝釋天)과 한국의 문화

*제석천은 도리천의 주인이며 사천왕을 거느리고 불법과 불제자를 보호하는 신으로 '인드라(Indra)'라고도 한다. 도리천은 '삼십삼천'이라고도 하는데 세계의 중심인 수미산(須彌山:Sumeru)의 정상에 있으며 사방에 봉우리마다에 8천이 있기 때문에 제석천과 합하여 33천이 된다. 보신각종을 33번 타종하는 것이나, 3.1운동의 민족대표 33인의 의미도 도리천 33천 하늘님의 보우하심에 의해 독립운동을 전개해야 한다는 한용운스님의 뜻에 의한 것이었다. 예로부터 우리 나라에서는 석제환인다라(釋帝桓因陀羅)·천주(天主)라고도 불렀다. 단군신화의 환인(桓因)은 이 석제환인(제석천)을 말하는 것이다.

한편 인드라 신은 온 우주를 엮는 인연의 그물을 가지고 있는 신으로 유명하다. 일체 세상 모든 존재가 홀로 있지 않고 첩첩이 겹쳐진 가운데 서로 얽히고 맞끼워져 함께 존재함을 설명하는 중중무진법계(重重無盡法界)의 진리에 비유된다.

었고 태자의 발밑에서 네 가지 색의 연꽃이 땅에서 솟아올라 태자의 발을 받들었다. 태자는 즉시 한 손으로 하늘을 가리키고 다른 한 손으로 땅을 가리키며 이렇게 외쳤다.

"하늘 위 하늘 아래, 모든 생명체가 존귀하다. 세상이 다 고통 속에 잠겨 있으니 내 마땅히 이를 편안케 하리라! (天上天下唯我獨尊. 三界皆苦我當安之)."*

공중에는 오색(五色)의 구름이 일어나서 그 가운데로 아홉 마리의 용이 나타나 깨끗한 물을 토하여 태자를 목욕시켰다. 태자의 이름은 '모든 일이 다 이루어지라'는 뜻에서 「싯다르타」라고 지어졌다.

그러나 기쁨 뒤에 곧 슬픔이 찾아왔다. 태자가 태어난 지 이레 만에 마야부인이 세상을 떠나자 이모인 마하파자파티가 태자를 양육하였다.

교리탐구 부처님 탄생게와 탄생설화의 상징

* 석가모니 부처님의 탄생게 : 한역경전에서 '천상천하유아독존'으로 번역되어 전해지고 있는 부처님의 탄생게는 빠알리어 경전에서는 부처님의 지위, 즉 불법과 그것을 깨달은 존재가 더 위 없이 높은 경지임을 강조하고 있다. 이 내용은 35세에 최상의 깨달음을 얻은 부처님에 대하여 자신들보다 나이가 적다는 이유로 연장자로서의 권위를 내세운 외도 사상가들에 대한 교화내용과도 관련지을 수 있다. 부처님께서는 자신들에게 공손히 예의를 갖출 것을 요구하는 고령의 외도 사상가들에게 "계란이 여러 개가 순차적으로 부화되어 병아리가 될 때 제일 나이든 연장자는 누구인가?"라고 묻는다. 외도들은 당연히 "알에서 제일 먼저 나온 자가 연장자"라고 대답했고, 부처님께서는 "무지의 알에서 제일 먼저 깨어났기 때문에 여래가 세상의 제일 연장자"라고 대답하셨다.

* 석가모니 부처님 탄생설화의 상징 : 부처님의 탄생설화는 기본적으로 인도의 신화에 등장하는 신들보다 아기 부처님의 존재가 더 우월함을 상징하고 있다. 고대 인도의 신화에서는 신들이 출생하자마자 자신의 능력을 발휘한다. 그와 마찬가지로 갓 태어난 아기가 힘찬 걸음을 걸을 수 있다는 것은 육체의 힘이 성숙해 있음을 보여주는 것이다. 또한 탄생게를 외쳤다는 것은 정신적인 힘이 성숙해 있음을 상징하는 것이다. 부처님의 깨달음은 신(神) 이상의 경지이고, 그것을 일곱 걸음의 상징을 통해서 모든 신(神)들도 이르지 못한 육도 윤회의 벗어남을 예언하고 있는 것이다.

아시타 선인의 예언

 마야부인이 세상을 떠나고 오래되지 않은 어느 날, 히말라야 산에서 아시타라는 선인(仙人)*이 찾아왔다. 그는 히말라야 깊숙한 곳에서 세상과 인연을 끊고 수도에만 전념하고 있었는데, 천신들이 '부처님이 세상에 출현했다'고 말하는 소리를 들었다. 그리고 카필라성 근방을 떠도는 상서로운 기운을 느끼고 왕궁에 태자가 태어난 것을 천안(天眼)으로 알게 된 선인은 태자의 얼굴을 보려고 왕궁을 찾아온 것이다.

 덕망이 높은 아시타 선인이 찾아온 것을 기뻐한 왕은 곧 태자를 보도록 허락했다. 백 살도 훨씬 넘어 백발이 성성한 선인은 태자를 팔에 안고 그 얼굴을 이모저모로 유심이 들여다 보았다. 곁에 있던 사람들은 숨을 죽이고 그 모양을 지켜보았다. 한참 동안 말없이 태자의 얼굴만을 들여다 보던 아시타 선인이 갑자기 눈물을 흘렸다. 왕을 비롯하여 그 자리에 있던 사람들은 불길한 예감이 들었다. 왕은 참다 못해 선인에게 물었다.

 "태자를 본 사람마다 크게 기뻐하며 야단인데, 선인은 왜 말 한마디 없이 울기만 하시오? 어디 그 까닭을 속 시원히 말해 보시오."

 그제서야 선인은 입을 열었다.

 "대왕님, 염려하실 일은 아닙니다. 제가 슬퍼하는 것은 여생이 얼마 남지 않아 부처님의 출현을 못 보게 된 것이 한스러워 그럽니다. 태자는 장차 모든 중생을 구제할 부처님이 되실 분입니다. 부처님이 이 세상에 출현한다는 것은 참으로 귀하고 드문 일입니다. 그러나 저는 너무도 늙었습니다. 태자가 도를 이루어 부처님이 되실 그때까지 살지 못할 것을 생각하니 슬퍼서 눈물이 저절로 나온 것입니다."

싯다르타 태자가 전륜성왕이나 부처님의 상을 가졌다는 아시타 선인의 말을 듣고 왕과 신하들은 모두 기뻐했다. 그러나 왕위를 이어받아 나라를 다스리지 않고 출가할 수도 있다는 말에 왕은 어쩐지 마음이 무거웠다.

카필라에 사는 사캬족들은 이웃 나라인 코살라국으로부터 카필라국이 침략을 받을까 늘 염려하고 있었고 이상적인 전륜성왕이 출현하여 코살라뿐 아니라 주변 나라들을 평화롭게 다스려 줄 것을 기대했기 때문이었다.

인물분석 　아시타 선인과 논의제일 가전연

*부처님 십대제자 가운데 한 사람인 가전연[캇차야나] 존자는 아시타 선인의 조카이다. 아시타 선인은 캇차야나에게 자신이 가진 지식을 모두 전수하고 "싯다르타 태자가 깨달음을 얻으면 반드시 제자가 되라." 는 유언을 남겼다.

　캇차야나는 최고의 계급인 바라문 출신으로 국왕의 스승이자 대재벌 가문에 태어났다. 총명함과 출중한 자질을 타고나서 아시타 선인으로부터 선정에 이르는 네 가지 방법과 다섯 가지 신통력을 모두 익혔고, 특히 유창한 논리로 많은 논사들을 제압하여 사람들이 감탄을 금치 못했다고 한다. 캇차야나는 아시타 선인이 세상을 떠난 후 그의 유언을 잊은 채 나날을 보내다가 바라나시에서 발견된 오래된 비석의 내용을 해석하지 못하여 비로소 삼촌의 유언을 떠올렸다. 그래서 바라나시에서 죽림정사까지 먼 길을 걸어 부처님을 친견하여 비문에 대한 가르침을 얻고 출가했다.

　모든 문자를 통달한 당대 최고 논사 캇차야나와 부처님의 첫 만남은 당시 인도 사상계에 전설이 되었다. 캇차야나는 바라나시로 돌아가 왕에게 비문을 해석해주고 부처님에 대하여 이야기하였다. 왕은 기뻐하며 비문의 게송과 해석을 대대적으로 알렸고 이를 통해 부처님의 명성과 불법의 요점이 널리 퍼졌다.

세상의 괴로움을 살피시다 [四門遊觀相]

염부수(閻浮樹) 아래에서의 명상

태자는 유복하게 자라면서 삶의 큰 고통이나 슬픔을 접하지는 않았다. 이모인 마하파자파티*도 태자를 지극히 사랑하고 잘 보살펴 주었다. 마하파자파티는 그 뒤 왕자와 공주를 낳았지만 싯다르타에 대한 사랑은 조금도 변함이 없었다.

태자는 언제나 어른을 존경하며 규칙을 지키면서 배움에 정진했다. 학문과 무예가 누구보다도 출중했던 태자는 제왕으로서 면모를 충분히 갖추게 되었다. 7세 때 이미 64종의 문학과 28종의 무술을 섭렵했고, 그의 스승은 그의 영특함에 탄복했다. 그러나 왕은 이따금 태자의 얼굴에서 쓸쓸하고 그늘진 표정을 보았고 그때마다 가슴이 아팠다. 이 세상을

인물분석 마하파자파티

*마야부인의 친동생이고, 석가모니부처님의 의붓어머니이다. 마야부인이 죽은 뒤, 숫도다나 왕의 부인이 되어 석존의 양육을 맡았다. 그 뒤에 난타(難陀)를 낳아 두 아들을 양육했다. 석존이 성도한 뒤 제2년에 고향에서 포교할 때 교법을 들었고 성도 후 5년에 숫도다나 왕이 죽자 석존의 태자 때의 부인 야소다라와 함께 5백 명의 석가족 여자들과 비야리의 대림정사(大林精舍)에서 출가하기를 청했으나 거절당했다.
아난 존자의 도움으로 겨우 교단에 들어오게 되었는데 이것이 비구니의 시초였다. 석존이 입멸하시기 3개월 전에 비야리성에서 입적(入寂)했다.

떠나간 어머니를 그리워해서인가 싶으면 태자가 더욱 애처롭게 여겨졌다.

그러던 어느 날 태자에게 처음으로 번민의 계기가 찾아왔다. 부왕을 따라 농경제(農耕祭)에 참석하여 농부들이 밭갈이하는 광경을 보게 되었다.

왕궁 밖에 나가 구경해 보는 전원 풍경은 그지없이 신선하고 아름다웠다. 그러나 농부들이 땀을 흘리며 일하는 것을 보자 그들의 처지가 자기와는 다르다는 것을 생각했다. 뜨거운 햇볕 아래서 고된 일을 하고 있는 농부들을 본 싯다르타의 어린 마음이 어두워졌다.

이렇게 조용히 지켜보고 있으려니까 쟁기 끝에 파헤쳐진 흙 속에서 벌레가 꿈틀거리고 있었다. 바로 이때 난데없이 새 한 마리가 날아들어 그 벌레를 쪼아 먹었다. 그러자 곧이어 또 다른 큰 새가 벌레를 문 새를 잡아채어 날아갔.

이 같은 광경을 보게 된 어린 싯다르타는 마음에 심한 충격을 받았다. 태자는 더 이상 농경제를 구경할 수 없어서 멀지 않은 염부수 아래에 앉아 고요히 명상에 잠겼다.

어린 태자의 마음에는 여러 갈래의 문제가 한꺼번에 뒤얽혔다. 먹고 살기 위해 뙤약볕 아래서 땀을 흘리며 일하던 농부들, 흙 속에서 나와 꿈틀거리던 벌레, 그 벌레를 물고 사라진 날짐승, 이런 일들이 하나같이 어린 태자의 마음을 어둡게 했다.

'어째서 살아 있는 것들은 서로 먹고 먹히며 괴로운 삶을 이어갈까? 무슨 이유로 그렇게 살아가야 하는 것일까?'

태자가 보이지 않자 숫도다나 왕은 신하들에게 태자를 찾도록 하였다. 신하들은 염부나무 그늘에서 선정에 잠겨 있는 태자를 발견했다. 그런데 그 모습이 너무 거룩하고 평화스러워 반가운 중에도 차마 불러일으킬 수가 없었다.

숫도다나 왕이 그곳으로 나아가 가부좌를 맺고 있는 태자를 보니, 태자의 얼굴은 마치 어두운 밤 산마루에 큰 불덩이가 타오르는 것처럼 환하게 빛났다.

이것을 '염부수(閻浮樹) 아래의 정관(靜觀)'이라고 한다.

야쇼다라와의 결혼

이 일을 겪고 난 부왕의 마음은 무겁고 답답했다. 모든 일을 잊어버리고 명상에 잠긴 아들의 모습에서 문득 성자의 상을 보는 것 같았기 때문이다.

사실 그 후 태자는 자주 깊은 사색과 명상에 잠기곤 했다. 태자의 모습에서 변화를 느낀 왕은 아시타 선인의 예언을 생각하여 행여나 태자가 출가라도 할 것을 염려하였다. 그래서 미모와 품성이 널리 소문난 이웃나라의 야쇼다라 공주와 태자가 결혼을 하면 좋을 것이라고 생각했다.

야쇼다라는 주변 여덟 나라의 왕이 각각 그 아들을 위하여 청혼을 하고 있을 정도로 소문난 미모와 덕을 가진 여인이었다. 숫도다나 왕은 무술대회를 제안하여 여러 나라의 왕자들과 태자가 경쟁하게 했다.

태자는 여기에 참가하여 매우 뛰어난 실력으로 우승하여 야쇼다라를 비(妃)로 삼게 되었다. 봄꽃과 같은 자태의 야쇼다라는 마음이 어질고 착하여 태자의 총애를 한 몸에 받을 수 있었다. 부왕은 이들 두 부부를 위하여 시원한 바람, 밝은 빛이 통하는 전원 위에 아름다운 궁전을 짓고 현세의 부귀를 마음껏 맛보게 하였다.

그러나 행복해야만 할 싯다르타는 날이 갈수록 무엇인가 마음을 잃은 듯 침울한 표정을 지을 때가 잦았다. 슬기로운 야쇼다라는 태자의 마음을 위로하는 데 정성을 다했고, 많은 궁녀들이 그의 둘레에 몰려들어 춤과 노래로 위로하려 했지만 그의 마음속 깊이 자리 잡은 생각만은 아무도 어쩔 수가 없었다. 태자는 스스로 그런 생각을 잠재우려 했지만 그렇게 되지 않았다. 혼자서 인생의 근원적인 병을 앓고 있었으니 아내인 야쇼다라도 어쩔 도리가 없었다. 이렇듯 결혼을 통한 세속적인 만족도 오래가지 못했다. 더욱이 태자는 카필라성 바깥을 구경을 나갔다가 이전에 없던 장면을 목격하게 된다.

사문유관(四門遊觀)

오랫동안 궁전 속에만 있던 싯다르타는 어느 날 문득 궁전 밖에 나가 바람이나 쏘였으면 하고 생각했다. 그 뜻을 부왕에게 말씀드리자 왕은 기꺼이 허락해 주었다. 왕은 곧 화려한 수레를 마련하게 하는 한편 신하들에게 분부하여 태자가 이르는 곳마다 값진 향을 뿌리고 아름다운 꽃으로 장식하여 태자의 마음을 기쁘게 해주도록 일렀다.

태자를 태운 수레가 동쪽 성문을 막 벗어났을 때였다. 머리는 마른 풀처럼 빛이 바래고 몸은 그가 짚은 지팡이처럼 바짝 마른 노인이 숨을 헐떡거리면서 저쪽에서 오고 있었다.

화려한 궁중에서만 자란 태자는 일찍이 그와 같이 참혹한 노인을 본 적이 없었다. 그는 시종에게 물었다.

"왜 저 사람은 저토록 비참한 모양을 하고 있느냐?"

시종은 대답했다.

"사람이 늙으면 저렇게 됩니다. 점점 나이 먹으면 기운이 빠지고 숨이 차 헐떡거리게 되고, 눈이 어두워져 앞을 잘 못 보게 되며, 이가 빠져 굳은 것은 먹을 수도 없습니다. 그래서 저렇게 초라하게 되고 맙니다."

이 말을 들은 태자의 마음에는 어두운 그늘이 스며들었다. 싯다르타는 침통하게 혼잣말을 했다.

'그렇다면 나도 결국은 저와 같은 늙은이가 되겠구나!'

태자는 한동안 멍하니 먼 하늘가를 바라보다가 힘없는 소리로, "수레를 왕궁으로 돌려라!" 하고 일렀다.

모처럼의 소풍길에서 되돌아선 태자의 마음에는 또 한 겹의 어둠이 덮이게 된 것이다. 싯다르타의 번민하는 모습을 본 부왕은 아시타 선인의 예언대로 싯다르타가 혹시 출가를 하게 되지 않을까 하고 걱정했다. 그리하여 태자의 생활이 전보다 한층 더 호화롭고 기쁨에 차도록 마음을 썼다. 그 뒤 어느 날 태자는 또 답답한 궁중을 벗어나 자연을 즐기려고 했다. 왕은 신하들에게 명령을 내려, 이번에는 길가에 궂은 것은 하나도 눈에 뜨이지 않도록 단단히 당부를 해 놓았다.

수레는 남쪽 성문 밖으로 나갔다. 얼마쯤 가다보니 길가에 누더기를 뒤집어 쓴 채 쓰러져 신음하는 사람이 있었다. 얼굴은 파리하고 팔다리는 뼈만 앙상했다. 싯다르타는 수레를 멈추게 하고 시종에게 물었다.

"저 이는 웬 사람인가?"

시종은 지난 번 일도 있고 해서 꺼림칙한 생각이 들었지만 솔직하게 대답하지 않을 수 없었다.

"저 사람은 지금 병에 걸려 앓고 있습니다. 육신을 가진 사람은 한 평생을 사는 동안 전혀 앓지 않고 지낼 수는 없습니다. 앓는다는 것은 몹시 괴로운 일입니다. 저 사람은 지금 아픔을 못 이겨 신음하고 있는 중입니다."

태자는 그 자리에서 깊은 생각에 잠겼다.

'사람은 왜 병에 걸려 고통을 받아야만 할까? 늙음의 고통이나 질병의 고통은 왜 생기는 것일까? 그러한 고통에서 벗어나는 길은 없을까?'

그 날도 태자는 도중에서 돌아오고 말았다. 날씨는 맑게 개어 화창했지만 태자의 눈에는 모든 것이 병들어 빛이 바래 보였다.

또 어느 날 싯다르타는 서쪽 성문을 벗어나 들로 나갔다. 수레를 끌고 달리는 말처럼 오늘만은 어쩐지 그의 마음도 가벼웠다. 태자의 수레가 들길을 지나 인적이 드문 고요한 숲속에 이르렀다. 바로 그때, 죽은 시체를 앞세우고 슬피 울며 지나가는 행렬과 마주치게 되었다.

깜짝 놀란 싯다르타는 시종에게 물었다.

"저건 무엇이냐?"

시체인 줄 뻔히 알고 있는 시종은 태자의 반응이 두려워 입을 열지 못했다. 태자는 성급하게 다시 물었다.

"도대체 무엇이기에 대답을 주저하느냐?"

시종은 하는 수 없이 말문을 열었다.

"죽은 사람입니다. 죽음이란 생명이 끊어지고 영혼이 육체에서 떠나가는 것입니다. 죽음은 영원한 이별을 가져다주는 가장 슬픈 일입니다."

싯다르타는 자기 자신의 죽음을 본 것처럼 가슴이 내려앉았다. 지금 자기는 살고 있는 것이 아니라 순간순간 죽음의 길을 걷고 있다는 사실을 비로소 깨달은 것이다.

해가 기운 뒤에야 수레가 돌아오는 걸 보고 부왕은 흐뭇하게 생각했다. 그러나 수레가 가까이 다다랐을 때 싯다르타의 얼굴은 비참하게 그늘져 있었다. 이 날부터 그는 혼자 있는 시간이 더욱 잦게 되었다. 태자는 깊이 생각했다.

'이 세상에는 무엇 때문에 늙고, 병들고, 죽는 괴로움이 있는 것인가?'

며칠 뒤 싯다르타는 북쪽 성문을 거쳐 밖으로 나갔다. 북쪽 성문을 나서자 우람한 수목들이 숲을 이루고 있었다. 숲 속으로 난 오솔길로 텁수룩한 머리에 다 해진 누더기를 걸친 사람이 걸어오고 있었다. 옷은 비록 남루하지만 걸음걸이는 의젓했고 얼굴에는 거룩한 기품이 감돌며 눈매가 빛났다. 수레 가까이 온 그 사람은 태자를 쳐다보았다.

그런데 그 모습이 너무도 의젓했으므로 태자는 자신도 모르게 수레에서 내려 그에게 머리를 숙였다.

"당신은 어떤 분이십니까?"

그 사람은 낭랑한 음성으로 대답했다.

"나는 출가 사문이오."

출가사문(出家沙門)이란 세상의 모든 일을 버리고 집을 나와 도를 닦는 수행자를 말한다.

싯다르타는 다시 물었다.

"출가한 사문에게는 무슨 이익이 있습니까?"

"나는 일찍이 세상에서 늙음과 질병과 죽음의 고통을 나와 이웃을 통해 맛보았소. 그리 모든 것이 덧없다는 것을 알았소. 그래서 부모와 형제를 이별하고 집을 떠나 고요한 곳에서 이 고통으로부터 벗어나기 위해 수도를 했소. 내가 가는 길은 세속에 물들지 않는 평안의 길이오. 나는 이제 그 길에 이르러 평안을 얻었소."

사문의 말을 듣고 난 싯다르타의 가슴에는 시원한 강물이 흐르는 듯했다. 그의 눈에는 감격의 눈물이 맺혔다. 사문의 뒷모습을 바라보는 태자의 마음에 무엇인가 굳은 결심이 생겼다.

삶의 새로운 방향을 얻은 태자는 성 밖의 사문들처럼 항상 나무 밑에 앉아 혼자서 깊은 생각에 잠겼다.

태자의 근황을 들은 왕은 태자가 더 많은 안락을 만끽한다면 사문들처럼 사색하고 명상하는 일이 줄어들 것이라고 생각했다. 그래서 겨울에 추위를 피할 수 있는 궁전, 여름에 더위를 피할 수 있는 궁전, 봄·가을에 지내기 좋은 춘추전 등 삼시전(三時殿)을 지어 세속적 즐거움을 누리게 했다. 태자는 호화롭게 지내며 행복했지만 그 무엇도 그를 만족시킬 수 없었다.

성을 넘어 출가하시다 [踰城出家相]

불사(不死)의 길과 번민

태자의 나이 스물아홉이 되었다. 야쇼다라와 결혼한 지도 벌써 십 년이 지났다. 태자의 마음은 점점 초조해지기 시작했다. 이대로 살다 죽는다면 아무런 보람도 없으리라는 데에 생각이 미치자 그의 앞에는 하나의 길이 훤히 열렸다. 그 순간 싯다르타는 혼자서 외쳤다.

'그렇다! 나도 출가 사문의 길을 찾아 나서자.'

마침내 싯다르타의 마음에 출가 결심이 서게 되었다. 이제는 누가 뭐라고 말린다 할지라도 자기는 출가의 길을 택할 수밖에 없다고 굳게 결심했다. 이렇게 마음을 정하고 나니 지금까지 괴로웠던 번민이 스르르 풀리는 듯했다.

이미 출가를 결심한 싯다르타는 이제 남은 것은 시기뿐이라고 생각했다. 그러나 한편 자기가 떠나버린 뒤의 일들을 생각하니 한 가닥 불안이 잇따랐다.

'부왕의 실망이 얼마나 클 것인가. 다행히 이모인 마하파자파티에게서 태어난 동생이 있으니 왕위를 계승하는 문제는 크게 걱정이 없다. 그러나 내가 출가해 버린 걸 아신 부왕은 얼마나 애통해 할 것인가. 그리고 아내 야쇼다라는 또 얼마나 슬퍼할 것인가.'

날이 갈수록 태자의 생각은 깊어졌다. 그러던 어느 날 태자는 불현듯 모든 세속적 욕망과 권력을 버리고 출가할 뜻을 세웠다. 그리고 자신의 생각을 부왕에게 말했다.

"대왕이여, 오직 원하옵나니, 제가 집을 떠나 도를 구할 수 있도록 허락해 주소서. 일체 중생은 은혜와 사랑이 모이더라도 반드시 이별이 있는 것 아닙니까? 원컨대 반드시 허락하시옵고 만류하지 마소서."

부왕은 완고하게 반대했다.

"내 아들 태자여, 너는 진정 그 생각을 거두어라. 너는 사문들의 고행을 감당하지 못하리라. 태자여, 나는 왕위와 나라와 모든 재물과 온갖 것을 버리더라도 네가 집 떠나는 일을 그만둔다면 아까울 것이 없다. 네게 집 떠나는 일만 그만둔다면 무엇이든 들어주겠다."

하지만 태자는 출가하려는 생각을 접을 수 없었다. 태자는 인자하신 부모님들께서 사랑으로 보살펴 기르신 은혜를 생각하여 하직인사를 하고 성을 떠나겠다고 결심하고 다시 왕을 찾아갔다.

"왕이시여, 저에게 몇 가지 소원이 있사오니, 만일 이를 들어주시면 내가 이 소원을 얻은 뒤에는 결코 출가하지 않겠나이다. 이 네 가지 소원은 첫째 언제까지나 늙지 않음이요, 둘째 병듦이 없음이며, 셋째 죽지 않음이요, 넷째 서로 이별하지 않음입니다. 부왕께서 이 소원을 들어주시면 결코 출가하지 않겠습니다."

왕은 이를 듣고 슬퍼하면서 말했다.

"태자여, 그 같은 소원은 옛날이거나 지금이나 얻은 이가 없다. 누가 그 네 가지 환난을 없앨 수 있겠느냐? 나 또한 그와 같이 얻을 수 있다면 함께 권하고 도울 것이다. 나는 옛날에 이미 아시타의 예언과 여러 관상쟁이의 말과 더불어 여러 상서로움을 보았다. 너는 반드시 출가할 것임을 알고 있다. 그러나 나라에 왕위를 계승하는 일은 매우 위중한 것이므로 나의 소원은 네가 부디 아들 하나만 낳아주는 것이다. 그 뒤에 세속을 끊겠다 하면 너의 뜻을 다시는 반대하지 않겠다."

19세에 태자와 결혼했던 야쇼다라는 그 후 얼마 뒤에 아들을 낳았다. 태자는 자신의 아들이 태어났다는 소식을 들은 싯다르타는 '오, 라훌라!'라고 탄식했다.

라훌라*는 장애(障碍)・계박(繫縛)이라는 뜻이다. 아들을 얻은 태자는 육친에 대한 깊은 사랑과 그를 넘어서야 함에 대해서 번민했던 것이다. 이 말을 전해들은 왕은 손자의 이름을 '라훌라'라고 지었다. 그러나 출가하고자 하는 태자의 의지는 조금도 줄어들지 않았다. 왕은 태자의 면전에서 더 이상 출가를 만류하지는 않았다.

인물분석 라훌라

* '라훌라(rahula)'는 '장애', 혹은 '걸리적거림'이라는 의미도 있고, 'Ra!'-"Hula!'라고 하면 '아! 달의 신이여!'라는 감탄의 의미도 있다고 한다. 라훌라는 불교 교단의 최초의 예비 승려인 사미승이었다. 그만큼 많은 수난과 곤욕이 있었지만 잘 참아내고 계율을 엄수하는 본보기가 되었으므로 밀행제일(密行第一) 제자라 한다.

성을 넘어 출가하다

아들이 태어났다는 소식을 듣고 '라훌라'라고 탄식을 했지만 한편 이제야말로 기회가 왔다고 결심했다. 왜냐하면 그 때 인도의 풍습으로는 대를 이을 후계자가 있어야 출가가 떳떳하게 여겨졌기 때문이다.

어느 날 밤, 싯다르타는 왕궁을 떠나기로 결심했다. 마지막 밤이나마 모든 사람들의 마음을 기쁘게 해주고 싶었다.

야쇼다라와 함께 궁녀들의 노래와 춤을 즐거운 듯 구경했다. 그리고 밤이 깊었을 때, 싯다르타는 평화스럽게 잠든 아내 야쇼다라와 어린 아기를 번갈아 보았다. 이 세상에서는 보기 드문 평화가 어머니와 아기의 잠든 얼굴에 깃들어 있었다. 아기를 안아보고 싶었지만 야쇼다라가 깨어나면 그의 걸음이 방해될 것이라고 생각했다. 싯다르타는 속으로 그들에게 용서를 빌었다.

모든 사람들이 깊이 잠든 한밤중에 그는 자리에서 일어났다. 그토록 법석이던 지난밤의 궁중이 이제는 무덤처럼 적막했다. 드넓은 대청마루에서는 지난 밤 노래하고 춤추던 궁녀들이 여기 저기 쓰러져 자고 있었다. 어떤 궁녀는 이를 갈면서 자는가 하면 또 어떤 궁녀는 이불을 걷어차 버리고 추한 모양으로 자고 있었다. 피로에 지쳐 곯아떨어진 궁녀들의 몰골은 아름답게 치장하고 있을 때와는 너무도 달랐다. 이 광경을 본 싯다르타는 그들이 가엾게 여겨졌다. 또한 인간의 꾸밈없는 모습을 거기서 본 듯했다.

밖으로 나와 시종이 살고 있는 집 앞으로 다가갔다. 낮은 목소리로 시종 찬다카를 깨워 말을 끌고 나오도록 했다. 싯다르타는 말에 올랐다. 그가 말을 타고 궁중을 빠져나가는 것을 찬다카 이외에는 아무도 모르고 있었다. 찬다카는 무언가 마음에 집히는 일이 있었지만 태자의 그 엄숙하고도 비장한 표정을 보고서 감히 입을 열 수가 없었다.

성문을 나올 때 태자는 속으로 맹세를 했다.

'생사의 문제를 해결하기 전에는 다시 이 문으로 들어오지 않으리라.'

싯다르타는 오랜 세월을 두고 갈망하던 출가의 길을 마침내 이렇게 해서 떠나가는 것이었다. 이날이 음력 2월 8일. 석가모니부처님의 출가재일이다.

그러나 이때 마왕이 태자에게 달라붙어 유혹했다.

"태자여! 궁전으로 돌아가라. 너의 아버지에게 돌아가면 이 세계의 모든 영토와 권력은 곧 모조리 네 것이 된다."

하지만 싯다르타는 동요 없이 마왕을 꾸짖었다.

"악마야 사라져라! 이 세상의 세속적인 모든 것은 내가 구하는 것이 아니다!"

싯다르타는 이렇게 마왕을 쫓아버리고 길을 재촉했다. 성 밖을 벗어나 밤새 걸었고, 먼동이 트기 시작하자 싯다르타는 말에서 내려 찬다카에게 고마움을 전했다.

이 길이 태자의 출가임을 알아차린 찬다카는 흐느껴 울었다. 싯다르타는 강물에 얼굴을 씻고 허리에서 칼을 뽑아 치렁치렁한 머리칼을 손수 잘랐다. 찬다카는 눈물을 흘리며 그 모양을 말없이 지켜볼 수밖에 없었다.

그때 마침 사냥꾼이 그들 곁을 지나갔다. 싯다르타는 그 사냥꾼을 불렀다. 그리고 자기가 입고 온 호화스러운 옷을 벗어서 사냥꾼에게 주고 사냥꾼의 해진 옷을 얻어 입었다. 머리를 깎고 다 해진 옷을 걸친 싯다르타의 모양은 누가 보아도 카필라의 태자로는 보이지 않았다. 그의 모습은 도를 구하는 사문으로밖에 보이지 않았다.

"찬다카, 그럼 우리는 여기서 헤어지기로 하자. 만나면 헤어지는 게 이 세상 인연이 아니냐. 그럼 잘 가거라."

찬다카는 그 자리에 주저앉아 통곡을 했다. 싯다르타는 마지막으로 타고 온 백마를 쓰다듬어 주었다.

인물분석　찬다카와 묵빈대처(默賓對處)

* 마부 '찬다카'는 출가하기 전의 부처님과의 개인적인 친분이 깊었고, 거기에 더해서 부처님의 출가에 결정적인 역할까지 하였다. 나중에 출가해서 비구가 되었으나, 부처님과의 개인적인 인간관계와 과거사를 들먹이며 위세를 부렸다. "내가 새벽에 부처님을 말에 태워 성을 넘지 않았다면 부처님이 출가를 못했을 것이니, 내 덕분에 태자님이 부처가 되신 거야."라고 자랑하면서 다른 이들을 경시하는 자만심 때문에 장로 비구들과 갈등이 잦았다. 부처님이 계실 때는 얌전히 있다가 출타하고 나면 그 위세가 하늘을 찌를 듯한 버릇이 고쳐지지 않자 부처님께서 입적하시기 전에 아난 존자가 찬다카의 이런 문제를 말씀드리고 어떻게 할지 여쭈었다. 부처님께서는 "아난이여, 찬다카 비구가 말하도록 내버려두되, 다른 비구들이 말을 걸거나 질책하지 말도록 하라. 찬다카 비구를 가르치는 것도 일체 그만두어라. 이것이 바로 '브라흐마단다(말하지 않는 벌)'이니라."

'묵빈대처(默賓對處)'라고 불리는 이 벌은 잘못한 사람을 억지로 바로 잡아주려고 벌주거나 고치려고 하거나 꺾으려 하지 말고 그저 대응하지 않고 침묵으로 대처하면 스스로 깨달아 고치게 된다는 뜻이었다. 그래서 아난 존자는 세존이 열반에 드신 뒤에 코삼비에 머물고 있는 찬다카 비구를 찾아가 세존이 지시한 대로 브라흐마단다를 통고했다. 그러자 찬다카는 큰 충격을 받아 기절해버렸다. 이윽고 정신을 차린 찬다카는 코삼비를 떠나 홀로 참회하며 수행했다. 그러자 세존이 무엇 때문에 자신에게 말하지 않는 벌을 내리게 했는지를 깨달을 수 있었다. 그 순간 찬다카 비구는 아라한이 되었다고 한다.

깨달음을 향해 고행하시다 [雪山修道相]

구도의 시작

싯다르타는 우선 가까운 숲으로 들어갔다.

그는 어떤 나무 아래 단정히 앉아 정신을 한 곳에 집중하기 시작했다. 싯다르타는 굳은 결심으로 최초의 싸움에 임했다. 머리 위로 태양이 높이 솟아올라 심한 갈증과 허기를 느꼈지만 움직이지 않았다. 해가 기울고 어둔 밤이 되어도 그 곳을 떠나려 하지 않았다. 오로지 정신을 한 곳에 집중시키려고 애썼다. 그러나 지나간 온갖 기억들이 되살아나 그의 머릿속을 어지럽게 했다. 그는 마음을 더욱 굳게 가다듬었다.

이렇게 하여 첫 밤을 지새우고 나자 싯다르타는 처음으로 자기 뜻대로 수행이 되는 듯 한 생각이 들었다. 그러나 번거로운 기억들은 쉽사리 지워지지 않았다.

다음날도 그 다음날도 같은 상태가 계속되었다. 어떤 날 밤은 비가 몰아쳤다. 비에 흠뻑 젖은 싯다르타는 이가 딱딱 부딪치도록 추위에 떨었다. 더구나 속이 비어 추위를 이겨내기가 어려웠다. 순간 왕궁의 따뜻한 방안 생각이 났다. 싯다르타는 부질없는 생각을 떨쳐버렸다. 그리고 어떠한 유혹에도 뜻을 굽히지 않았다.

이런 상태로 꼬박 한 주일을 같은 자리에 앉아 있었다. 그러나 깨달음을 얻지는 못했다. 깨달음이 그리 쉽게 얻어지는 것이 아니라는 것을 비로소 알게 되었다. 이대로 같은 자리에만 앉아 있는 것이 아무런 소득이 없다고 생각한 싯다르타는 여드레 만에 그 자리를 떨치고 일어났다. 혼자서 진리를 구하는 것보다 수행의 힘이 뛰어난 사람들에게 가르침을 받아야겠다는 생각이 들었다.

싯다르타는 바이샬리로 향하던 중에 '박가바'라는 선인(仙人)의 이야기를 듣고 그가 고행하고 있다는 숲을 찾아갔다. 그 숲은 마을에서 멀리 떨어져 사람들의 발걸음이 미치지 않는 한적한 곳이었다. 싯다르타는 처음으로 자신의 스승이 될 만한 사람을 찾아가는 길이었다.

그러나 박가바 선인의 제자들을 보고 선뜻 느낀 것은 실망이었다. 그들은 남이 흉내 낼 수 없는 어려운 고행*을 하고 있었다. 지극한 단식을 하는 사람이 있었을 뿐 아니라 어떤 사람은 가시로 몸을 찔러 피가 흐르고, 흐른 피가 검붉게 굳어 있는 데도 참고 누워 있었다. 또 어떤 고행자는 타오르는

교리탐구 　**고행주의(苦行主義)**

* 고행주의자들은 고(苦)의 원인이 순수한 영혼에 더러운 육신이 결합하였기 때문이라고 생각했다. 그래서 육체를 학대함으로써 육체로부터 영혼이 분리되는 것을 체험하려고 했다. 경전에 의하면 이들의 고행방식은 다양했다. 어떤 이는 지극히 단식하거나 쇠똥과 같은 더러운 것을 먹었고, 발가벗고 가시 위에 누워 있거나 개미집에 머물러 마치 뱀과 같이 살았다. 뿐만 아니라 먼지와 흙을 끼얹고 쓰레기 위에 누워 있기도 하고 뜨거운 불 곁이나 물 속에 누워 있기도 하였으며, 한쪽 발로 딛고 며칠째 서 있기도 하였다.

불꽃에 몸을 벌겋게 달구고 있거나 물속에 들어가 숨을 죽이고 있거나, 발가벗고 종일 물구나무를 서는 고행자도 있었다.

수행승은 혹독한 고행을 하는 사람일수록 사람들에게 존경을 받고 있었다. 그들은 고행을 참아내는 일로써 수행을 삼고 있는 듯했다. 싯다르타는 그 참을성에 감동하지 않을 수 없었지만 그와 같은 고행 자체는 이해가 되지 않았다.

박가바 선인은 고행의 목적이 하늘나라와 같은 청정한 곳에 태어나기 위한 것이라고 설명하였다. 하지만 싯다르타는 어떤 보상을 바라고 고행을 한다면 괴로움은 영원히 떠나지 않을 것이며, 설령 고행의 결과로 하늘나라에 태어나더라도 그 복이 다하면 다시 윤회하므로 영원히 되풀이될 고와 락의 문제를 해결할 수 없을 것이라고 생각했다.

하룻밤을 그곳에서 머문 다음 싯다르타는 다시 길을 떠났다. 박가바의 제자들로부터 남쪽으로 가면 '알라라깔라마'라는 훌륭한 선인이 있다는 말을 들었다. 그를 찾아가기로 했다. 싯다르타에게 고행주의 수행자들과의 만남이 전혀 무익하지만은 않았다. 인간이 그러한 고행까지도 이겨낼 수 있다는 것은 분명히 새로운 발견이었다.

알라라깔라마의 덕망은 싯다르타도 전부터 듣고 있었다. 그가 있는 곳까지는 길이 멀었다. 몇 개의 강을 건너고 산을 넘어야 했다. 도중에 갠지스 강을 건너 라자가하(王舍城)에 들르게 되었다. 라자가하는 마가다국의 수도로 인구도 많고 집들이 카필라보다도 훨씬 호화로웠다. 마가다국은 빔비사라 왕이 다스리고 있는 나라였다.

싯다르타는 라자가하에서 걸식을 하고 있었다. 사람들은 그 빼어난 모습과 기품 있는 행동을 보고 그가 카필라 왕국의 태자임을 첫눈에 알아보았다. 삽시간에 소문이 퍼졌다. 싯다르타는 판다바 산 동쪽에 사문들이 모이는 곳을 찾아가 자리를 잡고 앉아 명상에 잠겨 있었다.

이 소문을 들은 빔비사라 왕은 기쁜 마음으로 즉시 카필라의 태자를 만나기 위해 몇 사람의 신하를 거느리고 싯다르타를 찾아갔다. 싯다르타는 자기를 찾아온 분이 이 나라의 왕인 줄을 알았다. 일어나 왕을 정중히 맞이했다. 왕도 싯다르타를 보고 수행자에 대한 예로써 인사를 했다.

"태자가 출가하였다는 소문을 듣고 놀랐소. 태자의 부왕께서는 얼마나 가슴 아파하시겠소. 태자처럼 젊고 기품 있는 사람이 사문이 되어 고생한다는 것은 참으로 아까운 일이오. 나와 함께 마가다국을 다스리는 것이 어떻겠소? 마음에 드는 땅을 드리고 편히 살 수 있도록 해드리겠소."

그러나 싯다르타는 정중하게 사양했다.

"친절하신 말씀은 고맙습니다. 그러나 저는 이미 세상의 모든 욕망을 버리고 출가한 몸입니다."

"그렇다면 무슨 목적이 있어 출가를 하셨소?"

"늙고 병들고 죽는 괴로움에서 벗어나 내 자신과 이웃을 구하기 위해서 입니다."

"그것을 이룰 수가 있겠소?"

싯다르타는 조용히 대답했다.

"되고 안 되고는 해보지 않고는 모릅니다. 저는 그것을 알기까지 죽어도 물러서지 않을 각오입니다."

이러한 싯다르타의 높은 뜻과 굳은 결심을 보고 빔비사라 왕은 크게 감동했다.

"태자의 굳은 결심을 반드시 이루어지기를 빌겠소. 만약 그러한 도를 얻으면 꼭 나에게 와서 그 법을 전해주기 바라오."

왕은 마음속으로 싯다르타를 존경하지 않을 수 없었다. 믿음직한 젊은이라 생각했다. 저런 인물이 왕이 되어 나라를 다스린다면 태평한 세월을 누릴 것이라고 믿었다.

이와 같이 싯다르타를 만나는 사람이면 누구나 다 그 인품과 정신력에 감동하였다.

당대 최고 수행자들과 만남

싯다르타는 라자가하를 떠나 알라라깔라마*가 있는 곳에 이르렀다. 알라라는 나이가 많았으나 건장했다. 그는 싯다르타를 기꺼이 맞이했다. 늙은 선인은 차근차근 이야기를 들려주었다.

싯다르타는 이 백발의 선인에게서도 역시 아쉬움 같은 것을 느꼈지만 그래도 얻는 것이 많다는 것을 알고 기뻐했다. 오랜만에 스승을 만난 것 같아 흐뭇했다.

그는 그곳에 머무르며 스승의 가르침에 따라 수행하기로

교리탐구   수정주의(修定主義)

* 알라라깔라마와 웃타카라마풋타 등의 수정주의자들은 우주 근본의 무한하고 영원한 범천(梵天), 즉 브라흐마 신(神)이 전변(轉變)하여 우주만물이 나왔다는 내재신 사상을 가지고 있었다. 이들은 고(苦)의 원인이 브라흐마로 부터 영혼이 분리되어 내재신이 부정과 죄악에 물들었기 때문이라고 생각했다. 그래서 내재신을 정화하기 위해 어떤 대상에 집중하는 사마타(samatha, 止) 명상의 수행을 통해서 윤회를 벗어나 해탈을 얻는다고 보았다.

했다. 그것은 마음의 작용이 정지된 무념무상(無念無想)의 '무소유처(無所有處)' 상태에 이르는 수행이었다. 그는 밤잠을 안 자고 열심히 수행을 계속했다. 그때 알라라깔라마에게는 수 백 명의 제자가 있었다. 그러나 싯다르타는 다른 제자들이 도저히 따를 수 없는 정열과 용맹심을 가지고 수도에 열중했다. 마침내 싯다르타는 스승이 가르쳐 준 경지에 이르고야 말았다. 스승은 깜짝 놀랐다.

"자네 같은 천재를 만나 기쁠 따름이네. 자네는 이미 내가 얻은 경지에 도달하였네. 이제는 나와 함께 우리 교단을 이끌어 나가세."

그러나 싯다르타는 그것으로 만족할 수 없었다. 보다 높은 경지가 있을 것이라고 확신했다. 그는 스승과 하직하고 보다 높은 수행을 위해 다시 길을 떠났다.

어느 날, 카필라에서 부왕이 보낸 사신들이 찾아왔다.

그들은 태자가 떠나온 뒤 카필라가 온통 슬픔에 잠겼다는 이야기를 전했다. 그 중에서도 부왕과 야쇼다라의 비탄은 차마 곁에서 볼 수 없다는 것이었다. 그러면서 싯다르타에게 왕궁으로 돌아갈 것을 애원했다. 그러나 그는 여전히 그 뜻을 굽히지 않았다.

"어떤 일이 있더라도 돌아갈 수는 없다. 내 본래의 뜻이 이루어지기 전에는 죽어도 돌아가지 않을 것이다. 인간은 이별과 죽음을 피할 수 없는 것, 생사를 두려워하고 있으면 사람들은 불행에서 벗어날 수 없다. 나의 이 수행은 내 자신만이 아니라 부왕과 이모와 아내와 그 밖의 모든 사람들을 구하려는 것이다. 그러나 나의 수행은 아직 멀었다. 나의 수행을 방해하지 말고 어서 돌아가거라."

사신들은 태자의 이 같은 굳은 의지 앞에 더 할 말이 없어 어쩔 수 없이 돌아가게 되었다. 그 뒤 싯다르타는 '웃다카라마풋타'라는 스승을 찾아 그에게서 가르침을 받았다.

웃다카는 칠백 명의 제자들을 거느린 이름난 스승이었다. 그는 사유(思惟)를 초월하고 순수한 사상만 남는 '비상비비상처(非想非非想處)'의 경지에 이르는 선정을 가르치고 있었다.

싯다르타는 얼마 안 되어 또 웃다카 스승의 경지에 이르게 되었다. 웃다카는 젊은 수도승 싯다르타에게 그 이상의 높은 경지는 없다고 했다. 그러나 싯다르타는 자기가 출가한 궁극의 목적이 여기에 있지 않음을 잘 알고 있었다. '알라라 깔라마'와 같이 '웃다카라마풋다'에게서도 상당히 깊은 수준의 집중과 몰입에 이르는 선정을 전수받을 수 있었다. 그러나 선정의 명상에서 깨어나면 인생의 고(苦)에 대한 원인과 해결방안을 찾을 수가 없었다.

웃다카 역시 싯다르타에게 자기와 머물며 함께 수행하기를 원했지만 싯다르타는 다시 길을 떠났다.

참담한 고행

그는 보다 완전한 스승을 찾아 여기저기 헤매지 않을 수 없었다. 그러나 그 무렵 인도에서 가장 으뜸가는 수행자로 알라라와 웃다카 두 선인을 제외하고는 아무도 없었다.

싯다르타는 외로움을 느끼기 시작했다. 그것은 더 이상 의

지하고 배울 스승이 없다는 허전함이었다.
 그는 문득 생각했다.
 '어디를 찾아가 보아도 내가 의지해 배울 스승은 없다. 이제는 내 자신이 스승이 될 수밖에 없구나. 그렇다, 나 혼자 힘으로 깨달아야만 한다.'
 싯다르타는 지금까지 밖으로만 스승을 찾아 헤매던 일이 오히려 어리석게 생각되었다. 이제는 자신밖에 의지할 데가 없다고 생각을 돌이키자 자기 자신의 존재 의미가 새로워졌다. 싯다르타는 우선 머물러 도를 닦을 곳을 찾아야 했다. 마가다국의 가야(Gaya)라는 곳에서 멀지 않은 우루벨라 마을의 숲이 마음에 들었다. 아름다운 숲이 우거진 이 동산 기슭에는 네란자라 강[尼連禪河]이 잔잔히 흐르고 있었다. 싯다르타는 이곳을 도량으로 정했다.
 이때 웃다카 교단에서 수도하던 '콘단야'를 비롯한 다섯 사문들이 싯다르타의 뒤를 따라오고 있었다.
 "우리는 오랫동안 수행했지만 스승의 경지에 이르지 못했다. 그러나 이 젊은 사문은 짧은 기간에 스승과 같은 경지에 이르렀다. 그리고도 만족하지 않고 보다 높은 경지를 향해 수행하려고 하지 않는가. 이 분은 결코 범상한 인물이 아니다. 반드시 최고 경지에 도달할 분이다."
 이렇게 판단한 그들은 서로 의논한 다음 웃다카의 교단에서 나와 싯다르타의 뒤를 따라온 것이다. 싯다르타는 이런 결심을 했다.
 '사문들 가운데는 마음과 몸은 쾌락에 맡겨 버리고 탐욕과 집착에 얽힌 채 겉으로만 고행하는 사람들이 있다. 이런 이들은 마치 젖은 나무에 불을 붙이려는 어리석은 사람과 같다. 몸과 마음이 탐욕과 집착을 떠나 고요히 자리 잡고 있어야 그 고행을 통해 최고 경지에 이를 수 있으리라.'

이와 같이 고행에 대한 근본적인 태도를 굳게 결정한 뒤, 싯다르타는 참담한 고행(苦行)을 다시 시작했다. 거지같은 누더기 옷을 입고 하루에 콩과 보리 몇 알, 물 한 모금만 먹으며 비가 오나 눈이 오나 요동함이 없이 일념부동으로 선정에 들었다. 추운 날 차가운 물에 뛰어들거나 뜨거운 불로 몸을 태우기도 하였다.

그 당시 인도의 고행자(苦行者)들이 수행하던 가운데서도 가장 어려운 고행만을 골라 수행했다. 나중에 석존 스스로 "과거·현재·미래의 어떤 고행자도 이런 고행을 했거나, 하고 있거나, 할 자가 없을 것이다."라고 회상할 정도로 그것은 세상에 다시없는 지극한 고행이었다.

몸은 뼈만 남은 앙상한 몰골로 변해갔다. 눈은 해골처럼 움푹 들어가고 뺨은 가죽만 남았다. 죽지 않고 살아있다는 것이 이상하게 느껴질 정도였다. 곁에서 수행하던 다섯 사문들은 너무도 혹독한 싯다르타의 고행을 보고 그저 경탄의 소리를 되풀이할 뿐이었다. 이렇게 뼈를 깎는 고행이 어느 정도 수행에 보탬을 주기는 했지만, 그가 근본적으로 바라는 깨달음에 이르지는 못했다. 그는 완전히 번뇌를 끊지 못했으며 삶과 죽음을 뛰어넘지도 못했다.

마왕을 항복시키다 [樹下降魔相]

고행을 버리다

싯다르타는 깨닫지 못할 바에야 차라리 죽는 편이 낫다고 거듭 결심을 다졌다. 그는 이따금 모든 고뇌와 집착에서 벗어나 해탈의 삼매경에 들어간 것 같은 생각이 들 때도 있었다. 그러나 삼매는 곧 흩어지고 현실의 고뇌가 파고들었다.

고행을 시작한 지도 다섯 해가 지나갔다. 아무도 감히 흉내 낼 수 없는 지독한 고행을 계속해 보았지만 자기가 바라던 최고의 경지에는 이르지 못했다.

어느 날 싯다르타는 그가 지금까지 해 온 고행에 대해 문득 회의가 생겼다. 육체를 괴롭히는 일은 오히려 육체에 집착하고 있는 것이라는 생각이 들었다. 육체를 괴롭히기보다는 차라리 그것을 맑게 가짐으로써 마음의 고요도 가져올 수 있지 않을까 하는 생각이었다.

'이렇게 몸을 괴롭히는 짓을 계속하여서는 안 되겠다. 배가 고파서 머리가 멍하니 정신이 없어 아무 것도 생각할 수 없다. 이런 식으로 하는 것보다는 성안에 있을 때처럼 나무

밑에 앉아서 조용히 생각하는 것이 훨씬 낫겠구나.'

그리하여 싯다르타는 지나친 고행을 수단으로 삼거나, 그 반대로 깊은 선정에의 몰입만을 능사로 여기던 수행법을 떠나서 중도적(中道的)인 방법으로 정진할 것을 다짐하였다. 체력이 극도로 쇠약해진 싯다르타는 나무를 붙잡고 간신히 일어났다. 아름답고 맑은 물이 흐르는 네란자라 강에 들어가 몸을 깨끗이 씻었다. 싯다르타는 꿈에서 깨어난 것 같이 정신이 들었다. 그러나 몸이 지나치게 약해져 있었기 때문에 강둑으로 올라온 순간 쓰러졌다.

마침 그때 그곳을 지나가던 '수자타'라는 처녀가 목장에서 소젖을 짜서 가지고 가는 길에 그것을 싯다르타에게 보시했다. 수자타가 공양하는 우유죽을 받아먹은 싯다르타는 건강을 회복하였다.

최후의 선정과 연기법

콘단야 등 다섯 수행자들은 싯다르타가 고행을 포기하자 크게 실망하고 말았다. 그들은 고행을 그만둔 싯다르타가 타락했다고 생각하고 그의 곁을 떠나 바라나시의 교외에 있는 녹야원(鹿野苑)으로 가버렸다. 싯다르타는 그들을 개의치 않고 홀로 가야에 있는 차리니카 숲 속의 큰 보리수 아래에서 길상초를 깔고 앉았다. 그리고는 자신이 수행했던 과정을 되짚어 보다가 이런 생각을 하였다.

'지난 날, 출가하기 전에 카필라성을 나와서 농부들이 고통스럽게 밭가는 것을 보았다. 그때 한 그루의 염부수가 만들어준 시원한 그늘 밑에 앉아 있으면서 모든 욕망으로 물든 마음을 버리고 일체의 고통을 주는 법을 극복하고 중생을 구제하고자 하는 마음을 일으킴으로써 적정한 상태를 얻어 초선(初禪)을 증득했었다. 나는 이제 다시 그 선정을 생각하리라. 그 길이 바로 보리를 향하는 길이로다. 이제 초선·2선·3선·4선을 증득하리라.'

싯다르타는 목숨을 건 최후의 선정에 들어갔다.

'자, 여기서 진리를 생각하자. 생명의 근원을 밝히고 우주의 법칙을 깨달아 내자. 그래서 모든 사람들이 행복하게 살 수 있는 길을 알 때까지는 피가 마르고 살이 찢어지며 뼈가 썩는 한이 있더라도 여기를 떠나지 말자.'

싯다르타는 반 눈을 감고 우주의 대진리를 생각하고 탐구하였다. 그때 욕계 제육천(第六天)에 있던 마왕 파순*의 궁전이 크게 흔들렸다. 그래서 마왕은 싯다르타를 공격했다. 온갖 악마와 군대를 동원하여 위협하고, 딸들을 이용하여 유혹했다.

싯다르타는 마음 구석구석을 파고드는 악마의 덮침을 찾아내 갈기갈기 찢어버렸다. 그야말로 피가 마르고 살이 찢어지며 뼈가 으스러지는 고투였다. 이윽고 싯다르타는 한

인물분석 마왕파순(魔王波旬)

* 마왕은 '마라(末羅)'라고도 하며 인명을 해치고 수행을 방해하는 귀신이다. 이 우주에서 가장 자극적인 즐거움을 제공하는 욕계 제6천 타화자재천(他化自在天)의 왕으로 부처님이 보리수 아래에서 깨달음을 얻으려는 순간, 큰일났다 싶어서 우레, 폭우, 마귀들을 보내 위협했다. 그게 통하지 않자 딸 세 명을 보내 부처님을 유혹했지만 실패했다.

마지막으로 마왕파순은 "그대가 깨달음을 포기하면 나는 세상을 포기하겠노라"고 제안했지만 그것도 통하지 않았다. 낙담한 마왕파순이 중얼거렸다. "죄다 넘어가는데, 이 어찌된 일인가?" 이렇듯 부처님은 마왕을 물리쳤지만 대부분의 사람들이 마왕에게 잘 넘어가는 이유는 마왕파순이 우리의 몸과 마음의 작용인 오온(五蘊)으로 다가오기 때문이다.

치의 동요 없이 모든 번뇌의 불꽃을 소멸시키고 마왕을 굴복시켰다.

그리고 난 뒤 싯다르타는 청정한 눈으로 선법(善法)과 악법(惡法)을 분별하여 관찰함으로써 욕망과 모든 악법을 소멸하고 선법 속에 들어가 제 1선을 행했다.

이어서 다시는 악에 물들지 않게 되자 마음이 스스로 열려 선법과 악법의 분별관을 버리고 오직 적정한 삼매의 기쁨 속에서 제2선을 행했다.

이어서 2선에서 행한 삼매의 기쁨조차 버리고 대상과 스스로의 마음작용에 대하여 의도와 욕구를 버리자 몸과 마음의 괴로움이 모두 소멸되어 제3선을 행했다.

한걸음 더 나아가 괴로움에 매이거나 즐거움에 안주하지 않고 괴로움 없음과 즐거움 없음도 모두 버리고 선(善)에 의지하거나 악(惡)에 염착하지도 않는 오직 청정한 마음속에서 제4선을 행하였다.

이렇게 선정을 행하는 과정에서 제법실상(諸法實相)을 여실히 보게 되고, 육신통을 증득하였다. 그리고 노병사(老病死, 늙고 병들고 죽는 상실의 괴로움)는 생(生, 삶에 대한 집착)에 의거하고, 생(生)은 유(有, 변함없는 존재를 추구하고 취착함)에 의거하며……, 이와 같은 내지 열두 가지의 연관 고리[十二緣起]로 결박되어 있다는 사실, 또 그 모두가 연기(緣起)의 이치에 대한 무지몽매함[無明]으로 인하여 비롯된 것임을 알았다. 이같이 인간 삶의 열 두 고리의 연관[十二緣起]을 처음부터 끝까지 순서대로 관하고[順觀] 거꾸로 끝에서부터 처음을 관하며[逆觀], 일어나는 인연으로 관하고 소멸하는 인연으로 관하였다. 이른바 '이것이 있으면 저것이 있고 이것이 없으면 저것이 없다.[此有故彼有 此無故彼無] 이것이 일어나면 저것이 일어나고, 이것이 소멸하면 저것이 소멸한다.[此起故彼起 此滅故彼滅] 곧 무명으로 인하여 제행을 인연하고 내지 인간의 모든 고통이 생겨나며, 무명이 소멸되면 인간의 모든 고통이 소멸되는 것이다.' 라는 연기법(緣起法)*의 뜻을 깨치게 되었다. 마침내 칠 일째 되던 날 새벽녘에 이르러 사성제(四聖諦)*를 통해 생사고통의 사슬을 끊고 뭇 중생을 제도할 모든 신통을 체득했다.

그 날 새벽 동쪽 하늘에 반짝이는 별을 보는 순간 무상정

교리탐구 연기법(緣起法) / 사성제(四聖諦)

*연기법(緣起法) : 연기법은 '세상의 모든 것이 스스로 존재하거나[自存] 영원히 존재하는 것[恒存]이 아니라, 무언가에 의거해서 무언가를 조건으로 일시적으로 성립한다.'는 불교의 핵심교리이다. 연기법에 의거하면 존재의 유무(有無)는 '상호관계의 유무'이며, 존재의 생멸(生滅)은 '상호관계의 생멸'이다. 우리가 '이것'으로 정의 내리는 것은 반드시 '저것'과의 관계 속에서만 설명될 수 있다.

예를 들어 높은 산, 크고 화려한 건물, 넓고 큰 운동장, 긴 막대 등의 경우에 각각 그것보다 낮은 산, 작고 초라한 건물, 좁고 작은 운동장, 짧은 막대 등과의 관계 속에서만 그렇게 규정된다. 이처럼 그 어떤 것도 홀로 나타나지 않고 그것의 조건과 더불어 나타난다. 이런 원리는 인간의 고(苦)와 락(樂), 행복(幸福)과 불행(不幸)의 문제에서도 마찬가지로 적용된다. 연기법에 대한 이해는 스스로에게 잠재된 불성(佛性)을 발견하는 출발점이다. 불교의 기본 수행법인 팔정도(八正道)의 첫 번째 덕목이 정견(正見)인데, 이는 다름 아닌 연기법에 대한 철저한 이해를 의미한다.

*사성제(四聖諦) : '네 가지 거룩한 진리'라는 말로서 부처님이 깨달음을 얻은 뒤 다섯 사문에게 최초로 가르침을 편 내용으로, 노병사(老病死)의 괴로움을 해결하기 위해 연기법의 원리를 인생의 현실문제에 적용한 이론이다. 경전에서는 "모든 착한 법이 사성제로 귀결된다."고 하여, 고(苦)의 문제를 해결하기 위한 부처님의 가르침이 모두 사성제로 수렴되고 있음을 천명하고 있다. 초기불교의 십이처(十二處), 오온(五蘊), 십이연기(十二緣起)의 모든 교리는 사성제를 기본구조로 하고 있다. 내용은 ①인생의 현실은 괴로움으로 충만해 있다는 고성제(苦聖諦), ②괴로움의 원인은 욕망과 집착이 일어나기 때문이라는 집성제(集聖諦), ③번뇌를 없애면 괴로움이 없는 열반의 세계에 이르게 된다는 멸성제(滅聖諦), ④열반에 이르기 위해서는 팔정도를 실천해야 된다는 도성제(道聖諦)의 네 가지이다. 집성제는 고성제와 원인 결과의 관계에 있고, 도성제와 멸성제는 상호 조건관계에 있다.

등각(無上正等覺)*을 완성하고 큰 소리로 사자후를 외쳤다.

"이제 어둠의 세계[無明]는 타파되었다. 내 이제 다시는 고통의 수레에 말려 들어가지 않으리라. 이것을 고뇌의 최후라 선언하며 이제 여래의 세계를 선포하노라."

싯다르타는 출가한지 육 년 만에 마침내 성불하였다. 싯다르타의 몸은 아름다운 빛으로 빛났다. 싯다르타의 나이가 35세 되던 해 12월 8일 아침이었다.

이 날을 성도일(成道日), 즉 진리를 깨친 날이라 한다. 이날부터 사람들은 '진리광명을 깨친 석가족의 성자'라는 뜻으로 싯다르타를 '석가모니'라 부르게 되었다. 스물아홉에 태자의 몸으로 카필라의 왕궁을 버리고 출가한 젊은 수도자는 목숨을 걸고 찾아 헤매던 끝에 더 이상 도달할 것 없는 최고의 진리를 깨달았다. 그때 나이 서른다섯 살이었다.

법열의 시간

큰 깨달음을 얻은 석가모니부처님은 차리니카 숲에서 가부좌를 맺고 앉아 형언할 수 없는 법열에 잠겼다. 그리고 깨달음의 만족감과 기쁨이 모든 중생들의 것으로 전파되어야 한다고 생각했다. 이때 브라만 계급이 창조주 신(神)으로 여겨 제사지내던 브라흐마 신이 부처님께 세 번이나 다가와 깨달은 바의 법(法)을 이 세상에 펴주실 것을 거듭 청했다.

부처님은 이렇게 7·7일이 지나도록 삼매의 힘으로 계속 계셨다. 수자타의 우유죽 공양 이래로 드신 것이 없이 목숨을 지탱해 오신 것이다. 그때 북천축(北天竺)으로부터 그곳을 지나가는 트라푸사와 발리카라는 두 장사꾼이 있었다. 그들은 숲을 수호하는 수풀귀신으로부터 부처님께서 정각을 얻었다는 사실과 지금 그에게 음식을 공양 올리면 큰 복을 얻을 것이라는 말을 전해 들었다. 그들은 보릿가루, 우유, 꿀을 가지고 상인 일행들과 함께 부처님 처소에 나아가 공양을 올렸다. 부처님께서는 사천왕들이 각각 가져온 진귀한 발우들을 거절하고 네 개의 돌발우를 하나로 만들어 상인들이 올리는 음식을 받았다. 그리고는 법을 전하기 위해 드디어 자리에서 일어났다.

부처님은 자신이 깨달은 진리가 쉽지 않아서 지혜가 총명한 사람이 아니고서는 이해하기 어려울 것이라 여겼다. 그래서 예전에 자신에게 선정(禪定)을 가르쳐주었던 '알라라깔라마'와 '웃다카라마풋다'를 생각했다. 그때 한 천왕이 공중에서 몸을 숨기고 부처님 처소에 와서 그들이 이미 이 세상을 떠나고 없다는 사실을 말해주었다.

그래서 녹야원에서 지난날 함께 수행하던 콘단야 등의 다섯 사람의 수행자를 떠올렸다. 그들이라면 묘법을 체득할 수 있다고 생각했다. 부처님은 천안(天眼)으로 다섯 수행자들이 바라나시 녹야원에서 수행하고 있다는 것을 보았다. 부처님은 그들이 고행하고 있는 녹야원으로 발길을 옮겼다.

낱말풀이 무상정등각(無上正等覺)

* 부처님의 깨달음은 무상(無上)하고 바르고(正) 평등(等)한 깨달음(覺)이란 의미이다. "아뇩다라삼먁삼보리"를 번역한 말로서 아뇩다라는 무상(無上), 삼먁삼보리는 정등각(正等覺)의 뜻이므로 무상정등각(無上正等覺)이라 번역된다. 부처님이 깨달은 진리를 가리키며, '정각' 이라고도 한다. 부처님의 깨달음은 더 이상 위가 없는 최상이며, 바르고 평등하며 완벽하다는 뜻이다. 부처님 이외에도 깨달음은 있을 수 있으나 무상정등각은 부처님의 깨달음만을 의미한다.

녹야원에서 법을 전하시다 [鹿苑轉法相]

최초의 설법과 교단의 성립

붓다가야(Buddha-gaya)*에서 녹야원이 있는 바라나시까지는 280km나 되는 먼 길이었지만 부처님은 그 길을 혼자서 걸어가셨다. 도중에 숙명론자였던 사명외도(邪命外道)*의 한 사람을 만나게 되었다. 그는 부처님의 얼굴을 유심히 쳐다보면서 말했다.

"당신의 얼굴은 잔잔한 호수와 같이 맑게 빛납니다. 모습은 아주 행복해 보입니다. 당신은 누구를 따라 출가했고, 누구를 스승으로 모시고, 어떤 가르침을 받고 있습니까?"

"나는 모든 것을 정복했고, 이 세상의 진리를 다 알게 되었소. 갈애를 떠난 완전한 해탈을 성취했소. 스스로 깨달았으니 내 스승은 없소. 33천의 모든 신들을 포함해 세상에 나

| 유래 이야기 | 붓다가야와 보리수 |

* 붓다가야(Buddha-gaya)의 원래의 지명은 가야(Gaya)이지만, 부처님이 깨달음을 얻은 곳이라고 하여 '붓다가야'로 이름 붙여지고 현재까지 성지로 되어 있다.
 또 보리수(菩提樹)는 원래 피팔라(Pippala)로 힌두교도들이 숭배하는 나무였는데, 부처님이 그 아래에 앉아 깨달음을 얻었다 하여 마음을 깨쳐 준다는 뜻의 '보리수(Bodhidruama)'라고 이름 붙여졌다. 중국과 우리나라에서는 보리수가 자라지 못하므로 찰피나무, 또는 보리자나무를 보리수라고 하며 그 열매로 염주를 만든다.

와 동등한 이는 없고, 또 나와 비교할 이도 없소. 나는 진실로 세상의 보배이고, 최고 스승이오. 나는 올바르게 깨달았고 열반을 성취했소. 나는 법륜을 굴려 어두운 세상에 감로북을 울리기 위해 녹야원으로 가고 있소."

이렇듯 부처님은 이교도들이 교단의 전통이나 세력, 그리고 수행자의 나이를 중시하던 당대의 통념에 아무런 걸림 없이 스스로 더 위 없는 존재임을 자신 있게 밝혔다.

부처님이 녹야원에 이르렀을 때 다섯 사문들은 전과 다름없이 고행을 계속하고 있었다. 간혹 싯다르타의 이야기가 나오면 다들 그의 타락을 비난했다.

그때 다섯 수행자는 멀리 부처님께서 점차 그곳에 이르심을 보자 서로 일러 말했다.

"저기에 우리들을 향해 오고 있는 이는 바로 싯다르타 태자이다. 우리들은 서로 맹세하자. 그는 고행을 포기하여 타락한 까닭에 선정을 상실하고, 온 몸이 욕망에 얽매였다. 우리들은 그를 공경하여 맞을 필요도, 그에게 앉을 자리를 권할 필요도 없다. 그러나 다만 그가 원한다면 스스로 앉게는 하자."

그때 부처님께서는 잠자코 다섯 수행자에게 나아가셨다. 부처님의 상호는 청정 원만하고 몸은 황금으로 장엄한 산과

교리탐구   사명외도(邪命外道)

*육사외도(六師外道)의 한 사람인 막칼리고살라가 속해 있던 종교를 말한다. 유물론의 일종으로 인간존재의 물질성이 사후세계에도 존속할 수 있다고 가정했다는 점이 특이하다. 부처님은 이들을 '아지비카'라고 하였는데 이는 '삐뚤어진 생활자'라는 뜻이다. 그것은 이들이 모든 것을 우연의 연속으로 보고 인간이 의지작용으로 이룰 수 있는 것은 없다고 하면서 수행의 불필요함을 주장했음에도, 엄격한 고행이라는 수행을 원칙으로 하여 의식주를 극히 제한하고, 때로는 주기적인 단식까지 한 것과 관련이 있다.

같이 빛났으며, 크고 거룩한 덕이 있어 비교할 이가 없었다. 그들은 부처님이 가까이 할수록 거룩한 덕에 감화되어 편안히 앉아 있을 수가 없었으므로, 자신들의 맹세를 어기고 함께 일어났다. 그리고는 자리를 펴서 앉을 자리를 만들고 물을 길어와 발을 씻어 드리려 하고 혹은 발우를 받들면서 스승의 예를 갖추어 맞으며 인사를 하였다.

"어서 오십시오 고오타마시여, 이 자리 위에 앉으소서."

부처님은 그들에게 세속적인 쾌락의 삶과 육체를 학대하는 고행의 삶, 이 양극단을 극복하는 중도(中道)의 가르침을 설했다. 왜냐하면 쾌락은 물론이고 고행 역시도 욕망에 결박된 것이기에 여래는 그 두 가지 치우침을 버리고 중도의 길을 통해서 깨달았기 때문이었다.

또한 부처님은 중도의 여덟 가지 실천방법인 팔정도를 설하였고, 이어서 고집멸도(苦集滅道)의 네 가지 거룩한 진리[四聖諦]를 설하셨다. 이를 계기로 다섯 사람은 부처님의 제자가 되었으니 불(佛, 진리를 깨달은 스승), 법(法, 가르침), 승(僧, 가르침을 따르는 출가제자)의 삼보(三寶)가 성립되어 불교의 교단이 세워졌다.

전도 선언

그 후 부호의 외아들로서 인생을 비관하고 번민하던 '야사'라는 청년과 그의 부모가 부처님의 제자가 되었다. 얼마 뒤에 야사는 친구 55인과 함께 출가했다.

이렇게 60명의 출가 제자는 모두 오래지 않아 누(漏)가 다한 아라한을 이루어 마음이 잘 해탈되었다. 야사의 일행이

출가하고 녹야원에서 여름을 보내신 후, 부처님은 모든 비구들에게 이렇게 말씀하셨다

"수행자들이여, 나는 이미 일체 속박으로부터 해탈되었고, 그대들도 일체 속박으로부터 자유롭게 되었다. 이제 모든 천인과 인간들 속에서 그들을 제도하라. 많은 사람들에게 이익이 되고, 많은 사람들에게 안락을 주기 위하여 속히 떠나라. 마을로 들어갈 때는 홀로 스스로 갈 것이요, 두 사람이 함께 가지 말라. 항상 처음과 중간과 끝을 모두 올바르게 설해서 의미가 분명하고 어구가 명료하여 의심이 없게 하라. 나는 이제 곧 우루벨라의 병장촌에 머무르면서 그들을 위해 법을 설하리라."

부처님은 인도 문화의 중심지인 마가다국의 라자가하[王舍城]로 향했다. 라자가하로 가는 길목인 우루벨라에 이르러 그곳에서 큰 세력을 떨치고 있던 '불(火)'을 섬기는 사화외도(事火敎道)* 카샤파 삼형제를 교화하여 제자로 삼았다.

이들에게는 1000명의 제자가 있었는데, 그들 모두 스승과 함께 부처님께 귀의하여 출가하였다. 120살의 카샤파가 한 젊은

교리탐구 사화외도(事火外道)

*고대 인도신화에 등장하는 불의 신 아그니(Agni)를 섬기는 외도를 말한다. 석가모니부처님 당시에는 카샤파 삼형제가 민중들 사이에서 대단한 호응을 얻고 있었다. 부처님은 카샤파 삼형제 중에서 제자를 가장 많이 거느린 '우루벨라 카샤파'의 암자로 찾아가서 그의 사당인 성화당(聖火堂)에서 하룻밤을 지내길 청한다. 우루벨라는 허락하면서 "그 안에는 신통력을 지닌 용왕이 있는데 해를 끼칠 것이다."라고 겁을 주었다. 안에 들어간 부처님은 가부좌를 틀고 화계삼매 들어 용왕과 대결하였다.

부처님은 용왕이 연기를 뿜으면 같이 연기를 뿜고, 화염을 토하면 같이 화염을 토하면서 용왕의 화력을 없애버렸다. 우루벨라의 제자들은 부처님이 참된 수행자이지만 결국 용왕에게 당하고야 말것이라고 염려했다. 그러나 다음날 아침에 부처님은 미꾸라지만 한 작은 뱀이 된 화룡을 바릿대에 담아서 우루벨라에게 보였다. 이에 우루벨라는 부처님께 굴복하였다. 그리고 사천왕, 제석천, 범천이 부처님께 와서 가르침을 듣는 것을 보고 진심으로 부처님께 승복하여 제자가 되었다. 우루벨라는 성화당에서 쓰던 도구들을 강물에 버렸고 떠내려오는 이 도구들을 본 나머지 형제들도 부처님께 귀의하게 되었다고 한다.

사문에게 귀의했다는 소식을 마가다국 전체를 뒤흔들었다.

　마가다국의 빔비사라왕도 카샤파 삼형제를 믿고 따르다가 부처님의 제자가 되었고, 그의 신하는 물론 그곳의 많은 백성들도 부처님께 귀의했다. 빔비사라 왕은 부처님과 승단을 위해 불교 최초의 사원인 죽림정사(竹林精舍)를 지어 바쳤고 부처님께서는 그 곳을 설법의 근거지로 삼았다. 그 후 부처님은 온갖 어려움을 참고 큰 자비심으로 많은 나라를 두루 다니면서 생명이 있는 것은 전부가 내 몸의 일부분이라고 설하며, 그들을 구제하면서 참된 진리를 전하기 시작하였다.

　부처님의 주위에는 자비로운 진리의 말씀을 듣고자 제자가 되려는 사람이 한없이 늘어갔는데, 특히 회의주의(懷疑主義) 사상가 산자야의 제자였던 사리풋타(舍利佛)와 목갈라나(目健連)*가 250명의 제자를 이끌고 부처님께 귀의하였다. 이들은 여러 제자들 중에서 각각 지혜와 신통이 가장 뛰어나 이후 교단을 이끌어감에 있어서 지대한 역할을 하였다.

인물분석　사리풋타와 목갈라나의 귀의

*사리풋타와 목갈라나는 원래 산자야의 수제자였다. 산자야는 인도 사상사에서 처음으로 등장한 대표적인 회의론자로서 진리를 있는 그대로 인식하고 서술하는 것이 불가능하다고 주장했다. 예를 들어 "내세가 존재하는가?" 라는 질문에 "그렇다고는 생각하지 않는다. 그렇다고도, 그것과 다르다고도, 그렇지 않다고도, 그렇지 않은게 아니라고도 생각하지 않는다." 라고 답했다고 한다. 이처럼 형이상학적 질문에 대해 애매한 답변을 하여 '뱀장어처럼 미끄러워 잡기 어려운 교설[抱鰻論]로 일컬어진다.

　산자야의 수제자였던 사리풋타와 목갈라나가 부처님께 귀의했다는 사실은 매우 중요한 의미를 가진다. 이들은 부처님의 초전법륜을 들은 '아설시(assaji)'로부터 부처님의 교설인 연기법(緣起法)을 접하게 되자마자, 그에 매료되었다고 전한다. 왜냐하면 회의주의의 난제였던 "긍정적 가르침과의 해후"라는 문제를 해결하는데 부처님의 처방이 매우 훌륭했기 때문이다. 특히 사리풋타는 궁극의 기원이나 운명에 관한 문제에 대해서 부처님과 방랑자 '디가나카'가 벌이는 토론을 보고, 외도들이 그런 문제를 해결하려는 시도 자체가 허망하다는 것을 자각하고 깨달음을 이룰 수 있는 기회를 얻었다고 한다. 한편 사리풋타와 목갈라나의 사상은 불교의 무기설(無記說)에도 큰 영향을 끼쳤다.

카샤파 삼형제와 함께 귀의한 1,000여명의 비구대중, 그리고 사리풋타와 목갈라나와 함께 귀의한 250제자를 합하여 1,250여 비구 대중을 형성했고, 이들 1,250명은 언제나 부처님과 함께 수행자로서 같이 다녔다.

부처님이 고향 카필라국에 가셨을 때는 석가족들을 위해 설법하셨다. 설법을 듣고 그들은 며칠 안 되어 앞을 다투어 부처님의 제자가 되었다. 이때 양모 마하파자파티의 아들이자 부처님의 아우인 난다, 부처님의 아들 라훌라, 그리고 야쇼다라의 남매 아난다*와 데바닷타도 이때 출가하였다. 아난다는 일생을 바쳐 부처님을 시봉하였으나, 데바닷타는 부처님 교단에 반역하기도 하였다. 또 부처님은 여성의 출가를 허락함으로써 마하파자파티와 야쇼다라도 출가하여 많은 석가족 사람들이 부처님께 귀의하게 되었다. 1,250명의 수행자 이외에 출가하지 않은 제자는 3만여 명이 넘었다.

인물분석 아난다(阿難陀)

*아난다라는 인도말은 환희·기쁨을 뜻한다. 부처님의 사촌동생으로 곡반왕의 아들이다. 부처님이 성도(成道)하시던 날 곡반왕 집안 하인이 정반왕에게 와서 "당신의 동생인 곡반왕이 아들을 낳았다"고 전하자 정반왕은 크게 기뻐하여 "오늘은 매우 기쁜 날이다."라며 그 이름을 아난다, 즉 '기쁨'이라고 지었다고 한다.

석존이 성도하신 뒤 귀향했을 때, 난타(難陀)·아나율(阿那律) 등이 함께 출가하였고, 아난다는 부처님이 55세가 되자 대중들의 천거에 의하여 20여 년 간 석존의 시자(侍者)를 맡아 가까이에서 모시면서 부처님의 법문을 가장 많이 듣고 기억했다. 그래서 '다문제일(多聞第一)'의 제자라고 한다. 미남이었던 탓으로 여인의 유혹이 여러 번 있었으나 지조가 견고하여 몸을 잘 보존하고 수행을 완성했다. 부처님의 이모인 마하파사파티의 출가를 세 번이나 간청하여 허락을 받음으로써 여성이 출가할 수 있게 하였다.

부처님 멸도 후에 마하가섭과 함께 제1차 결집 때 매우 중요한 역할을 맡았다. 제1차 결집 때 부처님의 가르침을 기억을 더듬으며 "이와 같이 나는 들었다. 어느 때 부처님께서는 …" 이라는 말을 시작으로 암송하면 여러 비구들은 아난의 기억이 맞는지 확인하여 잘못이 있으면 정정한 후 모두 함께 외웠다. 이렇게 경(經)이 결집되었다.

육신을 버리고 열반에 드시다 [雙林涅槃相]

자등명 법등명(自燈明 法燈明)

 45년 동안 중생들을 교화하는 동안 시간은 흘러 어느덧 석가모니부처님은 팔십 세에 이르렀다. 고령에도 불구하고 부처님의 전도는 쉼 없이 이어졌다. 부처님 일행은 라자그리하[王舍城]에서 슈라바스티[舍衛城]로 가는 도중에 바이샬리성 근처의 벨루바나[竹林] 촌에 머물렀다.

 그때 그 나라에는 흉년이 들고 곡식이 귀해 걸식하기가 어려웠다. 부처님은 여러 대중스님들에게 각각 흩어져서 바이샬리나 밧지족에 있는 동료와 지인에게 의지하여 우계(雨季)의 안거(安居)에 들 것을 지시했다. 부처님은 아난다 존자와 벨루바나에 머무셨는데, 이 안거 중에 병이 나시어 온몸에 격심한 통증을 느끼셨다. 그러나 제자들이 모두 흩어져 있는 와중에 열반에 드는 것은 옳지 않다고 생각해서 삼매(三昧)의 힘으로 병을 이겨내고 목숨을 이어갔다.

 병에서 회복한지 며칠 안 된 어느 날 아난다는 부처님 곁에 와서 이렇게 말했다.

"부처님께서 무사하시니 다행입니다. 부처님의 병환이 중하신 것을 보고 저는 어찌할 바를 몰랐습니다. 그러나 교단에 대해서 아무 말씀도 없이 이대로 열반에 드실 리는 없다고 생각하니 위안이 되었습니다."

부처님은 아난다에게 말씀하셨다.

"아난다야, 교단은 나에게 무엇을 더 바라는가? 나는 이제까지 모든 법을 다 가르쳐 왔다. 법을 가르쳐 주는 데 인색해 본 적이 없다. 내가 교단을 보호한다거나 교단에 명령한다고 생각하면 승가에 무엇인가를 말했을 것이다. 하지만 내가 교단을 보호한다거나 교단에 명령한다는 생각을 하지 않는데 승가에 어떤 말을 하겠는가? 수행자들은 자기를 등불로 삼고, 자기를 귀의처로 삼고, 남에게 의지하지 마라.[自燈明] 법을 등불로 삼고, 법을 귀의처로 삼고, 다른 것을 의지하지 마라.[法燈明] 아난다야, 누구든지 지금이나 내가 죽고 난 뒤에 내 가르침대로 수행하는 비구는 나의 제일가는 제자가 될 것이다."

대반열반(大般涅槃)

안거가 끝난 뒤에 대중들을 바이샬리 근교의 대림중각강당(大林重閣講堂)에 모아 설법하신 뒤에 수행자들에게 말씀하셨다.

"수행자들이여, 나는 법으로써 몸소 체험하여 무상정등각을 이루었다. 그대들 또한 마땅히 이 법 가운데 살면서 서로 물과 기름처럼 상극이 되지 말고, 물과 젖처럼 화합하고 존중하여, 다툼을 일으키지 말고 힘써 수행하면서 서로의 등불이 되라. 여래는 석 달 뒤에 반열반(般涅槃)에 들 것이니라."

제자들은 부처님의 말씀을 듣고 슬피 울었다. 그들은 의지할 곳과 자신들을 지도할 스승을 잃는다는 생각에 괴로워했다. 그 후 부처님은 쿠시나가라를 향해 길을 가던 중에 대장장이의 아들 춘다에게 전단나무 버섯으로 만든 음식을 공양을 받으셨다. 부처님은 춘다의 공양이 수자타의 우유죽 공양과 다를 바 없는 귀한 것이라고 말하셨다. 그것은 마지막 공양이었으니, 무여열반(無餘涅槃)에 들 때의 공양은 무상정등각을 성취하려고 할 때의 공양과 같은 것이었다.

그리고는 쿠시나가라 성에서 멀지 않는 숲의 두 그루 사라나무 아래에 이르러 마지막 밤을 보냈다. 쿠시나가라 사람들은 그날 밤 부처님께서 열반하실 것이라는 이야기를 전해 듣고 슬피 울고 땅에 쓰러져 기절했다가 깨어났다. 그리고는 각자 집으로 돌아가 그 가족을 이끌고 또 흰 천을 가지고 사라나무 숲으로 가서 부처님 전에 이르렀다.

이때 쿠시나가라에 살던 120세가 넘는 늙은 수행자 '수바드라'도 그 소식을 듣고 부처님이 돌아가시기 전에 평소의 의문을 풀어야겠다고 허둥지둥 사라수의 숲으로 달려왔다.

그러나 아난다는 "부처님을 번거롭게 해드려서는 안 됩니다. 부처님은 지금 피로해 계십니다." 하고 청을 받아 주지 않았다. 부처님은 아난다에게 수바드라를 가까이 오도록 이르시고 이렇게 말씀하셨다.

"진리를 알고자 찾아온 사람을 막지 말아라. 그는 나를 괴롭히기 위해서가 아니라 내 설법을 듣고자 온 것이다. 그는 내 말을 들으면 곧 깨닫게 될 것이다."

부처님은 수바드라를 위해 설법을 들려 주셨다. 수바드라는 부처님께 가르침을 듣고 깨달음을 얻어 마지막 출가제자가 되었다. 아난다는 부처님께서 열반에 드신다는 말을 듣고 슬퍼서 견딜 수가 없었다. 부처님은 아난다를 불렀다.

"아난다야, 울지 말아라. 우리에게 가깝고 소중한 모든 것에서 이별은 피할 수 없는 것이라고 내가 이미 말하지 않았더냐. 태어나고, 생겨나고, 만들어진 것은 무엇이나 그 자체 안에 없어질 성질을 포함하고 있다. 그렇지 않을 수는 없다. 너는 그동안 나를 위해 수고가 많았다. 내가 간 뒤에도 더욱 정진하여 성인의 자리에 오르도록 하여라."

아난다는 슬픔을 참으면서 부처님께서 열반에 드신 다음 그 몸을 어떻게 할 것인지를 여쭈었고, 부처님은 말씀하셨다.

"너희 출가 수행자는 여래의 장례 같은 것에 상관하지 말아라. 너희는 오로지 진리를 위해 부지런히 정진하여라. 여래의 장례는 재가자들이 알아서 치러 줄 것이다."

부처님은 무수히 모여든 제자들을 돌아보시면서 다정한 음성으로 물어보셨다.

"비구들아, 나의 가르침에 의문이 있거든 물어라. 이것이 마지막 기회가 될 것이다."

그러나 제자들은 부처님이 떠나신다는 큰 슬픔 앞에서 아무도 입을 열지 못했다.

"어려워 말고 다정한 친구끼리 말하듯 내게 물어보아라."

이렇게 세 번을 말씀하시자, 아난다가 말했다.

"지금 이 자리에 모인 수행자들 중에는 부처님의 가르침에 대해서 의문을 지닌 사람이 없습니다."

아난다의 말을 들으시고 부처님은 곧 열반*에 들 것을 예감하고 마지막 법을 설했다.

"나는 곧 세상을 떠난다. 내가 열반한 뒤에는 내가 설한 법(法)과 계율(戒律)이 너희의 스승이 될 것이다. 모든 것은 덧없다. 게으르지 말고 부지런히 정진하여라. 이것이 나의 마지막 가르침이다."

마지막 설법을 마친 석가모니부처님은 평안히 열반에 드셨다. 이날이 음력 2월 15일, 열반일이다. 쿠시나가라 사람들은 아난다 존자의 지시에 따라 화장을 거행하게 되었다.

이때 마가다국의 왕 아자타삿투를 비롯한 여덟 나라 왕은 모두 부처님의 사리를 나누어 받기를 바랬으나, 쿠시나가라 사람들이 이를 거부하여 싸움이 일어났다. 그러나 현자(賢者) 드로나의 중재로 사리를 여덟 나라가 나누어 가지고, 화장한 재는 다른 두 나라가 나누어 가져서 각각 탑을 세워 봉안했다.

교리탐구 열반(涅槃) / 반열반(般涅槃) / 무여열반(無餘涅槃)

* **열반(涅槃)** : 범어 '니르바나'의 음역으로 '훅 불어서 불을 끄다.'는 의미로 수행에 의해 진리를 체득하여 무명(無明)과 집착(執着)을 끊고 일체의 속박에서 벗어난 깨달음의 경지이다. '해탈'은 부처님 당시 외도 수행자들도 쓰는 용어였지만, 열반은 불교 고유의 용어이다. '반열반(般涅槃)'이라고도 한다.

* **반열반(般涅槃)** : 모든 번뇌를 완전히 소멸한 상태로 구경열반(究竟涅槃)이라고도 한다. 반열반에서 '반(般)'자는 가장 수승하다는 뜻으로서 반열반이라는 것은 '가장 수승한 열반'이라는 뜻이다. 또 한편으로 석가모니 부처님의 육신이 완전하게 소멸하는 입멸(入滅)의 의미로도 쓰인다. 대반열반(大般涅槃)은 '석가모니 부처님의 위대한 입멸'의 의미이다.

* **무여열반(無餘涅槃)** : 열반은 유여열반과 무여열반으로 구분되는데, 유여열반은 번뇌는 다했지만 육체는 아직 남아 있는 경우이고, 무여열반은 열반을 얻은 상태에서 몸의 생명이 다하여 육신도 사라지는 것을 말한다.

| 제 2 장 |

초기경전의 가르침

가장 오래된 부처님 육성

무소의 뿔처럼 혼자서 가라 [經集]

비구들이여, 모든 생물에 대해서 폭력을 쓰지 말고, 어느 것이나 괴롭히지도 말며, 자녀를 갖고자 하지도 말라. 하물며 친구이랴. 무소의 뿔처럼 혼자서 가라.

가까이 사귄 사람끼리는 사랑과 그리움이 생긴다. 사랑과 그리움에는 괴로움이 따르게 마련이다. 연정(戀情)에서 근심이 생기는 것임을 알고, 무소의 뿔처럼 혼자서 가라. 친구를 동정한 나머지 마음이 얽매이면 손해를 본다. 가까이 사귀면 이런 우려가 있다는 것을 알고, 무소의 뿔처럼 혼자서 가라.

자식이나 아내에 대한 애착은 가지가 무성한 대나무가 서로 엉켜 있는 것과 같다. 죽순이 다른 것에 달라붙지 않도록, 무소의 뿔처럼 혼자서 가라.

벗들과 함께 있으면, 머물거나 가거나 또는 나그네 길에 있어서까지 항상 간섭을 받게 된다. 어리석은 벗들이 좋아하지 않는 홀로 있는 자유를 찾아, 무소의 뿔처럼 혼자서 가라. 벗들과 어울리면 유희와 환락이 따른다. 또 자녀들에 대한 애정은 헤아릴 수 없이 두텁다. 사랑하는 사람과 헤어지는 게 싫다면, 애초부터 무소의 뿔처럼 혼자서 가라.

사방으로 돌아다니면서 남을 해치려는 생각을 갖지 않고 무엇이나 얻은 것으로 만족하고, 온갖 고난을 이겨 두려움이 없이 무소의 뿔처럼 혼자서 가라. 총명하고 예의 바르고 어진 동반자로 벗을 삼는다면 어떠한 난관도 극복하리니, 기쁜 마음으로 생각을 가다듬고 그와 함께 가라. 그러나 그러한 동반자를 벗으로 사귈 수 없다면, 마치 정복한 나라를 버리고 가는 왕과 같이, 무소의 뿔처럼 혼자서 가라.

우리는 참된 벗 얻기를 바란다. 자기보다 뛰어나거나 동등한 친구와는 가까이 친해야 한다. 그러나 이러한 친구를 만나지 못할 때에는 허물을 짓지 말고, 무소의 뿔처럼 혼자서 가라.

애욕은 그 빛이 곱고 감미로우며 즐겁게 한다. 또 여러 가지 모양으로 우리들의 마음을 산산이 흐트러 놓는다. 관능적인 애욕에는 이와 같은 위험이 있다는 것을 알고, 무소의 뿔처럼 혼자서 가라.

이것이 내게는 질병이고 종기이며 재난이고 화살이며 공포이다. 관능적인 애욕에는 이러한 두려움이 있다는 것을 알고, 무소의 뿔처럼 혼자서 가라.

탐내지 말고 속이지 말며, 갈망하거나 남의 덕을 헐뜯지도 말라. 혼탁과 미혹을 버리고 세상의 온갖 애착에서 벗어나 무소의 뿔처럼 혼자서 가라.

의롭지 못한 것을 생각하고 그릇된 일에 사로잡힌 나쁜 벗을 멀리하라. 탐욕에 빠져 있거나 게으른 사람을 가까이 하지 말고, 무소의 뿔처럼 혼자서 가라.

 널리 배워 진리를 알고 고결하고 총명한 이를 벗으로 사귀라. 그리하여 온갖 이로운 일을 배우고 의혹을 떠나 무소의 뿔처럼 혼자서 가라. 세상의 놀이와 환락을 즐기거나 구하지 말고 사치하지 말라. 허식을 버리고 진실을 말하면서, 무소의 뿔처럼 혼자서 가라. 홀로 앉아 선정(禪定)을 게을리하지 말고, 모든 일에 늘 이치와 법도에 맞도록 행동하라. 모든 생존에는 걱정 근심이 따르는 것임을 알고, 무소의 뿔처럼 혼자서 가라.
 소리에 놀라지 않는 사자와 같이, 그물에 걸리지 않는 바람과 같이. 무소의 뿔처럼 혼자서 가라.

누가 천한 사람인가 [經集]
 부처님이 어느 날 사밧티 거리에서 탁발을 하면서 불을 섬기는 어느 바라문의 집앞을 지나가셨다. 바라문이 부처님을 보자, "비렁뱅이 까까중아, 거기 섰거라. 천한 놈아, 거기 섰거라." 하고 놀려 대었다.
 부처님은 걸음을 멈추고 바라문에게 말씀하셨다.
 "당신은 어떤 것이 천한 사람인지 알기나 하시오? 그리고 천한 사람을 만드는 조건이 무엇인지 알고 있소?"
 "어디 당신이 한 번 말해 보시오." 하고 바라문이 말했다.
 부처님은 말씀하셨다.
 "화를 잘 내고 원한을 품으며, 간사하고 악독해서 남의 미덕을 덮어 버리고 그릇된 소견으로 모함하는 사람, 생물을 해치고 동정심이 없는 사람, 시골과 도시를 파괴하여 독재자로서 널리 알려진 사람, 마을에 살거나 숲에서 살거나 주지도 않는데 남의 것을 가지는 사람, 빚이 있어 돌려달라고 독촉을 받으면 언제 빚을 졌느냐고 잡아떼는 사람, 얼마 안되는 물건을 탐내어 행인을 살해하고 그 물건을 약탈하는 사람, 증인으로 불려 나갔을 때 자신이나 남을 위해 돕는 재물 때문에 거짓으로 증언하는 사람, 폭력을 써서 혹은 서로 눈이 맞아 친척이나 친구의 아내와 놀아나는 사람, 그를 천한 사람으로 아시오.

가지고 있는 재물이 풍족하면서도 늙고 쇠약한 부모를 섬기지 않는 사람, 부모나 형제 자매 혹은 계모를 때리거나 욕하는 사람, 상대가 이익되는 일을 물었을 때 불리하게 가르쳐주거나 숨기는 일을 알리는 사람, 나쁜 일을 하면서 자기가 저지른 일을 숨기는 사람, 남의 집에 갔을 때는 융숭한 대접을 받았으면서 그쪽에서 손님으로 왔을 때는 예의로써 대하지 않는 사람, 세속적인 어리석음에 덮여 변변치 않은 물건을 탐하고 사실 아닌 것을 말하는 사람, 자기를 칭찬하고 남을 경멸하며 스스로의 교만 때문에 비겁해진 사람, 그를 천한 사람으로 아시오.

남을 괴롭히고 욕심이 많으며 나쁜 야심을 지녀 인색하고, 덕도 없으면서 존경받으려 하며 부끄러움을 모르는 사람, 사실은 존경받지 못할 사람이 존경받을 사람이라 자부한다면 그는 이 세상의 도적이오. 그런 사람이야말로 가장 천한 사람이오. 내가 당신에게 말한 이와 같은 사람들은 참으로 천한 사람이오. 날 때부터 천한 사람이 되는 것은 아니오. 태어나면서부터 귀한 사람이 되는 것도 아니오. 오로지 그 행동에 따라 천한 사람도 되고 귀한 사람도 되는 것이오. 아무도 각자의 행동에 의해 천한 사람도 되고 귀한 사람도 되는 것을 막을 수 없소"
 이와 같이 말씀하셨을 때 바라문이 부처님께 말했다.
 "참으로 훌륭한 말씀입니다. 마치 넘어진 사람을 일으켜 주듯이, 덮인 것을 벗겨 주듯이, 길 잃은 사람에게 길을 가르쳐 주듯이, 여러 가지 방편으로 법을 밝혀 주셨습니다. 저는 부처님께 귀의합니다. 그리고 가르침과 수행승의 모임에 귀의합니다. 부처님께서는 오늘부터 제 목숨이 다할 때까지 저를 세속의 신자로 받아 주십시오."

감로의 과보를 가져오는 농사 [經集]

 어느 때 부처님은 마가다국 남산에 있는 한 마을에 탁발을 나갔다. 농사 준비에 바쁜 바라문은 음식을 받기 위해 한쪽에 서 있는 부처님을 보고 말했다.
 "사문이시여, 나는 밭을 갈고 씨를 뿌립니다. 밭을 갈고 씨를 뿌린 후에 곡식을 얻어 먹습니다. 당신도 밭을 갈고 씨를 뿌리십시오."
 부처님은 말씀하셨다.
 "바라문이여, 나도 밭을 갈고 씨를 뿌리오. 갈고 뿌린 다음에 먹소."
 "그러나 우리는 지금까지 당신의 멍에나 호미 그리고 작대기나 소를 본 일이 없습니다. 그런데 당신은 어째서 나도 밭을 갈고 씨를 뿌린 다음에 먹는다고 하십니까? 당신이 밭을 간다는 것을 알아듣도록 말씀해 주십시오."
 "믿음은 종자요, 지혜는 멍에와 호미, 부끄러움은 괭이자루며, 의지는 잡아매는 줄이고, 생각은 내 호미날과 작대기라오. 몸을 근신하고 말을 조심하며 음식을 절제하여 과식하지 않고 나는 진실로써 김을 매며, 온화한 성질은 내 멍에를 벗겨주오. 노력은 내 황소, 나를 안온의 경지로 실어다 주오. 물러남 없이 앞으로 나아가 그곳에 이르면 근심 걱정이 없어지오. 내 밭갈이는 이렇게 이루어지고 감로(甘露)의 과보를 가져오는 이런 농사를 지으면 온갖 고뇌에서 풀려나게 되오."

이때 밭을 가는 바라문이 말했다.

"당신이야말로 정말 밭을 가는 분입니다. 당신 고타마께서는 감로의 과보를 가져다 주는 농사를 지으십니다. 저는 당신 곁에 출가하여 완전한 계율을 받겠습니다."

밭을 가는 바라문은 이렇게 해서 부처님 곁에 출가하여 완전한 계를 받았다. 그후 얼마 되지 않아 사람들을 멀리하고 홀로 부지런히 정진하여 마침내 더없이 청정한 행의 궁극을 스스로 깨달았다. 그리하여 그는 성인의 한 사람이 되었다.

마음의 안락을 얻는 길 [法句經]

"마음은 불안하여 흔들리고, 지키기 어렵고, 억제하기 어렵다. 어진이는 마음을 곧게 지키기를 마치 활쟁이가 화살을 '곧게 만들듯이' 올바르게 한다.

물속에서 물밖으로 던져진 물고기처럼, 이 마음은 마왕의 세계에서 벗어나려고 파닥거린다.

잡기 어렵고 경솔하고 욕정따라 헤매는 마음을 억제하는 것은 즐거운 일이다. 억제된 마음은 안락을 가져다 주리라.

몹시 알아보기 어렵고 또 아주 섬세하고, 욕정에 따라 헤매는 마음을 슬기로운 이는 지켜야 하리라. 잘 지켜진 마음은 안락을 가져다 주리라.

멀리 홀로 가며, 꼴도 없이 마음속에 숨은 생각을 억제하는 동안에는 마귀의 굴레에서 벗어나리라.

마음이 불안하고 바른 법을 모르며, 신념이 흔들리는 사람의 지혜는, 완성을 이루지 못하리라.

마음에 번뇌가 없고, 생각이 흔들리지 않고, 또 선악을 초월하고, 깨어있는 사람에겐 두려움이 없으리라.

이 몸은 물항아리처럼 '깨지기 쉬운 줄' 알고, 이 마음을 성곽처럼 굳건히 하고서, 지혜의 무기를 가지고 악마와 싸우라. 싸워 얻은 것은 지키고 앞으로 전진하라.

아아, 이 몸은 곧 땅위에 누우리라. 의식도 없이 쓸모도 없는 나무토막처럼 버림을 받으리.

적이 적을 대하고 원수가 원수를 향하여 어떠한 '악'을 할지라도, 몹쓸 악을 향한 마음은 더욱 큰 악을 사람에게 가하리라. 어머니와 아버지, 어느 친척이 주는 선(善) 보다도 바른 도를 향한 마음은 우리에게 더 큰 선을 주리."

게으름은 죽음이다 [法句經]

"게으르지 않음은 영원히 사는 길이요, 게으름은 죽음의 길이다. 게으르지 않은 이는 죽지 않겠지만, 게으른 이는 이미 죽은 거나 마찬가지다. 이 이치를 분명히 알고 거스르지 않는 사람은 게으르지 않음을 기뻐하고 성인의 경지를 즐기리라.

생각을 깊이 하고 참을성 있고 항상 힘써 애쓰는 어진 이는 가장 높은 자유와 행복이 있는 열반을 얻으리라. 애쓰고 깊이 생각하고, 행실이 깨끗하고 신중하게 행동하며 스스로 자제하고 법에 따라 사는 근면한 사람은 그 영광이 더욱 빛나리라. 애쓰고 부지런하고, 깊은 자제로써 잘 참는 지혜가 있는 이는, 홍수에도 쓸려가지 않는 섬을 쌓아야 하네.

어리석어 슬기롭지 못한 이는 게으름에 빠지고, 슬기로운 이는 귀중한 재산을 지키듯 부지런함을 지킨다.

게으르지 말라. 쾌락을 가까이 하지 말라. 애욕을 가까이 말라. 게으르지 않고 깊이 생각하는 사람만이 큰 안락을 얻으리라. 어진이가 부지런하여 게으름을 물리치면 지혜의 높은 탑에 오르게 되며, 근심을 떠나 근심에 싸인 어리석은 무리들을 내려다보게 된다. 마치 산에 오른이가 땅에 있는 사람들을 내려다보듯이.

게으른 무리 가운데서 부지런하고, 잠자는 무리 사이에 깨어 있는 어진 이는 빠른 말이 느린 말을 앞질러 달리듯이 앞으로 나아간다. 인드라 신은 부지런함으로써 모든 신의 으뜸이 되었다. 부지런함은 찬미를 받고 게으름은 언제나 비난을 받는다.

부지런함을 즐기고 게으름을 두려워 하는 수행자는 크고 작은 모든 속박을 불같이 태우면서 전진한다. 부지런함을 즐기고 게으름을 두려워 하는 수도자는 열반에서 결코 물러서지 않는다."

연꽃이 진흙 속에 피듯이 [法句經]

"원한을 가진 사람들 속에 살지만 그 원한을 버리고 크게 즐기며 살자. 원한을 가진 사람들과 함께 있어도, 원한에서 벗어나 살자.

고민하고 있는 사람들 속에 살지만 그 고민에서 벗어나 크게 즐기며 살자. 고민하고 있는 사람들과 함께 있어도 고민에서 벗어나 살자.

탐욕을 가진 사람들 속에 살지만 그 탐욕에서 벗어나 크게 즐기며 살자. 탐욕이 있는 사람들과 함께 살아도 탐욕에서 벗어나 살자.

아무것도 가지지 않아도 크게 즐기며 살자. 우리는 광음천의 신들처럼 즐거움을 먹으며 살자.

승리는 원한을 낳고, 패자는 괴로워 쓰러지리라. 마음의 고요를 얻은 사람은 승리나 패배를 버리고 즐겁게 산다.

탐욕과 같은 불길은 없고, 노여움과 같은 죄는 없으며, 육체적 존재보다 더한 괴로움은 없고, 마음의 고요보다 더한 안락은 없다.

건강은 가장 큰 이익이고, 만족은 가장 큰 재산이다. 믿고 의지함은 가장 귀한 친척이고, 열반은 가장 높은 복락이다. 고독의 맛과 고요의 맛을 본 사람은 진리의 기쁜 맛을 맛보면서 공포나 악으로부터 벗어난다.

성인을 만나는 것은 좋은 일이다. 함께 살면 언제나 즐겁다. 어리석은 자를 만나지 않으면 늘 편안하고 즐겁다.

바보와 함께 걷는 자는 오래 괴로워 한다. 바보와 함께 사는 것은 원수와 함께 사는 것처럼 언제나 고통이다. 현명한 사람과 함께 살면 친척들의 모임처럼 즐겁다.

그러므로 다음과 같이 말할 수 있으리라. 마치 달이 천체의 궤도를 따르듯이 현명하고 지혜 있고 널리 배우고 잘 견디고 믿음이 있고 거룩한 사람, 이러한 선인, 선지식을 따르라."

자기 자신의 주인이 되라 [法句經]

"자신을 사랑할 줄 안다면 자신을 잘 지켜야 한다. 먼저 자신를 바로 갖추고 남을 가르치라. 그러면 현명한 이는 괴로워하지 않으리라. 남을 가르치듯 스스로 행하면 그 자신을 잘 억제할 수도 있고, 또 남도 잘 억제할 수 있게될 것이다. 자신만이 자신의 주인, 어떤 주인이 따로 있으랴? 자신만 잘 제어하면 얻기 힘든 주인을 얻은 것이다.

스스로 악을 행하면 스스로 더러워지고, 스스로 악을 행하지 않으면 깨끗해 진다. 깨끗함과 더러움은 자신에 달려 있다. 아무도 남을 깨끗하게 할 수는 없다. 아무리 큰 일이더라도 남을 위한다는 핑계로 자신의 의무를 등한시하지 마라. 자기 의무를 알고 그 의무에 충실해야 한다."

지혜와 자비의 가르침 I

적(賊)을 막는 길 [長阿含 遊行經]

부처님께서 라자가하의 영축산에서 천이백오십 명의 비구(比丘)들과 계실 때였다. 마가다의 왕 아자타삿투*는 밧지국과 서로 좋지 않은 사이였다. 어느 날 왕은 여러 신하들에게 이렇게 말했다.

"밧지국은 나라가 부강하고 백성이 많으며 땅이 기름지다. 해마다 풍년이 들고 진기한 것이 많이 나는 것만을 믿고 나에게 굴복하지 않으니 쳐들어가 정복하고야 말겠다."

왕은 바라문 출신인 어진 신하 '우사'에게 자기 대신 부처님

인물분석 아자타삿투

*중인도 마가다국의 왕으로 빔비사라 왕을 아버지로 위제희 부인을 어머니로 태어났다. 빔비사라 왕이 늙도록 아들이 없음을 걱정하여 신(神)에게 기원하였는데, 어떤 관상쟁이가 말하기를 "비부라 산에 있는 선인이 죽으면 태어난다"고 하여, 왕은 그 선인이 죽기를 기다리지 않고 선인을 죽이니 부인이 곧 아이를 배었다. 이 아이는 나기 전부터 원한을 품었다는 뜻으로 미생원(未生怨)이라 하였다. 아이가 원한을 품었다는 관상쟁이의 말을 듣고 높은 누각을 지어 아이를 떨어뜨렸으나 한 손가락만 꺾였다고 한다. 장성한 태자는 부처님을 배반하고 새로 교단을 조직하려는 제바달다의 꼬임을 받아 부왕인 빔비사라를 죽이고 어머니를 가두는 등 역적죄를 감행하면서 왕위에 올랐다. 이런 악행은 '왕사성의 비극'으로 〈무량수경(無量壽經)〉의 배경이 되었다. 후에 부처님께 귀의하여 교단의 외호자가 되어 제1차 경전결집의 대사업을 완성하는데 기여하게 된다.

을 찾아뵙고 가르침을 받아 오도록 분부했다. 우사는 오백 대의 수레에 기마 이천 마리와 부하 이천 명을 데리고 영축산으로 향했다. 그는 부처님을 뵙고 공손히 꿇어앉아 여쭈었다.

"마가다의 왕 아자타삿투는 부처님께 머리 숙여 거처가 편안하고 기력이 좋으신지 안부를 물으셨습니다."

부처님께서 대답하셨다.

"고맙소. 왕과 백성들은 다 평안하십니까?"

우사는 찾아온 뜻을 말했다.

"임금님은 밧지국과 뜻이 맞지 않아 여러 신하들과 의논한 끝에 그 나라를 정복하기로 했습니다. 그래서 부처님의 가르침을 듣고자 저를 보낸 것입니다."

부처님은 우사에게 말씀하셨다.

"내가 일찌기 밧지국에 머무르면서 본 일인데 그 나라 사람들은 모두 근엄합니다. 나는 그들을 위해 나라를 다스리는 데 필요한 일곱 가지 법을 말한 적이 있소. 만일 지금도 그것을 실행하고 있다면 더욱 흥할지언정 쇠약해지지는 않았을 것이오."

우사는 합장을 하고 간절한 마음으로 여쭈었다.

부처님은 아난다에게 말씀하셨다.

"아난다야, 밧지국 사람들이 자주 모임을 가지고 바른 일을 의논하여 몸소 지킨다는 말을 들은 일이 있느냐?"

"그렇다고 들었습니다."

부처님은 다시 아난다에게 말씀하셨다.

"그렇다면 어른과 젊은이들은 서로 화목하여 갈수록 흥할 것이다. 그 나라는 안온하여 누구의 침략도 받지 않을 것이다.

너는 또 밧지국의 임금과 신하가 화목하고 윗사람과 아랫사람이 서로 공경한다고 들은 일이 있느냐?"

"그렇다고 들었습니다."

"그렇다면 그 나라는 언제나 안온하여 갈수록 흥성하고 누구의 침략도 받지 않을 것이다. 너는 밧지국 사람들이 법을 받들어 삼가야 할 것을 알고 예의를 어기지 않는다고 들은 일이 있느냐?"

"그렇다고 들었습니다."

"그렇다면 그 나라는 누구의 침략도 받지 않을 것이다. 또 밧지국 사람들은 부모에게 효도하고 어른을 공경하여 순종한다고 들은 일이 있느냐?"

"그렇다고 들었습니다."

"그렇다면 그 나라는 누구의 침략도 받지 않을 것이다. 그들이 전통을 존중하고 조상을 공경하여 제사를 지낸다고 들은 일이 있느냐?"

"그렇다고 들었습니다."

"그렇다면 그 나라는 누구의 침략도 받지 않을 것이다. 너는 또 그 나라의 부녀자들이 정숙하고 진실하며 웃고 농담할 때라도 그 말이 음란하지 않다고 들은 일이 있느냐?"

"그렇다고 들었습니다."

"그렇다면 그 나라는 누구의 침략도 받지 않을 것이다. 너는 그 나라 사람들이 수행자를 공경하고 계행(戒行)이 청정한 이를 존경하여 보호하고 공양하기를 소홀히 하지 않는다고 들은 일이 있느냐?"

"그렇다고 들었습니다."

"그렇다면 어른과 젊은이들은 서로 화목하여 갈수록 더 흥성할 것이다. 그래서 그 나라는 언제나 안온하여 누구의 침략도 받지 않을 것이다. 나라를 다스리는 이가 일곱 가지 법을 실행하면 어떤 적이라도 그 나라를 위태롭게 할 수 없을 것이다."

이 말을 듣고 있던 우사는 부처님께 말씀드렸다.

"밧지국 사람들이 일곱 가지 중에서 하나만 지킬지라도 치지 못할 것인데, 하물며 일곱 가지를 다 지킨다면 더 말할 것도 없습니다. 나라 일이 많으므로 이만 물러가겠습니다."

그는 일어나 부처님께 예배하고 자리를 떠났다.

고행과 올바른 수행 [南傳 長部經典]

부처님께서 녹야원(鹿野苑)에 계실 때였다. 나형외도(裸形外道)* 카샤파가 부처님을 찾아와 이렇게 말했다.

"부처님, 당신은 온갖 고행을 싫어하고 고행자(苦行者)를 비방한다는데 그것이 사실입니까?"

부처님께서 말씀하셨다.

"카샤파, 그것은 내 뜻이 아니오. 또 그것은 내 말을 바르

교리탐구   **나형외도(裸形外道)**

* 사문(沙門)에 속하는 수행자들로서 몸에 아무것도 걸치지 않고 알몸으로 고행하는 자이나(Jaina)교도를 말한다. 이들은 업(業, karma)을 물질로 보고 물질인 신(身)·구(口)·의(意) 삼업(三業)이 영혼에 흘러 들어가 들러붙음으로써 자아를 속박한다고 생각했다. 그래서 극심한 고행을 통해서 물질인 업(業)을 영혼으로부터 분리시키고자 하였다. 이런 까닭에 자이나교도의 삶은 불살생·불사음·불투도와 같은 금욕과 고행으로 이루어졌고, 완벽한 무소유(無所有)를 실천했다. 겉으로 교리체계는 불교와 흡사해 보이지만, 부처님께서 "나형외도는 하구(河口)에 그물을 쳐서 고기를 잡는 어부와 같이 사람들을 파멸시킨다."라고 지적하실 정도로 이들은 지나치고 격렬한 수행을 행했다.

게 전한 것도 아니오. 나는 천안(天眼)으로써 고행자가 죽은 후 지옥에 떨어지는 것도 보고 천상에 태어나는 것도 봅니다. 이와 같이 고행자 중에는 지옥에 떨어지기도 하고 천상에 태어나는 이도 있는데, 어떻게 모든 고행을 싫어하고 모든 고행자를 비방할 수 있겠소."

"부처님, 알몸이라든가 공양을 받지 않는 일, 또는 쇠똥을 먹고 나무껍질이나 짐승의 가죽으로 몸을 가리며, 항상 서 있거나 하룻밤에 세 번씩 목욕을 하는 것 같은 고행은 사문*에게도 바라문*에게도 알맞은 일이 아닙니까?"

"카샤파, 아무리 그와 같은 고행을 할지라도 그 사람에게 계행(戒行)과 선정(禪定)과 지혜(智慧)가 없으면 참된 사문이나 바라문과는 거리가 멉니다. 화내지 않고 남을 해칠 생각이 없으며 자비심을 기르고 번뇌가 없어 현재에 깨달아 있으면, 그 사람이야말로 진정한 사문이요 바라문이라고 할 것이오."

"부처님, 사문이나 바라문이 된다는 것은 얼마나 어려운

교리탐구 사문(沙門) / 바라문(婆羅門)

* 사문(沙門) : 부처님 당시에 바라문에 대항하는 혁신적 사상가들을 말한다. 이들은 바라문과 달리 '베다'의 권위를 부정하고 일반민중의 언어인 '프라크리트'를 사용하면서, 사회적 계급을 불문하고 출가를 인정하였다. "만물은 불멸의 실체인 개별 요소의 일시적 화합에 의해 이루어져서 서로 연결되어 있지 않으며, 업보는 단멸하는 것이다." 라는 단멸론(斷滅論)의 입장을 취하고 있는데 이를 적취설(積聚說)이라고 한다. 부처님도 사문 가운데 한 사상가였다. 하지만 부처님은 바라문의 사상은 숙명론, 사문들의 사상은 우연론으로 보았고, 두 사상 모두 인간의 윤리와 자율적 의지를 간과하고 있음을 비판하셨다.

* 바라문(婆羅門) : 인도의 카스트 제도에서 브라만·크샤트리아·바이샤·수드라의 4계급으로 나누어진 사성계급(四姓階級)중 가장 높은 브라만 계급이다. 이들은 상층민의 언어인 '산스크리트'를 사용하면서 스스로 창조주 브라흐마, 즉 범천(梵天)의 후예라 자처하여 제사를 주관했다. 이들이 전수하는 경전 '베다(Veda)'는 '앎'이라는 뜻인데, 이는 신에게 기복을 비는 제사 지내는 방법을 안다는 의미이다. 이들의 신앙은 우파니샤드 철학으로 발달하여 "만물은 우주의 원리인 브라흐마의 자기전개로 이루어져서 서로 연결되어 있고, 업보가 영원하다." 는 상견론(常見論)의 입장을 취하였는데 이를 전변설(轉變說)이라고 한다.

일입니까?"

"그 어려움이 곧 고행을 닦는다는 뜻은 아니오. 고행쯤이야 물 항아리를 나르는 하녀도 할 수 있는 일이 아니오? 화내지 않고 남을 해칠 생각이 없으며 자비심을 기르고 번뇌가 없이 현재에 충실한 것이 참으로 어려운 일입니다."

이교도 카샤파는 다시 부처님께 여쭈었다.

"부처님, 그러면 그 계행과 선정과 지혜의 성취란 어떤 것을 말하는 것입니까?"

"계행의 성취란 이런 것이오. 여래(如來)가 이 세상에 출현하여 스스로 깨닫고 남을 가르칠 때에 사람들이 그 가르침을 듣고 신심을 내어 출가합니다. 그래서 계율에 따라 행동을 삼가고 바른 행동으로 즐거움을 삼으며, 조그마한 허물도 두려워하고 감관(感官)을 다스려 바른 지혜를 갖춥니다. 산목숨을 죽이지 않고 주지 않는 것을 갖지 않으며, 음행을 하지 않고 거짓을 말하거나 거친 말을 쓰지 않으며 바른 생활을 해나가는 것이오. 또 선정의 성취란 눈으로 사물을 볼 때라도 감관을 잘 지켜 그 모양에 팔리지 않고 가나 오나 앉으나 누울 때에도 항상 마음의 눈을 밝히어 바른 마음과 바른 생각에 머뭅니다. 새가 날개밖에는 아무것도 갖지 않듯이 몸을 가리는 옷과 배를 채우는 밥으로 만족하고 나무 밑이나 동굴 속, 숲이나 묘지 등 한적한 곳을 찾아 고요히 앉고, 그래서 탐욕과 성냄과 게으름과 의심을 버리고 건강하고 자유롭고 안전한 사람이 되어 선정에 들어가는 것이오.

그리고 지혜의 성취란, 선정에 의해 고요하고 맑고 밝아 아무 것에도 걸림이 없는 마음으로써 이 세상의 덧없음과 '나(我)'라고 내세울 것 없음을 알며, 다섯 가지 신통[五神通]을 얻고 네 가지 진리[四聖諦]를 알아 번뇌를 없애고 깨달음을 얻어 해탈했다는 분명한 자각을 가지는 것이오."

불교 근본 가르침, 사성제 [長阿含 般泥洹經]

부처님께서 파탈리풋타로 가시던 도중 라자가하에서 멀지 않은 왕원(王園)에 쉬면서 비구들에게 말씀하셨다.

"도(道)를 닦는 이는 반드시 네 가지 진리[四聖諦]를 알아야 한다. 어리석은 사람들은 진리를 알지 못해 오랫동안 바른 길에서 벗어나 생사(生死)에 매여 헤매느라고 쉴 새가 없다. 어떤 것이 네 가지인가. 첫째, 인생의 본질은 괴로움이니 이것을 고성제(苦聖諦)라고 한다. 둘째, 괴로움의 원인은 탐욕·성냄·어리석음이 일어나고[集起] 그것에 속박되기 때문이니 이것을 집성제(集聖諦)라 한다. 셋째, 괴로움과 괴로움의 원인이 없어져 다한 것이니 이것을 멸성제(滅聖諦)라 한다. 넷째, 괴로움과 괴로움의 원인을 없애는 길이니 이것을 도성제(道聖諦)라 한다.

괴로움의 뜻을 알지 못하고 지혜롭지 못하므로 오랫동안 먼 길을 헤매어 생사가 쉬지 않는다. 그러므로 반드시 이 세상 모든 것이 괴로움임을 알아야 할 것이다.

태어나는 것[生], 늙는 것[老], 병드는 것[病], 죽는 것[死], 사랑하는 사람과 헤어지는 것[愛別離苦], 미워하는 사람과 만나는 것[怨憎會苦], 구하는 것이 얻어지지 않는 것[求不得苦], 궁극적으로 육체와 정신작용에 대한 번뇌와 집착[五陰盛苦]이 모두 괴로움이다. 그러므로 오온(五蘊)*으로 된 이 몸이 모두 괴로움이니 이것을 고성제(苦聖諦)라고 한다. 삶의 본질이 괴로움인 줄 알고 애욕의 집착(執着)을 끊으면 지혜의 눈을 얻었다고 하리니, 이 생을 마친 뒤에는 다시 괴로움이 없게 된다.

괴로움의 원인이 되는 집(集)이라는 것은 대상을 갈망하는 애욕(愛慾)에 의거해서 고(苦)가 발생하고 지속된다는 것이다. 따라서 고(苦)와 집(集)이 모두 소멸하고 도제(道諦)를 받들어 수행의 길을 따르면 이 생을 마치고 뒤에 다시 태어나지 않는다. 이미 진리를 보아 도(道)의 눈을 얻은 이에게는 다시 나고 죽음이 없다. 그리고 괴로움을 완전히 소멸한 도(道)를 얻으려면 여덟 가지의 행(行)을 닦아야 한다.

첫째는 마음을 다하여 여래의 가르침을 듣고, 둘째는 애욕을 버려 갈등을 없애며, 셋째는 살생과 도둑질과 음행 같은 것을 저지르지 않고, 넷째는 속이고 아첨하며 나쁜 말로 꾸짖는 일을 하지 않으며, 다섯째는 질투하고 욕심내어 남들이 믿지 않는 일을 하지 않고, 여섯째는 모든 것이 무상(無常)*하고 고(苦)*이고 공(空)*이고 무아(無我)*임을 생각하며, 일곱째는 몸의 냄새나고 더럽고 깨끗하지 않음을 생각하고, 여덟째는 몸에 탐착하지 않고 마침내는 흙에 들어갈 것이라고 아는 것이다.

과거의 모든 부처님들이 모두 이 네 가지 진리를 알았고, 미래에 오실 부처님들도 이 진리를 볼 것이다. 세속적인 은혜와 사랑을 탐하고 바라거나 혹은 세상의 부귀와 명예와 오래 살기를 원하는 이는 괴로움을 벗어나는 길을 끝내 얻지 못한다."

사성제와 팔정도 [中阿含 分別聖諦經]

부처님께서 바라나시의 녹야원에 머물면서 제자들에게 말씀하셨다.

"나는 이곳 녹야원에서 일찍이 어떤 사람도 또 어느 곳에서도 굴린 적이 없는 최상의 법륜을 굴렸었다. 그것은 네 가지 진리인데, 고(苦)·집(集)·멸(滅)·도(道)이다.

비구들이여, 사리풋타와 목갈라나를 섬기고 받들어라. 그들은 지혜로워 청정(淸淨)하게 수행하는 이의 보호자가 될 것이다. 사리풋타는 너희들의 생모와 같고 목갈라나는 양모와 같으리라. 사리풋타는 처음 발심하여 수행하는 이를 잘 길러 주고, 목갈라나는 그들을 이끌어 깨달음에 이르게 할 것이다. 이제 사리풋타가 너희들에게 네가지 진리를 잘 가려서 말해 줄 것이다."

교리탐구 오온(五蘊) / 무상·고·무아 / 공

* **오온(五蘊)** : 인간을 구성하는 물질적 요소인 색(色)과 정신요소인 수상행식(受想行識)을 합쳐 부르는 말. '색'은 물질요소로서의 육체를 말하고, '수'는 감정·감각의 감수작용, '상'은 과거에 경험한 일에 대한 표상이나 개념을 만드는 작용, '행'은 미래에 대한 의지작용, '식'은 인식판단하고 기억하는 작용이다. 다른 말로 명색(名色, 名은 수상행식)이라고도 하며, 인간존재는 이 다섯 가지 요소의 작용이므로 무아론(無我論)의 기초로 설명된다.

* **무상(無常)·고(苦)·무아(無我)** : 이 세가지는 부처님 가르침의 가장 큰 특징이며, 삼법인(三法印)의 내용이다. 무상(無常)은 모든 것이 덧없이 변화하므로 영원한 것은 없다는 뜻이고, 고(苦)는 모든 것이 끊임없이 변화하는 불안정한 것임에도 그것을 인정하지 않는 것이 괴로움이라는 의미이며, 무아(無我)는 모든 것이 조건에 의해 일시적으로 성립될 뿐이므로 영원한 개체나 자아는 없다는 의미이다. 부처님 경전에서는 세계와 인간존재의 본질이 "무상·고·공·무아"라고 누누이 설하고 있다.

* **공(空)** : 공은 범어 '수냐(sunya)'의 한역(韓譯)으로 '비어 있음'을 뜻하는 말이다. 인도 수학에서 '수냐'는 '0-zero'를 의미하는 말로 비어 있는 수이다. 비어 있으므로 무한한 수이다. 불교에서는 실체성(實體性)이 없다는 의미이다. 모든 존재는 인연에 의해서 생겨난 것이므로 거기에는 본체(本體), 혹은 실체(實體)라 할 만한 것이 없다. 대승불교(大乘佛敎)에서 반야사상(般若思想)의 중심이론이 된 말로, 모든 존재는 인연에 의하여 생겨난 것이므로 고정된 실체는 없으며, 연기(緣起)에 의하여 일시적으로 존재하는 것에 불과하다는 것을 뜻한다. 이런 사상은 소극적인 허무주의가 아니라 절대적인 존재방식을 의미한다.

이렇게 말씀하시고 부처님은 자리를 뜨셨다.

사리풋타는 모인 대중을 향해 이렇게 말했다.

"부처님은 이 녹야원에서 일찍이 어떤 사람도 또 어느 곳에서도 굴린 적이 없는 최상의 법륜을 굴리셨으니, 그것은 곧 고·집·멸·도의 네 가지 진리입니다.

그럼 어떤 것이 고성제(苦聖諦)입니까? 태어나고 늙고 병들고 죽은 것이 괴로움이요, 원수를 만나게 되는 것이 괴로움이요, 사랑에는 이별이 있으니 그것이 괴로움이요, 구하는 것을 얻을 수 없으니 괴로움이요, 걱정 근심과 번민과 슬픔이 괴로움입니다. 한 말로 하면 인생의 존재 자체가 고(苦)*의 집합체입니다.

태어나는 것을 괴로움이라 함은 무슨 뜻입니까? 중생들이 각기 그 종류에 따라 오온(五蘊)이 화합하여 목숨을 이룬 후 세상에 태어납니다. 한 생명이 이 세상에 나와 그 생명을 보존하고 키워가려면 천만 가지 고통을 겪게 되므로 이것을 태어남의 고라 합니다.

늙는 것을 괴로움이라 함은 무슨 뜻입니까? 사람이 나이를 먹으면 머리털이 희어지고 이가 빠지며 얼굴이 쭈그러지고 등이 굽으며 기력이 쇠해집니다. 몸은 날로 무거워 앉으면 허리가 아프고 다닐 때는 지팡이에 의지하게 되니 이것을 늙음의 고라 합니다.

교리탐구 ── 사고(四苦)와 팔고(八苦)

*불교에서 말하는 괴로움의 기본은 생(生)·노(老)·병(病)·사(死)의 4고(四苦)이며, 이 4고에 더하여 사랑하는 자와 이별하는 애별리고(愛別離苦), 원수와 만나는 원증회고(怨憎會苦), 구하여도 얻지 못하는 구부득고(求不得苦), 그리고 나를 구성하고 있는 물질과 정신적인 다섯 가지 요소인 오온(五蘊)에 탐진치가 결합되어 지속적으로 일어나는 고통인 오음성고(五陰盛苦)를 더하여 8고라고 한다.

병드는 것을 괴로움이라 함은 무슨 뜻입니까? 온 몸은 균형을 잃고 기혈이 순조롭지 못해 두통이나 치통, 요통을 앓으며 눈이 어둡고 귀가 먹습니다. 혹은 열병·냉병·풍병·습병으로 사지가 뒤틀리고 온갖 고통이 오니, 이것을 병고라고 합니다.

죽음의 괴로움이라 함은 무엇입니까? 중생들이 그 몸의 기력(氣力)이 다하고 목숨이 끝나려 할 때 아직 끊어지지 않은 잔병이 죽음의 막다른 길에 이르러 여러 가지 견디기 어려운 심한 고통을 받게 됩니다. 그러므로 이것을 죽음의 고라 합니다.

또 원수를 만나는 괴로움이라 함은, 일찍이 서로 미워하며 원한을 품고 해치거나 죽이려 했던 자와 만나게 되는 고통을 말합니다. 사랑에 이별이 있는 괴로움이라 함은, 아무리 친하고 가까운 부모와 처자라도 언젠가는 서로 이별하게 되는 고통을 말합니다. 구하는 것을 얻을 수 없는 괴로움이라 함은, 모든 중생은 태어나지 않으려 해도 업을 따라 태어나게 되며, 태어나면 늙거나 병들어 죽지 말든지 죽으면 태어나지 말든지 해야 할텐데 그것이 뜻대로 되지 않습니다. 그리고 사는 동안 부귀영화를 원하고 온갖 재난과 슬픔이 없기를 원하지만 뜻대로 되지 않으니 그것이 또한 괴로움입니다.

이와 같이 이 세상에 생을 받아 태어난 것은 결국 모든 고통의 집합체인 것입니다. 이것이 괴로움의 진리[苦聖諦]입니다.

어떤 것이 집성제(集聖諦)입니까? 고(苦)의 원인은 번뇌(煩惱)와 업(業)이 내면에서 일어남에 있습니다. 그것은 이 다음 생의 업보를 부르게 되는 애욕과 번뇌가 끊임없이 일어나서 업(業)으로 쌓이는 것을 말합니다.

어떤 것이 멸성제(滅聖諦)입니까? 저 애욕과 번뇌를 남김없이 없애고 열반에 이르는 것을 말합니다.

어떤 것이 도성제(道聖諦)입니까? 그것은 애욕과 번뇌를 남김없이 제거한 멸성제(滅聖諦)에 이르는 방법, 즉 여덟 가지 바른 길[八正道]입니다. 즉 정견(正見)·정사유(正思惟)·정어(正語)·정업(正業)·정명(正命)·정정진(正精進)·정념(正念)·정정(正定)입니다.

정견(正見)이란 사성제의 이치를 아는 올바른 견해요, 정사유(正思惟)란 번뇌 망상을 멀리하고 성냄과 원한이 없는 바른 생각이요, 정어(正語)란 거짓말·악담·이간질·부질없는 잡담을 떠난 도리에 맞는 바른 말이요, 정업(正業)이란 살생·도둑질·음행을 하지 않고 올바른 계행을 지키는 바른 행위입니다.

그리고 정명(正命)이란 부정한 장사나 점술 따위의 수단을 떠나 정당한 방법으로 의식주를 얻어 생계를 이어가는 바른 생활입니다.

또 정정진(正精進)이란 아직 일어나지 않은 나쁜 생각을 일어나지 않게 하고, 이미 일어난 나쁜 생각은 없애 버리며, 아직 일어나지 않은 착한 생각을 일어나게 하고, 이미 일어난 착한 생각은 원만히 키워 나가도록 하는 바른 노력입니다.

정념(正念)이란 몸과 마음과 진리를 사실 그대로 관찰하고 탐욕에서 일어나는 번뇌를 제거하는 바른 알아차림입니다.

그리고 정정(正定)이란 모든 욕심과 산란한 생각을 가라앉혀 삼매에 들어가는 바른 선정을 말합니다. 여러분, 이것이 부처님께서 말씀하신 네 가지 진리입니다."

신(神)을 숭배하는 외도에 대한 교화 [長阿含 三明經]

부처님께서 코살라국에서 1,250인의 큰 스님들과 함께 계실 때였다. 이때 길흉을 점치고 제사 의례에 능통한 '바슬타'와 '파라타'라는 외도(外道)의 바라문이 있었는데, 이들은 모두 창조주 신인 범천(梵天)*을 믿는 자들이었다.

그들은 서로 다른 가문 출신으로서 각각 자신들의 스승으로부터 전수받은 삼베다[三明]*의 제사의식이 범천이 있는 하늘나라에 이를 수 있는 최상의 방법이라고 다투고 있었다.

그러던 중에 그들은 누가 더 우월한지를 부처님께 여쭈기로 하고 부처님께 나아갔다. 부처님께서는 그 두 사람이 생각하는 바를 알고 곧 바슬타에게 말씀하셨다.

"너희들이 주장하는 도가 진정으로 하늘나라에 이를 수 있다면, 무엇 때문에 서로 시비하였는가. 너희들이 말하는 모든 도는 다 범천으로 나아가는 것인가."

그들은 대답했다.

"다 나아갑니다."

부처님은 거듭 물으셨다.

교리탐구 범천(梵天) / 삼明(三明, 3veda)

* 범천(梵天) : 산스크리트어의 '브라흐마'의 음역으로 힌두교 주신의 하나이다. 불교가 흥기한 무렵에 브라만 교에서는 세계의 주재신, 창조신으로 인정되었는데, 범천이 우주를 창조한 다음, 스스로 만물 속으로 들어갔다고 생각했다. 불교에서 범천은 부처님께 귀의하여 불법을 지키는 신으로, 제석천이나 사천왕과 함께 수용되었다. 부처님이 깨달음을 얻은 직후 세 번이나 설법을 청했다고 전한다.

* 삼베다(三明, 3veda) : '리그베다'·'사마베다'·'야주르베다'의 세 가지 제사의식을 말한다. 리그베다는 신(神)들을 찬미하는 시가(詩歌) 모음집으로 태양이나 불, 바람 강과 같은 자연현상의 여러 힘들을 신격화하여 천신(天神, deva)으로 숭배하고 찬미하며 부, 다산, 장수, 승전 등을 기원하는 내용을 담고 있었다. 사마베다는 리그베다에서 가려 뽑은 찬가(讚歌)에 멜로디를 붙인 성가곡집이다. 그리고 야주르베다는 제사에 필요한 축문(祝文)을 모은 것으로, 제식(祭式) 때 제물을 바치고 제사의 실무를 담당하는 자가 읊는 산문(散文)이다.

"저 모든 도(道)는 다 범천으로 나아가는 것인가."

그들은 대답했다.

"다 나아갑니다."

그때에 부처님께서 그 말을 결정해 마치시고 말씀하셨다.

"어떠냐, 삼베다[三明]를 갖춘 바라문 중에는 단 한 사람이라도 하늘나라의 창조주인 범천을 본 자가 있는가."

그들은 대답했다.

"본 사람이 없습니다."

"어떠냐, 과거의 삼명 선인, 옛날의 바라문으로서 성전을 외워 통달하여 남을 위해 옛날의 모든 찬송(讚頌)을 말한 이가 있다. 그들은 범천을 보았는가."

그는 대답했다.

"본 사람이 없습니다."

부처님께서 말씀하셨다.

"만일 저 삼명 바라문의 한 사람도 범천을 보지 못했다면 마땅히 삼명 바라문들이 말한 바는 진실이 아니다. 그것은 마치 음탕한 사람이 '나와 저 단정한 여인과 통분이 났다.'고 하면서 얼굴도 본 적이 없고, 거처나 출신성분 등 아무 것도 모른다고 말하는 것과 같다."

부처님께서 다시 말씀하셨다.

"어떠냐, 너의 삼명 바라문이 하늘의 해와 달을 바라보며 합장하여 말하기를 '이 기도는 진정으로 마땅히 해와 달이 있는 곳까지 갈 수 있다.'고 할 수 있느냐? 해와 달을 보고 기도하며 합장한 채 예배한다고 해서 해와 달로 갈 수 없듯이, 기도

나 주문이나 제사로써 하늘의 범천에 도달하고자 하는 것은 집이 있는 방향이 어디인지도 모르면서 사다리를 빈 땅에 세워 무작정 오르려는 것과 같이 허망한 것이 아니겠느냐?"

그들은 대답했다.

"그렇습니다. 그것은 실로 허망합니다."

부처님께서 말씀하셨다.

"삼명 바라문도 또한 그와 같아 허망하여 진실이 없다. 저 삼명 바라문들은 오욕에 물들여지고 애착이 굳어져서 그 허물을 보지 못한다. 그러면서도 하늘신을 섬기며 말하기를 '나를 인도하여 하늘나라에 가서 나게 한다.'고 하면 그것은 될 수 없는 것이다. 비유하면 어떤 사람이 그 산기슭의 바위에 몸이 단단히 묶여 있는데, 손과 발과 몸의 힘을 쓰지도 않고 배나 뗏목을 의지하지도 않으면서 부질없이 건너편 기슭을 향해 '와서 나를 건네어 달라.'고 소리 지르는 것과 같다. 삼명 바라문도 또한 그와 같아서 사문의 청정한 범행을 닦지 않고 다른 도의 청정하지 못한 행을 닦아서 범천에 나기를 바란다면 그리 될 수 있느냐?"

그들은 대답했다.

"그럴 수는 없습니다."

부처님은 다시 말씀하셨다.

"마치 산의 물이 사납게 일어나 배나 뗏목도 없고 또 다리도 없을 때 어떤 행인이 와서 저쪽 언덕으로 건너가고자 했다. 그는 '나는 많은 초목을 모아 든든하게 뗏목을 만들어 내 자신의 힘으로써 저쪽 언덕으로 건너야 하겠다.'고 스스로 생각하고 뗏목을 만들어 자신의 힘으로써 안온하게 건널 수 있었다. 이것도 또한 그와 같다. 만일 청정하지 않은 행위를 버리고 청정한 범행을 하여 범천에 나가고자 한다면 그것은 곧 그리 될 수 있는 것이다. 너희 바라문들뿐만 아니라 어떤 신분을 타고난 사람들이라도 정녕 하늘나라에 태어나고자 한다면 모든 하늘신과 마찬가지로 나 아닌 다른 이들에 대한 무량한 자비를 실천해야 한다. 마땅히 알라. 자비를 행하는 이들은 몸이 무너지고 목숨이 끝나면 화살이 날아가는 것과 같이 빠른 시간에 하늘나라에 태어날 것이다."

부처님께서 이와 같이 말씀하시니, 여러 외도들은 기뻐하면서 받들어 행하였다.

열반으로 이끄는 사념처* [中阿含 念處經]

부처님께서 캄마싯담마에 계실 때 비구들에게 말씀하셨다.

"중생의 마음을 깨끗이 하고 걱정과 두려움에서 건지며 고뇌와 슬픔을 없애고 바른 법을 얻게 하는 유일한 길이 있으니, 곧 사념처법(四念處法)이다. 과거 모든 여래도 이 법에 의해 최상의 열반을 얻었고, 현재와 미래의 여래도 이 법으로 열반을 얻을 것이다.

비구는 그 몸(身)과 느낌(受)과 마음(心)과 법(法), 이 네 가지에 대해 바르게 알아차리고 끊임없이 정진하여 바른 생각과 지혜로써 세상의 허욕과 번뇌를 끊어 버려야 한다.

어떤 것이 몸을 바로 알아차리는 법[身念處]인가?

비구가 숲속이나 나무 밑, 혹은 고요한 곳에서 몸을 바로 하고 앉아 오로지 한 생각으로 호흡을 조절하되, 길게 들이쉬고 내쉴 때에는 그 길다는 것을 알고, 짧게 들이쉬고 내쉴 때에는 그 짧다는 것을 알아차려라. 온 몸으로 들이쉬고 내쉬는 것을 알아차려 마음을 다른 데로 달아나지 못하게 하라. 이 몸을 알아차리되, 몸이 어디 갈 때에는 가는 줄 알아차리고 머물 때에는 머무는 줄 알아차리며, 앉고 누울 때에는 앉고 누웠다는 상태를 알아차려서 몸의 동작이 있는 곳에 생각이 있도록 하여라. 어떤 사물에도 집착하지 말고 다만 이 몸을 알아차리는 데에 머물게 하여라. 이와 같이 이 몸의 굴신(屈伸)과 동작의 상태를 사실대로 알아차려 한 생각도 흩어지지 않게 되면, 몸에 대한 형상이 눈앞에 드러나 바른 지혜가 나타나며 이 세상 어떤 환경에도 집착하지 않게 될 것이다.

또한 이 몸이 애초에 무엇으로써 이루어졌는지 사실대로 관찰해야 한다. 이 몸은 지수화풍(地水火風) 네 가지 요소가 한데 어울려 된 것임을 밝게 보아야 한다. 솜씨 있는 백정이 소를 잡아 사지를 떼어 펼쳐 놓듯이 비구도 이 몸을 네 요소로 갈

교리탐구 — 사념처(四念處)와 위빠싸나, 그리고 사마타

* 사념처(四念處), 정념(正念), 위빠싸나(Vipassana) : 사념처(四念處)는 팔정도의 일곱 번째 수행법인 정념(正念, Samma-sati)이며, '념(念)'은 팔리어 싸띠(sati)를 의역한 것으로, 팔정도의 정념이 곧 위빠싸나이다. 위빠싸나는 관(觀)으로 한역되며, '진실한 모습을 꿰뚫어 본다.'는 의미로 팔리어 '빠냐(panna, 지혜)', '싸띠(sati, 주시)'가 대체용어로 사용된다. 일반적으로 싸띠는 '기억'의 기능과 '알아차림'의 기능이 있는데, 싸띠의 기능을 키워나가는 것이 위빠사나 수행의 중요한 요소이다. 왜냐하면 싸띠의 기능이 커지면 일상생활에서 '깨어있음'이 점점 이어지고, 더 자세하게 자신의 몸과 마음을 주시할 수 있기 때문이다.

* 정정(正定), 사마타(samatha) : 사마타는 지(止), 혹은 정(定)로 한역되며, 하나의 대상에 일념으로 집중하여 이루어지는 고요함과 평온의 상태로 삼매(三昧)로 음역된다. 불교수행에서 사마타는 팔정도의 여덟 번째 수행법인 정정(正定, Samma-samadhi)이며, 산만함 없이 한 곳에 집중하여 방황하지 않는 기능을 가진다. 부처님은 알라라깔라마와 웃타카라마풋타의 안내를 통해 사마타의 8선정을 완성했지만 깨달음을 얻지 못했고, 이후 보리수 아래에서 위빠싸나로 12연기를 관찰하고 무상정등각을 이루었다고 한다.

라 눈앞에 드러내 놓아야 한다. 숲속에 버려진 시체가 하루 이틀 지나면 부어 터지고 썩어 문드러지는 것을 보는 것과 같이 이 몸은 그렇게 되고 말리라고 알아야 한다. 그 형상이 눈앞에 역력하면 모든 허망한 경계에 집착하지 않게 될 것이다. 또 숲속에 버려진 시체의 백골, 한두 해 지나 무더기로 쌓인 백골, 다 삭아 가루가 된 해골을 보는 것과 같이 비구들도 그 몸을 주시하되, 이 몸도 저 모양과 다르지 않다고 관찰하면 세상의 모든 집착을 버리게 될 것이다. 비구는 몸에 대해 이와 같이 관찰해야 한다.

다음으로 우리의 몸과 마음이 때와 장소에 따라 그 느끼는 작용에 대해 어떻게 알아차림[受念處]을 할 것인가?

느낌에는 세 가지가 있다. 괴로움을 느끼는 작용, 즐거움을 느끼는 작용, 괴롭지도 즐겁지도 않음을 느끼는 작용이다. 즐거움을 누릴 때는 즐거운 줄 알아차리고, 괴로움을 당할 때는 괴로운 줄 알아차리며, 괴롭지도 즐겁지도 않을 때는 또한 그런 줄을 알아차려야 한다. 이와 같이 자기 몸과 마음에서 일어나는 느낌을 사실대로 알아차리고 타인의 느낌도 객관적으로 알아차리면 그 느낌이 눈앞에 나타난다. 느낌이 시시로 변해 고정된 괴로움이나 즐거움, 고정된 불고(不苦) 불락(不樂)이 없음을 알아 어떤 것에도 집착하지 않는다. 이것이 느낌에 대해 알아차리는 법이다.

또 어떤 것이 마음을 알아차리는 법[心念處]인가. 마음에 탐심이 일어나면 '이것이 탐심이구나.' 라고 알아차리고, 탐심을 버리면 버린 줄 알아차려야 한다. 이렇듯 성내는 마음, 어리석은 마음, 뒤바뀐 마음, 넓은 마음, 좁은 마음, 고요한 마음, 산란한 마음, 해탈한 마음, 해탈하지 못한 마음을 스스로 낱낱이 안팎으로 살피고, 그 마음이 일어나는 것과 사라지는 것을 관(觀)하여 눈앞에 대하듯 하면 세상의 어떤 집착이라도 놓아 버리게 된다. 이것이 마음을 바로 알아차리는 법이다.

끝으로 어떤 것이 법을 알아차리는 것[法念處]인가.

안으로 탐욕이 있으면 있는 줄 알아차리고, 없으면 없는 줄 알아차리며, 또 탐욕이 일지 않았더라도 일어난 것으로 알아차리고, 일어났을 때에는 없어진 것으로 알아차리며, 이미 없어진 것은 앞으로도 일어나지 않을 것으로 알아차리는 것이다. 이와 같이 성내는 마음, 졸음, 산란한 마음, 의혹 등도 안팎으로 관하고 일어나고 사라지는 것을 관하여, 그것이 뚜렷하게 눈앞에 드러날 때에는 세상의 모든 집착을 버리게 될 것이다.

비구들이여, 누구든지 이 사념처관(四念處觀)을 한 달 만이라도 법대로 닦으면 모든 탐욕과 불선법(不善法)을 떠나 성인의 길에 들게 될 것이다. 이 사념처관은 중생의 마음을 깨끗이 하고 걱정과 두려움에서 건져내며, 고뇌와 슬픔을 없애고 바른 법을 얻게 하는 유일한 길이다."

부처님의 말씀을 듣고 다들 기뻐하며 받들어 행하였다.

탐욕의 재앙 [中阿含 小苦蘊經]

부처님께서 카필라성 밖에 있는 니그로다 숲에 머물고 계실 때였다. 사캬족의 왕 마하나마가 부처님께 여쭈었다.

"부처님, 저는 오랫동안 탐욕과 성냄과 어리석음이 마음의 더러움이라고 하신 부처님의 가르침을 감사히 받들어 왔습니다. 그러나 아직도 그와 같은 번뇌가 제 마음을 사로잡을 때가 있습니다. 저는 무엇인가 제 마음에서 버려져야 할 것이 아직 버려지지 않고 있다고 생각됩니다."

"그렇소, 마하나마.* 탐욕과 성냄과 어리석음이 아직도 당신 마음에서 가셔지지 않았기 때문이오. 만약 마음 속에 그와 같은 번뇌가 말끔히 가셔졌다면 당신은 가정에서 살지 않을 것이며, 또 갖가지 탐욕에 허덕이지 않을 것이오. 탐욕이란 어디를 가도 만족할 줄 모르는 것이오. 탐욕은 고통으로 가득 차 있어 우리들을 절망의 구렁으로 떨어뜨리고 무서운 재앙을 불러들이오. 바른 지혜로써 그것이 그른 줄 알더라도 평안의 경지에 이르지 못하면 탐욕에 쫓기고 마는 것이오. 그것이 그른 것인 줄 바르게 알고 탐욕을 떠나 평안의 경지에 이르러야만 탐욕의 속박에서 벗어날 수 있는 것이오.

이것은 내 경험이오만, 내가 깨달음을 얻기 전 탐욕이 우리를 절망으로 떨어뜨리고 무서운 재앙을 불러들이는 것임을 알기는 알았었소. 그러나 평안의 경지에 이르지 못했기 때문에 그 탐욕에 쫓기면서 지내왔던 것이오. 그 후 그것이 그른 줄 바르게 알고 평안의 경지에 이른 그때부터 비로소 탐욕의 속박에서 벗어나게 된 것이오.

탐욕에는 즐거움과 재앙이 있소. 탐욕에는 다섯 가지가 있는데, 형상과 소리와 냄새와 맛과 감촉이 그것이오. 이 다섯 가지 탐욕에 대해 기쁨과 즐거움이 생기는데 이것이 탐욕의 즐거움이오. 또 사람들은 여러 가지 직업을 가지고 살아가면서 추위와 더위 바람과 비, 벼룩, 모기, 뱀 등에 시달림을 받고 굶주림과 목마름의 고통을 받소. 아무리 애쓰고 고생해 보아도 바라던 부자는 되지 않소. 그래서 낙담과 슬픔에 빠지게 되는 것이오. 아니, 그처럼 애쓰고 고생한 끝에 부자가 됐다 합시다. 이제 그는 부(富)를 지키기 위해 전에 없던 걱정 근심을 겪어야 합니다.

'어떻게 하면 왕에게 몰수당하지 않을까? 도둑에게 빼앗기지 않을까? 불에 태워지지 않을까? 물에 떠내려 보내지 않을까? 어떻게 하면 귀찮은 친척들에게 뜯기지 않을까?'

이처럼 온갖 걱정을 하지만 마침내는 몰수당하고 빼앗기고 떠내려 보내고 뜯기기도 합니다. 그리하여 모두가 내 것이었는데 이제 하나도 내 것이 아니구나 하고 비탄에 빠지오. 이것이 탐욕의 재앙이오. 우리가 겪는 현재의 괴로움은 모두 탐욕에 기인한 것이오. 그리고 그 탐욕 때문에 왕은 왕과 다투고 바라문은 바라문과 다투며 부모는 자식과 다투고, 형제끼리 친구끼리 서로 다투게 되는 것이오. 다투고 싸우고 욕질하다가 마지막에 몽둥이를 들거나 칼을 휘둘러 서로 죽이기까지 하니 이것이 탐욕의 재앙이오.

또 탐욕 때문에 사람들은 몸을 망치고 함부로 빼앗으며 간음을 행하오. 왕은 이들을 붙들어 온갖 형벌을 가하오. 채찍으

인물분석 마하나마

* 마하나마(Mahanama, 摩訶男)는 석가족 카필라성의 왕으로 부처님 십대제자 중의 한 분인 아누룻다 존자의 형이자 부처님의 사촌동생이다. 대부분의 석가족이 출가할 때 함께 출가하지 않았지만 석가족으로서의 자긍심이 강했으며, 부처님의 가르침을 생활화하였다. 훗날 바사익왕의 뒤를 이은 코살라국의 왕 위두다바(마하나마의 외손자)로부터 침략을 받아 카필라성은 함락되었고, 마하나마는 포로로 잡혀 스스로 목숨을 끊었다고 한다.

로 갈기고 몽둥이로 치며 팔과 다리를 끊고 귀와 코를 자르오. 또 목에서 발끝까지 가죽을 벗기고 팔과 무릎을 쇠기둥에 못 박아 불을 지르오. 끓는 기름을 몸에 부어 굶주린 개에게 주고, 몸을 말뚝에 매어 칼로 목을 베오. 이와 같은 고통이 모두 탐욕의 재앙인 것이오.

마하나마여, 사람들은 이 탐욕 때문에 몸과 말과 생각으로 갖가지 악을 지어 죽은 후에는 지옥에 떨어져 온갖 고통을 받소. 이것이 다 탐욕의 재앙으로서 미래의 고통 또한 탐욕을 원인으로 하여 이루어지는 것이오."

마하나마는 부처님의 말씀을 듣고 기뻐하면서 돌아갔다.

업(業, karma)과 과보(果報) [中阿含 伽彌尼經]

용모가 뛰어난 가미니는 이른 아침 부처님께 여쭈었다.

"부처님, 바라문은 스스로 잘난 체하면서 하늘을 섬깁니다. 중생이 목숨을 마치면 바라문은 마음대로 죽은 이를 천상에 나도록 한다는 것입니다. 원컨대 법의 주인이신 부처님께서도 중생들이 목숨을 마치거든 천상에 태어나게 해 주십시오."

부처님께서 말씀하셨다.

"가미니, 내가 너에게 물을 테니 아는 대로 대답하여라. 어떤 사람이 게을러서 정진하지 않고, 게다가 산 목숨을 죽이며, 주지 않는 것을 가지고, 사음을 행하며, 거짓말을 하고, 그릇된 소견을 가지는 등 온갖 나쁜 업(業)*을 지으면서 살았다고 하자. 그가 죽을 때 많은 사람들이 와서 '당신은 게을러 정진하지 않고 그러면서 악업만을 행했습니다. 당신은 그 인연으로 목숨이 다한 뒤에는 반드시 천상에 태어나십시오.'라고 했다 하자. 가미니, 이렇게 여러 사람이 축원(祝願)했다고 해서 그가 천상에 태어날 수 있겠느냐?"

"그럴 수는 없습니다."

"그렇다. 게으른 그가, 더구나 온갖 나쁜 업을 지은 그가 축원을 받는다고 해서 천상에 태어날 수는 없는 것이다. 비유를 들면, 저쪽에 깊은 못이 하나 있는데 어떤 사람이 거기에 크고 무거운 돌을 던져 넣었다. 마을 사람들이 못가에 모여서 '돌아, 떠올라라.' 하고 축원을 하였다. 그 크고 무거운 돌이 축원을 했다고 해서 그들의 소원대로 떠오를 수 있겠느냐?."

"그럴 수 없습니다."

"그렇다. 그가 천상에 태어날 수 없는 것도 이와 마찬가지다. 왜냐하면, 나쁜 업은 검은 것이어서 그 값음으로 저절로 밑으로 내려가 반드시 나쁜 곳에 떨어지기 때문이다.

또 어떤 사람은 부지런히 정진하면서 묘한 법을 실행하고 온갖 착한 업을 닦는다고 하자. 그가 목숨을 마칠 때 여러 사람이 모여서 '당신은 부지런히 정진하면서 묘한 법(妙法)을 실행하여 온갖 착한 업을 이루었습니다. 당신은 그 인연으로 목숨이 다한 뒤에는 반드시 나쁜 곳에 가서 지옥에 떨어지십시오.'라고 저주했다면 어떻게 될까. 그가 과연 그들의 저주대로 지옥에 떨어지겠느냐?"

낱말풀이 업(業, Karma)

*불교에서 중생이 몸과 입과 뜻으로 짓는 선악의 소행을 말한다. 과거의 소행으로 말미암아 현재에 받는 과보, 혹은 전생의 소행으로 말미암아 현세에 받는 과보를 의미하기도 한다. 산스크리트 '카르마(Karma)'를 한자로 번역한 말이다.

"그렇지 않습니다."

"그렇다. 그것은 당치도 않은 말이다. 왜냐하면, 착한 업은 흰 것이어서 그 가벼움으로 저절로 위로 올라가 반드시 좋은 곳에 이를 것이기 때문이다. 이를테면, 기름병을 깨뜨려 못 물에 던지면 부서진 병 조각은 밑으로 가라앉지만, 기름은 물 위로 떠오르는 것과 같은 이치이다.

이와 같이 목숨이 다한 육신은 흩어져 까마귀와 새가 쪼아 먹고 짐승들이 뜯어먹거나 혹은 태우거나 묻히어 마침내는 흙이 되고 만다. 그러나 그 마음의 업식(業識)만은 항상 믿음에 싸이고 정진과 보시와 지혜에 싸여 저절로 위로 올라가 좋은 곳에 나는 것이다.

가미니여, 산 목숨을 죽이지 않고, 주지 않는 것을 가지지 않으며, 사음과 거짓말을 하지 않고, 사특한 소견에서 벗어나는 좋은 길이 있다. 이른바 팔정도(八正道)가 위로 오르는 길이며 좋은 곳으로 가는 길이다."

부처님께서 이와 같이 말씀하시니, 가미니와 여러 비구들이 다들 기뻐하면서 받들어 행하였다.

뗏목의 비유 [南傳 中部 蛇喩經]

부처님께서 기원정사(祇園精舍)*에 계실 때 비구들을 향해 이렇게 말씀하셨다.

"비구들아, 나는 너희들이 집착을 버리도록 하기 위해 뗏목의 비유를 들겠다. 어떤 나그네가 긴 여행 끝에 바닷가에 이르렀다. 그는 생각하기를 '바다 건너 저쪽은 평화로운 땅이다. 그러나 배가 없으니 어떻게 갈까? 갈대나 나무로 뗏목을 엮어 건너가야겠군.' 하고 뗏목을 만들어 무사히 바다를 건너갔다. 그는 다시 생각하였다. '이 뗏목이 아니었다면 바다를 건너 올 수 없었을 것이다. 이 뗏목은 내게 큰 은혜가 있으니 메고 가야겠다.' 너희들은 어떻게 생각하느냐? 그가 그렇게 함으로써 그 뗏목에 대해 자기 할 일을 다 했다고 생각하느냐?"

비구들은 하나같이 그렇지 않다고 대답했다.

부처님께서는 다시 말씀하셨다.

"그러면 그가 어떻게 해야 자기 할 일을 다 하게 되겠는가? 그는 바다를 건너고 나서 이렇게 생각해야 할 것이다. '이 뗏목으로 인해 나는 바다를 무사히 건너 왔다. 다른 사람들도 이 뗏목을 이용할 수 있도록 물에 띄워 놓고 이제 나는 내 갈 길을 가자.' 이와 같이 하는 것이 그 뗏목에 대해서 할 일을 다하게 되는 것이다. 나는 이 뗏목의 비유로써 교법(敎法)을 배워 그 뜻을 안 후에는 버려야 할 것이지 결코 거기에 집착할 것이 아니라는 것을 말하였다. 너희들은 이 뗏목처럼 내가 말한 교법까지도 버리지 않으면 안 된다. 하물며 법(法) 아닌 것이야 말할 것 있겠느냐?"

유래 이야기 | 부처님 당시 최대사찰 기원정사(祇園精舍)

* 수닷타(須達多, Sudatta) 장자(長者)가 절터를 마련하기 위해 동산을 온통 금으로 장식하였다는 기원정사(祇園精舍)는 석가모니 부처님 당시에 지어진 사원 중에서 최대의 사찰이었다. 원래 기원정사의 절터는 기타(祇陀, Jata) 태자의 소유였는데, 수닷타 장자의 깊은 신심에 감동하여 동산을 내주었고, 여기에 장자가 심혈을 기울여 크고 웅장하게 조성하였다. 기원정사는 기수급고독원(祇樹給孤獨園)이라고도 하는데, 이는 기타 태자의 숲인 '기수(祇樹)'에 수닷타의 한역(漢譯) 칭호인 '급고독(給孤獨, 외로운 이를 돕는다는 뜻)'이 세운 사찰이라는 의미이며, 기원정사는 '기타의 동산에 세운 정사'라는 뜻이다.

지혜와 자비의 가르침 Ⅱ

법을 보는 자가 부처를 본다 [雜阿含 跋迦梨經]

부처님께서 라자가하 성밖 죽림정사(竹林精舍)*에 계실 때였다. 그 무렵 박칼리*라는 비구는 라자가하에 있는 어떤 도공(陶工)의 집에서 앓고 있었다. 병은 날로 위독해 회복하기 어려워졌다. 그는 곁에서 간호하고 있는 스님을 불러 이렇게 말했다.

"스님, 미안하지만 부처님이 계시는 죽림정사에 가서 부처님께 제 말을 전해 주시면 고맙겠습니다. 내 병은 날로 더해 도저히 회복할 수 없을 것 같습니다. 마지막 소원으로 저는 부처님을 한번 뵙고 예배를 드리고 싶은데, 이 몸으로는 도

유래 이야기 | **최초의 사찰, 죽림정사(竹林精舍)**

* 석가모니부처님께서 우기(雨期)인 석 달 동안 안거(安居)를 통해 출가자들의 공동생활의 계율을 정하게 되자, 때마침 부처님께 귀의한 빔비사라 왕이 그 장소를 지어 제공했다. 그는 출가한 스님들이 비바람과 추위, 그리고 질병과 맹수 등의 해침을 받지 않고 안전하게 수행할 수 있는 건물을 지어 기증하려는 뜻을 애초부터 부처님께 간청했고, 부처님께서는 "사람들이 모여 사는 마을에서 너무 멀거나 가깝지 않고, 법문을 들을 사람들이 왕래하기에 편리하며, 밤낮으로 번거롭거나 시끄럽지 않아 수행하기에 적당한 곳에 검소한 주거지를 지어도 좋다."고 승낙했다. 이때 빔비사라 왕이 기증한 죽림원(竹林園)에 한 부호가 오두막 60여 채를 지어 불교 역사상 최초의 사찰인 죽림정사가 조성되었다.

저히 죽림정사까지 갈 수가 없습니다. 이런 저의 뜻을 부처님께 좀 사뢰어 주십시오."

　간호하던 스님은 부처님을 찾아가 박칼리 스님의 소원을 여쭈었다. 이 말을 전해들은 부처님께서 그 길로 성안에 있는 도공의 집으로 오셨다.

　박칼리는 부처님이 오시는 것을 보자 자리에서 일어나려고 앓는 몸을 뒤척였다. 부처님은 박칼리의 머리맡에 앉아 뼈만 앙상하게 남은 그의 손을 잡고 일어나지 못하게 한 다음 말씀하셨다.

　"박칼리야, 그대로 누워 있거라. 일어날 것 없다. 병은 좀 어떠냐? 음식은 무얼 먹느냐?"

　박칼리는 가느다란 소리로 말했다.

　"부처님, 고통은 심하고 음식은 통 먹을 수가 없습니다. 병은 더하기만 하여 소생할 가망이 없습니다."

　"박칼리야, 너는 어떤 후회되는 일이나 원통하게 생각되는 일은 없느냐?"

　"부처님, 저는 적지 않은 후회와 원통하게 생각되는 일이 있었습니다. 그것은 다름 아니라 죽기 전에 마지막으로 부처님을 찾아뵙고 예배를 드리고 싶었는데 몸을 움직일 수 없는 것이 후회되고 원통했습니다."

　이 말을 들은 부처님은 정색을 하고 말씀하셨다.

　"박칼리야, 이 썩어질 몸뚱이를 보고 예배를 해서 어쩌자는 것이냐! 법을 보는 사람은 나를 보는 사람이요, 나를 보는 사람은 법을 보아야 한다. 그러므로 나를 보려거든 법을 보아라."

　부처님은 또 이렇게 말씀하셨다.

"너는 물질의 형체(形體)를 영원한 것이라고 생각하느냐, 덧없는 것이라고 생각하느냐?"

"물질의 형체는 덧없는 것입니다."

"느낌과 표상과 의지와 의식에 대해서는 어떻게 생각하느냐?"

"그것도 덧없는 것입니다."

"박칼리야, 덧없는 존재는 괴로움이다. 괴로운 것은 주체(主體)가 없다. 또 덧없는 것에는 나와 내 것이라고 할 것이 없음을 알아야 한다. 이와 같이 봄으로써 내 제자들은 형체와 감각과 생각과 의지작용과 의식을 싫어하고 욕심을 떠나 해탈하여 해탈의 지혜가 생기는 것이다."

이 말씀을 듣고 박칼리는 지혜의 눈을 떴다.

너무 조이거나 늦추지 말라 [雜阿舍 二十億耳經]

부처님께서 라자가하의 죽림정사(竹林精舍)에 계실 때였다. 소오나 스님*은 영축산에서 쉬지 않고 선정(禪定)을 닦다가 이렇게 생각했다.

'부처님의 제자로서 정진하는 성문(聲聞)중에 나도 들어간다. 그런데 나는 아직도 번뇌를 다하지 못했다. 애를 써도 이루지 못할 바에야 차라리 집에 돌아가 보시를 행하면서 복을 짓는 것이 낫지 않을까?'

부처님께서는 소오나 스님의 마음을 살펴 아시고 다른 한 스님을 시켜 그를 불러 오도록 하셨다. 부처님께서 소오나 스님에게 말씀하셨다.

"소오나야, 그대는 세속에서 거문고를 잘 탔었다지?"

"네, 그랬습니다."
"그대가 거문고를 탈 때 줄을 너무 조이면 어떻더냐?"
"소리가 잘 나지 않습니다.
"줄을 너무 늦추었을 때는 어떻더냐?"
"그때도 잘 나지 않습니다. 줄을 너무 늦추거나 조이지 않고 알맞게 잘 고루어야만 맑고 미묘한 소리가 납니다."
부처님께서는 기특하게 여기면서 말씀하셨다.
"그렇다, 너의 공부도 그와 같다. 정진을 할 때 너무 조급히 하면 들뜨게 되고 너무 느리면 게으르게 된다. 그러므로 알맞게 하여 집착하지도 말고 방일하지도 말아라."
소오나 스님은 이때부터 항상 부처님께서 말씀하신 거문고를 타는 비유를 생각하면서 정진하였다. 그는 번뇌가 다하고 마음의 해탈을 얻어 아라한이 되었다.

맹구우목(盲龜遇木)의 비유 [雜阿含 盲龜經]

어느 때 부처님께서 미후못 가에 있는 2층 강당에 계셨다. 그때 세존께서 모든 비구들에게 말씀하셨다.
"비유하면, 이 큰 대지가 모두 큰 바다로 변할 때, 한량없는 겁을 살아온 어떤 눈 먼 거북이 있는데, 그 거북이는 백

인물분석   소오나 스님의 출가

*소오나는 마하가전연 존자가 아완띠에서 머물고 있을 때 재가 후원자였다. 불교의 가르침에 깊은 감명을 받은 소오나는 가전연 존자에게 출가를 허락해달라고 부탁하였지만 두 번을 거절당하고 세 번째에 출가할 수 있었다. 왜냐하면 당시에는 출가를 위해 구족계를 받으려면 10명의 스님이 있어야 했는데, 아완띠에는 스님들이 많지 않아 소오나는 3년이 되서야 정식 비구가 될 수 있었다. 가전연 존자는 소오나 스님의 예를 들어 부처님께 5명으로도 구족계를 줄 수 있도록 청하였고, 그 계기로 출가에 관한 율(律)이 조정되었다.

년에 한 번씩 머리를 바닷물 밖으로 내민다. 그런데 바다 가운데에 구멍이 하나뿐인 나무가 파도에 밀려 표류하고 바람을 따라 동서로 떠돌 때 저 눈 먼 거북이 백 년에 한 번씩 머리를 내밀면 그 구멍을 만날 수 있겠느냐?"

아난이 부처님께 아뢰었다.

"불가능합니다. 세존이시여, 왜냐 하면 이 눈 먼 거북이 혹 바다 동쪽으로 가면 뜬 나무는 바람을 따라 바다 서쪽에 가 있을 것이고, 혹은 남쪽이나 북쪽, 4유(維)를 두루 떠도는 것도 또한 그와 같을 것이므로 서로 만나지는 못할 것입니다."

부처님께서는 아난에게 말씀하셨다.

"눈 먼 거북의 머리와 뜬 나무의 구멍은 비록 서로 어긋나다가도 혹 서로 만나기도 할 것이다. 그러나 어리석고 미련한 범부가 여섯 갈래로 윤회하다가 잠깐이나마 사람의 몸을 받는 것은 그것보다 더 어렵다.

왜냐하면 저 모든 중생들은 그 이치를 행하지 않고 법을 행하지 않으며, 선(善)을 행하지 않고 진실을 행하지 않으며, 서로서로 죽이고 해치며, 강한 자는 약한 자를 업신여기며 한량없는 악(惡)을 짓기 때문이니라.

그러므로 비구들아, 네 가지 성스러운 진리에 대하여 아직 빈틈없고 한결같지 못하다면 마땅히 힘써 방편을 쓰고 의욕을 일으켜 빈틈없는 한결같음을 배워야 하느니라."

부처님께서 이 경을 말씀하시자, 모든 비구들은 부처님의 말씀을 듣고 기뻐하며 받들어 행하였다.

제사의 두 가지 과보 [雜阿含 長身經]

부처님께서 사위국 기원정사(祇園精舍)에 계실 때의 일이다. 그때 장신(長身) 바라문이 700마리 황소를 줄지어 기둥에 묶고, 숫물소와 암물소 및 염소 새끼와 온갖 작은 짐승들을 모두 묶어 놓고는 여러 가지 음식을 마련하여 크게 보시를 베풀며, 외도들이 여러 나라에서 찾아와 모두 참석하는 제사를 준비했다. 그리고는 '부처님께 찾아가 제사의 법을 여쭙고 차림에 모자람이 없게 하리라.'고 생각했다. 마침내 바라문은 부처님께서 계신 곳으로 나아가 이렇게 여쭈었다.

"부처님이시여, 저는 지금 성대한 제사를 지내려고 700마리 황소를 줄지어 기둥에 묶어 놓았고, 온갖 작은 짐승들까지 다 매어 묶었습니다. 이 제사가 모든 차림에 있어서 부족함이 없게 하소서."

부처님께서 바라문에게 말씀하셨다.

"혹 어떤 제사의 주관자는 보시를 행하여 복을 지으려다가 도리어 죄를 지어 세 가지 칼에 베이고 좋지 못한 과보를 받는다. 어떤 것이 세 가지인가? 이른바 몸(身)의 칼과 입의(口) 칼과 뜻(意)의 칼이다.

어떤 것이 온갖 괴로움의 과보를 가져오는 뜻의 칼인가? 어떤 제사의 주관자는 '나는 이 제사를 마련하여 거기서 어린 황소와 숫물소와 암물소, 염소 새끼와 또 여러 가지 짐승들을 죽이리라.'고 생각한다.

이것이 이른바 온갖 괴로움의 과보를 가져오는 뜻의 칼이니, 이런 시주(施主)는 비록 여러 가지 보시와 여러 가지 공양을 베풀어 제사를 지낸다고 생각하지만 사실은 죄를 짓는 것이다.

어떤 것이 온갖 괴로움의 과보를 가져오는 입의 칼인가?

어떤 제사의 주관자는 제사를 마련하고 '나는 지금 제사를 마련한다. 너희들은 거기서 어린 황소를 죽이고 나아가 잔잔한 짐승들까지 죽여라.'고 시킨다.

이것이 이른바 온갖 괴로움의 과보를 가져오는 입의 칼이니, 이런 제사의 주관자는 비록 그러한 보시와 공양을 행한다 하더라도 사실은 죄를 짓는 것이다.

어떤 것이 온갖 괴로움의 과보를 가져오는 몸의 칼인가?

이른바 어떤 제사의 주관자는 제사를 마련하고 자기 손으로 거기서 황소를 죽이고 나아가 온갖 잔잔한 짐승들까지 죽인다. 이것이 이른바 온갖 괴로움의 과보를 가져오는 몸의 칼이니, 이런 제사의 주관자는 비록 여러 가지 보시와 여러 가지 공양을 하려고 생각하지만 사실은 죄를 짓는 것이다.

그러므로 바라문이여, 이와 같은 괴로움의 과보가 되는 그릇된 행위를 잘 살펴서 무량한 행복을 받는 제사를 지내야 한다.

어떤 것이 무량한 행복을 받는 제사인가?

첫째는 근본(根本)을 모시는 제사요, 둘째는 가족(居家)을 모시는 제사요, 셋째는 복밭(福田)을 모시는 제사이니라.

어떤 것이 근본(根本)을 모시는 제사인가?

이른바 선남자는 방편으로 재물을 얻고 손발을 부지런히 써서 법답게 얻은 것으로 부모(父母)를 공양하여 안락을 얻게 해야 하나니, 이것이 근본을 모시는 제사이니라.

어떤 것이 가족을 모시는 제사인가?

이른바 선남자는 방편으로 재물을 얻고 손발을 부지런히 써서 법답게 얻은 것으로써 처자·친척·권속·아랫사람·품꾼들을 보살펴야 하나니, 이것이 가족을 모시는 제사이니라.

어떤 것이 복밭(福田)*을 모시는 제사인가?

이른바 선남자는 방편으로 재물을 얻고 손과 발을 부지런히 써서 법답게 얻은 것으로써 스님들을 받들어 섬기고 공양해야 하나니, 이것이 복밭을 모시는 제사이니라. 탐욕과 성냄과 어리석음을 능히 다스리는 스님들은 중생들의 복밭을 이루어 모든 선망 부모들과 권속들을 높아지게 하고 나아가게 하다가, 미래에는 하늘에 태어나게 하느니라."

그때 장신 바라문은 뉘우친 뒤에 묶어두었던 황소와 모든 중생들을 놓아주어 자유로이 풀을 뜯고 깨끗한 물을 마시며 온갖 쾌락을 누리게 했다. 그리고 부처님께 귀의하여 바른 법 안에서 두려움이 없었다.

날말풀이 복전(福田)

*불교에서는 부처님이나 스님을 복전이라고 한다. 논밭이 곡물을 자라게 하고 곡식을 거두어들이게 하는 것과 마찬가지로, 부처님과 수행자들에게 공양하고 삼보(三寶)를 소중히 모시면 복덕(福德)의 열매를 얻게 되므로 복전(福田)이라고 한다. (1)부처님·성인(聖人)·스님(이 셋을 敬田)·화상(계를 주는 덕 높은 스님)·아사리(제자를 바르게 가르치고 지도하는 스님)·아버지·어머니(이 넷을 恩田)·병든 사람(悲田)을 팔복전(八福田)이라고 한다. (2)또는 복받을 원인이 되는 다음 여덟 가지 일, 즉 먼 길에 우물을 파는 일, 나루에 다리를 놓는 일, 험한 길을 잘 닦는 일, 부모에게 효도하는 일, 스님에게 공양하는 일, 병든 사람을 간호하는 일, 재난 당한 이를 구제하는 일, 무차(無遮)대회를 열고 일체 고혼을 제도하는 일이다.

어느 늙은 부부의 업보(業報) [雜阿含 老夫婦經]

어느 때 부처님께서 사위성에 들어가 걸식하실 때 존자 아난도 세존의 뒤를 따라갔다.

그때 두 늙은 남녀가 있었는데, 그 둘은 부부로서 나이가 많아 감각기관은 다 허물어지고 등은 휘어진 갈고리처럼 굽었다. 그들은 마을 뒷골목 쓰레기를 사르는 곳에서 불을 향해 쪼그리고 앉아 있었다. 세존께서 그 늙은 부부를 보니, 나이는 많은데다 미련스럽고 갈고리처럼 등은 굽었으며 불을 향해 쪼그리고 앉아 있는 모습이, 마치 늙은 따오기가 욕심에 가득 차 서로 마주 보고 있는 것 같았다. 이 두 늙은 부부를 보시고 나서 부처님께서는 아난에게 말씀하셨다.

"너는 나이가 많은데다 미련스럽고, 불을 향해 쪼그리고 앉아 있는 모습이 마치 늙은 따오기가 욕심에 가득 차 서로를 마주 보고 있는 것 같은 저 두 부부를 보았느냐?

저 두 늙은 부부는 나이 젊어 건강한 청년의 몸이었을 적에 부지런히 재물을 모았더라면 사위성에서 첫째가는 부자 장자가 되었을 것이요, 만일 수염과 머리를 깎고 가사를 입고 바른 믿음으로 집 아닌 데로 출가하여 도를 배워 부지런히 닦아 익혔더라면 아라한(阿羅漢)이라는 최고의 과(果)를 얻었을 것이다.

둘째, 왕성하고 건강한 장년의 몸이었을 적에 부지런히 재물을 모아놓았더라면 사위성에서 둘째가는 부자가 되었을 것이요, 만일 수염과 머리를 깎고 가사를 입고 바른 믿음으로 집 아닌 데로 출가하여 도를 배웠더라면 아나함과(阿那含果)를 증득하였을 것이다.

셋째, 저들이 중년의 몸이었을 적에 부지런히 재물을 모아놓았더라면 사위성에서 셋째 가는 부자가 되었을 것이요, 만일 수염과 머리를 깎고 가사를 입고 바른 믿음으로 집 아닌 데로 출가하여 도를 배웠더라면 사다함과(斯陀含果)를 얻었을 것이다. 그러나 저들은 이제 나이 많아 늙고 감각기능도 다 허물어졌으며 모아놓은 재물도 없고 방편도 없으며 감당할 능력도 없어, 재물을 구하려 해도 능력이 없게 되었고 또한 사람의 세상을 벗어나는 법도 얻을 수 없게 되었다."

부처님께서 이 경을 말씀하시자, 존자 아난은 부처님의 말씀을 듣고 기뻐하며 받들어 행하였다.

장애를 극복하고 아라한이 된 스님 [增一阿含 善知識品]

부처님께서 사위국 기수급고독원에 계실 때, 스님 중에서 반특(般特)과 주리반특(周理般特)이라는 쌍둥이 형제가 있었다. '반특'은 '길[道]'이라는 뜻이었고 '주리'는 '작다[小]'는 의미였는데, 이들의 부모가 여행을 하다가 길에서 낳았기 때문에 먼저 태어난 아이와 나중에 태어난 아이의 이름을 이렇게 지었다.

그런데 형 반특은 아주 총명하였음에 반해 주리반특은 매우 어리석었다. 주리반특은 어찌나 둔했는지 3년 동안 수행을 했지만 글귀 하나를 제대로 못 외웠다. 그래서 주리반특에게는 늘 남들이 하기 싫어하는 허드렛일만 주어졌다. 답답하게 여긴 형은 그 아우 주리반특에게 말하였다.

"너는 더 이상 출가하여 수행하는 것이 의미가 없다. 아예 속세로 돌아가는 것이 어떻겠느냐?"

주리반특은 이 말을 듣고 곧 기수급고독원 문 밖에 서서 눈물을 흘리고 있었다. 그때 부처님께서 깨끗한 하늘눈[天眼]으로 주리반특 비구가 문 밖에 서서 못견디게 슬피 우는 것을 보셨다. 부처님께서는 고요한 방에서 나와 주리반특에게 다가가서 말씀하셨다.

"비구야, 너는 왜 여기서 슬피 울고 있는가."

"세존이시여, 저는 형에게 쫓겨났나이다. 형은 제가 너무 어리석어 수행을 할 수 없으니 속세로 돌아가라고 했습니다. 그래서 서러운 마음에 슬피 울고 있나이다."

세존께서는 말씀하셨다.

"비구야, 걱정하지 말라. 나는 위없는 깨달음을 이루었지만 너의 형 반특 때문에 도를 얻은 것이 아니다."

세존께는 주리반특의 손을 붙잡고 고요한 방으로 가서 자리에 앉게 하였다. 그리고 다시 글자를 가르치셨다. 부처님은 '더러움'과 '빗자루'라는 말만 외우도록 하셨다. 그런데 주리반특은 더러움을 외우면 빗자루를 잊어버리고 빗자루를 외우면 더러움을 잊어버렸다. 그런 주리반특에게 부처님은 "수행자들의 방을 청소해줄 수 있겠느냐?"고 제안하셨다. 주리반특은 겸손하게 부처님 말씀을 받아들여 자기 동료인 수행자들의 방을 청소했다. 주리반특은 수행자들의 방을 열심히 청소를 하면서 이렇게 생각하였다.

'세존께서는 무슨 까닭에 이런 것으로 나를 가르치시는 걸까? 나는 지금 그 뜻을 생각해보리라.'

그리고 그 뜻을 생각해보고는 다시 이렇게 생각하였다.

'지금 내 몸에도 티끌과 때가 있다. 내 스스로를 비유해 보자. 무엇이 없애는 것이며, 무엇이 때인가?'

그는 다시 이렇게 생각하였다.

'결박이 때이고, 지혜가 없애는 것이다. 나는 지금 지혜의 빗자루로써 이 결박을 쓸어버리리라.'

그때 주리반특은 문득 깨달아 다시 태어남을 받지 않는 아라한이 되었다. 그리고는 부처님께 나아가 아뢰었다.

"부처님, 이제는 지혜가 생겼나이다. 이제는 '더러움'과 '빗자루'의 의미를 알았나이다. 더러움이란 결박이고, 빗자루는 지혜입니다."

부처님께서 말씀하셨다.

"착하다 비구야, 네 말과 같다. 네 말과 같다. 빗자루는 곧 지혜요, 더러움이란 곧 결박이니라."

그때 주리반특 존자는 세존께 게송으로 아뢰었다.

이제 이것을 외움으로 만족하리라.
세존께서 말씀하신 그것과 같이
지혜는 능히 결박을 없애나니
그 밖의 다른 행 의지할 것 아니네.

주리반특의 게송을 들은 부처님께서 이렇게 말씀하셨다.

"비구야, 네가 말한 것과 같다. 지혜로만 그렇게 할 수 있을 뿐, 그 밖의 다른 행으로는 그렇게 하지 못하느니라."

그후 주리반특은 동료들 앞에 나아가 설법을 할 정도로 존경받는 수행자가 되어 부처님의 상수제자인 16나한의 한 사람이 되었다.

물에 빠진 일곱 종류의 사람 [增一阿숨 等法品]

부처님께서는 사위국 기수급고독원에 계실 때 비구들에게 말씀하셨다.

"내가 이제 일곱 종류의 물에 빠진 사람의 비유를 들어 설명하리니, 잘 듣고 기억하라.

첫째는 물밑에 가라앉아 있으면서 헤어 나오지 못하는 사람이다. 그는 착하지 않은 법이 그 몸에 가득 차서 몇 겁이 지나더라도 고치지 못한다. 그런 사람을 물밑에 가라앉아 헤어 나오지 못하는 사람이라 한다.

둘째는 물에서 나왔다가 도로 가라앉는 사람이다. 그는 믿음의 뿌리가 점점 엷어져 비록 착한 법이 있지만 그것이 든든하지 못하다. 그래서 그는 몸과 입과 뜻으로 선을 행하다가도 뒤에 다시 몸과 입과 뜻으로 악을 행하여 몸이 무너지고 목숨이 끝난 뒤에는 지옥에 태어난다. 이런 사람을 물에서 나왔다가 도로 가라앉는 사람이라 한다.

셋째는 물 위로 고개를 내밀고 주위를 살피는 사람이다. 그는 믿음의 뿌리는 있으나 몸과 입과 뜻의 행함에 있어서 조금도 나아지지 않고 스스로 안주한다. 그래서 그는 몸이 무너지고 목숨이 끝난 뒤에는 아수라로 태어난다. 이런 사람을 물 위로 고개를 내밀고 주위를 살피는 사람이라 한다.

넷째는 물 위에 머리를 내밀고 머무는 사람이다. 그는 믿음으로 정진하여 세 가지 결박[三結]*을 끊고 다시는 물러나지 않으며 구경에 이르러 위없는 도를 성취한다. 이런 사람을 물에서 머리를 내밀고 머무는 사람이라 한다.

다섯째는 물을 헤엄쳐 건너려는 사람이다. 그는 믿음으로 정진하면서 항상 부끄러워하여 세 가지 결박을 끊고 음욕과 성냄과 어리석음이 엷어져 이 세상에 태어나 괴로움을 완전히 벗어난다. 그런 사람을 물을 헤엄쳐 건너려는 사람이라 한다.

여섯째는 저쪽 언덕에 이르려는 사람이다. 그는 믿음으로 정진하여 오하분결(五下分結)*을 끊고, 아나함(阿那舍)이 되어 그곳에서 반열반에 들어 다시는 이 세상에 오지 않는다. 그런 사람을 저쪽 언덕에 이르려는 사람이라 한다.

일곱째는 이미 저쪽 언덕으로 건너간 사람이다. 그는 믿음으로 정진하면서 부끄러워 할 줄을 알고, 번뇌를 다해 번뇌가 없게 되어 현세에서 스스로 즐거워하며 '나고 죽음은 이미 다하고 범행은 이미 섰으며, 할 일을 이미 마쳐 다시는 후생의 몸을 받지 않는다.'고 사실 그대로 안다. 그는 이 무여열반(無餘涅槃)의 세계에서 반열반한다. 이런 사람을 이미 저쪽 언덕으로 건너간 사람이라 한다."

그 때 모든 비구들은 부처님의 말씀을 듣고 기뻐하며 받들어 행하였다.

낱말풀이 　삼결(三結) / 오하분결(五下分結)

* 삼결(三結) : ①유신견결(有身見結) ; 불변하는 자아가 있고, 오온이 자아의 소유라는 견해. ②계금취결(戒禁取結) ; 그릇된 계율이나 금지 조항을 바른 것으로 간주하여 집착하는 번뇌. ③의결(疑結) ; 바른 이치를 의심하는 번뇌. 이 세 가지 번뇌를 끊으면 처음 성인 축에 들어간 지위인 수다원(須陀洹)의 경지에 이른다고 한다.

* 오하분결(五下分結) : 하분(下分)은 욕계, 결(結)은 번뇌를 뜻함. 중생을 욕계에 결박하여 해탈하지 못하게 하는 다섯 가지 번뇌. 앞에서 언급된 삼결(三結)인 ①유신견결, ②계금취결(戒禁取結), ③의결(疑結)의 삼결(三結)에 더하여 ④욕탐결(欲貪結, 욕계의 탐욕)과 ⑤진에결(瞋恚結, 성냄·노여움·분노·증오)를 말함. 이 다섯 가지 번뇌를 끊으면 욕계에 다시 태어나지 않는 아나함과(阿那含果)의 경지에 이른다고 한다.

삶의 지혜

번뇌의 업과 재산을 없애는 일 [六方禮經]

부처님께서 라자가하(王舍城)의 영축산에 계실 때였다. 부처님께서는 아침이 되어 가사(袈裟)를 입고 발우를 들고 걸식하러 성안으로 들어가셨다.

성안에 사는 한 장자(長子)의 아들 싱갈라가 못에서 목욕하고 언덕에 올라와 몸을 말린 뒤 동·서·남·북·상·하의 여섯 군데를 향해 예배하고 있었다.

부처님은 그것을 보고 말씀하셨다.

"너는 무엇 때문에 육방(六方)을 향해 예배하고 있느냐?"

싱갈라는 부처님께 대답했다.

"저의 아버지가 임종(臨終)하실 때 '너는 무엇에나 예배하고 싶거든 먼저 동·서·남·북·상·하의 여섯 군데를 향해 예배하라.'고 유언하셨습니다. 저는 아버지의 유언을 듣고 감히 어길 수 없어 이렇게 예배하는 것입니다."

부처님은 싱갈라에서 말씀하셨다.

"거기에는 방향의 이름만 있을 뿐이다. 그러나 우리 성현의 법에는 그런 육방의 예배로써 으뜸을 삼지 않는다."

장자의 아들은 부처님께 여쭈었다.

"성현의 법으로 육방에 예배하는 법을 가르쳐 주십시오."

부처님께서 말씀하셨다.

"이제 너를 위해 설명하겠으니 자세히 듣고 잘 명심하여라. 네 가지 번뇌의 업과 네 가지의 나쁜 행위와 또 여섯 가지 재산을 없애는 일이 있다. 이런 나쁜 일을 하지 않고 육방에 예배하면 이 세상에서도 잘 살고 후생(後生)에 가서도 좋은 과보를 얻을 것이다.

네 가지 번뇌의 업이란 살생과 도둑질과 음행과 거짓말이다. 또 네 가지 나쁜 행위란 탐욕과 성냄과 두려워함과 어리석음이다. 이와 같은 번뇌의 업과 악행을 행하면 큰 불행이 있을 것이다.

또 재산을 없애는 여섯 가지 일이란 술에 취하고 도박하며 방탕하고 풍류에 빠지며 나쁜 벗과 어울리고 게으름에 빠지는 일이다. 이런 악행을 떠난 뒤에 육방에 예배하면 이 세상이나 다음 세상에서 항상 안락할 것이다.

술을 마시는 데에는 다음과 같은 허물이 있다. 재산을 소비하게 되고 병이 생기고 잘 다투고 나쁜 이름이 퍼지며 분노가 폭발하고 지혜가 날로 없어지는 것이다. 그러므로 술을 마시지 말아야 한다.

도박에도 다음과 같은 허물이 있다. 재산이 날로 줄어들고 도박에 이기더라도 원한이 생기며, 지혜로운 사람이 타일러도 듣지 않고 사람들이 그를 멀리하며 도둑질할 마음이 생기는 것이다. 그러므로 도박을 해서는 안 된다.

　방탕에도 다음 같은 허물이 있다. 몸을 보호하지 못하며, 자손을 보호하지 못하고 항상 놀라고 두려워하게 되며, 온갖 괴롭고 나쁜 일이 몸을 얽어매고 허망하다는 생각을 잘 내게 되는 것이다. 그러므로 방탕하지 말아야 한다. 나쁜 벗과 어울리는 데에도 다음과 같은 허물이 있다. 남을 속일 꾀를 내고 으슥한 곳을 좋아하며, 남의 여자를 유혹하고, 남의 물건을 훔치며 재물을 독차지하려 하고 남의 허물 드러내기를 좋아하는 것이다. 그러므로 나쁜 벗과 어울리지 말아야 한다.

　게으름에도 큰 허물이 있다. 부자면 부자라고 해서, 가난하면 가난하다고 해서 일하기 싫어한다. 추울 때는 춥다고 해서, 더울 때는 덥다고 해서 일하기 싫어한다. 시간이 이르면 이르다고 해서, 시간이 늦으면 늦었다고 해서 일하기 싫어하는 것이다. 그러므로 부디 게으르지 말아야 한다.

　그 대신 가까이해야 할 벗이 있다. 그는 너에게 많은 이익을 주고 많은 사람들을 보살펴 준다. 잘못을 말리고 사랑하고 가엾이 여기며, 남을 이롭게 하고 사업을 같이 하는 벗이다. 그러므로 그런 이는 친해야 한다."

바른 대인관계 [六方禮經]

부처님께서 다시 말씀하셨다.

"육방이란 어떤 것인지 알아야 한다. 동쪽은 부모며, 남쪽은 스승이며, 서쪽은 아내요, 북쪽은 친족이며, 아래쪽은 종(奴)이요, 위쪽은 덕이 높은 사문과 바라문이다.

사람으로 태어났으면 다음 같은 일로 부모에게 효도해야 한다. 부모를 받들어 아쉬움이 없게 하고 할 일이 있으면 먼저 부모님께 알리며, 부모의 하시는 일에 순종하여 거스르지 않고 부모의 당부를 어기지 않으며, 부모가 경영하는 바른 사업을 계승하여 끊어지지 않게 하는 것이다. 자식이 부모를 받들어 효도로 섬기면 부모는 편안하여 아무 걱정이 없을 것이다. 또 부모는 다음과 같이 자식을 사랑해야 한다. 자식을 타일러 나쁜 일을 하지 못하게 하고 좋은 일을 가르쳐 주며, 사랑이 그 골수에 사무치도록 하고 좋은 곳에 결혼시키며, 수시로 필요한 물건을 대어주어야 한다.

제자는 스승을 받들어 공경해야 한다. 필요한 물건을 대어드리고 예배 공양하며 존경하여 우러러 받들고, 가르침이 있을 때는 순종하여 어기지 않으며 들은 법은 잘 지녀 잊지 않아야 한다. 제자가 스승을 공경하고 받들면 스승은 편안하여 아무 걱정이 없을 것이다. 또 스승은 다음 같이 제자를 지도하여야 한다. 법을 따라 다루고 모르는 것을 가르쳐 주며, 묻는 것에 대답하여 잘 이해하도록 하고, 좋은 벗을 알선해주며 아는 것은 아끼지 않고, 모두 가르쳐 주어야 한다.

남편이 아내를 위하는 데에도 다음과 같은 일이 있다. 예절로써 대하고 위신을 지키며, 항상 의복과 음식을 넉넉히 대어 주고 집안 일을 믿고 맡겨야 한다. 또 아내는 다음과 같은 일로 남편을 공경하여야 한다. 항상 먼저 일어나고 뒤에 앉으며, 말을 부드럽게 하고 잘 순종하며, 남편의 뜻을 먼저 알아 받들어 행해야 한다. 아내가 이와 같이 남편을 받들어 공경하면 남편은 편안하여 아무 걱정이 없을 것이다.

그리고 누구나 다음 같은 일로 친족을 가까이 하고 공경하여야 한다. 물건을 나누어 쓰고, 말을 인자하게 하며, 이익을 주고 이익을 같이하며 속이지 않아야 한다. 이와 같이 친족을 공경하고 가까이하면 친족은 편안하여 아무 걱정이 없을 것이다.

주인은 고용인에 대하여 다음과 같은 일로 가르쳐야 한다. 능력에 따라 일을 시키고, 항상 음식을 대어 주며, 수시로 노력의 대가를 치러 주고, 병이 나면 치료해 주며 가르쳐 주어야 한다. 또 고용인은 다음 같은 일로 주인을 존중해야 한다. 일찍 일어나고 일을 정성껏 해야 하며, 주지 않는 것을 가지지 않고 순서대로 일을 하며, 주인의 이름을 칭찬하여 드날리는 것이다. 고용인이 이와 같이 주인을 존중하면 주인은 편안하여 아무 걱정이 없을 것이다.

시주(施主)*는 항상 다음 같은 일로 사문이나 바라문을 받들어 공경해야 한다. 행동이 친절하고 말이 인자하며, 마음이 자비스럽고 때를 맞추어 보시하고 문을 잠그지 않는다. 시주가 이와 같이 사문이나 바라문을 받들면 그들은 편안하여 아무 걱정이 없을 것이다.

또 사문이나 바라문은 다음 같은 일로 시주를 가르쳐야 한다. 그들을 보호하여 나쁜 일을 저지르지 않게 하고, 좋은 것

낱말풀이   시주(施主)

*부처님과 스님, 다른 사람에게 무언가를 베푸는 것을 보시(布施)라고 하고, 특히 물자를 베푸는 것을 재시(財施)라고 한다. 재시를 한 사람을 시주라고 한다. 일반적으로 '절에 시주를 한다.'는 것은 부처님과 스님에게 보시를 한다는 뜻이다.

을 가르쳐 착한 마음을 가지게 하고, 듣지 못한 것을 듣게 하며, 이미 들은 것은 잘 이해하게 하고, 천상(天上)에 나는 길을 알려주는 일이다."

부처님께서 이렇게 말씀하시니 싱갈라는 이렇게 여쭈었다.
"부처님, 부처님의 말씀은 저로서는 상상도 할 수 없었던 것입니다. 아버지의 교훈과는 비교할 수도 없습니다. 넘어진 자를 일으켜 주고, 닫힌 마음을 열어주시며, 미혹한 이를 깨닫게 하셨습니다. 그리고 어두운 밤에 등불을 켜시고 눈 있는 사람은 보게 하셨습니다. 부처님께서는 무수한 방편으로 미혹한 자를 깨닫게 하시고 맑고 깨끗한 이치를 드러내셨습니다. 그러므로 저는 오늘부터 부처님과 부처님의 법과 승가에 귀의하겠습니다. 저로 하여금 그 바른 법안에서 신도가 되게 해주십시오. 그러면 저는 목숨을 마칠 때까지 살생하지 않고, 도둑질하지 않으며, 삿된 음행을 하지 않으며, 거짓말하지 않으며, 술을 마시지 않겠습니다."

일곱 종류의 아내 [玉耶女經]

사밧티의 부호 급고독 장자는 파사익 왕의 제일 가는 대신의 딸 옥야*를 며느리로 맞았다. 그 여자는 뛰어난 미인이었다.

유래 이야기 탑돌이와 옥야부인

*〈불설옥야여경〉에 의하면 옥야부인이 부처님으로부터 착한 아내와 악한 아내에 대한 법문을 듣고는 여지껏 자신의 행동에 잘못된 점이 너무 많아서 두려운 생각이 들었다. 그래서 옥야부인은 불탑을 돌며 염불을 하였고, 그 소리가 시방(十方, 8방+하늘과 땅)에 들렸으며, 그 광경을 본 사람들도 기뻐하며 탑 앞에 예배하였다고 기록되어 있다.
 이처럼 부처님 재세 당시에는 부처님이 앉아계시면 제자들이 부처님의 주변을 돌고 합장 예배하는 것이 관례였을 것이고, 그러므로 부처님의 사리를 모신 불탑 또한 부처님으로 인식되어 탑을 도는 것이 당연한 전래였다.

그러나 친정의 족성과 자기의 미모를 믿고 교만하여 시부모와 남편을 공경하지 않고, 부처님 교단을 공경하지도 않았다.

며느리가 아내로서의 부덕(不德)과 예절이 없는 것을 보고 걱정하던 급고독 장자는 부처님을 청해 며느리를 교화시키기로 하였다. 초대를 받고 장자의 집을 찾아간 부처님은 옥야에게 말씀하셨다.

"여자는 무엇보다 단정해야 하오. 단정하다는 것은 얼굴이나 몸매나 의복 등 겉모양만을 가리키는 것이 아니라, 그릇된 태도를 버리고 마음을 한결같이 공손하게 가지는 일이오."

옥야가 속으로 자기의 허물을 뉘우치며 묵묵히 있는 것을 보고 부처님은 말을 이으셨다.

"세상에는 일곱 종류의 아내가 있소. 어머니 같은 아내, 누이 같은 아내, 친구 같은 아내, 며느리 같은 아내, 종 같은 아내, 원수 같은 아내, 도둑 같은 아내 등이오.

첫째, 어머니와 같은 아내란 남편을 아끼고 생각하기를 어머니가 자식 생각하듯 하는 것이오. 밤낮으로 모시어 그 곁을 떠나지 않고 때를 맞추어 먹을 것을 차리며, 남편이 밖을 나갈 때에는 남들에게 흉잡히지 않도록 마음을 쓰는 것이오.

둘째, 누이 같은 아내란 남편을 받들어 섬기기를 한 부모에게 혈육을 나눈 형제와 같이 하는 아내요. 그러므로 거기에는 두 가지의 정이 있을 수 없으며, 누이가 오라비를 받들어 섬기듯 하는 것이오.

셋째, 친구와 같은 아내란 남편을 모시고 사랑하는 생각이 지극해서 서로 의지하고 사모하여 떠나지 않소. 어떤 비밀한 일도 서로 알리며 잘못을 보면 충고를 하여 실수가 없게 하고, 좋은 일에는 칭찬하여 지혜가 더욱 밝아지도록 하오. 서로 사랑하여 이 세상에서 편안히 지내게 하기를 어진 벗과 같이 하는 아내요.

넷째, 며느리와 같은 아내란 공경과 정성을 다해 어른을 받들고 겸손과 순종으로 남편을 섬기며, 일찍 일어나고 늦게 자며 어긋나는 말과 행동을 하지 않소. 좋은 일이 있으면 다른 사람에게 돌리고 궂은 일에는 자기가 나서서 책임을 지오. 남에게 베풀기를 가르치고 착하게 살기를 서로 권하며, 마음이 단정하고 뜻이 한결같아 조금도 그릇됨이 없소. 아내의 예절을 밝게 익혀 손색이 없으니 나아가도 예의에 어긋나지 않고 물러나도 예의를 잃지 않으며, 오로지 화목으로써 귀함을 삼으니 이것이 며느리 같은 아내요.

다섯째, 종과 같은 아내란 항상 어려워하고 조심하여 교만하지 않고 일에 부지런하여 피하거나 꺼리는 것이 없으며, 공손하고 정성스러워 충성과 효도를 끝까지 지키오. 말은 부드럽게 성질은 온화하며 입으로는 거칠거나 간사한 말을 하지 않고, 몸으로는 방종한 행동을 하지 않소. 정숙하고 선량하고 슬기로우며, 항상 스스로 엄하게 단속하여 예의로 몸가짐을 삼소. 남편이 사랑해도 교만을 부리지 않고, 설사 박대를 당할지라도 원망함이 없이 묵묵히 받아들여 딴 생각을 품지 않소. 남편이 즐기는 것을 권하고 말이나 얼굴빛에 질투가 없으며, 오해를 받더라도 그것을 밝히려고 다투지 않소. 아내의 예절을 힘써 닦아 옷과 음식을 가리지 않고 다만 공경하고 정성을 기울일 뿐, 남편을 공경하고 받들기를 마치 종이 상전을 섬기듯 하는 것이니 이것이 종과 같은 아내요.

여섯째, 원수와 같은 아내란 언제나 성내는 마음을 지니고 남편을 보아도 반기지 않고 밤낮으로 헤어지기를 생각하며, 부부라는 생각이 없이 나그네처럼 여기며, 걸핏하면 싸우려고 으르렁거리면서 조금도 어려워하는 마음이 없소. 흐트러진 머리로 드러누워 손끝하나 까딱하지 않고, 집안 살림살이나 아이들이 어떻게 되건 전혀 보살피지 않으며, 바람을 피우면서도 부끄러운 줄을 모르오. 그 모습이 짐승과 같아 친척을 욕되게 하니 이것이 원수와 같은 아내요.

일곱째, 도둑과 같은 아내란 밤낮으로 자지 않고 성난 마음으로 대하며, 무슨 수를 써서 떠날까 궁리하고 독약을 먹이자니 남이 알까 두려워서 못하고, 친정이나 이웃에 가서 그들과 짜고 재산을 빼내려 하며 정부(情夫)를 두고는 틈을 보아 남편을 죽이려 하오. 남편의 목숨을 억울하게 빼앗으려는 것이니 이것이 도둑과 같은 아내요. 세상에는 이와 같은 일곱 종류의 아내가 있소.

그 가운데 먼저 다섯 가지의 착한 아내는 항상 그 이름을 널리 떨치고 여러 사람들이 사랑하고 공경하며 일가 친척들이 함께 칭송하게 되오. 그리고 악독한 두 종류의 아내는 항상 비난을 받고 몸과 마음이 편치 못해 늘 앓게 되며, 눈을 감으면 악몽으로 두려워 떨고 자주 횡액을 당하며 죽은 뒤에는 삼악도에 떨어져 헤어날 기약이 없는 것이오."

부처님의 이와 같은 말씀을 듣고 옥야는 눈물을 흘리며 부처님 앞에서 자기 허물을 뉘우쳤다.

"제 마음이 어리석고 미련하여 아내로서 몽매한 짓을 했습니다. 이제부터는 지나간 잘못을 고쳐 교만을 부리지 않고 시부모님과 남편을 잘 섬기겠습니다."

부처님은 옥야에게 말씀하셨다.

"사람 중에 어느 누가 허물이 없겠소. 고쳐서 새 사람이 된다면 그보다 더 좋은 일이 없을 것이오."

그때 부처님은 옥야를 위해 보시와 계율과 천상에 태어나는 이치에 대해 설법하신 후에, 탐욕과 삿된 음행은 깨끗하지 못한 것이라고 말씀하셨다. 부처님은 옥야의 마음이 열리고 뜻에 이해가 생긴 줄을 아시고, 그녀를 위해 괴로움[苦]·괴로움의 발생[集]·괴로움의 소멸[滅]·괴로움의 소멸에 이르는 길[道]에 대하여 모두 말씀하셨다. 부처님께서 옥야에게 말씀하시는 것이 끝나자 옥야는 바로 그 자리에서 법안(法眼)이 깨끗하게 되었다. 그녀는 온갖 법을 분별하고, 부처님 가르침의 깊고 묘한 이치를 잘 이해하였다.

열 가지 선악 [四十二章經]

부처님께서 말씀하셨다.

"중생들은 열 가지 일로써 선해지기도 하고, 열 가지 일로써 악해지기도 한다. 그 열 가지란 몸의 세 가지, 말의 네 가지, 생각의 세 가지이다.

몸의 세 가지란 산목숨을 죽이는 것과 남의 물건을 훔치는 것과 음행을 저지르는 것이다. 말의 네 가지란 이간질과 악담과 거짓말과 당치 않게 말을 꾸미는 일이다. 생각의 세 가지란 탐욕과 성냄과 어리석음으로 삿된 것을 진리로 여기는 것이다. 이 열 가지 일은 성인의 가르침에 어긋나는 것이므로 열 가지 악한 일이라고 한다. 이와 같은 악한 일을 하지 않으면 곧 열 가지 착한 일이 될 것이다."

티끌을 벗어난 대장부 [四十二章經]

부처님께서 말씀하셨다.

"사람이 처자나 좋은 집에 얽매이는 환란(患亂)은 감옥과 질곡과 쇠사슬보다 더한 것이다. 감옥은 죄가 풀리는 기한이라도 있지만, 처자에 대한 정욕은 호랑이에게 물려가는 재화(災禍)가 있더라도 제가 오히려 달갑게 여겨 몸을 던지니, 그 죄는 풀릴 기약이 없다. 그러므로 범부라도 만일 이 문을 뚫고 나올 수만 있다면 그는 티끌을 벗어난 장부라 한다.

모든 욕망 가운데서 육체적 욕망보다 더한 것은 없다. 육체적 욕망은 크기의 한계가 없는 것이다. 다행히 그것이 하나뿐이었기 망정이지 둘만 되었더라도 도를 닦는 사람은 아무도 없을 것이다. 애욕은 사람에게 있어 마치 횃불을 잡고 바람을 거슬러 가는 것과 같으니, 횃불을 놓지 않는 어리석은 사람에겐 반드시 손을 태우는 환난이 있을 것이다. 탐욕과 성냄과 어리석음의 삼독(三毒)이 사람 몸에 닥쳤으니 일찌감치 도(道)로써 이 재화를 없애지 않으면 반드시 위험한 재앙이 있으리라. 마치 어리석은 사람이 욕심내어 횃불을 꽉 쥐고 있다가 스스로 제 손을 태우는 것과 같다."

허공에 침 뱉기 [四十二章經]

부처님께서 말씀하셨다.

"악한 사람이 선한 일을 하는 사람을 일부러 찾아와 귀찮게 굴더라도 스스로 참고 견디면서 그에게 성내거나 꾸짖지 말라. 남을 미워하는 자는 스스로를 미워하는 것이다.

내가 도를 지켜 큰 자비를 베푼다는 말을 듣고 어떤 사람이 찾아와 나를 꾸짖고 욕했다. 그러나 내가 잠자코 대꾸하지 않았더니 그는 꾸짖기를 그쳤다.

내가 그에게 "만일 당신이 어떤 사람에게 선물을 주려 했을 때 그가 받지 않는다면 당신은 그 선물을 어떻게 하시겠습니까?" 하고 물었더니 그는 "그냥 가지고 돌아가지요." 라고 대답했다. 나는 그에게 이렇게 말했다.

"조금 전에 당신이 나를 욕했지만 나는 그것을 받아들이지 않았소. 그러니 당신은 그 욕을 당신 자신에게 한 것이오. 마치 메아리가 소리에 응하고 그림자가 물체를 따르는 것과 같이, 당신은 당신이 범한 죄업에서 벗어날 수 없는 것이오. 그러니 부디 악한 일을 하지 마시오."

악한 사람이 어진 사람을 해치는 것은 허공을 향해 침을 뱉는 일과 같다. 침은 허공에 머물지 않고 자기 얼굴에 떨어지게 마련이다. 그리고 바람을 거슬러 티끌을 뿌리는 일과 같다. 티끌은 저쪽으로 가지 않고 도리어 자기 몸에 와 묻을 것이다. 어진 사람은 해칠 수 없는 것이며 화는 반드시 자신에게 되돌아오고 만다."

한 사람이 만 명과 싸우는 것 [四十二章經]

부처님께서 말씀하셨다.

"사람이 도를 닦는다는 것은 한 사람이 만 명과 싸우는 것과 같다. 갑옷을 입고 병기를 잡고 싸우려고 문을 나섰지만 뜻이 약해져 뒤로 도망치는 수도 있고, 혹은 반쯤 가서 돌아오는 수도 있고, 혹은 크게 이겨서 나라에 돌아와 높은 벼슬에 오르는 수도 있다. 사람이 그 마음을 굳게 가지고서 힘써 용맹하게 나아가고, 세속의 미치고 어리석은 말에 현혹되지 않는다면, 욕심이 멸하고 악이 사라져 반드시 도를 얻을 것이다."

목숨은 호흡 사이에 [四十二章經]

부처님께서 사문에게 물었다.
"사람의 목숨이 얼마 동안에 있느냐?"
사문이 대답했다.
"며칠 사이에 있습니다."
"자네는 아직 도를 모른다."
부처님은 다른 사문에게 물었다.
"사람의 목숨이 얼마 동안에 있느냐?"
"밥 먹는 사이에 있습니다."
"자네는 아직 도를 모른다."
부처님은 다시 다른 사문에게 물었다.
"사람의 목숨이 얼마 동안에 있느냐?"
"숨쉬는 사이에 있습니다."
"그렇다. 너는 도를 아는구나."

부처님의 마지막 유훈(遺訓)

계율은 스승이다 [遺敎經]

부처님께서 바라나시의 녹야원에서 처음으로 법륜을 굴려 콘단냐 등 다섯수행자를 교화하시고, 최후의 설법으로 수바드라를 제도하시니 건질 만한 사람은 모두 건지셨다. 사라쌍수 아래서 열반에 드시려고 할 때였다.

사방이 고요해 아무 소리도 없는 한밤중에 부처님은 제자들을 위해 진리의 요긴한 점을 대강 말씀하셨다.

"여러 비구들, 내가 열반에 든 뒤에는 계율 존중하기를 어둠 속에서 빛을 만나듯이, 가난한 사람이 보물을 얻은 듯이 해야 한다. 계율은 너희들의 큰 스승이요, 내가 세상에 더 살아 있더라도 이것과 다름이 없을 것이다.

청정한 계율을 지닌 사람은 물건을 사고 팔거나 무역을 하지 말고, 집이나 논밭을 마련하지 말며 하인을 부리거나 짐승을 기르지 말라. 재물 멀리하기를 불구덩이를 피하듯 하고, 초목을 베거나 땅을 개간하지 말라. 약을 만들거나 사람의 길흉(吉凶)을 점치는 일, 하늘의 별로 점치는 일, 수를 놓아 맞추는 일들을 하지 말라. 몸을 바르게 갖고 일정한 때를 정해 먹으며, 깨끗하게 계를 지키며 살아라.

세상의 나쁜 일에 참여하지 말며 주술을 부리거나 선약을 만들지 말아라. 권세 있는 사람과 사귀어 서민들을 업신여기지 말고, 자기 마음을 단정히 하여 바른 생각으로 남을 구제하라. 또 자기 허물을 숨기거나 이상한 행동으로 남들을 혹하게 하지 말며, 음식·의복·침구·의약 등 네 가지 공양의 분량을 알고 만족하게 여기며, 받은 공양거리는 쌓아두지 말아라.

이상은 계율을 가지는 태도를 대강 말한 것인데 계는 바르고 순한 해탈의 근본이므로, 프라티목샤(波羅提木叉)*라고 부르는 것이다. 이 계를 의지하면 모든 선정과 괴로움을 없애는 지혜를 낼 수 있을 것이다. 그러므로 비구들은 반드시 청정한 계를 가져 어긋나지 않게 하여라. 만일 청정한 계를 가지면 좋은 법을 얻을 수 있지만, 청정한 계가 없으면 온갖 좋은 공덕이 생길 수 없다. 계는 가장 안온한 공덕이 머무는 곳임을 알아라."

마음의 주인이 되라 [遺敎經]

"이미 계에 머물게 되었으면 오관(五官)*을 잘 거두어 오욕(五慾)*에 들어가지 말게 하라. 이를테면, 소치는 사람이 회초리를 쥐고 단속함으로써 소가 남의 논밭에 들어가지 못하도록 하는 것과 같다. 만약 오관을 제멋대로 놓아 버리면 오욕

낱말풀이 프라티목샤(Pratimoksya, 波羅提木叉)

*프라티목샤는 수행자가 지켜야 할 계율을 모아 종류별로 나누어 열거한 조문(條文)으로 계율을 말한다. 계본(戒本)이라고도 하며, 몸과 입으로 범한 허물을 각 계율 조항을 지켜 따로따로 해탈한다고 하여 '별해탈(別解脫)' 이라고도 한다.

뿐 아니라 가는 곳이 끝없어 마침내는 막을 수 없을 것이다. 또한 그것은 사나운 말과 같아서 단단히 재갈을 물리지 않으면 그 수레에 태운 사람을 구렁에 내동댕이칠 것이다.

도둑의 침해를 받으면 그 침해가 한 생(生)에 그치지만, 오관의 화는 여러 생에 미치어 그 해독은 매우 무겁다. 그러므로 지혜로운 사람은 스스로 자제하여 오관에 따르지 말고, 함부로 날뛰지 못하게 해야 한다. 이 오관도 그 주체는 마음이다. 그러므로 너희들은 마땅히 그 마음을 다스려야 한다.

흐트러진 마음은 두렵기가 독사나 맹수보다 더해서 큰 불길이 치솟아 일어나는 것도 그것에 비길 바가 못된다. 그것은 마치 꿀 그릇을 든 사람이 꿀만 보고 좋아서 이리저리 날뛰기만 하고 깊은 구렁을 보지 못하는 것과 같다.

또 그것은 고삐 없는 미친 코끼리나 나무를 만난 원숭이와도 같아 이리 뛰고 저리 뛰어 붙들기 어려우니 빨리 꺾어 방일(放逸)*하지 못하게 해야 할 것이다. 이 마음을 놓아 버리면 모든 착한 일을 잊어버리게 되지만 마음을 한 곳에 모아 두면 이루지 못할 일이 없을 것이다. 그러므로 비구들은 부지런히 정진하여 자기 마음을 항복 받아야 한다."

낱말풀이 오관(五官) / 오욕(五欲) / 방일(放逸)

* 오관(五官) : 시각·청각·후각·미각·촉각의 다섯 감각기관을 말한다. 이에 비해 육근(六根)에서의 오근(五根)은 단순 감각기관이 아닌 각각의 감각기능 전반을 의미한다.
* 오욕(五欲) : 다섯 가지 감각기관인 오관(五官)이 각각 색(色, 빛깔)·성(聲, 소리)·향(香, 냄새)·미(味, 맛)·촉(觸, 촉감)의 다섯 가지 감각대상에 집착하여 일으키는 색욕(色欲)·성욕(聲欲)·향욕(香欲)·미욕(味欲)·촉욕(觸欲)을 말한다. 또는 감각대상을 향락하는 것으로 대체로 세속적인 인간의 욕망 전반을 뜻한다. 그리고 재욕(財欲)·성욕(性欲)·식욕(食欲)·명예욕(名譽欲)·수면욕(睡眠欲)의 다섯 가지도 오욕이라고 한다.
* 방일(放逸) : '게으르다'는 의미가 아니라 오욕에 끄달려 제 멋대로 거리낌 없이 노는 것, 또는 방종하여 욕망이 이끄는 대로 헛되이 몰입하는 마음의 상태를 말한다.

빛깔과 향기를 다치지 않게 [遺敎經]

부처님께서 대중들에게 말씀하셨다.

"음식을 받았을 때는 마치 약을 먹듯 하고, 좋고 나쁜 것을 가려 생각을 팔지 말며, 건강을 유지하여 주리고 목마름을 달래는 데에 맞도록 하라. 마치 꿀벌이 꽃을 거쳐 올 때에 꿀 만들기에 적당한 꽃가루만을 취하고 빛깔이나 향기는 다치지 않는 것처럼, 비구도 남의 공양을 받을 때에는 주림을 달래기에만 알맞도록 하고, 많은 것을 구해 그 착한 마음을 헐지 말아야 한다. 지혜로운 사람은 소의 힘이 얼마만 했는지를 헤아려 너무 무거운 짐을 지워 그 힘을 다하게 하지 않는다."

독사가 방안에서 자고 있는데 [遺敎經]

부처님께서 대중들에게 말씀하셨다.

"낮에는 부지런히 착한 법을 닦아 익히고, 밤중에는 경전(經典)을 읽으라. 잠만 잠으로써 나날이 아무 소득 없이 헛되이 보내서는 안 된다. 항상 덧없는 불길이 온 세상을 불사르고 있음을 생각하여 빨리 자신을 구제할 것이며 부디 깨어 있으라. 모든 번뇌의 도둑이 항상 틈을 엿보고 원수처럼 침범하는데 어찌 잠자기만을 일삼아 경계하지 않을 것인가. 번뇌가 네 마음 속에서 잠자코 있는 것은 마치 검은 독사가 네 방에서 자고 있는 것과 같으므로 계율의 갈퀴로써 빨리 물리쳐 없애버려야 한다. 독사가 나간 뒤에라야 마음 놓고 편히 잠들 수 있다. 독사가 나가지 않았는데 잠자코 있다면 그는 어리석기 짝이 없는 사람이다."

부끄러움을 아는 사람 [遺敎經]

부처님께서 대중들에게 말씀하셨다.

"부끄러움의 옷은 모든 장식 가운데 으뜸 가는 것이다. 부끄러움은 쇠갈퀴와 같아 사람의 법답지 못함을 다스린다. 그러므로 항상 부끄러워할 줄을 알고 잠시도 그 생각을 버리지 말아야 한다. 부끄러워하는 생각을 버린다면 모든 공덕을 잃게 될 것이다. 부끄러워할 줄 아는 사람은 곧 착한 법을 가질 수 있지만, 그렇지 못한 사람은 짐승과 다를 바가 없다."

참는 덕 [遺敎經]

부처님께서 대중들에게 말씀하셨다.

"여러 비구들이여, 만약 어떤 사람이 와서 너희 사지(四肢)를 마디마디 찢는다 할지라도 자기 마음을 청정하게 가져 성내지 말고 또한 입을 깨끗이 지켜 나쁜 말을 하지 말라. 성내는 마음을 그대로 놓아두면 자기의 도를 스스로 방해하고 공덕과 이익을 잃어버리게 될 것이다. 참는 일이 덕이 되는 것은 계를 가지거나 고행하는 일로도 그것에 미치지 못한다. 그러므로 참을 줄 아는 사람이라야 용기있는 대장부라 할 수 있다.

그리고 타인으로부터 받는 꾸짖음을 감로수(甘露水) 마시듯 하지 못하는 사람은 도(道)에 들어선 지혜로운 사람이라 할 수 없다. 왜냐하면 성냄의 해독은 착한 법을 부수고 좋은 명예를 헐어 이 세상이나 저 세상에서도 남이 좋게 보지 않을 것이기 때문이다. 성내는 마음은 사나운 불꽃보다 더 무서운 것이니, 항상 막고 지켜 마음 속에 들어오지 못하게 하라. 공덕을 빼앗는 도둑으로 성냄보다 더한 것은 없다. 세상 사람은 욕심만 있고 자기를 다스리는 법이 없기 때문에 때에 따라 성냄도 용서받을 수 있겠지만, 출가 수행자가 성내는 것은 당치 않은 일이다. 그것은 마치 맑게 갠 날에 뇌성벽력(雷聲霹靂)이 치는 격이다."

순박하고 정직하라 [遺敎經]

"너희들 비구는 스스로 머리를 숙여야 한다. 몸의 치장을 버리고 가사를 입고 바리를 들고 탁발로써 살아가라. 이러한 형색은 어디에 교만심을 품으랴. 교만은 세상 사람으로서도 멀리하는 것인데 하물며 집을 나와 도에 들어간 사람임에랴. 해탈을 위해 자기를 낮추어 탁발로 살아가는 수행자임에랴. 굽히어 아첨하는 마음은 도와는 어긋나는 것이니 그 마음을 순박하고 정직하게 가져야 한다. 굽히어 아첨하는 마음은 속임밖에 되지 않으니 도에 들어간 사람은 그럴 수 없다. 그러므로 너희들은 마음을 단정히 하고 순박과 정직으로 근본을 삼아야 한다."

욕심을 없애면 두려움도 없다 [遺敎經]

"여러 비구들, 욕심이 많은 사람은 이익을 구함이 많기 때문에 번뇌도 많지만, 욕심이 적은 사람은 구함이 없어 근심 걱정도 없다. 욕심을 적게 하기 위해서라도 힘써 닦아야 할 텐데, 하물며 그것이 온갖 공덕을 낳게 함에 있어서랴. 욕심이 적은 사람은 남의 마음을 사기 위해 굽히어 아첨하지 않고 모든 감관에 이끌리지 않는다.

또 욕심을 없애려는 사람은 마음이 편안해서 아무 걱정이나 두려움이 없고, 하는 일에 여유가 있어 부족함이 없다. 그래서 열반(涅槃)의 경지에 들게 되니 이것을 가리켜 욕심이 적음이라 한다. 만약 모든 고뇌를 벗어나고자 한다면 만족할 줄 알아야 한다. 넉넉함을 아는 것은 부유하고 즐거우며 안온하다. 그런 사람은 비록 맨땅 위에 누워 있을지라도 편안하고 즐겁다.

그러나 만족할 줄 모르는 사람은 설사 천상에 있을 지라도 그 뜻에 흡족하지 않을 것이다. 만족할 줄 모르는 사람은 부유한 듯하지만 사실은 가난하고, 만족할 줄 아는 사람은 가난한 듯하지만 사실은 부유하다. 만족을 알지 못하는 사람은 오욕(五欲)에 이끌려 만족을 아는 사람에게서 불쌍하게 여겨진다. 이것을 가리켜 지족(知足)이라 한다."

무리를 좋아하면 괴로움을 받는다 [遺敎經]

부처님께서 대중들에게 말씀하셨다.

"여러 비구들이여, 만약 적정무위(寂靜無爲)*의 안락을 얻고자 한다면 안팎의 시끄러움을 떠나 혼자서 한가한 곳에 있거라. 마음 속의 온갖 분별 망상과 바깥의 여러 대상 경계를 버리고 한적한 곳에 혼자 있으면서 괴로움의 근본을 없

낱말풀이 적정무위(寂靜無爲)

*선정(禪定)을 할 때와 같은 청정한 마음을 말한다. 일체의 분별이 없는 마음, 마음을 한 가지 대상에 집중하여 흔들리지 않는 고요한 상태이다.

애려고 노력해야 한다. 그런 사람은 제석천도 공경한다.

　무리를 좋아하는 사람은 무리로부터 괴로움을 받는다. 그것은 약한 나무에 많은 새떼가 앉으면 그 가지가 부러질 염려가 있는 것과 같다. 또 세상 일에 얽매이고 집착하여 여러 가지 괴로움에 빠지는 것은 늙은 코끼리가 진흙 수렁에 빠져 스스로 헤어나지 못하는 것과 같다. 이것을 가리켜 '멀리 떠남(遠離)'*이라 한다."

알아차림(念)과 선정(定) [遺敎經]

　부지런히 정진한다면 어려운 일이 없을 것이다. 그러므로 너희들은 부지런히 정진해야 한다.

　이를테면, 낙수물이 떨어져 돌을 뚫는 것과 같다.

　수행인의 마음이 게을러 정진을 쉬게 되면, 그것은 마치 나무를 비비어 불씨를 얻으려 할때 나무가 뜨거워지기도 전에 그만 두는 것과 같다. 그는 아무리 불씨를 얻고자 해도 얻지 못할 것이다. 이것을 가리켜 정진이라 한다.

　모든 수행 중에서 '잊지 않고 알아차리는 것[不忘念]' 만한 것이 없다. '잊지 않고 알아차림' 하면 모든 번뇌의 도둑이 침입할 수 없기 때문이다. 그러므로 너희들은 항상 '알아차림' 하여 마음에 두라.

낱말풀이　원리(遠離)

*원리는 '멀리 떠남'의 의미로 '해당 번뇌로부터 떠났다.'는 뜻이다. 다시 말해서 탐욕·화냄·어리석음을 끊어 내어 일부나마 소멸시켰다는 의미로 '번뇌 자체를 죽여 열반에 이르렀다.'는 의미가 아니라 '해당 번뇌로부터 떠났음'을 뜻한다. 어떤 번뇌로부터 떠나서 그 번뇌와 더 이상 작용하지 않는 상태를 말한다.

만약 '알아차림'을 잃어버리면 모든 공덕을 잃어버릴 것이며, '알아차림' 하는 힘이 굳세면 비록 오욕(五慾)의 도둑 속에 들어가더라도 해침을 받지 않을 것이다.

완전하게 무장하고 싸움터에 나가면 두려울 것이 없다. 이것을 가리켜 '잊지 않고 알아차리는 것'이라 한다.

그리고 마음을 한곳에 집중하면 마음은 곧 선정(禪定)에 있을 것이다. 마음이 선정에 있으면 세상의 생멸하는 존재 양상을 알 수 있다. 그러므로 너희들은 항상 모든 선정을 부지런히 닦아 마음이 흩어지지 않도록 하여라.

물을 아끼는 집에서는 뚝이나 못을 잘 관리하는 것처럼, 수행자도 지혜의 물을 위해 선정을 잘 닦고 그 물이 새지 않도록 한다. 이것을 가리켜 '정(定)'이라 한다."

지혜는 번뇌의 나무를 찍는 도끼 [遺敎經]

"지혜(智慧)가 있으면 탐착이 없어질 것이니, 항상 자세히 살피어 그것을 잃지 않도록 하여라. 이것은 우리 법 가운데서 능히 해탈(解脫)을 얻게 하는 것이다.

그러나 그렇지 못한 사람은 수행자도 아니요, 세속 사람도 아니므로 무엇이라 이름할 것이 없는 것이다.

참 지혜는 생로병사(生老病死)의 바다를 건너는 튼튼한 배이고, 무명 속의 밝은 등불이며, 모든 병든 자의 좋은 약이고, 번뇌(煩惱)의 나무를 찍는 날이 선 도끼이다.

그러므로 비구들은 잘 듣고 생각하고, 지혜로써 더욱 자신을 길러야 한다.

만약 어떤 사람이 지혜의 빛을 가졌다면, 그는 세상의 무엇이든지 육안으로 밝게 볼 수 있다. 이것을 가리켜 혜(慧)라 한다.

여러 가지 궤변으로 논쟁하면 마음이 어지러워진다. 비록 집을 나왔다 할지라도 아직 해탈하지 못한 비구는 무익한 논쟁을 하지말고 어지러운 마음을 쉬어야 한다.

열반의 즐거움을 얻으려면 논쟁의 번거로움을 없애야 하기 때문이다. 이것을 가리켜 논쟁하지 않음이라 한다."

방일하지 말라 [遺教經]

부처님께서 대중들에게 말씀하셨다.

"한결같은 마음으로 방일함을 원수와 도둑을 멀리하듯 하라. 여래의 가르침은 모두 지극한 것이니 너희들은 부지런히 그렇게 행해야 한다.

산 속이나 늪 가에서나 나무 밑에서, 혹은 고요한 방에 한가히 있을 때에, 듣는 법을 생각해서 잊거나 잃어버리지 말고 스스로 힘써 부지런히 수행하라. 아무 것도 해놓은 일 없이 헛되이 죽으면 뒷날 반드시 뉘우침이 클 것이다.

나는 의사와 같아 병을 알고 약을 말하는 것이니, 먹고 안 먹는 것은 의사의 허물이 아니다. 나는 길잡이와 같아 좋은 길로 사람을 인도하는 것이니, 듣고서 가지 않더라도 그것은 길잡이의 허물이 아니다."

무아와 윤회에 관한 법문

이름과 자아에 관한 문답 [彌蘭陀王問經]

밀린다왕(彌蘭陀王)은 나가세나(那迦犀那) 존자가 앉아 있는 곳으로 갔다. 가까이 가서 공손히 예배드린 다음, 다정하고 정중하게 인사말을 나누고, 예의 바르게 한 편에 비켜 앉았다.

나가세나 존자도 답례로써 왕의 마음을 기쁘게 했다. 밀린다왕은 나가세나 존자를 향하여 질문을 시작했다.

"존자는 어떻게 하여 세상에 알려졌습니까? 그대의 이름은 무엇이라고 합니까?"

"대왕이여, 나는 나가세나라고 알려져 있습니다. 나의 동료 수행자들은 나를 나가세나라 부르고 있습니다. 그러나 부모님은 나에게 나가세나, 수우라세나, 비이라세나, 시잉하세나라는 이름을 붙여 주었습니다. 그렇지만 나가세나라는 이름은 명칭, 호칭, 가명, 통칭에 지나지 않습니다. 거기에 영원불변한 인격적 개체는 인정할 수 없습니다."

그때, 밀린다 왕은 모여 있는 이들에게 말했다.

"나가세나 존자는 '이름 속에 내포된 인격적 개체는 인정할 수 없다'고 말합니다. 그 말을 믿을 수 있겠습니까?"

그리고 다시 왕은 나가세나존자를 향하여 질문했다.

"나가세나 존자여, 만일 인격적 개체를 인정할 수 없다고 한다면 그대에게 의복과 음식과 침대와 질병에 쓰는 약물 등 필수품을 제공하는 자는 누구입니까? 계행을 지키는 자, 수행에 힘쓰는 자, 수도한 결과 열반에 이르는 자, 살생을 하는 자, 남의 것을 훔치는 자, 세속적인 욕망 때문에 바르지 못한 행위를 하는 자, 술을 마시는 자는 누구입니까? 또 무간지옥에 떨어질 오역죄(五逆罪)*를 짓는 자는 누구입니까? 만일 인격적 개체가 없다고 한다면 공(功)도 죄(罪)도 없으며, 선행과 악행의 과보도 없을 것입니다. 존자여, 설령 그대를 죽이는 자가 있더라도 살생의 죄는 없을 것입니다. 따라서 그대의 승단에는 스승도, 계를 가르치고 전해주는 스승도, 비구의 계도 없다는 결론이 나옵니다. 그대는 말하기를 '승단의 수행 비구들은 나를 나가세나라 부르고 있다.'고 하였습니다. 그렇다면 나가세나라고 불리는 것은 대체 무엇입니까. 존자여, 머리털이 나가세나라는 말씀입니까?"

"대왕이여, 그런 말씀이 아닙니다."

낱말풀이 오역죄(五逆罪)

*불교에서 말하는 다섯 가지 지극히 무거운 죄이다. 초기불교에서의 오역죄는 ①아버지를 죽이는 행위. ②어머니를 죽이는 행위. ③아라한을 죽이는 행위. ④승가의 화합을 깨뜨리는 행위. ⑤부처의 몸에 피를 나게 하는 행위. 이 오역죄는 무간지옥에 떨어질 지극히 악한 행위이므로 오무간업(五無間業)이라고도 한다. 이후 대승불교에서는 내용이 달라지는데 ①탑과 절을 파괴하고 경전과 불상을 불사르며, 삼보(三寶)의 재물을 훔치는 행위. ②삼승법(三乘法)을 비방하고 성스러운 가르침을 천대시 여기는 행위. ③스님들을 욕하고 부리는 행위. ④앞서 설명한 초기불교의 5역죄를 범하는 행위. ⑤인과의 도리를 믿지 않고, 악구(惡口)·사음(邪淫) 등의 10불선업(不善業)을 짓는 행위.

"그렇지 않다면, 그대의 몸에 붙은 털이 나가세나라는 말씀입니까?"

"그렇지 않습니다."

"그렇지 않다면, 손톱·살갗·살·힘줄·뼈·뼛골·콩팥·염통·간장·늑막·지라·폐·창자·창자막·위·똥·담즙·담·고름·피·땀·굳은 기름·눈물·기름·침·콧물·관절 속의 액체·오줌·뇌, 이것들 중에서 그 어느 것이 나가세나라는 말씀입니까. 아니면 이들 전부가 나가세나라는 말씀입니까?"

나가세나 존자는 그 어느 것도, 그것들 전부도 모두 아니라고 대답했다.

"그렇다면 물질적인 형태나, 느끼는 작용이나, 표상의 작용이나, 형성하는 작용이나, 식별하는 작용이 나가세나입니까?"

존자는 그 어느 것에 대해서도 아니라고 대답했다.

"그렇다면, 이들 색(色)·수(受)·상(想)·행(行)·식(識)의 오온(五蘊)을 모두 합친 것이 나가세나라는 말씀입니까?"

"아닙니다, 대왕."

"그러면 오온을 제외한 어떤 것이 나가세나입니까?"

나가세나 존자는 여전히 아니라고 대답했다.

"존자여, 나는 그대에게 물을 수 있는 데까지 다 물어보았으나, 나가세나를 찾아낼 수 없었습니다. 나가세나란 빈 소리에 지나지 않습니다. 그렇다면 우리 앞에 있는 나가세나는 어떤 자입니까? 존자여, 그대는 '나가세나는 존재하지 않는다'고 진실이 아닌 거짓을 말씀하셨습니다."

그때 나가세나존자는 밀린다왕에게 반문했다.

"대왕이여, 그대는 귀족 출신으로 호화롭게 자랐습니다. 만일 그대가 한낮 더위에 맨발로 뜨거운 땅이나 모랫벌을 밟고 울퉁불퉁한 자갈 위를 걸어 왔다면 발을 상했을 것입니다. 몸은 피로하고 마음은 산란하여 온 몸에 고통을 느낄 것입니다. 도대체 그대는 걸어서 왔습니까? 아니면 탈 것으로 왔습니까?"

"존자여, 나는 수레를 타고 왔습니다."

"대왕이여, 그대가 수레를 타고 왔다면 무엇이 수레인가를 설명해주십시오. 수레의 채가 수레입니까?"

"그렇지 않습니다."

"굴대가 수레입니까?"

"그렇지 않습니다."

"바퀴나, 차체나, 차틀이나, 멍에나, 밧줄이나, 바퀴살이나, 채찍이 수레입니까?"

왕은 이들 모두를 아니라고 대답했다.

"대왕이여, 나는 대왕에게 물을 수 있는 데까지 다 물어보았으나 수레를 찾아낼 수 없습니다. 수레란 단지 빈 소리에 지나지 않습니다. 그렇다면 대왕이 타고 왔다는 수레는 대체 무엇입니까? 그대는 '수레는 존재하지 않는다'고 진실이 아닌 거짓을 말씀한 셈이 됩니다. 그대는 전 인도에서 제일 가는 임금님입니다. 무엇이 두려워서 거짓을 말씀했습니까."

이렇게 물은 다음, 나가세나 존자는 거기 모여 있는 이들에게 말했다.

"밀린다 왕은 여기까지 수레로 왔다고 말씀했습니다. 그러나 어떤 것이 수레인가 설명해 달라는 질문을 했을때, '이것이 수레이다'라고 단정적인 주장을 내세울 수 없었습니다. 그대들은 대왕의 말씀을 믿을 수 있겠습니까?"

이 말을 듣고 5백명 사람들은 왕에게 말했다.

"대왕이여, 말씀해 보십시오."

그래서 밀린다 왕은 존자에게 다시 말했다.

"존자여, 나는 거짓말을 한 것이 아닙니다. 수레는 이들 모든 것, 즉 수레채·굴대·바퀴·차체·차틀·밧줄·멍에·바퀴살 따위를 가지고 있기 때문에, 그것들에 반연(攀緣)*하여 '수레'라는 명칭이나 통칭이 생기는 것입니다."

"그렇습니다. 대왕께서는 '수레'라는 이름을 바로 파악하였습니다. 마찬가지로 대왕이 나에게 질문한 모든 것, 즉 인체가 만들어 내는 서른 세가지 물질과 존재의 다섯 가지 구성요소를 반연하여 '나가세나'라는 명칭이나 통칭이 생기는 것입니다. 대왕이여, 바지라 비구니는 세존 앞에서 이 같은 싯구를 읊은 일이 있습니다.

　'수레'라는 말이 생기듯,
　다섯 가지 구성 요소[五蘊]가 존재할 때
　생명 있는 존재라는 이름도 생기노라."

"훌륭하십니다. 존자여, 정말 잘 말씀하셨습니다."

낱말풀이　　반연(攀緣)

*대상에 의해 일어나는 것을 뜻한다. 마음의 번뇌는 마치 칡덩굴이 나무나 풀줄기가 없으면 감고 올라가지 못하는 것처럼 대상에 의지하여 일어난다.

나이에 관한 문답 [彌蘭陀王問經]

"존자 나가세나여, 당신은 법랍(法臘)*으로 몇이십니까?"

"대왕이여, 저는 법랍으로 일곱 살입니다."

"존자여, 당신의 '일곱'이란 무엇입니까? 당신이 '일곱'입니까? 아니면 숫자가 '일곱'입니까?"

마침 그때 전신을 장식품으로 꾸민 아름다운 옷으로 치장한 밀린다 왕의 그림자가 땅 위에 또 물 항아리 속에 비쳤다. 그래서 나가세나는 밀린다 왕에게 이렇게 말했다.

"대왕이여, 당신의 이 그림자가 땅 위에, 또 물 항아리 속에 비쳤습니다. 대왕이여, 그렇다면 당신이 왕입니까? 아니면 그림자가 왕입니까?"

"존자 나가세나여, 내가 왕입니다. 이 그림자는 왕이 아닙니다. 하지만 나에 의해 그림자가 생긴 것입니다."

"대왕이여, 실로 그와 마찬가지로 법랍의 햇수가 '일곱'이지 제가 '일곱'은 아닙니다. 그러나 대왕이여, 그림자의 비유처럼 저에 의해 '일곱'이 생긴 것입니다."

"존자 나가세나여, 훌륭합니다. 존자 나가세나여, 나의 질문은 아주 멋지게 해답되었습니다."

업(業)에서 벗어날 수 있는가 [彌蘭陀王問經]

왕은 나가세나 스님에게 물었다.

"나가세나여, 다음 세상에 환생하는 것은 무엇입니까?"

낱말풀이 법랍(法臘)

*출가하여 스님이 된 뒤로부터 치는 나이를 말한다. 한 여름 동안을 안거(安居)하면 한 살로 쳐서 법랍이 얼마라고 일컫는다.

"대왕이여, 이름과 형태가 다음 세상에 환생합니다."

"현재의 이름과 형태가 다음 세상에 환생합니까?"

"대왕이여, 현재의 이름과 형태가 다음 세상에 환생하는 것은 아닙니다. 대왕이여, 현재의 이름과 형태에 의해 선 혹은 악한 행위(業)를 짓고 그 행위에 의해 다른 새로운 이름과 형태가 다음 세상에 환생합니다."

"존자여, 만일 현재의 이름과 형태가 다음 세상에 환생하는 것이 아니라면 사람은 악업으로부터 벗어날 수는 없습니까?"

"만일 다음 세상에 또 태어날 일이 없다면 사람은 악업으로부터 벗어날 수 있을 것입니다. 대왕이여, 그러나 실제로는 다음 세상에 또 태어나기 때문에 악업으로부터 벗어날 수가 없습니다."

"비유를 들어 설명해 주십시오."

"대왕이여, 어떤 사람이 다른 사람의 망고 나무 열매를 훔쳤다고 합시다. 망고 나무 주인이 그를 붙잡아 왕 앞에 끌고 나와 '왕이시여, 이 남자가 저의 망고 열매를 훔쳤습니다.' 라고 했을 경우 그 남자가 '왕이시여, 저는 이 사람의 망고 열매를 훔치지 않았습니다. 이 사람이 심은 망고의 씨앗과 제가 훔친 망고의 열매는 다른 것입니다. 저는 처벌을 받을 수 없습니다' 라고 말한다면 대왕이여, 그 남자는 처벌을 받아야 하겠습니까?"

"말씀하신 대로입니다. 그는 처벌을 받아야 합니다."

"어떤 이유에 의해서입니까?"

"존자여, 그가 가령 그와 같이 말하여 최초의 망고 씨앗을 현재 볼 수는 없다 하더라도 최후의 망고 열매에 관하여 그 남자는 처벌을 받아야 합니다."

"대왕이여, 그와 마찬가지로 사람은 현재의 이름과 형태에 의해 선 혹은 악한 행위를 짓고 그 행위에 의해 다른 새로운 이름과 형태가 다음 세상에 또 태어나는 것입니다. 그런 까닭에 그는 악업으로부터 벗어날 수가 없습니다."

윤회의 주체에 관한 문답 [彌蘭陀王問經]

왕은 나가세나 스님에게 다시 말했다.

"다시 비유를 들어 설명해 주십시오."

"대왕이여, 예를 들면 어떤 사람이 등불을 들고 둥근 지붕에 올라가 식사를 했는데 등불이 옮겨붙어 지붕의 풀을 태우고 풀이 타면서 집을 태우고 마침내 마을을 태웠다고 합시다. 마을 사람들이 그를 붙잡아 '자네는 어째서 마을을 태웠는가.'라고 물을 경우 그 남자가 '나는 마을을 태우지 않았다. 내가 식사를 하기 위해 사용한 등불과 마을을 태운 불은 다른 것이다.'라고 언쟁을 벌이면서 당신에게 온다면 대왕이여, 어느 쪽 말이 옳다고 보십니까?"

"존자여, 마을 사람들의 말이 옳습니다."

"어떤 이유에 의해서입니까?"

"가령 그가 그렇게 주장했더라도 마을을 태운 불은 그가 식사를 하기 위해 사용한 불에서 생겨났기 때문입니다."

"대왕이여, 그와 마찬가지로 사람은 현생의 몸에 의해 선

혹은 악한 행위를 짓고 그 행위에 의해 다른 새로운 이름과 형태의 몸이 다음 세상에 또 태어나는 것입니다. 그런 까닭에 그는 악업으로부터 벗어날 수가 없는 것입니다. 대왕이여, 그와 마찬가지로 죽음과 함께 끝나는 현생의 몸은 다음 세상에 있어서 또 태어날 이름과 형태의 몸과는 다른 것이면서도 실상은 현생의 몸에서 생겨나는 것입니다. 그런 까닭에 그는 여러 가지 악업으로부터 벗어날 수가 없는 것입니다."

"다시 비유를 들어 설명해 주십시오."

"대왕이여, 어떤 남자가 어린 소녀에게 구혼하면서 결혼 납입금을 치르고 일어나 갔다고 합시다. 그 소녀는 나중에 성숙하여 묘령에 이르렀습니다. 그때 다른 남자가 와서 결혼 납입금을 치르고 결혼했을 경우 전의 남자가 와서 '어이! 자네, 자네는 어찌하여 내 아내를 데려갔는가?' 하고 묻자 뒤의 남자가 '나는 당신의 아내를 데려가지 않았다. 당신이 구혼하면서 결혼 납입금을 지불할 때의 소녀와 묘령에 이른 부인과는 다른 사람이다.'라고 답했다고 합시다. 그들이 언쟁을 하면서 왕에게 온다면 대왕이여, 당신은 어느 쪽이 옳다고 보십니까?"

"존자여, 전의 남자 쪽이 옳습니다."

"어떤 이유에 의해서입니까?"

"가령 그가 그렇게 말했다 하더라도 성숙한 부인은 어렸을 때의 그 소녀가 성장한 것이기 때문입니다."

"대왕이여, 그와 마찬가지로 죽음과 함께 끝나는 현생의 몸은 다음 세상에 있어서 또 태어날 이름과 형태의 몸과는 다른 것이면서도 실상은 현생의 몸에서 생기는 것입니다. 그런 까닭에 그는 여러 가지 악업으로부터 벗어날 수가 없는 것입니다."

"다시 비유를 들어 설명해 주십시오."

"대왕이여, 예를 들면 어떤 사람이 소치는 사람에게 한 병의 우유를 사고 그 소치는 사람의 손에 맡기면서 '내일 가지고 가겠소.'라고 말하고 갔다고 합시다. 그 우유는 다음날 타락(駝酪, 요구르트)으로 변할 것입니다. 그런데 그가 와서 '어제 그 우유를 나에게 건네주시오.'라고 말했기 때문에 그 소치는 사람은 타락을 보여주었습니다. 그러자 그 사람은 '나는 당신에게서 타락을 산 것이 아니오. 그 한 병의 우유를 건네주시오.'라고 말했을 경우 그 소치는 사람은 '당신은 모르겠소? 우유가 타락이 된 것이오.'라고 대답했다고 합시다. 그들이 언쟁을 하면서 왕에게 온다면 대왕이여, 당신은 어느 쪽이 옳다고 보십니까?"

"존자여, 소치는 사람 쪽이 옳습니다."

"어떤 이유에 의해서입니까?"

"가령 우유를 산 사람이 그렇게 말했다 하더라고 그 타락은 우유에서 생겨난 것이기 때문입니다."

"대왕이여, 그와 마찬가지로 죽음과 함께 끝나는 현생의 몸은 다음 세상에 있어서 또 태어날 이름과 형태의 몸과는 다른 것이면서도 실상은 현생의 몸에서 생겨나는 것입니다. 그런 까닭에 그는 여러 가지 악업으로부터 벗어날 수가 없는 것입니다."

"잘 알겠습니다, 나가세나여."

무아설은 윤회설과 모순되지 않는가 [彌蘭陀王問經]

왕은 나가세나 스님에게 물었다.
"존자 나가세나여, 다시 태어난 자는 사멸한 자와 동일합니까, 혹은 다릅니까?"
나가세나 스님은 대답했다.
"그것은 동일한 것도 아니고 또 다른 것도 아닙니다."
"예를 들어 설명해 주십시오."
"대왕이여, 일찍이 갓난아기로 귀엽게 누워 있었을 때의 당신과 지금 성인이 된 당신은 동일한 사람입니까?"
"존자여, 그렇지 않습니다. 일찍이 갓난아기로 귀엽게 누워 있었을 때의 나와 지금 성인이 된 나는 다른 것입니다."
"대왕이여, 만일 말씀하신 대로라고 한다면 성인인 당신에게는 어머니라는 분도 없는 게 되겠지요. 또한 아버지라는 분도 없는 게 되겠지요. 또한 스승이라는 분도 없는 게 되겠지요. 또한 기술자라는 분도 없는 게 되겠지요.
대왕이여, 카리라(첫째 칠일간의 태아) 때의 어머니와 압부다(둘째 칠일간의 태아) 때의 어머니와 페시(셋째 칠일간의 태아) 때의 어머니와 어릴 때의 어머니와 성인이 되었을 때의 어머니는 각기 다른 분입니까? 기술을 배울 때의 그 사람과 이미 다 배우고 난 뒤의 그는 다른 사람입니까? 또 악한 행위를 한 사람과 그 악한 행위에 대한 처벌로써 형을 받아 수족을 잘린 사람은 다른 사람입니까?"
"존자여, 그렇지 않습니다. 그런데 스님은 이와 같은 이야기를 통해 대관절 무엇을 말하려 하십니까?"

나가세나 스님은 대답했다.

"대왕이여, 저 자신은 일찍이 갓난아기로 귀엽게 누워 있었을 때의 제가 지금은 성인이 되어 있습니다. 실로 이 몸에 의존하여 이들 모든 상태가 하나에 포섭되고 있는 것입니다."

"비유로 설명해 주십시오."

"대왕이여, 가령 어떤 사람이 등불을 점화했을 경우 그것은 밤새 탈것입니다."

"존자여, 그렇습니다. 밤새도록 탈것입니다."

"대왕이여, 초저녁의 불꽃과 한밤중의 불꽃은 동일한 것입니까?"

"존자여, 그렇지 않습니다."

"한밤중의 불꽃과 새벽녘의 불꽃은 동일한 것입니까?"

"존자여, 그렇지 않습니다."

"대왕이여, 그러면 초저녁 불꽃과 한밤중의 불꽃과 새벽녘의 불꽃을 제각기 다른 것입니까?"

"존자여, 그렇지 않습니다. 동일한 등불에 의존하여 불꽃은 밤새도록 계속해서 타고 있는 것입니다."

"대왕이여, 인간이나 개체적 사물도 꼭 그와 같이 지속(持續)되는 것입니다. 생겨나는 것과 소멸하는 것은 한쪽이 다른 쪽보다도 앞서거나 뒤서거나 하지 않고 동시에 계속되는 것입니다. 이런 이유로 태어나는 자와 사멸하는 자는 같지도 않고 다르지도 않은 것으로서 궁극적으로는 하나에 포섭되고 있는 것입니다."

"다시 예를 들어 설명해 주십시오."

"대왕이여, 짜낸 우유가 잠시 뒤엔 타락(요구르트)으로 바뀌고 타락에서 연유(버터)로 바뀌고 연유에서 제호(치즈)로 바뀔 것입니다. 대왕이여, 만일 '우유란 타락과 동일하다, 연유와 동일하다, 제호와 동일하다.'고 말하는 사람이 있다면 대왕이여, 그 사람은 바른말을 하고 있는 것일까요?"

"그렇지 않습니다. 우유에 의존하여 다른 것이 생긴 것입니다."

"대왕이여, 개체적 사물의 연속은 그와 같이 지속되는 것입니다. 생겨나는 것과 소멸하는 것은 별개의 것이지만 한쪽이 다른 쪽보다도 앞의 것이 아니고, 또 뒤의 것도 아닙니다. 말하자면 동시적인 것으로서 지속되는 것입니다. 이런 이유로 그것은 같지도 않고 다르지도 않은 것으로서 최후의 의식에 포섭되기에 이릅니다."

"잘 알겠습니다. 존자 나가세나여."

윤회에서의 벗어남 [彌蘭陀王問經]

왕이 나가세나 스님에게 물었다.

"존자 나가세나여, 죽은 뒤 다음 세상에서 생을 맺지 않는 자가 있습니까?"

나가세나 스님은 대답했다.

"어떤 사람은 다음 생에서 생을 맺습니다만 그러나 어떤 사람은 다음 세상에서 생을 맺지 않습니다."

"누가 다음 세상에서 생을 맺고 누가 다음 세상에서 생을 맺지 않습니까?"

"번뇌가 있는 자는 다음 세상에서 생을 맺지만, 번뇌가 없는 자는 다음 세상에서 생을 맺지 않습니다."

"존자여, 당신은 다음 세상에서 생을 맺겠습니까?"

"대왕이여, 만일 제가 생존에 대한 집착을 갖고 있다면 저는 다음 세상에서 생을 맺을 것입니다. 또 만약 집착을 갖고 있지 않다면 저는 다음 세상에 생을 맺는 일은 없을 것입니다."

왕이 나가세나 존자에게 다시 물었다.

"존자 나가세나여, 다음 세상에서 생을 맺는 일이 없는 사람은 '나는 다음 세상에서 생을 맺는 일이 없다.'고 하는 것을 알고 있습니까?"

"대왕이여, 그렇습니다. 다음 세상에서 생을 맺는 일이 없는 사람은 '나는 다음 세상에서 생을 맺는 일이 없다.' 라고 하는 것을 알고 있습니다."

"존자 나가세나여, 어떻게 그것을 알고 있습니까?"

"다음 세상에서 생을 맺기 위한 인(因)과 연(緣)이 정지되어 있기 때문에 그는 '나는 다음 세상에서 생을 맺는 일이 없다.' 라고 하는 것을 알고 있습니다."

"비유를 들어 설명해 주십시오."

"대왕이여, 예를 들면 농부인 집주인이 경작하고 파종하여 곡물을 창고에 가득 채웠으나, 나중에는 경작도 하지 않고 파종도 하지 않고 저장된 곡물을 먹기도 하고 혹은 다른 물품과 교환하기도 하고 혹은 필요에 따라 쓰기도 한다고 칩시다. 대왕이여, 그 경우 농부인 집주인은 '나의 곡물 창고는 비어 있을 것이다.'라는 것을 알고 있습니까?"

"존자여, 그는 알고 있을 것입니다."

"어떻게 그는 알고 있겠습니까?"

"곡물 창고가 가득 찰 인(因)과 연(緣)*이 정지되어 있기 때문에 '나의 곡물 창고는 비어 있을 것이다.'라는 것을 알고 있습니다."

"대왕이여, 그와 마찬가지로 다음 세상에서 생을 맺기 위한 인(因)과 연(緣)이 없기 때문에 그는 '나는 다음 세상에서 생을 맺는 일이 없다.'라고 하는 것을 알고 있습니다."

"잘 알겠습니다. 존자여."

영혼은 인정되지 않는다 [彌蘭陀王問經]

왕이 나가세나 존자에게 물었다.

"존자여, 사람이 죽었을 경우 윤회의 주체가 다음 세상으로 옮기는 일이 없는데도 다시 태어나는 것입니까?"

"대왕이여, 그렇습니다. 하나의 육체에서 다른 육체로 윤회하는 주체가 옮기는 것은 아니지만 다시 태어납니다."

"존자여, 어떻게 해서 하나의 육체에서 다른 육체로 윤회하는 주체가 옮기는 것은 아니지만 그러나 다시 태어납니까? 예를 들어 주십시오."

"대왕이여, 예를 들면 어떤 사람이 하나의 등불에서 다른

교리탐구 　인(因)과 연(緣), 그리고 인연(因緣)

*불교의 관점에서는 세상의 모든 것은 상대적 의존관계에 의해서 형성된다. 어떤 결과를 산출하는 직접적인 원인을 인(因)이라 하고, 인과 화합하여 결과를 만드는 간접적인 원인을 연(緣)이라 한다. 예를 들어 농사의 경우에 종자를 인이라고 하고, 비료나 노동력을 연이라고 한다. 이 경우 아무리 인이 좋다고 해도 연을 만나지 못하면 결과를 가져올 수 없다.
　인도 좋고 연도 좋아야 좋은 결과를 가져올 수 있다. 그래서 행복하기 위해서는 인도 중요하지만 연을 잘 살펴야 하는 것이다. 불교의 인과론은 기계적 의미의 원인과 결과 관계가 아니라 인(因)이 연(緣)을 만나면 과(果)가 있다는 인연과(因緣果)이다. 이것을 줄여서 인연(因緣)이라고 한다.

등불로 불을 붙일 경우 하나의 등불에서 다른 등불로 등불이 옮겨갑니까?"

"존자여, 그렇지는 않습니다."

"그와 마찬가지로 하나의 육체에서 다른 육체로 윤회하는 주체가 옮기는 것은 아니지만 다시 태어납니다."

"다시 예를 들어 말씀해 주십시오."

"대왕이여, 당신이 어렸을 때 시인 스승 밑에서 어떤 시를 배운 것을 스스로 기억하고 계십니까?"

"존자여, 그렇습니다."

"대왕이여, 그 시는 스승에게서 옮겨온 것입니까?"

"존자여, 그렇지 않습니다."

"대왕이여, 그와 마찬가지로 하나의 육체에서 다른 육체로 윤회하는 주체가 옮기는 것은 아니지만 다시 태어납니다."

"존자여, 영혼이 존재하는 것을 인정할 수 있습니까?"

"대왕이여, 본질적으로는 영혼은 인정되지 않습니다."

"존자여, 이 육체에서 저 육체로 옮겨가는 주체인 어떤 생명이 있습니까?"

"대왕이여, 그렇지 않습니다."

"잘 알겠습니다. 존자여."

업(業)의 증명 [彌蘭陀王問經]

밀린다 왕이 존자에게 다시 물었다.

"스님, 스님들은 '지옥의 불길은 자연의 불길보다도 훨씬 맹렬하고 뜨겁다. 자연의 불길 속에 던져진 조약돌은 하루를 타더라도 녹는 일은 없다. 그러나 큰 집채만 한 바위도 지옥의 불길 속에 던져 넣으면 찰나 동안에 녹아 버린다.'라고 말씀하십니다. 그러나 이 말을 나는 믿지 않습니다. 또 스님들은 '지옥에 태어난 중생들은 수십 만년 동안 지옥의 불길에 태워지더라도 녹는 일은 없다.'라고 합니다. 이 말도 나는 믿지 않습니다. 어떻게 생각하십니까?"

나가세나 존자가 대답했다.

"임금님, 암 상어와 암 악어와 암 거북이는 단단한 돌멩이나 자갈이나 모래를 먹습니까?"

"그렇습니다."

"돌멩이나 자갈, 모래는 뱃속에 들어가면 녹아 버립니까?"

"그렇습니다."

"그렇다면 뱃속에 든 그들의 태아도 녹아 버립니까?"

"그렇지는 않습니다."

"어째서 자갈과 돌멩이는 녹는데 태아는 녹지 않습니까?"

"존자여, 숙업의 제약에 의해 녹지 않을 것이라고 나는 생각합니다."

"대왕이여, 그와 마찬가지로 지옥에 태어난 중생들은 몇 천 년 동안 지옥에서 그 불길에 태워지더라도 숙업의 제약에 의해 녹지 않는 것입니다. 지옥의 중생들은 거기서 태어나고, 거기서 성장하고, 거기에서 죽는 것입니다. 그러므로 부처님께서는 '악업이 소멸하지 않는 한 죽는 일도 없다.'고 말씀하신 것입니다."

"다시 비유를 들어 말해 주십시오"

"대왕이여, 당신은 어떻게 생각하십니까? 모든 그리스의 미녀, 크샤트리야의 미녀, 바라문의 미녀, 자산가의 미녀는 굳고 단단한 고기를 먹습니까?"

"존자여, 그렇습니다."

"그 고기는 그들의 뱃속에 들어가면 녹아 버립니까?"

"존자여, 그렇습니다. 그들은 녹아 버립니다."

"그렇다면 그들 체강 내의 태아도 녹아 버립니까?"

"존자여, 그렇지 않습니다."

"어떤 이유에 의해서입니까?"

"존자여, 숙업의 제약에 의해 녹지 않을 것이라고 나는 생각합니다."

"대왕이여, 그와 마찬가지로 지옥에 태어난 중생들은 몇 천 년 동안 지옥에서 그 불길에 태워지더라도 숙업의 제약에 의해 녹지 않는 것입니다. 지옥의 중생들은 거기서 태어나고, 거기서 성장하고, 거기에서 죽는 것입니다."

"잘 알았습니다. 존자 나가세나여."

윤회란 무엇인가 [彌蘭陀王問經]

왕이 나가세나 존자에게 물었다.

"존자께서 '윤회'라고 하는 그 윤회란 무엇입니까?"

"대왕이여, 이 세상에서 태어난 자는 이 세상에서 죽고 이 세상에서 죽은 자는 저 세상에서 태어납니다.

저 세상에서 태어난 자는 저 세상에서 죽고 저 세상에서 죽은 자는 다시 다른 곳에 태어납니다. 대왕이여, 이러한 것이 윤회입니다."

"비유를 들어 말씀해 주십시오."

"대왕이여, 이를테면 어떤 사람이 익은 망고 열매를 먹은 뒤 씨앗을 심었다고 합시다. 그리하여 커다란 망고 나무가 성장하여 과실을 맺을 것입니다. 그리고 또 그 사람이 익은 망고 과실을 먹고 종자를 심었다고 합시다. 그 종자에서도 또 커다란 망고 나무가 성장하여 과실을 맺게 될 것입니다. 이와 같이 이들 나무의 끝은 알 수 없습니다.

대왕이여, 그와 마찬가지로 여기서 태어난 자는 여기서 죽고 여기서 죽은 자는 저 세상에서 태어납니다. 저 세상에서 태어난 자는 저 세상에서 죽고 저 세상에서 죽은 자는 다시 다른 곳에 태어납니다. 윤회란 이런 것입니다."

"잘 알았습니다, 존자여."

모르고 짓는 악행 [彌蘭陀王問經]

밀린다왕은 나가세나에게 물었다.

"스님, 알면서 나쁜 짓을 하는 사람과 모르고 하는 사람 중 누가 더 큰 화를 입습니까?"

나가세나 스님이 대답했다.

"몰라서 나쁜 짓을 하는 사람이 더 화를 입습니다."

"그렇다면 존자 나가세나여, 우리 왕자나 대신들이 모르고 잘못을 범하면 그들에게 갑절의 벌을 내려야 겠군요?"

"임금님, 어떻게 생각하십니까? 이글이글 끓고 펄펄 끓고 불꽃이 뜨겁게 치솟는 쇠붙이를 한 사람은 모르고 잡았고, 다른 한 사람은 알고 잡았다면 어느 사람이 더 심하게 데겠습니까?"

"존자여, 모르고 잡은 사람이 더 심하게 다치게 됩니다."

"대왕이여, 그와 마찬가지로 모르고 악행을 하는 사람이 더 큰 화를 입습니다."

"잘 알겠습니다. 나가세나 스님."

인간의 평등과 불평등 [彌蘭陀王問經]

왕이 나가세나 존자에게 물었다.

"존자 나가세나여, 어떠한 이유에 의해 사람들은 모두 평등하지 않은 것입니까? 즉 어떤 사람은 단명하고 어떤 사람들은 오래 삽니다. 또 어떤 사람들은 병이 많고 어떤 사람들은 병이 없습니다. 어떤 사람들은 못생겼고 어떤 사람들은 잘생겼습니다. 어떤 사람들은 힘이 약하고 어떤 사람들은 힘이 강합니다. 어떤 사람들은 재산이 없고 어떤 사람들은 재산이 많습니다. 어떤 사람들은 빈천한 가문에 태어나고 어떤 사람들은 고귀한 가문에 태어납니다. 어떤 사람들은 어리석고 어떤 사람들은 현명합니다."

"대왕이여, 왜 수목은 모두 평등하지 않은 것일까요? 그들 과실에 대해서만 보더라도 어떤 것은 시고, 어떤 것은 짜고, 어떤 것은 떫고, 어떤 것은 답니다."

"존자여, 그것은 모든 종자가 다르기 때문이라고 나는 생각합니다."

"대왕이여, 그와 마찬가지로 숙업의 다름에 의해 사람들은 모두 평등하지 않은 것입니다. 즉 단명과 장수, 병고의 많고 적음, 외모나 힘의 차이, 또 재산의 많고 적음, 빈천한 가문과 고귀한 가문에 태어남, 어리석고 현명함 등, 이것을 붓다께서는 '살아 있는 모든 것들은 제각기 각자의 업을 소유하고 그 업을 이어가는 것이다. 업을 모태로 하고 업을 친족으로 하고 업을 기반으로 하고 있다. 업은 살아 있는 모든 것을 비천한 것과 존귀한 것으로 차별한다.' 라고 말씀하셨습니다."

"잘 알았습니다, 존자 나가세나여."

수행의 목적 [彌蘭陀王問經]
"존자여, 당신들은 과거의 고통을 버리기 위해 노력하는 것입니까?"

"대왕이여, 그렇지는 않습니다."

"그러면 미래의 고통을 버리려고 노력하는 것입니까?"

"대왕이여, 그렇지는 않습니다."

"그러면 현재의 고통을 버리려고 노력하는 것입니까?"

"대왕이여, 그렇지는 않습니다."

"만일 당신들이 과거의 고통을 버리기 위해 노력하는 것도 아니고, 미래의 고통을 버리기 위해 노력하는 것도 아니고, 현재의 고통을 버리기 위해 노력하는 것도 아니라면 무슨 목적을 위해 노력하는 것입니까?"

나가세나 존자가 답했다.

"대왕이여, '원컨대 이 고통은 멸하고 다른 고통은 생기지 않게 되기를…' 하고 노력하는 것입니다."

"존자여, 그러면 미래의 고통은 존재하는 것입니까?"

"대왕이여, 존재하지 않습니다."

"존자여, 당신들은 현재 존재하지도 않는 미래의 고통을 버리기 위해 노력한다고 하니 너무 현명이 지나칩니다 그려."

"대왕이여, 그러면 당신에게 일찍이 어떤 적국의 왕이 원수나 반대자로 맞선 일이 있습니까?"

"존자여, 그렇습니다. 있습니다."

"대왕이여, 당신은 그때가 되어서야 비로소 참호를 파게 하고, 보루를 만들게 하고, 성문을 만들게 하고, 망탑을 만들게 하고, 군량미를 반입하게 했습니까?"

"존자여, 그렇지 않습니다. 그것은 모두 사전에 준비되어 있는 것입니다."

"대왕이여, 혹 그때가 되어서야 비로소 코끼리 다루는 법을 익히게 하고, 말 다루는 법을 익히게 하고, 전차 다루는 법을 익히게 하고, 활쏘는 법을 익히게 하고, 칼 쓰고 창 쓰는 법을 익히게 하고, 전술을 익히게 했습니까?"

"존자여, 그렇지는 않습니다. 그것은 모두 사전에 익히고 있는 것입니다."

"어떤 목적을 위해서입니까?"

"존자여, 미래의 두려움을 방비하기 위해서입니다."

"대왕이여, 미래의 두려움은 존재하는 것입니까?"

"존자여, 존재하지 않습니다."

"대왕이여, 당신은 현재 존재하지도 않는 미래의 두려움을 방비하기 위해 준비한다고 하니 당신도 또한 너무나도 현명이 지나칩니다 그려."

"다시 비유로 설명해 주십시오."

"대왕이여, 당신은 어떻게 생각하십니까? 당신은 목마를 때가 되어서야 비로소 '나는 물을 마시고 싶다.' 라고 하여 우물을 파고 연못을 파고 저수지를 만들게 합니까?"

"존자여, 그렇지는 않습니다. 그것은 모두 사전에 준비하는 것입니다."

"어떤 목적을 위해서입니까?"

"존자여, 미래의 목마름을 막기 위해 준비하는 것입니다."

"대왕이여, 미래의 목마름은 존재하는 것입니까?"

"존자여, 존재하지 않습니다."

"대왕이여, 당신은 현재 존재하지도 않는 미래의 목마름을 막기 위해 그것을 준비한다고 하니 당신은 너무나도 현명이 지나칩니다 그려."

"잘 알았습니다, 존자여!"

수행을 해야 할 시기 [彌蘭陀王問經]

왕이 나가세나 존자에게 다시 물었다.

"존자 나가세나여, 당신은 이미 앞서 말했습니다. '원컨대 이 괴로움은 사라지고 다른 괴로움은 생겨나지 않게 하소서.' 라고."

"대왕이여, 우리들이 출가한 것은 이 때문입니다."

"그것은 미리 노력했기 때문에 그렇게 된 것입니까? 오히려 시기가 도래했을 때 노력해야 하는 것은 아닙니까?"

나가세나 스님이 대답했다.

"대왕이여, 시기가 도래했을 때에 비로소 하는 노력은 실은 해야 할 것을 하지 않은 것입니다. 미리 하는 노력이야말로 해야 할 것을 하는 것입니다."

"비유를 들어 말씀해 주십시오."

"대왕이여, 어떻게 생각하십니까? 당신은 목마를 때에 비로소 '나는 물을 마시고 싶다'라고 하여 우물을 파게 하고 저수지를 만들게 하겠습니까?"

"존자여, 그렇지 않습니다."

"대왕이여, 그와 마찬가지로 시기가 도래했을 때에 비로소 하는 노력은 실로 해야 할 것을 하지 않은 것입니다. 미리 하는 노력이야말로 해야 할 것을 하는 것입니다."

"다시 비유를 들어 말씀해 주십시오."

"대왕이여, 당신은 어떻게 생각하십니까? 당신은 이미 전쟁이 일어난 뒤에 비로소 참호를 파게 하고 보루를 만들게 하고 성문을 만들게 하고 망탑을 만들게 하고 군량미를 반입하게 하겠습니까? 그때에 이르러 비로소 코끼리를 다루는 기술을 익히게 하고, 말을 타는 기술을 익히게 하고, 전차를 다루는 기술을 익히게 하고, 활쏘는 기술을 익히게 하고, 창과 검을 다루는 기술을 익히게 하겠습니까?"

"존자여, 그렇지 않습니다."

"대왕이여, 그와 마찬가지로 시기가 도래했을 때에 비로소 하는 노력은 실로 해야 할 것을 하지 않은 것입니다. 미리 하는 노력이야말로 해야 할 것을 하는 것입니다."

"잘 알았습니다, 존자 나가세나여."

지혜(智慧)의 특징 [彌蘭陀王問經]

"존자 나가세나여, 지혜는 무엇을 특질로 합니까?"

"대왕이여, 지혜는 '끊고 자름'을 특질로 합니다. 그러나 또한 지혜는 '빛을 비추는 것'으로 특질을 삼습니다."

"존자여, 어찌하여 지혜는 빛을 비추는 것으로써 특질을 삼습니까?"

"대왕이여, 수행자에게 지혜가 생겨나고 있을 때 지혜는 무명의 어둠을 파하고 밝게 앎[明知]의 빛을 냅니다. 지식의 광명을 나타내고 성스러운 진리를 나타냅니다. 그리고 수행자는 혹은 '덧없다(無常)' 혹은 '고(苦)다' 혹은 '무아(無我)다'라고 하는 올바른 지혜에 의해 '모든 존재'를 보는 것입니다."

"비유를 들어 설명해 주십시오."

"대왕이여, 예를 들면 어떤 사람이 그가 어두운 집안으로 등불을 들고 들어간다고 합시다. 들고 온 등불은 어둠을 깨뜨리고 빛을 내고 광명을 나타내어 색깔과 형태 있는 모든 것들을 나타내는 것처럼 대왕이여, 그와 마찬가지로 수행자에게 지혜가 생겨나고 있을 때 지혜는 무명의 어둠을 파하고 밝게 앎의 빛을 냅니다. 지식의 광명을 나타내고 성스러운 진리를 나타냅니다. 그리고 수행자는 혹은 '덧없다' 혹은 '고다' 혹은 '무아다'라고 하는 올바른 지혜에 의해 '모든 존재'를 보는 것입니다. 대왕이여, 그와 같이 지혜는 빛을 비추는 것으로 특질을 삼습니다."

"정말 멋진 말씀이십니다. 존자 나가세나여."

염불에 의한 구원 [彌蘭陀王問經]

"존자 나가세나여, 당신들은 이와 같이 말합니다. '가령 백 년 동안 악행을 하더라고 임종에 이르러, 한 번만 부처님을 생각한다면 그 사람은 천상에 태어날 수가 있다.'라고. 나는 그것을 믿지 않습니다. 살생을 단 한 번만 하였더라도 지옥에 떨어질 것이라고 말합니다. 나는 그런 것을 믿지 않습니다."

"대왕이여, 작은 돌이라도 배 없이 물위에 뜰 수 있을까요?"

"존자여, 그렇지는 않습니다."

"대왕이여, 백 대의 수레에 실을 만큼 많은 돌이라도 배에 싣는다면 물위에 뜨겠습니까?"

"존자여, 그렇습니다. 물위에 뜰 것입니다."

"대왕이시여! 부처님 생각을 그 배와 같이 하십시오."

"잘 알았습니다, 존자 나가세나여."

인물분석 — 나가세나 스님과 밀린다 왕의 전생담

* 나가세나 스님과 밀린다 왕의 전생담 : 밀린다 왕문경의 서장(序章)에는 나가세나 스님과 밀린다 왕의 전생 이야기가 다음과 같이 소개되어 있다.

옛날 카샤파 부처님 재세시에 갠지스강 근처에 비구 대중이 살고 있었는데, 어느날 대중들이 운력을 하는 날 쓰레기가 산더미처럼 쌓여 있었다. 그래서 어떤 비구스님이 한 사미승에게 그 쓰레기 더미를 치우라고 했지만 사미는 못 들은 척하고 지나가 버렸다.

그 비구스님은 어린 사미가 고집도 세다고 화를 내며 빗자루로 때려주었고, 사미는 감히 거역할 수 없어서 울면서 그 일을 해치우고는 강물을 바라보며 발원했다.

"내가 지혜와 언변이 부족하여 저 비구에게 무시를 당하는구나! 지금 도량을 청소한 이 공덕으로 세세생생 나는 곳마다 이 강물과 같이 막힘 없는 지혜와 언변을 갖추어 누구도 나를 무시하지 못하도록 하겠다!"

한편, 일을 시킨 비구스님도 마침 강가를 지나다 사미의 발원을 듣고 '갓 출가한 사미조차 분심(憤心)을 일으켜 저렇게 큰 발원을 하는구나!'라고 생각하며 "세세생생 나는 곳마다 모든 난문(難文)에 현답(賢答)할 수 있는 지혜와 변재를 갖추고 싶습니다. 또한 저 사미의 모든 질문에 답할 수 있기를 발원합니다."라는 서원을 세웠다. 이 두 사람은 각기 천상과 인간계를 윤회하다가 현생에 다시 태어났다. 밀린다 왕이 된 사미는 발원대로 갖가지 철학과 예술, 그리고 다방면의 학문에 수승한 지혜와 변재를 가진 그리스인의 왕이자 뛰어난 논쟁가가 되었다. 그리고 나가세나 존자가 된 비구는 인도인으로 태어나 젊은 나이에 아라한과를 얻어 밀린다 왕의 모든 난문에 막힘 없는 현답을 하게 되었다.

| 제3장 |

인연 · 설화경전

부처님 전생 이야기

죽은 소에게 풀을 먹이다 [南傳 Jātaka]

그 옛날 보살은 땅이 많은 한 지주의 집에 태어나 '수자타 동자'라고 불리었다. 그가 성년이 되었을 때 할아버지가 돌아가셨다. 그의 아버지는 부친이 돌아가시자 슬픔에 잠겨 화장터에서 뼈를 가져다 정원에 흙탑을 세우고 그 안에 모셔 두었다. 밖에 나갈 때면 그 탑(塔)에 꽃을 올려놓고 부친 생각을 하면서 통곡을 했다. 그는 목욕도 하지 않고 향유(香油)도 바르지 않으며 음식도 먹으려 하지 않았다.

이것을 본 수자타 동자는 아버지의 슬픔을 달래드리기 위해 어떤 좋은 방법이 없을까 곰곰이 생각했다. 어느 날 그는 들길에서 죽은 소 한 마리를 보자 문득 좋은 생각이 떠올랐다.

죽은 소 앞에 풀과 물을 갖다 놓고 이렇게 말했다.

"먹어, 어서 먹어."

지나가던 사람들이 이 광경을 보고 수군거렸다.

"수자타는 정신이 이상하게 돌았나봐. 죽은 소에게 물을 주다니…."

그는 아무 대꾸도 하지 않은 채 여전히 죽은 소에게 먹으라고만 했다. 사람들은 이 사실을 수자타의 아버지에게 전했다.

"당신 아들은 미쳤나 봅니다. 죽은 소에게 풀과 물을 갖다 놓고 자꾸 먹으라고 합니다."

이 말을 전해 들은 지주는 돌아가신 아버지에 대한 슬픔이 어느 새 아들에게로 돌려져 곧 아들이 있는 곳으로 달려갔다.

"어떻게 된 노릇이냐? 목숨이 끊어진 소에게 풀을 먹으라고 하다니. 아무리 먹을 것과 마실 것을 줘보아도 한 번 죽은 소는 다시 일어날 수 없다. 이 어리석은 아들아."

수자타가 말했다.

"소의 머리는 그대로 있고 발과 꼬리도 그대로 있으니 소는 틀림없이 일어날 것입니다. 그러나 할아버지는 머리도 없고 손발도 없습니다. 그런데도 아버지는 흙 앞에서 슬피 울고 계시지 않습니까?"

이 말을 듣자 지주는 정신이 번쩍 들었다.

'내 아들은 지혜롭구나. 이 세상일도 저 세상일도 환히 알고 있다. 나를 깨우쳐 주기 위해 그와 같은 일을 했구나.'

이런 일이 있은 뒤부터는 아버지의 죽음을 두고 더 이상 슬퍼하지 않게 되었다.

니그로다 사슴 [南傳 Jātaka]

그 옛날 바라나시에서 브라흐마닷타 왕이 나라를 다스리고 있을 때였다. 보살은 사슴으로 태어났는데, 날 때부터 그의 몸은 온통 황금빛이었다. 그는 오백 마리 사슴에게 둘러싸여 숲에서 살고 있었다. 그를 불러 니그로다 사슴이라 했다.

그때 브라흐마닷타 왕은 사슴 사냥에 미쳐 사슴고기 없이는 밥을 먹지 않았다. 일도 못하게 백성들을 불러다가 날마다 사슴 사냥을 나가는 것이었다. 백성들은 의논 끝에 궁전 뜰에 사슴의 먹이와 물을 마련해 두고 숲에서 사슴 떼를 몰아다 넣은 뒤, 문을 닫아 버렸다.

왕은 뜰에 그득 갇혀 있는 사슴을 바라보며 흐뭇해하였다. 그 속에서 황금빛 사슴을 보고, 그 사슴만은 다치지 않도록 시종들에게 명령했다. 이때부터 왕은 끼니 때가 되면 혼자 나가 사슴 한 마리씩을 활로 쏘아 잡아왔다. 사슴들은 활을 볼 때마다 두려워 떨면서 이리 뛰고 저리 뛰다가 화살에 맞아 죽어갔다.

니그로다 사슴은 많은 사슴들이 화살에 맞아 피를 흘리며 신음하는 것을 보고, 이제부터는 차례를 정해 이편에서 스스로 처형대에 오르기로 하였다. 다른 사슴들에게 상처를 입히지 않기 위해서였다.

이 날부터 왕은 몸소 활을 쏘지 않아도 되었고, 자기 차례가 된 사슴은 제 발로 걸어가 처형대에 목을 대고 가로누웠다. 그러면 요리사가 와서 그 사슴을 잡아갔다.

그런데 하루는 새끼를 밴 암사슴의 차례가 되었다. 이런 사정을 안 니그로다 사슴은 "당신은 새끼를 낳은 다음에 오시오. 내가 대신 가겠소." 하고 처형대로 나갔다.

황금빛 사슴이 누워 있는 것을 본 요리사는 왕에게 달려가 그 사실을 알렸다.

왕은 뜰에 나와 니그로다 사슴을 보고 말했다.

"나는 너를 죽일 생각은 없는데 왜 여기 누워 있느냐?"

"임금님, 새끼 밴 사슴의 차례가 되었기에 내가 대신 죽으려고 합니다."

이 말을 들은 브라흐마닷타왕는 속으로 크게 뉘우쳤다.

"나는 너처럼 자비심이 많은 자를 사람들 속에서도 보지 못했다. 너로 인해 내 눈이 뜨이는 것 같구나. 일어나라, 너와 암사슴의 목숨을 살려 주리라."

"임금님, 둘만의 목숨을 건질 수 있다 하더라도 다른 사슴들은 어찌 되겠습니까?"

"좋다, 그들도 구해 주리라."

"사슴들은 죽음을 면했지만 다른 네 발 가진 짐승들은 어찌 되겠습니까?"

"좋다, 그들의 목숨도 보호하리라."

"네발 가진 짐승은 안전하게 되더라도 두발 가진 새들은 어찌 되겠습니까?"

"좋다, 그들도 보호하리라."

"임금님, 새들은 안전하지만 물 속에 있는 고기는 어찌 되겠습니까?"

"착하다, 니그로다. 그들도 안전하게 해 주리라."

이와 같이 보살은 왕에게 모든 생물의 안전을 간청하여 눈을 뜨게 한 후 다른 사슴들과 함께 숲으로 돌아갔다.

애욕에 빠진 야생사슴 [南傳 Jātaka]

그 옛날 마가다 왕국의 라자가하에 마가다 국왕이 나라를 다스리고 있었다. 마가다 주민들의 추수기가 오자 사슴들에게는 사람들의 커다란 위협이 가해지기 때문에 그 사슴들은 숲이 우거진 산기슭으로 도망을 갔다.

그때 그 숲에 살고 있는 어떤 야생사슴이 마을 변두리에 살던 젊은 암사슴과 친해졌다. 그리고 예의 그 사슴들이 산기슭에서 내려와 마을 변두리로 돌아갈 때 그 야생사슴은 젊은 암사슴에게 온통 마음이 빼앗겨 마을의 사슴들과 함께 내려왔다. 그러자 암사슴은 야생사슴에게 말했다.

"당신은 어리석은 야생사슴이군요, 마을 변두리란 위험하기 짝이 없고 으시으시한 곳인데 우리와 함께 내려가려 하는군요. 당신은 돌아가세요."

그 야생사슴은 암사슴에게 온통 마음이 빼앗겨 있던 터라 숲으로 돌라가지 않고 함께 마을 변두리로 내려갔다.

한편 마가다 주민들은 "이제 사슴들이 산기슭에서 내려올 때로구나." 하고 길가의 이곳저곳에 몸을 숨기고 엎드려서 기다리고 있었다. 그 두 마리 사슴이 지나갈 길가에도 사냥꾼 한 사람이 몸을 숨기고 기다리고 있었다.

젊은 암사슴은 인간의 냄새를 맡고서 '사냥꾼 한 사람이 있는 게로구나.' 하고 눈치채고 어리석은 야생사슴을 앞에 세우고 자신은 조금 뒤쳐져서 갔다.

사냥꾼은 점점 다가오는 야생사슴을 화살 한 발로 쏘아 맞추었다. 젊은 암사슴은 그 야생사슴이 당한 광경을 보고 쏜

살같이 달아나 버렸다.

사냥꾼은 모습을 드러내고 나와서 야생사슴이 쓰러진 곳으로 와 불을 당겨 빨갛게 일어난 불로 사슴고기를 구워먹고 물을 마신 후에 남은 살코기는 피가 뚝뚝 떨어지는 채로 막대기에 매달아 집으로 돌아갔다.

그때 보살은 그 우거진 숲의 신으로 머물고 있었다. 그리고 이 사슴의 종말을 시종 지켜보고 나서 이렇게 말했다.

"이 어리석은 야생사슴의 죽음은 결코 그의 아버지 때문도 아니고 어머니 때문도 아니다. 오직 애욕에 빠진 때문이니, 사랑하는 이와의 즐거운 상태에 놓여있었다 해도 끝내는 고통스런 상태에서 두 발을 잘리우고 혹은 다섯 갈래로 묶여지는 등 온갖 괴로움을 받는 것이다."

대체 별이 뭐란 말인가 [南傳 Jātaka]

그 옛날 바라나시에 브라흐마닷타 왕이 왕국을 다스리고 있었다. 그때 성 안에 사는 어느 노인의 아들이 다른 마을의 처녀와 결혼하기로 하였다.

결혼 날짜를 정한 노인은 자기 일가의 친구인 발가벗은 고행자를 찾아가 물어보았다.

"스승이시여! 오늘 우리는 잔치를 벌이려 하는데 별자리는 길하고 순조롭겠습니까?"

발가벗은 고행자는 생각했다.

'이 녀석은 제 좋을 대로 날짜를 정해 놓고 이제 와서 내게 묻고 있구나! 오늘 이 녀석의 잔치를 훼방놓고 말리라!'

고행자는 마음 속으로 화를 내며 이렇게 결심하고 노인에게 말했다.

"오늘 별자리가 매우 불길합니다. 만일 오늘 잔치를 벌인다면 엄청난 액운이 닥칠 것입니다."

그 노인은 그를 믿고 잔치를 위해 다른 마을로 출발하지 않았다. 한편 잔치를 위해 기다리고 있던 마을 사람들은 성 안의 사람들이 오지 않자 이렇게 입을 모아 말했다.

"저 사람들은 오늘로 날짜를 정해 놓고서도 오지 않았다. 대체 저들이 우리를 이렇게 무시할 수 있단 말인가! 우리에게 있어 대체 저 사람들이 뭐란 말인가!"

그리고는 다른 사람과 딸을 결혼시키고 말았고, 성 안 사람들은 그 다음날 도착하여 딸을 달라고 하였다.

그러자 마을 사람들은 이렇게 말하며 비난했다.

"당신들 성 안의 사람들은 몰염치하기 짝이 없는 이들이오! 날짜를 정해 놓고서 그날 데리러 오지 않았소. 우리는 당신이 오지 않아서 딸을 다른 사람에게 보내버렸소."

성 안에 사는 노인이 대답했다.

"제가 발가벗은 고행자에게 물어 본 즉 '별자리가 불길하다.'고 했기 때문에 오지 않은 것입니다. 그러니 어쨌던 처녀를 주십시오."

마을 사람들이 대답했다.

"우리는 당신들이 오지 않았기 때문에 다른 사람에게 주어버렸소. 이미 출가한 딸을 어떻게 다시 데려오겠소?"

이리하여 한바탕 싸움을 일어났다.

그때 보살은 성 안에 살고 있었는데 마침 용무가 있어 마을로 왔다. 그 성 안의 사람들이 "우리는 발가벗은 고행자에게 물어서 별자리가 불길하다고 했기 때문에 오지 않았던 것이오." 하고 말하는 것을 들은 보살은 이렇게 말했다.

"별자리가 대체 무슨 이익이 되는 것일까? 처녀를 데려가는 것이 바로 별자리가 길상한 것이 아닐까?"

그리고는 다음과 같이 게송(偈頌)으로 말했다.

별자리를 기다리고 있는 어리석은 자에겐
이로움이 못본 체 지나간다.
실제의 이익됨이 곧 이로움 있는 별자리이다.
대체 별이 뭐란 말인가!

성 안 사람들은 한바탕 싸움을 하고 결국 처녀를 얻지 못한 채 되돌아갔다.

지혜로운 적이 어리석은 가족 보다 낫다 [南傳 Jātaka]

그 옛날 바라나시에 브라흐마닷타 왕이 왕국을 다스리고 있었다. 그때 보살은 어느 상업조합장의 가문에 태어나 그 부친이 세상을 떠난 뒤에 상업조합장의 지위에 올랐다.

그에게는 '로히니'라고 하는 하녀가 있었다. 어느날, 그 하녀가 쌀을 빻는 곳으로 그녀의 노모가 다가와 앉아 있었다. 그때 그 노모에게 파리떼가 달려들어 마치 바늘로 찌르듯이 노모를 물고 있었다.

노모는 딸인 로히니에게 말했다.

"애야! 파리가 나를 못살게 구는구나. 이리와서 쫓아 버려라."

딸은 "그렇게 할께요. 어머니." 하고 말하며 '어머니 몸에 달라붙어 있는 파리를 죽여서 쫓아내야겠다.'라고 생각하고 노모를 방망이로 두들기자 노모는 끝내 숨져 버렸다. 딸은 노모가 죽어버리자 "어머니!" 하고 외치며 울음을 터뜨렸다.

보살인 상업조합장은 그 일의 전말을 듣고 나서 "실제로 적이라 할지라도 이 세상에는 지혜로운 자가 더 나으리라." 하고 생각하고 다음과 같이 게송으로 말했다.

자비심이 깊은 우둔한 자보다는
지혜로운 적이 더 낫다.
보아라! 저 가련한 로히니를.
어머니를 죽이고 나서 비탄에 빠져 있다.

보살인 조합장은 이 게송으로 법을 펴셨다.

황금백조 이야기 [南傳 Jātaka]

그 옛날, 바라나시 고을에서 브라흐마닷타 왕이 왕국을 다스리고 있었다. 그때 보살은 어느 바라문의 집에서 태어났는데, 그가 성년이 되었을 때 같은 계급에 속하는 집안에서 아내를 맞아들였다. 이윽고 '난다', '나다바티', '슨다리난다'라는 세 딸이 태어났다. 그러나 곧 보살이 병이 들어 죽게 되었다.

보살은 자기가 죽는 것보다 아내와 세 딸이 살아갈 일이 더 걱정이 되었다. 아내와 딸들을 걱정하다가 죽어서인지 보살은 황금백조의 탯속에서 태어나 전생의 기억까지 다 아는 숙명지(宿命智)*를 얻게 되었다.

그가 성장하자, 금빛 깃털에 둘러싸인 더할 나위 없이 아름다운 모습이 되었다. 그는 장엄한 자기의 모습을 보고, '대체 나는 어디서 죽어 이 곳에 태어났을까?' 하고 생각한 끝에 '인간의 세계다.'라고 깨달았다.

또 '예전의 아내나 딸은 어떻게 지내고 있을까?'라는 생각을 하다가 남의 품삯 일을 해서 겨우 지내고 있음을 알게 되었다. 그래서 백조는 이렇게 생각했다.

'내 몸의 금으로 된 깃털은 두드리면 펴지는 성질을 가지고 있다. 이제부터는 이 깃털을 한 장씩 주자. 그렇게 하면 내 아내나 딸이 편안하게 살아갈 수 있을 것이다.'

그리고는 거기로 날아가서 창문 위의 대나무 가지 끝에 앉았다. 바라문의 아내와 딸은 황금백조를 보고 "당신은 어디에서 왔습니까?"라고 물었다. 백조는 대답했다.

"나는 너희들의 아비로서, 죽어 금 백조의 탯속에서 다시 태어났는데 너희들을 만나러 왔다. 이제부터 너희들은 남의 삯일을 하며 괴로운 생활을 할 필요가 없다. 너희들에게 깃털 한 장씩을 주마. 그것을 팔아서 편안하게 살아라."

이렇게 말하고 깃털 한 장을 주고 나서 날아가 버렸다. 백조는 이따금씩 와서는 깃털 한 장씩을 주고 갔다. 덕택에 바라문 모녀는 넉넉한 살림에 행복하게 살게 되었다.

그러던 어느 날, 어머니가 딸들에게 말했다.

낱말풀이 숙명지(宿命智)

* 부처님이나 아라한이 갖추고 있는 세 가지 자유 자재한 지혜를 삼명(三明)이라고 한다. 그 중에서 숙명지(宿命智)는 나와 남의 전생을 환히 아는 지혜이고, 생사지(生死智)는 미래의 생사와 과보를 환히 아는 지혜이며, 누진지(漏盡智)는 번뇌를 모두 끊어, 내세에 미혹한 생존을 받지 않음을 아는 지혜를 말한다.

"애들아, 짐승 따위의 마음은 믿을 것이 못 된다. 너희들의 아버지라고 한 백조는 언젠가는 여기에 안 오게 될 것이다. 이번에 오면 깃털을 남김 없이 뜯고서 갖고 말자."

그러나 딸들은 반발했다.

"그렇게 한다면 아버지가 너무 불쌍해요." 하고 말하며 듣지 않았다. 그러나 바라문의 아내는 재물 욕심이 많았기 때문에 황금백조가 왔을 때, "자! 오세요." 하고 백조를 자기 곁으로 불러들여 두 손으로 붙들어 깃털을 모조리 뜯어버렸다. 그러나 보살이 원하지 않는데 폭력으로 뽑았기 때문에 모두 두루미의 깃처럼 희게 되었다.

보살은 날개를 펼쳐도 날아갈 수가 없었다. 그래서 욕심꾸러기 바라문의 아내는 백조를 큰 항아리 속에 넣어 먹을 것을 주며 다시 황금 깃털이 나길 기다렸다. 그러나 다시 난 백조의 깃털은 모두 희게 되었다. 날개가 생긴 백조는 하늘로 날아 올라 영영 돌아오지 않았다.

둥근 달 속에 토끼가 보이는 이유 [南傳 Jātaka]

아주 먼 옛날 브라흐마닷타 왕이 바라나시를 통치하고 있을 때, 보살은 숲 속에 토끼로 태어났다.

토끼에게는 원숭이, 자칼, 수달 등 세 친구가 있었다. 이들 네 명의 친구는 낮에 각자 먹이를 구하러 다니고 밤에는 함께 모였다. 토끼가 다른 세 친구들에게 보시를 하고, 계율을 지키고, 금식일을 지켜야 한다고 가르쳤다. 세 친구는 토끼의 말에 동의하고 각자 자신의 처소로 가서 밤을 보냈다.

어느 날 토끼는 밤하늘에 떠있는 달을 보고 그 다음날이 금식일인 것을 알고 나머지 친구들에게 말했다.

"친구들이여, 내일은 금식일이다. 5계를 잘 지키고 금식일을 지켜야 한다. 그리고 만약 수행자를 만나면 음식을 보시해야 한다."

세 친구는 모두 그렇게 할 것이라고 약속하였다.

다음날 수달은 아침 일찍 일어나 갠지스 강가로 먹이를 구하러 떠났다. 어부가 일곱 마리 붉은 물고기를 잡아 줄에 묶어 강변 모래 속에 묻어 숨기고 다시 고기를 잡으러 강 하류 쪽으로 떠났다. 수달은 물고기 냄새를 맡고 모래를 파서 물고기를 끄집어내어 "이 물고기의 주인이 있습니까?"라고 세 번 크게 외쳤다. 주인을 발견하지 못하자 수달은 물고기를 물고 자신의 집으로 돌아왔다. 오늘이 금식일임을 기억하고 생선을 먹지 않았다.

자칼도 먹이를 구하러 나섰다가 농막에서 두 조각의 고기, 이구아나 한 마리, 크림 한 병을 발견하였다. 세 번 크게 주인이 있느냐고 소리쳤지만 주인을 찾을 수 없었다. 그래서 자칼은 이것들을 가지고 자신의 집으로 돌아왔다. 오늘이 금식일인 것을 기억하고 아무것도 먹지 않았다.

원숭이는 숲 속으로 들어가 망고 열매를 따서 집으로 가득 안고 돌아왔다. 원숭이도 오늘이 금식일인 것을 기억하며 먹지 않았다. 그렇지만 토끼는 자기 집에 머물고 풀을 뜯으러 나가지 않았다. 토끼는 생각했다.

"만약 수행자가 오면, 수행자는 나처럼 풀을 먹으려 하지 않을 것이다. 나에겐 쌀도, 콩도, 다른 곡물이나 음식도 없다. 수행자가 오면 나의 몸을 고기로 보시할 것이다."

이렇게 결심하자, 제석천이 앉아 있던 대리석 자리가 따뜻하게 되었다. 제석천은 토끼의 큰 서원 때문에 일어난 일임을 알고 시험하고자 하였다.

제석천은 수행자로 가장하여 먼저 수달에게 갔다. 수달에게 수행자는 먹을 것들이 필요하다고 하자 수달은 일곱 마리 생선을 주려고 하였다. 그러나 수행자는 잠시 후에 돌아오겠노라고 말하며 거절하였다.

그리고 난 뒤에 수행자는 자칼에게 가서 음식을 요구하였다. 자칼은 자신이 구해온 음식을 주려고 하였지만 수행자는 거절하며 잠시 후에 돌아오겠노라고 말하였다.

그리고 나서 수행자는 원숭이에게 갔다. 원숭이는 잘 익은 망고 열매를 수행자에게 보시하려고 하였지만 수행자는 역시 거절하며 나중에 다시 돌아오겠노라고 말하였다.

그리고 나서 수행자가 토끼에게 가니, 토끼는 그를 보고 기뻐하며 말했다.

"음식을 구하러 여기 잘 왔습니다. 오늘 나는 이전에 결코 주지 않았던 음식을 공양하고자 합니다. 당신은 살생하지 말라는 계율을 어길 필요가 없습니다. 장작 나무와 숯을 모아 오십시오. 장작 불 속으로 뛰어들어가 나의 육신을 보시하고자 합니다. 내 몸이 익으면 드시면 됩니다. 그리고 수행을 잘 하시면 됩니다."

제석천은 시키는 대로 장작불을 준비하고 토끼에게 알려

주었다. 토끼는 장작더미로 가며 혼자 말했다.

"내 몸의 털 안에 있는 어떤 곤충이 있든지 타 죽게 해서는 안 된다."

몸을 세 번 흔들었다. 그리고 나서 진심으로 기뻐하며 장작 불 속으로 뛰어들어갔다. 그렇지만 불은 토끼 몸 털조차도 태울 수 없을 정도로 뜨겁지 않았다. 토끼는 차가운 곳에 들어간 느낌이었다. 토끼는 수행자에게 말했다.

"그대가 만든 불은 매우 차가워 내 몸의 털조차도 뜨겁게 하지 못한다. 무슨 일이 일어난 것인가?"

수행자가 말했다.

"사실 나는 수행자가 아니고 제석천이다. 너를 시험하기 위해 왔다."

"그대의 시험은 쓸모 없다. 심지어 이 세상에 살고 있는 모든 중생들이 와서 나의 보시를 시험한다 하더라도, 나에게서 약간의 인색함도 발견하지 못할 것이다."

제석천은 토끼의 관대한 보시의 덕을 세상이 끝나는 날까지 널리 알리고 싶었다. 그래서 둥근 달 속에 토끼를 그려 놓았다. 그리고 그 후로 제석천의 보호로 토끼를 비롯한 숲 속의 동물들이 계율을 잘 지키며 행복하게 살았다.

거만한 하인으로부터 재산을 지키다 [南傳 Jātaka]

아득한 먼 옛날, 바라나시에 브라흐마닷타 왕이 왕국을 다스리고 있었을 때의 일이다. 어느 대부호가 매우 나이 어린 아내와의 사이에 아들을 두었다. 하지만 그 부호는 이미 나이가 들었기에 고민에 잠겼다.

'이 여자는 아직 젊디 젊다. 내가 죽은 후에 필시 다른 남자를 데리고 와서 재산을 독차지해 버릴 것이 틀림없다. 그리고 내 아들에게는 주지 않을 것이다. 그렇다면 이 재산을 땅속에 묻어야겠다.'

그는 집에 있는 '난다'라는 하인을 데리고 숲속의 어느 장소에 가서 그 재산을 다 파묻었다. 그리고 하인에게 설명했다.

"난다여! 이 숲을 남에게 이야기하지 말고, 내가 죽은 뒤에 이 재산에 관한 일을 내 아들에게 알려주기 바란다."

이렇게 하인에게 잘 이른 후에 얼마 지나지 않아 그는 숨을 거두었다. 세월이 흘러 그의 아들은 차츰 자라나 성인이 되었다. 그러자 어머니는 아들에게 말하였다.

"너의 아버지는 하인 난다를 데리고 어딘가에 재산을 묻어 버렸다. 그것을 하인에게서 돌려받아 집안을 일으키거라."

아들은 어느 날 난다에게 말했다.

"할아범! 내 아버지가 재산을 묻어 둔 것이 있소?"

"있습니다. 나리."

"그렇다면 가지러 갑시다."

그들은 연장을 들고 재산이 묻혀 있는 곳으로 출발했다. 그리고 아들은 말했다.

"할아범, 재산은 어디에 있소?"

그런데 난다는 숨겨둔 재산 바로 위에 올라서자 곧 거만한 마음이 일어나게 되었다.

"야, 이 하녀의 자식아! 버릇없는 녀석아! 이런 곳에 어찌

네 재산이 있겠냐?"

하인은 이렇게 지체 높은 집안의 아들에게 욕을 퍼부었다. 그러자 그 아들은 하인의 난폭한 말을 들어도 듣지 못한 것처럼 그냥 그를 데리고 집으로 돌아왔다.

그리고 또 이삼일이 지나자 다시 찾아 나섰다. 그렇지만 난다는 앞서와 똑같이 난폭한 욕설을 마구 퍼붓는 것이었다. 그 아들은 그와 욕설을 주고받는 일없이 집으로 돌아왔다.

그때 보살은 그 지방의 부호이자 아이 아버지의 친구였다. 아들은 아버지에게 친구가 있었다는 사실을 기억하고 이렇게 생각했다.

'이 하인은 지금부터 재산에 관해 이야기해 주겠다고 말해서 찾아가 보면 욕설만을 퍼부었다. 그 이유를 알지 못하겠구나. 하지만 내 아버지의 오랜 부유한 친구가 아직 살아 계시다. 그분에게 여쭈어야 겠다.'

이렇게 생각한 아들은 아버지의 친구였던 부호의 집으로 가서 지금까지 있었던 일을 전부 말씀드리며 좋을 방법이 있을지를 물었다. 그러자 부호는 넌지시 일러주었다.

"아들이여! 난다가 멈춰 서서 그대를 욕하는 그 장소야말로 틀림없이 그대의 아버지가 소유하고 있던 재산을 묻어 둔 장소일 것이다. 그렇다면 오늘 밤, 난다가 그대를 욕한다면 바로 그때 '자, 난다여! 뭘 그리 욕하는가!' 하고 말하면서 그를 잡아끌고 괭이로 그곳을 파헤쳐 보아라. 그리고 집안의 재산을 찾아내거든 하인에게 끌어내게 해서 집으로 가지고 가라."

그리고 이어서 다음과 같은 게송을 노래하였다.

여기에 황금산이 있고
황금둘레가 있다고 생각된다.
집에서 태어난 하인 난다가 멈춰서서
큰소리를 지르는 장소이니까.

지체높은 집안의 아들은 부호에게 예를 올리고 집으로 돌아왔다. 그리고 난다를 데리고 재산이 숨겨져 있는 곳으로 가서 가르쳐 준대로 그 재산을 가지고 돌아왔다. 그리하여 집안을 다시 일으킨 후 보시 등의 덕행을 하다 목숨이 마칠 때에는 업보의 이치에 따라 이 세상을 떠났다.

기도가 성취되는 조건 [南傳 Jātaka]

아주 먼 옛날에 보살이 북인도의 한 연못에 물고기로 태어났다. 그 연못에는 많은 종류의 크고 작은 물고기들이 보살과 함께 살고 있었다.

어느 한 해에 격심한 가뭄이 발생하였다. 우기(雨期)가 다 가왔는데도 예전과 달리 비가 전혀 오지 않았다. 많은 호수, 연못, 강들이 말라가고 있었다. 물고기와 거북이는 땅 바닥을 파고 진흙 속으로 들어가서 최대한 수분을 유지하여 생명을 보존하고자 하였다.

물고기를 먹고 사는 까마귀들은 이런 상황을 무척 즐거워하였다. 까마귀들은 자신의 부리로 진흙을 파서 진흙 속에 숨어있는 작은 물고기들을 잡아먹었다. 가뭄으로 인해 많은 물고기들이 격심한 고통을 받는 것을 보고 보살은 연민의 감정으로 괴로워하며 그들을 구제할 수 있는 자비행을 생각하였다. 그리고 곧 자신 만이 이들 뭇 생명을 구제할 수 있다고 깨닫기 시작하였다.

가뭄에서 중생을 구제할 수 있는 자비행은 결국 기적을 동반하지 않고서는 가능하지 않으리라고 생각했다. 보살은 언제나 선행을 하고 결코 악행을 하지 않았기 때문에 청정하였다. 결단코 어떠한 생명도 해치지 않았다.

보살은 자신의 이러한 청정한 행위의 힘으로 하늘에서 비가 내리도록 하여 물고기들의 생명을 구제해야겠다고 결심하였다. 보살은 진흙더미 안에서 빠져 나왔다. 커다란 몸을 가진 보살은 보석처럼 빛나는 눈을 크게 뜨고 하늘을 우러러보며 비를 다스리는 신에게 기도하였다.

"비의 신이시여! 나는 지금 나의 동료 물고기들이 고통 받는 것을 보고 가슴 아파하고 있습니다. 왜 나에게 비를 내리지 않고 있습니까? 나는 언제나 선행을 하여 모든 죄로부터 벗어나 있습니다. 나의 동료 물고기들과 더불어 이렇게 고통 받고 있는 나를 외면할 것입니까? 나에게 자비를 베푸소서. 나는 이번 생애에 물고기로 태어났습니다. 어떤 물고기들은 다른 물고기들을 잡아먹기도 합니다. 그러나 나는 태어난 이래로 한 번도 다른 물고기를 잡아먹지 않았습니다. 심지어 좁쌀만 한 물고기도 잡아먹지 않았습니다. 결단코 어떠한 생명도 해치지 않았습니다. 이러한 나의 청정한 행위로 나는 그대에게 다음과 같이 말할 자격이 있습니다. 나의 동료 물고기들이 더 이상 고통으로 신음하지 않게 하소서."

보살은 비의 신에게 이렇게 기도했지만 그 방식은 마치 주인이 하인에게 명령하는 것처럼 단호했다. 보살은 계속 비의 신에게 명령하였다.

"비구름을 만들어 비를 내리게 하라. 까마귀들이 진흙에 숨어있는 불쌍한 물고기들을 잡아 죽이지 않게 하라. 까마귀들이 자신들이 짓고 있는 살생의 악업에 대해 참회하게 하라. 동시에 오로지 선행으로 살아 온 내가 고통에서 벗어나도록 하라."

잠시 후 하늘에 먹구름이 나타나더니 가뭄을 일시에 해갈하는 단비가 내려 죽음에 직면해 있던 물고기와 거북이들이 고통에서 벗어날 수 있었다. 심지어 농부를 비롯한 인간들조차도 기갈에서 벗어날 수 있었다.

이렇게 비를 내리는 기적을 만들었던 위대한 보살은 선행으로 살다가 죽어 천상에 태어나게 되었다.

시 한 편과 바꾼 목숨 [大般涅槃經]*

아득한 옛날, 보살은 수행자가 되어 히말라야에서 홀로 고행하면서 많은 세월을 보내고 있었다. 그때는 아직 부처님이 세상에 나오시기 전이었으므로 부처님이 세상에 출현했다는 말도 대승경전이 있다는 말도 듣지 못했다.

그때 제석천은 그 수행자가 과연 부처를 이룰 수 있는 자질과 능력이 있는가를 시험하기 위해 나찰(羅刹)*의 몸으로 변해 히말라야로 내려왔다. 나찰은 수행자가 사는 근처에

낱말풀이   나찰(羅刹)

*원래 고대 인도의 신으로 소머리나 말머리에 사람 손을 가지고 있다. 불교에서는 공중을 날아다니며 사람의 피와 살을 먹는 악한 귀신의 총칭으로 불렸다. 나중에 불교에 귀의하여 사천왕 가운데 다문천왕(多聞天王)의 권속에 들어가 불법의 수호신이 되었다.

서서 과거 부처님이 말씀하신 시의 앞 구절을 외었다.

이 세상 모든 일은 덧없으니　　諸行無常(제행무상)
그것은 곧 나고 죽는 법이네.　　是生滅法(시생멸법)

수행자는 이 시를 듣고 마음 속으로 무한한 기쁨을 느꼈다. 그래서 자리에서 일어나 사방을 둘러보았으나 험상궂게 생긴 나찰 이외에는 아무도 보이지 않았다.

그는 생각하였다.

'저처럼 추악하고 무서운 얼굴을 가진 나찰이 어떻게 그런 시를 읊을 수 있을까? 그것은 불 속에서 연꽃이 피고 햇볕 속에서 찬물이 흘러 나오는 것과 같다. 그러나 또 알 수 없다. 혹 저 나찰이 과거에 부처님을 뵙고 그 시를 들었을는지도.'

그는 나찰에게 가서 물었다.

"당신은 어디서 과거 부처님이 말씀하신 시의 앞 구절을 들었습니까? 당신은 어디서 그 여의주의 반쪽을 얻었습니까? 나는 그것을 듣고 마치 망울진 연꽃이 피는 것처럼 마음이 열렸습니다."

"나는 그런 것은 모르오. 다만 여러 날 굶어 허기가 져서 헛소리를 했을 뿐이오."

"그런 말씀 마십시오. 당신이 만일 그 시 전부를 내게 일

교리탐구　　남방과 북방의 대반열반경(大般涅槃經)

*〈열반경〉이라고도 하며 두 가지가 있다. 남방의 〈열반경〉은 주로 역사적 사실인 석존 입멸 전후의 유행(遊行)·발병(發病)·순타의 공양·최후의 유훈·사리의 분배 등이 기록되어 있고, 북방 대승불교의 〈열반경〉은 법신(法身)이 상주(常住)한다는 입장에서 열반을 상락아정(常樂我淨)으로 기술하고 있고, '일체중생에게 모두 불성이 있다[일체중생 실유불성, 一切衆生 悉有佛性]'는 사상을 천명하고 있다. 이 전생담은 북방의 〈열반경〉에 담긴 내용이다.

러 주신다면 나는 일생토록 당신의 제자가 되겠습니다. 물질의 보시는 없어질 때가 있지만 법의 보시는 없어질 수 없습니다."

"당신은 지혜는 있어도 자비심이 없소. 자기 욕심만 채우려 하고 남의 사정도 모르고 있소. 나는 지금 배가 고파 죽을 지경이오."

"당신은 어떤 음식을 먹습니까?"

"놀라지 마시오. 내가 먹는 것은 사람의 살덩이이고 마시는 것은 사람의 따뜻한 피요. 그러나 그것을 구하지 못해 나는 괴로워하고 있소."

"그러면 당신은 그 나머지 반을 들려 주십시오. 나는 그것을 다 듣고 내 몸을 당신에게 드리겠습니다. 나는 이 무상한 몸을 버려 영원한 몸과 바꾸려 합니다."

"그러나 누가 당신 말을 믿겠소? 겨우 반쪽을 듣기 위해 그 소중한 몸을 버리겠다니."

"당신은 참으로 어리석습니다. 마치 어떤 사람이 질그릇을 주고 칠보로 된 그릇을 얻듯이, 나도 이 무상한 몸을 버려 금강석처럼 굳센 몸을 얻으려는 것입니다. 그리고 내게는 많은 증인이 있습니다. 시방 삼세의 모든 부처님께서 그것을 증명해 주실 것입니다."

"그러면 똑똑히 들으시오. 나머지 반을 말하겠소."

나찰은 시의 후반을 외웠다.

나고 죽음이 다 없어진 뒤	生滅滅已(생멸멸이)
열반 그것은 즐거움이어라	寂滅爲樂(적멸위락)

그는 이 시를 듣고 더욱 환희심이 솟았다. 시의 뜻을 깊이 생각하고 음미한 뒤에 벼랑과 나무와 돌에 새겼다. 그리고 높은 나무 위에 올라가 떨어지려 하였다. 그때 나무의 신[樹神]이 그에게 물었다.

"그 시에는 어떤 공덕이 있습니까?"

"이 시는 과거 모든 부처님께서 말씀하신 것입니다. 내가 이 시를 들으려고 몸을 버리는 것은 나 하나를 위해서가 아니라 모든 중생을 이롭게 하기 위해서 입니다."

그는 최후로 이런 생각을 하였다.

'세상의 인색한 모든 사람들에게 내 몸을 버리는 이 광경을 보여 주고 싶다. 조그만 보시로 마음이 교만해진 사람들에게 내가 한 구절의 시를 얻기 위해 기꺼이 목숨을 버리는 것을 보여 주고 싶다.'

그는 몸을 날려 나무에서 떨어졌다. 그런데 그 몸이 땅에 닿기 전에 나찰은 곧 제석천의 모양을 나타내어 공중에서 그를 받아 땅에 내려 놓았다. 모든 천신들이 그의 발에 예배하고 그 지극한 구도의 정신과 서원을 찬탄하였다.

배은망덕 [根本說一切有部 毘奈破僧事]*

그 옛날 바라나시에 대제석군(大帝釋軍)이라는 왕과 월광(月光)이라는 부인이 있었는데 부인의 꿈은 항상 잘 맞았다. 보살은 그 나라에 금빛 사슴으로 태어나 사슴왕이 되었다.

어느 날 원수진 두 사람이 강가에서 맞부딪쳤다. 그 중 힘센 사람이 다른 한 사람을 붙잡아 강물 속에 던져버렸다. 그는 물에 떠내려가면서 구원을 청했다.

　금빛 사슴왕은 강가에 나와 물을 마시다가 사람이 외치는 소리를 듣고 물 속에 들어가 그를 업고 헤엄쳐 나왔다. 구원을 받은 사내는 꿇어앉아 합장하고 사슴왕에게 말하였다.

　"나는 당신 덕분에 다시 살아났습니다. 나는 당신의 종이 되어 당신 은혜를 갚겠습니다."

　"내게는 종이 필요 없습니다. 다만 한 가지 부탁은 나를 보았다고 아무에게도 말하지 말아 주십시오. 그렇게 하는 것이 은혜를 갚는 길입니다."

　그래서 그는 사슴왕이 거처를 아무에게도 말하지 않기로 맹세하고 떠났다.

　어느 날 밤 월광 부인은 꿈에 금빛 사슴을 보았다. 그리하여 왕에게 그것을 잡아 달라고 간청하였다. 왕도 그 꿈이 맞는 줄 알기 때문에 온 나라에 영을 내려 누구든 금빛 사슴이 있는 곳을 알리는 사람에게는 그 상으로 오백의 촌락을 상금으로 주겠다고 하였다.

　그때 물에 빠졌던 사람은 이 말을 듣고 생각하였다.

　'나는 지금 가난하다. 왕에게 사슴있는 곳을 알려 상을 탈까, 아니면 은혜를 갚기 위해 잠자코 있어야 할까?'

교리탐구　비내야파승사(毘柰耶破僧事)

* 비내야(毘柰耶)는 범어 vinaya를 우리말로 음사한 것으로 조복(調伏)·율(律)이라고 번역한다. 즉, 출가하신 스님들이 죄악을 범하지 않기 위해 지켜야 할 규율을 비내야라고 한다. 또는 부처님이 제자들을 위하여 마련한 계율을 총칭하는 말이다. 파승(破僧)은 승가의 화합을 파괴하는 것을 말한다. 즉, 비내야파승사는 스님들이 대중의 화합을 파괴하는 죄악을 짓게 하지 않게 하기 위해 부처님께서 정한 계율에 관한 이야기이다. 이 전생담은 부파불교 시대의 한 분파인 근본설일체유부(根本說一切有部)에서 전승한 계율을 담은 율장에 담긴 내용이다.

그는 끝내 욕심에 끌려 은혜를 저버리고 왕에게 가서 금빛 사슴이 있는 곳을 알렸다.

왕은 곧 군사를 데리고 나가 그 금빛 사슴이 있는 곳을 둘러쌌다. 거기에는 천 여 마리의 다른 사슴도 살고 있었다. 그 사슴들은 모두 놀라 흩어져 달아났다.

금빛 사슴왕은 생각하였다.

'지금 내가 달아나게 되면 군사들은 나를 찾기 위해 저 많은 사슴들을 다 잡을 것이다. 차라리 내가 죽고 그들을 살리자.'

금빛 사슴왕은 왕에게로 갔다. 물에 빠졌던 사람은 손을 들어 "금빛 사슴이 저기 있다."고 왕에게 알렸다.

그런데 그의 손이 사슴을 가리키던 순간 두 팔이 땅에 떨어지고 말았다. 왕이 그것을 보고 까닭을 물었을 때 사슴은 다음과 같이 시로 대답하였다.

담벽을 넘어 남의 물건을 훔치는
그 사람을 일러 도둑이라 하네.
그러나 은혜 입고 갚지 않는 자
그야말로 큰 도둑이라 하리.

그리고 사슴은 그 동안의 사정을 자세히 왕에게 이야기하였다. 왕은 그 말을 듣고 다음 게송으로 그를 꾸짖었다.

"은혜도 모르는 이 무정한 사람아!
대지는 갈라져 왜 너를 빨아들이지 않는가!
너의 혀는 왜 백 조각으로 끊어지지 않는가!
금강신(金剛神)은 왜 철퇴로 너를 치지 않는가!

모든 귀신은 왜 너를 당장 잡아가지 않는가!
그처럼 큰 죄에 과보는 왜 이처럼 적은가!"

왕은 그 사슴이 큰 보살임을 알고 온 나라에 명을 내려 사슴을 잡지 못하게 하였다.

교리탐구 자타카 이야기

* 석가모니부처님의 전생담은 〈자타카 Jātaka : 本生으로 한역〉라는 팔리어 경전으로 전해지고 있다. 자타카는 석존의 전생 이야기를 오백 수십 편 수록하고 있으며 석존에 얽힌 불교설화가 가장 방대하게 실려 있는 경전이다. 자타카에 보살이나 수행자로 등장하는 주인공은 바로 석가모니부처님이다.

석가모니부처님이 열반에 드신 뒤 뛰어난 많은 스님들은 부처님의 설법(法, dharma)을 정리하고 연구하는 작업에 몰두하게 된다. 이를 가르켜 아비달마(阿毘達磨, Abhidharma)라고 한다. "아비"는 "~에 대하여", 혹은 "수승한"이라는 의미이고 "달마"는 "부처님께서 설하신 법" 혹은 "진리"라는 의미이다. 그래서 아비달마는 "법에 대한 연구" 혹은 "수승한 가르침의 탐구"라는 의미를 가진다. 이 시대는 스님들이 부처님 경전을 연구하며 많은 뛰어난 논문을 남긴 시기이다. 따라서 이 시대는 경·율·논의 삼장(三藏)이 성립된 시기이기도 하다. 경전과 율장은 부처님 재세시에 성립되었고, 논장은 이 시기에 본격적으로 성립된 것이다.

그런데 스님들마다 경전에 대한 해석이 조금씩 달라서 불교 교단이 18, 혹은 20부파(部派)로 나뉘어 서로 논쟁을 벌였으므로 이 시기를 부파불교(部派佛敎)의 시대라고도 한다.

그런데 한 가지 주목할만한 사실은 이 시기는 출가한 스님들 중심으로 경전과 율장에 대한 난해한 연구에만 지나치게 몰두하게 되어 불교가 인도에서 대중적으로 외면받게 될 위기에 처하게 되었다는 것이다. 이런 상황에서 "대중들의 불교"를 주창한 대승불교운동이 일어나게 된 것은 당연한 결과였을지도 모른다.

이런 맥락으로 보았을 때 부처님 전생담 자타카가 가지는 가치는 매우 중요하다고 할 수 있다. 부파불교시대에 승원에서 전문적으로 학문을 하시던 스님들과는 별도로 일군의 음유시인들이 설화와 같은 부처님의 전생담을 민중들 속으로 전파시켜 대중적인 불교를 이어오고 있었다. 자타카의 내용들은 부처님께서 설하신 경전의 내용 뿐만 아니라 인도의 영웅담과 전설 및 세계의 다른 나라 즉, 심지어는 우리나라의 설화까지도 부처님의 전생으로 등장하고 있다. 즉, 자타카는 부처님의 경전을 비롯하여 전세계 인류의 지혜가 집약된 경전이며, 이후에는 이솝우화, 신약성경 등 세계적으로 널리 알려진 문학작품에 중대한 영향을 주게 된다.

설화로 이루어져 있으면서도 불교의 중요한 교리는 망라되어 있으므로 자타카는 불교가 난해하고 어려웠던 시대에 대중 속에서, 더욱 쉽고, 깊이 있게 불교의 역사를 이끌어 온 위대한 경전이라 할 수 있다.

인연(因緣)과 과보(果報)

부처님 전생의 지극한 효행 [賢愚經 須闍提品]

부처님께서 왕사성 죽림정사에서 아난과 함께 걸식하고 계실 때의 일이다. 그때 어떤 늙은 맹인 부부가 가난하고 외로우며 의지할 곳이 없어 성문 밑에서 살고 있었다. 그들에게는 외아들이 있었는데, 나이는 일곱 살이었다. 항상 구걸하여 부모를 봉양하는데, 과실이나 나물을 얻으면 좋고 맛난 것은 부모에게 공양하고, 그 나머지로서 시거나 떫거나 냄새 나고 나쁜 것은 자신이 먹었다.

그때 아난은 그 아이가 나이는 비록 어리나, 부모를 공경하고 효순하는 것을 보고 마음 속으로 매우 사랑하였다.

부처님께서는 걸식을 마치고 절에 돌아와 대중들을 위해 경법(經法)을 연설하셨다. 그때 아난은 꿇어앉아 합장하고 부처님 앞에 나아가 아뢰었다.

"아까 부처님을 모시고 성에 들어가 걸식할 때에, 눈먼 부모는 성문 밑에 사는데, 그 어린 아들이 부모에게 효도하는 것을 보았습니다. 그는 사방으로 다니면서 물건을 구걸하여 밥이나 나물이나 과실을 얻으면 그 맛나고 좋은 것은 먼저 부모에게 공양하고, 부스러기나 냄새나고 아주 나쁜 것은 자신이 먹으면서 날마다 그렇게 하였습니다. 참으로 사랑하고 공경할 만하였습니다."

부처님께서 말씀하셨다.

"집을 떠난[出家] 이나 집에 있는 이가 효도하는 마음으로 부모를 봉양하면 그 공덕은 특별하고 뛰어나 헤아리기 어렵다. 왜냐 하면 나도 오랜 과거를 기억하건대, 효도하는 마음으로 부모를 봉양하고 심지어 살을 베어 부모님의 위급한 액을 구제한 일이 있었다. 그래서 그 공덕으로 위로는 천제가 되었고 밑으로는 성왕이 되었으며, 나아가 부처가 되어 삼계에서 뛰어난 것도 다 그 복 때문이니라."

아난은 여쭈었다.

"알고 싶습니다. 세존께서 과거 세상에 부모에게 효도하여 신명을 아끼지 않으시고 몸의 살을 베어 부모의 위급한 목숨을 구제하신 그 사실은 어떠하셨는지."

부처님께서는 말씀하셨다.

"옛날 무량 무수한 아승기겁에 이 염부제에 '특차시리'라는 나라가 있었다. 그때 그 나라 왕에게는 태자 열 명이 있어 각자 여러 나라를 다스렸고, 제일 작은 태자는 이름이 '선주(善住)'였는데, 그가 다스리는 국토가 백성들이 보기에는 가장 풍성하고 즐거웠다.

왕의 곁에 한 대신이 있었는데, 이름이 '라후'였다. 그는 늘 반역할 생각을 품고 있다가 끝내 대왕을 죽였다. 대왕이 죽은 뒤에는 바로 왕이 되고, 곧 군사를 여러 나라에 보내어 여러 태자들을 죽였다. 그때 작은 태자는 그 사실을 모른 채 경치를 구경하러 동산으로 들어갔는데, 어떤 야차가 땅에서 솟아올라 꿇어앉아 아뢰었다.

"라후 대신이 부왕을 죽이고, 다시 군사를 보내어 태자의 여러 형을 죽이고, 이제는 사람을 보내어 태자를 죽이려고 올 것입니다. 태자는 잘 생각하시어 화를 피해야 합니다."

태자는 그 말을 듣자 마음이 괴롭고 두려워 그날 밤이 되어 여러 가지로 생각하다가 도망하려 하였다. 그때 그에게는 '수사제'라는 아들이 있었다. 나이 일곱이 되자 단정하고 지혜로워 그 왕은 몹시 사랑하였다. 태자는 나갔다 돌아와 그 아들을 안고 슬피 울면서 탄식하였다. 그 부인은 왕이 돌아와 매우 두려워하는 것을 보고 물었다.

"무엇 때문에 그리 초조해하고 두려워하십니까?"

"나는 얼마 전에 동산에 들어갔었소. 밤에 야차가 땅에서 솟아올라 꿇어앉아 내게 말하였소. 지금 라후 대신이 반역해 이미 부왕을 죽이고 또 군사를 보내어 나의 형들을 죽이고 이제는 나를 죽이러 올 것이니 피해야 한다고. 나는 그 말을 듣고 몹시 두려웠소. 그래서 이렇게 와서 바삐 도망하려는 것이오."

부인은 꿇어앉아 아뢰었다.

"모시고 따라가겠습니다. 나 혼자 버리지 마십시오."

그때 태자는 아내를 데리고 아이를 안고 서로 의지하여 다른 나라로 떠나려 하였다. 마침 두 갈래 길이 있었다. 한 길은 이레가 걸리는 길이었고, 다른 한 길은 열나흘이 걸리는 길이었다. 처음 출발할 때에는 마음이 황급하여 이레 동안의 양식을 준비하면서 한 사람 분량을 계산하였다. 그리고 성을 나와서는 정신없이 그만 열나흘 길로 들어섰다.

며칠을 지내자 양식이 떨어졌다. 굶주리고 헤매었으나 다른 방법이 없었다. 그는 아들을 사랑하였기 때문에 곧 그 아내를 죽여 스스로도 살고 또 아이도 살리려 하였다.

그때 아내를 시켜 아이를 업고 앞서 가게 하고 그 뒤에서 칼을 빼어 아내를 죽이려 했던 것이다. 그때에 아이는 돌아보다가 아버지가 칼을 빼어 어머니를 죽이려 하는 것을 보고는 합장하고, 그 아버지를 깨우쳐 말하였다.

"원컨대 아버지, 차라리 저를 죽일지언정 우리 어머니는 죽이지 마십시오."

이렇게 간절히 그 아버지에게 간하여 어머니 목숨을 구하였다. 그리고 그 아버지에게 말하였다.

"나를 단박에 죽이지 말고 조금씩 살을 베어 먹으면 며칠은 지낼 수 있을 것입니다. 만일 내 목숨을 끊어 버리면 살은 곧 썩어 오래 가지 못할 것입니다."

그때 그 부모는 아이 살을 베어 먹으려 하다가 슬피 울면서 번민하였다. 그러나 어쩔 수 없이 베어 먹었다. 날마다 베어 먹으니 살은 차츰 없어지고 오직 뼈만이 남아 있었다. 아직 다른 나라에는 가지 못하고 주림은 더욱 심하였다. 아버지는 다시 칼을 잡아 뼈마디를 헤치고 차츰 벗겨내어 살을 조금 얻었다. 그리고 그 부모는 아이를 버리고 떠나려 하였다. 아이는 말하였다.

"내 목숨은 아직 조금 있습니다. 원컨대 부모님은 아까 가진 그 살을 조금만 내게 주십시오."

부모는 곧 그 살을 세 몫으로 나누어 두 몫은 자기네들이 먹고, 나머지 한 몫과 부스러기 살과 눈·혀 따위는 모두 주고 이별하여 떠났다. 그 아이는 곧 서원을 세웠다.

"나는 지금 몸의 살로써 부모님께 공양하였다. 이 공덕으로써 불도를 구하고 일체 중생을 두루 제도하여 그들로 하여금 온갖 괴로움에서 벗어나 열반에 이르게 하리라."

이렇게 발원할 때에 삼천세계(三千世界)*가 여섯 가지로 진동하였다. 욕계(欲界)와 색계(色界)의 여러 하늘들은 모두 깜짝 놀랐다. 무엇 때문에 궁전이 흔들리는지 몰랐기 때문이었다. 그들은 천안(天眼)*으로 세상을 살펴보다가 보살이 몸의 살로 부모님께 공양하고 불도를 이루어 중생을 건지리라고 서원하는 것을 보고, 그때에 천지가 크게 진동하는 줄을 알았다. 이에 하늘들은 모두 내려와 허공을 덮고 슬피 울었다. 흐르는 눈물은 마치 쏟아지는 비와 같았다. 그때 제석천이 내려와, 시험하려고 거지로 변하여 그 손에 가진 살을 구걸하였다. 아이는 곧 그것을 보시하였다. 제석천은 다시

낱말풀이 삼천세계(三千世界) / 천안(天眼)

*삼천세계(三千世界) : 삼천대천세계(三千大千世界)의 줄임말이다. 불교의 세계관에서 거대한 우주공간을 나타내는 말이다. 수미산(須彌山)을 중심으로 하여 사대주·육욕천·범천계·지옥계 등을 포함하며, 한 개의 태양과 한 개의 달을 가진 공간이 일세계라고 한다.(현대의 태양계에 해당한다) 우주에는 이와 같은 세계가 무수히 존재하는데 그들이 1000개 합쳐진 공간을 소천세계(현재의 은하계), 소천세계가 1000개 합쳐진 공간을 중천세계, 중천세계가 1000개 합쳐진 공간을 대천세계라 한다. 소천·중천·대천세계를 모두 합하여 삼천대천세계라 하고, 이 삼천대천세계는 한 부처님의 교화의 범위이다.

*천안(天眼) : 천도(天道)에 나거나 선을 닦아서 얻은 아주 작은 사물도 멀리 또는 널리 볼 수 있는 눈. 천안으로 중생들의 전생과 미래도 능히 볼 수 있다고 한다.

사자와 호랑이로 변해 와서 아이를 잡아먹으려 하였다.

　아이는 그것을 모두 다 주었는데 마음은 못내 기뻐 조금도 후회하지 않았다. 제석천은 아이의 가진 뜻이 흔들리지 않는 것을 보고 제석천의 몸으로 되돌아가 말하였다.

　"네 효도는 능히 몸의 살로 부모님께 공양하였다. 그 공덕으로 무엇을 구하려 하는가, 제석천인가 범천왕인가?"

　아이는 대답하였다.

　"저는 삼계(三界)*의 쾌락을 원하지 않습니다. 이 공덕으로써 불도(佛道)를 구하여 한량없는 중생을 제도하기를 원합니다."

　"너는 그 몸으로 부모님에게 공양하였다. 그러고도 부모에게 원한이 없는가?"

　"저는 지금 지극한 정성으로 부모님께 공양하였으므로 털끝 만큼도 원한은 없습니다."

　"내가 지금 너를 보니 몸에 살이라고는 없으면서, 후회하지 않는다고 말하지만 그것은 믿기 어렵다."

　"만일 후회함이 없어 제 소원대로 부처가 될 수 있다면, 내 몸을 본래와 같이 되게 하소서."

　이 서원을 마치자 몸은 곧 회복되었다. 그때 제석천과 여

낱말풀이　　삼계(三界)

*중생들의 마음과 생존 상태를 세 단계로 나누어 욕계(欲界) · 색계(色界) · 무색계(無色界)의 세 가지로 나눈다. ①음욕 · 식욕 · 재욕 같은 탐욕이 많아 정신이 흐리고 거칠며, 물질에 속박되어 가장 어리석은 중생이 사는 세계를 욕계라 한다. ②욕심은 적지만 성내는 버릇이 남아 있어 물질의 지배를 아주 벗어나지 못한 중생들이 사는 비교적 밝은 세계를 색계(色=물질)라고 한다. ③탐욕과 성냄은 떨어져 물질의 영향은 받지 않지만 아직 나(我)라는 생각을 버리지 못해 정신적으로 걸림이 남아 있는, 그 중 깨끗한 중생들이 사는 세계를 무색계라 한다. 지상세계의 어디서나 탐진치 삼독심(三毒心)이 더하고 덜함에 따라 삼계(三界)가 벌어진다.

러 하늘들은 '장하다'고 칭송하였고 그 부모와 온 나라 사람들이 모두 아이에게 와서 이 일을 찬탄하였다.

마침 그곳의 왕이 아이의 기특한 일을 듣고는 그 부모와 아이를 궁중에 데리고 와서 공양하고 공경하였다. 그러면서도 왕은 태자와 아이를 가엾이 여겨 그들과 함께 몸소 군사와 말을 거느리고 본국으로 돌아가 '라후'를 죽이고 선주(善住)를 왕으로 세웠다. 그래서 부자 대대로 그 나라는 풍성하고 즐거웠으며 태평 세월을 이루었다."

부처님께서는 이어 아난에게 말씀하셨다.

"그때의 선주왕은 바로 나의 아버지 숫도다나왕이시고, 그때의 그 어머니는 바로 나의 어머니 마야이시며, 그때의 수사제 태자는 바로 지금의 나이다. 나는 과거 세상에서 효도한 그 공덕으로 천상이나 인간에서 항상 높은 집에 태어나서 한량없는 복을 받았다. 또 그 공덕으로 스스로 부처가 되었느니라."

그때 대중들은 부처님의 설법을 듣고, 모두 슬퍼하고 한탄하면서 동시에 부처님의 효행에 감격하였다.

가난한 여인의 등불 [賢愚經 貧女難陀品]

사밧티에 '난타'라는 한 가난한 여인이 살고 있었다. 여인은 너무나 가난했기 때문에 이 집 저 집 다니면서 밥을 빌어 겨우 목숨을 이어갔다. 어느 날 온 성안이 떠들썩한 것을 보고 그녀는 지나가는 사람에게 무슨 일이냐고 물었다.

"프라세짓 왕*은 석 달 동안 부처님과 스님들에게 옷과 음식과 침구와 약을 공양하고 오늘 밤에는 또 수만 개의 등불을 켜 연등회(燃燈會)를 연다고 합니다. 그래서 온 성안이 이 렇게 북적거립니다."

이 말을 들은 여인은 생각했다.

'프라세짓왕은 많은 복을 짓는구나. 그런데 나는 아무 것 도 가진 게 없으니 어떻게 할까? 나도 등불을 하나 켜서 부처님께 공양해야겠는데….'

여인은 지나가는 사람에게 겨우 동전 두 닢을 빌어 기름집으로 갔다. 기름집 주인은 가난한 여인을 보고 기름을 구해 어디 쓰려느냐고 물었다.

"이 세상에서 부처님을 만나 뵙기란 참으로 어려운 일입니다. 이제 그 부처님을 뵙게 되니 얼마나 다행한 일입니까? 나는 가난해 아무것도 공양할 것이 없으니 등불이라도 켜서 부처님께 공양할까 합니다."

주인은 여인의 말에 감동하여 기름을 곱절이나 주었다. 여인은 그 기름으로 불을 켜 부처님이 다니시는 길목을 밝히면서 속으로 빌기를, '보잘것없는 등불이지만 이 공덕으로

인물분석 　프라세짓 왕

* 프라세짓(prasenajit, 波斯匿)은 석가모니부처님 재세시에 코살라국(kosala國) 사위성(舍衛城)의 왕이다. 부처님 당시 석가족의 카필라는 코살라국의 속국이었다. 코살라는 마가다국과 더불어 프라세짓왕 당시 2대 강국이었다. 프라세짓 왕은 부처님과 아주 친한 사이였는데, 죽기 전 그는 부처님께 "부처님께서도 왕족이시고, 저도 왕족입니다. 부처님께서도 코살라사람이고 저도 코살라사람입니다. 부처님도 80세이시고 저도 80세입니다."라고 할 정도로 석가족에 대해 친근함을 가지고 있었다. 수닷타 장자가 제타숲에 금을 깔아서 숲을 사들였다는 기원정사에 관한 전설은 유명하다. 이 숲은 원래 기타태자의 것이었고, 이 기타태자의 아버지가 곧 프라세짓 왕이다. 경전에 의하면 프라세짓 왕은 외도 출신의 살인마 앙굴라마가 부처님께 귀의하여 승가에서 청정한 생활을 하자 그를 체포하지 않고, 지극히 보시를 하였다고 기록하고 있다. 또 한 때는 지나친 방탕한 생활로 거동이 어려울 정도로 비대해져서 부처님을 찾아가 "과식하는것, 잠을 너무 많이 자는 것, 즐거움만 탐내는 것, 모든 일에 성의를 다하지 않는 것. 할 일이 없는 것" 때문에 받는 과보라는 법문을 듣고 반성하여 부처님 가르침에 따른 생활로 건강을 회복했다고도 한다.

내생에는 나도 부처님이 되어지이다.'라고 하였다.

밤이 깊어 다른 등불은 다 꺼졌으나 그 등불만은 밝게 빛나고 있었다. 등불이 다 꺼지기 전에는 부처님이 주무시지 않을 것이므로 아난다는 손으로 불을 끄려 하였다. 그러나 꺼지지 않았다. 가사자락과 부채로 끄려 했으나 그래도 꺼지지 않았다. 부처님은 그것을 보고 아난다에게 말씀하셨다.

"아난다여, 부질없이 애쓰지 말아라. 그것은 가난하지만 마음 착한 여인의 넓고 큰 서원(誓願)과 정성으로 켜진 등불이다. 그러니 결코 꺼지지 않을 것이다. 그 등불의 공덕으로 그 여인은 오는 세상에 반드시 성불(成佛)할 것이다."

이 말을 전해들은 프라세짓 왕은 부처님께 여쭈었다.

"부처님, 저는 석 달 동안이나 부처님과 스님들께 큰 보시를 하고 수천 개의 등불을 켰습니다. 저에게도 미래의 수기(授記)를 주십시오."

부처님은 다음과 같이 말씀하셨다.

"불도(佛道)란 그 뜻이 매우 깊어 헤아리기 어렵고 알기 어려우니 깨치기도 어렵소. 그것은 하나의 보시로써 얻을 수 있는 것이기도 하지만 백 천의 보시로도 얻을 수 없는 경우가 있소. 그러므로 불도를 얻기 위해서는 먼저 여러 가지로 보시하여 복을 짓고, 좋은 벗을 사귀어 많이 배우며 스스로 겸손하여 남을 존경해야 합니다. 자기가 쌓은 공덕을 내세우거나 자랑해서는 안 됩니다. 이와 같이 하면 뒷날에 반드시 불도를 이루게 될 것이오."

왕은 속으로 부끄러워하면서 물러갔다.

인간에게 가장 소중한 보물 [法句譬喩經 華香品]

옛날 부처님께서 사위국에 계실 때였다. 그때 파리(波利)라고 하는 큰 장사꾼이 있었는데 그는 5백 상인과 함께 바다에 들어가 보물을 구하였다. 그때 그 바다의 신[海神]이 한 움큼의 물을 떠가지고 나와 파리에게 물었다.

"이 바닷물이 더 많은가, 이 한 움큼의 물이 더 많은가?"

파리가 대답하였다.

"그 한 움큼의 물이 더 많다. 왜냐 하면 바닷물이 아무리 많아도 당장 쓰기에는 아무 이익이 없어 저 굶주리고 목마른 사람을 구제할 수 없다. 그러나 한 움큼의 물은 비록 양이 적을지라도 목마른 사람에게 주면 목숨을 구제할 수 있고, 또 태어나는 세상마다 이루 헤아릴 수 없는 복을 받을 수 있기 때문이다."

바다 신은 기뻐하며 파리를 칭찬했다. 그리고 몸에 걸쳤던 일곱 가지 보배로 장식한 향기로운 영락을 풀어 파리에게 주고는 그를 배웅하였다. 파리는 그곳에서 돌아와 사위국에 이르렀다. 그는 바다 신에게 얻은 향기로운 영락을 프라세짓 왕에게 바치면서 그 내력을 자세히 아뢰었다.

"생각건대 이 영락은 소인(小人)이 쓸 물건이 아니기에 삼가 바치오니 받아주시기 바랍니다."

왕은 그 영락을 받고는 매우 신기한 것이라 생각하며, 곧 여러 부인들을 불러 앞에 세워놓고 말하였다.

"가장 아름다운 사람에게 이 영락을 주겠소."

그러자 6만 부인들은 모두 치장하고 나왔지만 말리(末利)

부인은 나오지 않았다. 왕이 이유를 묻자 시녀가 대답했다.

"오늘은 보름이라, 부처님 법에 따라 재(齋)를 행하느라 소복을 입고 장엄하지 않았기 때문에 나오지 않았습니다."

왕은 화를 내며 사람을 보냈다.

"재를 행한다는 핑계로 왕의 명령을 어길 것인가?"

이렇게 세 번을 되풀이하자, 말리 부인은 소복을 한 채로 여러 사람 앞에 나타났는데 그 모습은 마치 해와 달덩이 같아서 평소보다 갑절이나 더 아름다웠다. 왕도 흠칫 놀라 더욱더 공손하게 물었다.

"어떤 연유로 그다지도 유난히 얼굴이 빛나는 것이오?"

부인이 아뢰었다.

"제 생각으로는 저는 복이 적어 이렇게 여자의 몸을 받았고, 마음과 몸에는 더러운 때[垢]가 밤·낮으로 산처럼 쌓였습니다. 더구나 사람의 목숨은 짧고 급박하여, 죽은 뒤에는 세 갈래 나쁜 길[三惡道]에 떨어질까 걱정입니다. 그러므로 달마다 부처님 법의 재를 받들어, 애욕을 끊고 도를 따름으로써 태어나는 세상마다 복을 받으려 합니다."

왕은 그 말을 듣고 매우 기뻐하며 곧 향기로운 영락을 말리 부인에게 주었다. 부인이 대답하였다.

"저는 재를 행하는 중이라 이것이 필요치 않습니다."

왕은 말하였다.

"내가 처음 생각을 내었을 때 가장 아름다운 사람에게 이것을 주기로 했소. 지금 그대가 가장 아름답고 또 법대로 재를 받들어 도의 뜻이 특별히 높기 때문에 주는 것인데, 그대가 받지 않는다면 내 이것을 어디다 쓰겠소?"

"대왕이시여, 걱정 마십시오. 원컨대 마음을 굽혀 저와 함께 부처님께 나아가 영락을 올리고, 또 거룩한 가르침을 들음으로써 여러 겁의 복을 받는 것이 좋을까 합니다."

왕은 허락하고 곧 수레를 타고 부처님께 나아가 머리를 조아려 예배하고, 왕의 자리에 물러 앉아 아뢰었다.

"바다 신이 준 이 향기로운 영락은 파리가 내게 준 것입니다. 6만 부인은 모두 탐내어 얻으려 하였으나 이 말리 부인은 주어도 받지 않았습니다. 그것은 부처님 법대로 재(齋)를 받들어 마음에 탐욕이 없기 때문입니다. 이제 삼가 부처님께 올리오니 부디 받아 주시기 바랍니다. 세존의 제자는 마음을 다잡아 재를 받들어 그 곧은 신심이 이와 같거늘 어찌 복에 마음을 두겠습니까?"

세존께서는 영락을 받으시고 게송으로 설하셨다.

전단나무의 짙은 향기와
푸른 연꽃의 꽃다운 향기
아무리 그 향기 짙다 하여도
계율의 향기만은 못하다네..
계율 갖추어 완전하게 성취하고
행실에 조금도 방일함 없으면
선정의 뜻으로 번뇌를 벗어나
영원히 악마의 길 떠날 것이네.

부처님께서 게송을 마치시고 다시 왕에게 말씀하셨다.

"재를 받들면 복을 많이 받고 그 이름이 멀리 퍼집니다. 비유하면 천하의 열여섯 큰 나라에 가득한 보물을 모두 보시한 다 하더라도, 그것은 말리 부인이 하루 낮 하루 밤 동안 부처님 법대로 재를 받드는 것만 못할 것입니다. 만일 그 복을 비교한다면 마치 저 수미산과 한 말의 콩과 같습니다. 그러므로 복을 쌓고 지혜를 배워야 열반에 이를 수 있을 것입니다."

부처님의 법문을 들은 왕과 부인과 신하들은 모두 기뻐하면서 정성을 다하여 받들어 행하였다.

미묘 비구니의 기구한 인연 [賢愚經 微妙比丘尼品]

부처님께서는 사위국의 기원정사에 계실 때의 일이다. 프라세짓 왕의 뒤를 이은 위두다바 왕*은 성품이 포악하고 자비심이 없어, 술에 취한 코끼리를 내몰아 수많은 사람들을 짓밟아 죽게 하였다.

이같은 일련의 왕의 폭정을 접한 5백 명의 귀족 부인들은

인물분석 위두다바 왕

* 위두다바(Vidudabhava)는 프라세짓 왕의 아들이자, 기원정사의 터를 제공한 기타태자의 이복형제이다. 석가족에 친근함을 가지고 있었던 프라세짓 왕은 명문(名門) 가문인 석가족 여인과 혼인하고 싶어서 사신을 보냈다. 하지만 프라세짓 왕의 전갈을 받은 석가족 사람들은 코살라 왕가를 천하다고 여기고 있었기 때문에 시큰둥했다. 그래서 왕족 가운데 그 누구도 자신의 딸을 코살라의 왕비로 보내려 하지 않았다. 하지만 강대국의 요청에 안 보낼 수도 없는 상황이었다. 그래서 당시 부처님의 사촌동생이자 카필라국의 왕이었던 마하나마는 자신의 노비인 나가문다와의 사이에서 낳은 딸을 보냈고, 그녀가 프라세짓 왕의 첫 번째 아내가 되어 사내아이를 낳았다. 그가 바로 위두다바이다. 위두다바가 성장하여 16살이 된 그는 무예를 닦기 위해 어머니의 고향인 카필라국을 찾았다. 하지만 위두다바는 거친 성격으로 사캬국에 가서도 무례하게 굴었고, 거만한 그의 태도를 못마땅하게 생각한 석가족 사람들은 그가 노비의 자식이라는 점을 거론하며 경멸했다. 혈통을 근거로 한 어머니와 자신에 대한 조소와 경멸은 어린 그의 마음에 심하게 상처를 주었고, 훗날 모반을 일으켜 왕위에 오른 위두다바는 어린 날의 원한을 갚기 위해 대군을 일으켜 카필라성을 공격했다. 이때 그늘도 없는 앙상한 나무 밑에 부처님이 앉아계신 모습을 친견하고 세 번이나 회군했고, 이전에 석가족이 지은 악업을 관찰하신 부처님이 위두다바가 네 번째 출병했을 때는 더 이상 그 자리에 모습을 보이지 않으셨다는 일화는 유명하다. 위두다바 왕은 카필라국을 점령한 뒤에 예기치 못한 불행으로 생을 마감했다고 전한다.

마음이 초조하고 불안하여 집을 떠나 비구니가 되었다.

그러나 이들은 제각각 아직 수행이 모자라 음욕과 성냄과 어리석음을 없애지 못했다고 생각했다. 그래서 아라한이 된 미묘(微妙) 비구니에게로 가서 법문을 청했다.

미묘 비구니는 그들을 맞아 생사의 본질을 가르치기 위해 자신의 기구한 인과(因果) 이야기를 들려주었다.

"대개 세상을 즐긴다는 것은 서로 모이고 합하는 것을 탐내는 것이니, 사랑과 영화와 즐거움의 인연으로 나고 늙고 병들고 죽고 이별하며, 서로 울고 사모하여 오장(五臟)이 찢어지고 까무러쳤다가는 다시 깨어나기도 한다. 그래서 세속을 생각하는 정은 깊고 굳어, 우리 마음을 얽매는 것은 감옥보다 더한 것이다.

나는 본래 어떤 바라문의 딸로 태어났다. 우리 아버지는 존귀하기 나라에서 제일이었다. 그때 다른 바라문의 아들이 있었는데, 총명하고 지혜로웠다. 그는 나의 미모에 끌려 나를 맞이해 아내로 삼아 한 가정을 이루었다.

나는 그 뒤에 첫째 아들을 낳았고, 그 후 시부모가 잇따라 돌아가셨다. 다시 둘째 아이를 배었다. 남편과 의논하여 친정에 가서 해산하기로 했다. 친정으로 가던 도중 갑자기 진통이 와서 어떤 나무 밑에 자리를 폈다. 그리고는 아기를 낳았는데, 때 마침 남편은 따로 누워 있었다.

아기를 낳을 때 몸에서 흘러나온 것의 냄새를 맡은 독사가 다가오다가 남편을 물어 죽였다. 나는 그 밤에 몇 번이나 남편을 불렀으나 소리가 없었다. 새벽이 되어 겨우 일어나 남편에게로 가서 그 손을 잡았다가 그가 독사에 물려 온몸에 독이 퍼져 죽어 있는 것을 알았고, 나는 그 자리에서 까무러쳤다. 큰 아이는 아버지가 죽은 것을 보고 소리내어 울부짖었다. 나는 그 소리에 정신을 차리고 깨어나, 큰 아이를 등에 업고 갓난아이는 안고 울면서 길을 떠났다.

길은 멀고 험한데 사람은 자취도 없었다. 도중에 큰 강이 있었는데 수심이 깊고 또 폭이 넓었다. 강을 건너기 위해 큰 아이를 강가에 두고 먼저 갓난아이를 업고 강을 건너 저쪽 언덕에 두었다. 이때 큰 아이가 엄마를 부르면서 강물로 달려들어 오다가 그만 물에 떠내려가고 말았다. 나는 쫓아갔으나 이미 거센 물결에 휩쓸려 떴다 잠겼다 하면서 떠내려가 버렸다. 나는 도로 갓난아이에게로 갔다. 그러나 갓난아이는 이미 늑대가 잡아먹은 뒤였다. 나는 또 기절했다가 한참 만에야 깨어났다.

정신을 차린 뒤에 친정으로 향했는데, 도중에 한 바라문을 만났다. 그는 친정 아버지의 친구였다. 나는 슬픔이 북받쳐 통곡을 하면서 그 동안에 일어난 일들을 이야기했고, 그는 나의 괴롭고 외로운 사정을 가엾이 여겨 마주 보고 울었다. 그리고는 그에게 친정 소식을 물으니, 며칠 전에 집에 큰불이 나서 부모와 동생들이 모두 타죽고 말았다고 했다. 이 비통한 소식을 전해 듣고 나는 다시 기절했다가 한참 만에야 깨어났다. 아버지의 친구는 홀홀 단신이 된 나를 가엾이 여겨 친자식처럼 보살펴 주었다.

그렇게 지내던 어느 날, 어떤 다른 사람이 내 얼굴이 아름다운 것을 보고 내게 아내 되기를 청하였다. 나는 허락하고 그에게 가서 가정을 이루었다. 그런데 그는 술망나니였다. 술만 마시면 갖은 학대를 일삼았다. 심지어 아이를 배어 낳을 때도 술에 취해 들어와 매질을 하고 행패를 부려서 갓 태어난 아기가 죽고 말았다. 참고 견딜 수가 없어 박복한 신세를 한탄하며 그 집에서 도망쳐 나왔다.

그 길로 바라나시로 가서 성 밖의 한 나무 아래서 머물렀다. 때마침 그 고장에 사는 한 부자의 아들이 사랑하던 아내를 잃고 잊지 못하여 날마다 무덤을 찾아와 애통해했다. 그는 길거리에 홀로 있던 나와 몇차례 마주친 뒤에 함께 살자고 간청했다. 나는 새남편을 맞았지만 얼마 후에 그는 병을 얻어 갑자기 죽고 말았다. 그때 그 나라 법에는 미망인을 남편의 무덤 속에 함께 묻게 되어 있었다.

나는 무덤에 묻혀 죽음을 기다리고 있었는데, 도적떼가 보물을 가져가기 위해 무덤을 팠다. 그 와중에 무덤 속에서 나를 발견한 도적의 두목은 내 얼굴이 단정한 것을 보고는 나를 아내로 삼았다. 그러나 그는 수십 일 뒤에 다시 도적질을 나갔다가 주인에게 잡혀 죽임을 당했다. 남은 도적떼들은 두목의 시체를 가지고 돌아와 법에 따라 나도 같이 땅에 묻었다. 무덤 속에서 사흘을 지나고 늑대와 여우와 개들이 와서 송장을 먹으려고 무덤을 팔 때 나는 살아 나오게 되었다. 나는 내 자신의 기구한 신세를 한탄했다.

'전생에 무슨 죄를 얼마나 지었기에 이런 고통을 받으면서 살아야 하는가? 이제 어디에 의지해 남은 목숨을 이어갈 것인가?'

이때 문득 언젠가 들은 석가족의 싯다르타 태자에 관한 이야기가 떠올랐다. 그는 부처님이 되어 과거와 미래의 일을 훤히 안다는 것이었다. 나는 곧 기원정사로 가서 부처님께 귀의했다. 그리고는 나는 교담미 스님 밑에서 비구니가 되었다. 교담미 스님은 내게 사성제의 요지를 가르쳤다. 인생의 본질은 괴로움이라는 것, 모든 것은 공하고 무상하다는 것을 설하셨다. 나는 그 법을 듣고는 부지런히 정진하여 아라한이 되어 나의 과거와 미래를 모두 알게 되었다. 내가 현세에서 받은 고통은 말로 다 할 수 없지만 그것은 오로지 전생에 내가 지은 업의 갚음으로 털끝만큼도 어긋나지 않는 것이었다."

그때 비구니들은 전생에 어떤 죄를 지었기에 그런 재앙들을 받았는지를 설해줄 것을 미묘 비구니에게 청했다.

"너희들은 가만히 들으라. 지나간 세상에 어떤 부자가 있었다. 그는 재물은 많았지만 아들이 없어 작은 부인을 얻었다. 작은 부인은 비록 천한 집 딸이었으나 얼굴이 아름다워 장자는 그녀를 몹시 사랑하였다. 그녀는 아이를 배고 열 달이 차서 사내를 낳았다. 부자와 작은 부인의 기쁨은 이루 말할 수 없었다. 이때 큰 부인은 시샘이 나서 이런 생각을 했다.

'나는 비록 귀한 가문의 출신이지만 이 집안의 대를 이을 자식이 없다. 이제 저 아이가 성장하면 집안의 재산을 모두 다 가질 것이다. 그때 내 처지는 어떻게 될 것인가.'

질투심이 극에 달하자 큰 부인은 아이가 자라기 전에 일찌감치 없애버리는 것만 못하다고 생각했다. 그래서 그 아이의 정수리에 바늘을 깊이 꽂아서 보이지 않게 했다.

아이는 자꾸 말라 가다가 열흘쯤 되어 기어이 죽고 말았다. 작은 부인은 너무 애통하여 기절하였다가 다시 살아났다. 그리고는 아이가 갑자기 죽은 것은 틀림없이 큰 부인이 저지른 일일 거라고 생각하고 이렇게 따져 물었다.

"당신이 무정하게도 내 아들을 시기해 죽인 것이지요?"

그러자 큰부인은 펄쩍 뛰면서 이런 맹세를 했다.

"무슨 소리냐? 만일 내가 네 아이를 죽였다면 내가 다시 태어나는 세상마다 내 남편은 독사에 물려 죽고, 거기서 낳은 자식은 물에 빠져 죽거나 늑대에 잡아먹힐 것이다. 나는 산채로 묻히고 내 부모 형제는 불에 타 죽을 것이다. 이래도 나를 의심하겠느냐? 이래도 나를 의심하겠느냐?"

그때 그 큰 부인은 죄와 복의 갚음이 없다고 생각하고 그렇게 맹세했지만 지금 다 그대로 받으면서 아무도 대신할 사람이 없다. 알고 싶은가? 그때의 그 부인이 바로 현재의 이 몸이다. 내가 다행히 부처님의 가르침을 만나 아라한이 되었지만, 항상 뜨거운 바늘이 정수리로 들어가 발바닥으로 나오는 듯한 고통이 밤낮으로 쉴 새가 없다. 재앙과 복은 이와 같이 결코 사라지는 것이 아니다."

그때에 5백 귀족 비구니들은 이 설법을 듣고 마음이 두려웠다. 그리하여 탐욕의 근본은 타는 불꽃과 같다고 관(觀)하여, 탐욕이 다시는 생기지 않았다. 또 세속에 있는 고통은 감옥보다 더하다고 생각하여 모든 번뇌가 사라지고 한꺼번에 선정에 들어 아라한의 도를 얻는 이도 있었다.

향 싼 천에 향냄새가 난다 [法句譬喩經 雙敍品]

부처님께서 기사굴산에서 기원정사로 돌아오실 때였다. 부처님께서는 길에 떨어져 있는 묵은 천을 보시고, 비구를 시켜 그것을 줍게 하시어 그것이 어떤 천이냐고 물으셨다. 비구는 여쭈었다.

"이것은 향(香)을 쌌던 천입니다. 향기가 아직 남아 있는 것으로 보아 알 수 있습니다."

부처님께서 다시 가시다가 길에 떨어져 있는 새끼줄을 보시고, 줍게 하시어 그것이 어떤 새끼줄이냐고 물으셨다.

제자는 다시 여쭈었다.

"이것은 생선을 꿰었던 것입니다. 비린내가 아직 남아 있는 것으로 보아 알 수 있습니다."

부처님께서 말씀하셨다.

"사람은 원래 깨끗하지만, 모두 인연을 따라 죄와 복을 부른다. 어진 이를 가까이하면 곧 도덕과 의리가 높아가고, 어리석은 이를 친구로 하면 곧 재앙과 죄가 이른다. 저 천은 향을 가까이해서 향기가 나고, 저 새끼는 생선을 꿰어 비린내가 나는 것과 같다. 사람은 다 조금씩 물들어 그것을 익히지만 스스로 그렇게 되는 줄 모를 뿐이니라."

부처님은 게송(偈頌)으로 거듭 다음과 같이 말씀하셨다.

비천한 사람이 남을 물들이는 것은
나쁜 냄새를 가까이 하는 것과 같아서
조금씩 미혹하여 허물을 익히다가
저도 모르게 악한 사람이 된다.

어진 사람이 남을 물들이는 것은
향내를 가까이 쬐는 것과 같아서
나날이 지혜를 밝히고 선행(善行)을 익히다가
아름답고 청결한 행을 이루나니.

암소 한 마리가 세 사람을 죽인 인연 [法句譬喩經 言語品]

옛날 불가사 왕(弗加沙王)이 왕사성에 들어갔다가 그 성문 안에서 갓 새끼를 낳은 암소와 맞닥뜨렸는데, 그 암소는 새끼를 보호하느라고 불가사 왕을 떠받아 죽였다.

소 임자는 겁을 먹고 그 소를 팔아 다른 사람에게 넘겼다. 소를 산 사람은 소를 끌고 물을 먹이러 가다가 소가 뒤에서 다시 떠받는 바람에 그만 죽고 말았다.

그 주인의 아들은 화가 나서 소를 잡아서 그 고기를 시장에 내다 팔았다. 어떤 시골 사람이 그 소머리를 사서 꿰어 매고 돌아다니다가 집에서 1리(里)쯤 떨어진 곳 어떤 나무 밑에 앉아 쉬면서 소머리를 나뭇가지에 걸어 두었다. 그런데 갑자기 그 끈이 끊어져 소머리가 사람 위에 떨어지면서 뿔로 사람을 찔러 그 자리에서 즉사하고 말았다.

이와 같이 그 소는 하루 동안에 세 사람을 죽였다. 빔비사라 왕은 그 말을 듣고 괴상하게 여겨 여러 신하들과 함께 부처님께 나아가 예배하고 부처님께 여쭈었다.

"세존이시여, 매우 괴상한 일이 있었습니다. 암소 한 마리가 세 사람을 죽였습니다. 장차 어떤 변고가 있겠는지 그 이유를 듣고 싶습니다."

부처님께서 말씀하셨다.

"지금은 그것이 부적합해 보여도 죄의 대가에는 분명 원인이 있는 것입니다."

"그 까닭을 듣고 싶습니다."

"옛날 세 사람의 상인이 다른 나라로 장사하러 갔다가 어떤 외로운 노파 집에 묵으면서 적당한 값을 치르겠다고 하였습니다. 그러나 그들은 고독한 노파의 처지를 보고 그를 속여 값을 주려 하지 않았습니다. 그래서 그 노파가 없는 틈을 엿보아 값을 치르지 않고 슬쩍 떠나 버렸습니다.

노파가 돌아와 그 장사꾼들이 보이지 않자 이웃집에 물어 보았더니, 이웃 사람들이 말하기를 벌써 떠났다고 하였습니다. 노파는 화가 나서 그들 뒤를 쫓아가 겨우 따라가서는 마침내 하숙 값을 요구하였습니다. 그러자 세 장사꾼들은 도로 꾸짖으며 말하였습니다.

"우리는 이미 당신에게 값을 지불했는데 왜 또 달라고 하는 것이오."

그들은 같은 말로 맞장구치며 끝끝내 값을 치르려 하지 않았습니다. 노파는 고단한 신세라 어쩔 수 없이 분통을 터뜨리며 세 장사꾼을 저주하면서 맹세하였습니다.

'내가 지금 곤궁하기 그지없지만 어떻게 이런 협잡을 참겠는가? 내가 만일 다음 생에 태어나는 곳에서 너희들을 만나면 기어코 죽일 것이요, 비록 도를 얻더라도 너희들은 용서하지 않고 죽이고야 말 것이다.'

그때 그 노파는 지금의 저 암소이고, 소에게 떠받쳐 죽은 불가사 왕 등 세 사람은 바로 그때의 세 장사꾼입니다."

그리고 세존께서는 곧 게송을 말씀하셨다.

나쁜 말과 꾸짖는 말로
교만하여 남을 업신여기는
이런 짓을 자꾸 행하면
미움과 원한이 거기서 생긴다네.
공손한 말과 순한 말로
다른 사람을 높이고 공경하며
원한을 버리고 악을 참으면
미움과 원망이 저절로 없어지리라.
대개 사람이 세상에 나면
그 입안에 도끼가 있어
그것으로 제 몸을 베나니
그것은 나쁜 말 때문이라네.

부처님께서 이렇게 말씀하실 때 빔비사라 왕과 그 관속(官屬)들은 모두 공경하고 숙연해져서 착한 행을 받들 것을 맹세하며 예배하고 떠났다.

죽은 아들을 살리려거든 [雜譬喩經]

옛날 어떤 노모가 외아들을 두었는데 병을 얻어 죽었다. 노모는 아들 시체를 묘지에 가져다 놓고 슬픔을 이기지 못하면서 생각하였다.

'다만 아들 하나가 있어 이 늙은 몸을 의탁하려 하였는데, 그만 나를 버리고 죽었으니 나는 어떻게 살까?'

그리하여 돌아가지 않고 한 곳에서 같이 죽으려고 4, 5일 동안을 아무것도 먹지 않았다.

부처님께서 그것을 아시고 5백 비구를 데리고 그 묘지로 가셨다. 노모는 멀리서 부처님의 위신의 광명이 환한 것을 보고 제 정신이 들어 앞으로 나와 부처님께 예배하고 뒤로 물러나 있었다. 부처님께서 노모에게 말씀하셨다.

"이 묘지에서 무엇을 하시오?"

노모는 부처님께 아뢰었다.

"오직 하나 있던 외동 아들이 나를 버리고 죽었습니다. 사랑하는 정이 간절하여 여기에서 같이 죽으려고 합니다."

"그 아들을 도로 살리고 싶으시오?"

노모는 매우 기뻐하면서 말하였다.

"실로 그러합니다."

부처님께서 말씀하셨다.

"좋은 향불을 구해 오시오. 내가 축원하여 그 아들을 도로 살게 하리다."

부처님께서 이어 말씀하셨다.

"그런데 지금까지 사람이 죽지 않은 집의 불을 얻어 와야 합니다."

이에 노모는 불을 찾아 두루 다니면서 사람을 만나면 먼저 물었다.

"지금까지 당신 집에 죽지 않은 사람이 있습니까?"

"선조 때부터 모두 죽어 갔습니다."

묻는 집마다 대답은 다 이와 같았다. 그래서 수십 집을 다녔지만 불을 구하기는 어림도 없었다. 그녀는 돌아와 부처님께 아뢰었다.

"불을 찾아 두루 다녔지마는 사람이 죽지 않은 집이 없었습니다. 그래서 헛걸음으로 돌아왔습니다."

부처님은 말씀하셨다.

"천지가 열린 뒤로 한 번 태어나서 죽지 않은 이는 없소. 그러나 태어나서 살기를 구하는 것은 기뻐할 만한 일이오. 그런데 노모는 왜 미혹하여 아들을 따라 죽으려 하시오?"

노모는 곧 마음으로 깨달아 덧없음의 이치를 알았다. 부처님은 그로 인해 자세히 설법하시어 그녀는 곧 수다원의 도를 얻고, 그 묘지에서 구경하던 수천 사람도 다 위없이 바르고 참된 도의 마음을 내었다.

할머니의 정성스런 공양 [雜譬喩經]

옛날 남천축에 사하결이라는 나라가 바닷가에 있었는데, 그 성은 가로 세로로 8만여 리였다.

그때 다른 나라에 '아롱(阿龍)'이라는 할머니가 있었는데, 그는 난리를 만나 떠돌아 다니다가 이 나라에 와 있었다. 외로운 몸이 돌아갈 곳이 없어 구걸하여 생활하다가 어느 장자의 집에 가서 붙어 있고자 하였다. 장자의 아내가 그를 보고 사정을 물었을 때 할머니는 곤궁한 사정을 자세히 이야기하였다. 장자는 가엾이 여겨 할머니에게 말하였다.

"우리집에 있으시오. 도와드리겠소."

"내게는 이 은혜를 갚을 것이 아무것도 없습니다. 잔심부름이나 시키면 그 일이 많더라도 꺼리지 않겠습니다."

할머니는 이내 거기 머물러 있었으나 서럽기도 하였다.

'옛날에 여러 스님들을 공양할 때에는 마음대로 차렸지만, 지금은 갑자기 곤궁하게 되어 보시하고 싶은 마음은 있으나 풀지 못하겠구나.'

마침 어떤 스님을 만나 문안을 마친 뒤에 물었다.

"별고 없으십니까? 스님은 아침 공양을 마치셨습니까?"

스님은 대답하였다.

"아침에 성에 들어가 걸식하였으나 아무것도 얻지 못하고 돌아와 쉬고 있습니다."

할머니는 스님들에게 공양하려 하였으나 자기에게는 아무것도 없는 것을 깨닫고 여러 스님들에게 말하였다.

"내가 성 안에 들어가서 만일 공양이 준비되면 곧 돌아와 아뢸 것이요, 되지 않더라도 소식을 알리겠습니다."

여러 스님들은 그리 하라 하고 나무 밑에서 쉬고 있었고, 할머니는 집으로 돌아가 장자 부인에게 청했다.

"몇천 냥의 돈이 있어야 하겠습니다. 지금 내가 심부름꾼이 되어 있지마는, 내 몸을 팔아 종신토록 종이 되겠습니다. 증서라도 쓰겠습니다."

장자 부인은 물었다.

"할머니는 지금 우리집에서 입고 먹고 하는데 또 갑자기 돈이 필요하다니, 그것을 가지고 무얼하려는 것입니까?"

"사사로이 급히 쓸데가 있는데, 말할 수는 없습니다."

그래서 장자 부인은 돈을 주면서 말하였다.

"가져가 쓰시고 때가 되거든 돌려주십시오. 내가 증서는 가져 무엇합니까?"

할머니는 돈을 가지고 그 근처에 아는 이를 찾아가 사정을 자세히 이야기하고, 돈을 여러 사람들에게 나누어 주어 여러 집에서 공양을 만들게 하였다. 잠깐 동안에 준비가 되어 스님들에게 가지고 갔다. 본래 아무것도 없었지만 지극한 정성으로 공양을 할 수 있게 되었다.

여러 스님들은 그 음식이 뜻밖에 나온 것을 이상히 여겨 물었다. 할머니는 자기 내력을 자세히 이야기하였다.

"나는 아무 나라 사람입니다. 집에서는 본래부터 부처님을 받들고 스님들을 공양하였습니다. 그러다가 난리를 만나 집안이 망하고 단신으로 떠돌아다니면서 여기까지 와서, 이 나라의 어떤 장자 집에 의탁하여 심부름꾼으로 의식을 유지하고 있었습니다. 그러나 빈 몸으로 목숨만 의지하고 있으니 돈 한 푼 없었습니다. 그러다가 아까 도인님들을 보니 슬픔과 기쁨이 한데 얽혔습니다. 마음으로 생각하는 바는 있었지마는 원은 풀 길이 없었습니다. 그래서 그 집 부인에게 말하였습니다.

'내 몸을 팔아서라도 돈을 조금 구해 스님들에게 공양하려 합니다. 사랑하는 마음으로 가엾이 여겨 주십시오.'

그리하여 하찮은 내 정성을 이루게 된 것입니다."

스님들은 찬탄하면서 말하였다.

"우리가 오늘 먹은 것은 사람의 살을 먹은 것이다. 우리는 각기 뜻을 세우고 이 보시의 공을 갚아야 한다."

그들은 모두 마음을 거두어 오로지 선정에 힘썼다. 그 정성이 통하여 곧 초정(初定)*을 얻어 신통과 위덕은 온 나라를 진동하였다. 그리하여 나무들도 몸을 굽혀 절하는 것 같았다. 스님들은 그것을 보고 시주를 찬탄하였고 국왕은 그 놀라운 까닭을 이상히 여겨 신하들을 불러 의논했다.

"그 상서로운 징조를 살펴보라. 무슨 인연으로 그렇게 되었는가?"

신하들은 사방으로 나가 그 연유를 살펴보고 왕에게 아뢰었고, 왕은 곧 할머니를 불러 그 사정을 물었다. 할머니는 그동안의 내력을 왕에게 자세히 아뢰었다.

왕은 감탄하며 말하였다.

"나는 나라의 주인으로 굉장한 부자지만 3존(尊)을 받들어 공경하지 않고 도사를 공양할 줄을 몰랐다. 그런데 이 할머니는 이처럼 정성이 지극하다. 이 할머니는 곧 내 스승과 다름없다."

왕은 할머니를 궁전 안으로 맞아 들여 스승의 자리에 앉혔다. 그리고 왕이 몸소 불교에 귀의하여 계를 받아 지키자 백성들은 모두 도의 마음을 내게 되었다.

교리탐구 　　초정(初定)

*팔정도의 여덟 번째 바른 선정[正定]은 대상에 집중하는 사마타(samatha, 止) 수행으로 사선정(四禪定, 네 가지의 색계 선정)과 사무색정(四無色定, 네 가지의 무색계 선정), 그리고 멸진정(滅盡定)으로 이루어져 있다. 이를 구차제정(九次第定)이라 한다. 초정(初定)은 사선정 다음의 단계인 사무색정의 첫 번째로 공무변처정(空無邊處定)이라고도 하는데, 이는 색계의 물질성을 떠나, 허공의 무변자재한 성품을 증득한 경지이다.

비유(比喩)의 교훈

화 잘 내는 사람 [百喩經]

옛날 어떤 사람이 여러 사람들과 함께 방안에 앉아서 밖에 있는 어떤 사람의 흉을 보고 있었다.

"그 사람은 오직 두 가지 허물이 있다. 첫째는 성을 잘 내는 것이요, 둘째는 일을 경솔히 하는 것이다."

그때 문 밖에서 이 말을 듣고 있던 그 사람은 성을 내면서 방에 들어가 그를 움켜잡고는 "이 어리석고 나쁜 사람아." 하면서 주먹으로 때렸다.

옆의 사람이 물었다.

"왜 때리는가."

그는 대답하였다.

"내가 언제 성을 잘 내며 경솔했기에 이 사람이 나를 흉보는가. 그래서 때리는 것이다."

옆의 사람이 말하였다.

"네가 성내기를 좋아하고 경솔하게 행동하는 것을 지금 나타내 보여주었다. 그런데 왜 사실이 아니라고 하는가."

남이 자기의 허물을 말할 때에 원망하거나 성을 내면 여러 사람들은 그의 어리석고 미혹함을 더욱 더 이상하게 여기는 것이다. 비유하면 술을 마시는 사람이 술에 취해 거칠고 방일하다가 남의 꾸지람을 들으면 도리어 원망하고 미워하면서 증거를 끌어와 스스로 깨끗하다고 변명한다. 저 어리석은 사람이 자기의 허물을 듣기 싫어하여 남이 말하는 것을 듣고 오히려 그를 때리려고 하는 것과 같다.

삼층 누각 [百喩經]

미련한 부자가 있었다. 그는 어리석어 아무것도 아는 것이 없었다. 그가 다른 부잣집에 가서 3층 누각을 보았다. 높고 넓으며 웅장하고 화려하며 시원하고 밝았다. 그는 무척 부러워하며 이렇게 생각하였다.

'내 재물은 저 사람보다 뒤지지 않는다. 그런데 왜 나는 지금까지 이런 누각을 짓지 않았던가.'

그리고는 곧 목수를 불러 물어 보았다.

"저 집처럼 아름다운 집을 지을 수 있겠는가."

"그것은 내가 지은 집입니다."

목수는 대답하였다.

"지금 나를 위해 저런 누각을 지어라."

목수는 곧 땅을 고르고 벽돌을 쌓아 누각을 지었다.

그는 벽돌을 쌓아 집 짓는 것을 보고 목수에게 물었다.

"어떤 집을 지으려는가."

"3층 집을 지으려 합니다."

목수가 대답하자 그는 말하였다.

"아래 두 층은 가지고 싶지 않다. 제일 위층을 지어라."

목수는 대답하였다.

"아래층을 짓지 않고 어떻게 둘째 층을 지으며, 둘째 층을 짓지 않고 어떻게 셋째 층을 지을 수가 있습니까."

그러나 그는 고집스럽게 대꾸하였다.

"내게는 아래 두 층은 필요 없다. 맨 위층을 먼저 지어라."

그때 사람들은 이 말을 듣고 모두 비웃으면서 말했다.

"어떻게 맨 아래층을 짓지 않고 위층을 짓겠는가."

비유하면 이렇다. 부처님을 따르는 제자가 삼보(三寶)를 공경하지 않고, 놀고 게으름을 피우면서 깨달음을 구한다.

그리고 이렇게 생각하는 것이다.

'나는 지금 수다원과(須陀洹果)·사다함과(斯陀含果)·아나함과(阿那含果)의 단계는 필요 없고, 오직 아라한과(阿羅漢果)*만을 구하고 싶다.'

그가 세상 사람들의 비웃음을 받는 것은 저 어리석은 부자와 다름이 없을 것이다.

교리탐구 수다원과·사다함과·아나함과·아라한과

*부처님의 가르침을 듣고 스스로의 해탈을 위하여 정진하는 출가 수행자를 성문(聲聞)이라고 하는데, 수다원과(須陀洹果)·사다함과(斯陀含果)·아나함과(阿那含果)·아라한과(阿羅漢果)는 성문(聲聞)의 네 가지 단계이다. 사성제와 팔정도를 행하는 수행자는 세계관의 근본적 전환과 더불어 심성의 정화가 함께 행해지는데, 이러한 종교적 체험을 크게 네 단계로 하여 성문사과(聲聞四果)라고 한다.

수다원과는 세 가지 결박의 번뇌(身見·戒取·疑)를 끊고 범속한 생활에서 성스런 흐름에 들어간 수행자이며, 사다함과는 한 걸음 더 나아가 세 가지 결박의 번뇌뿐만 아니라 탐·진·치 삼독(三毒)을 약화시켜 이 세상에 한번 돌아와 생을 받아야 하는 단계이다. 아나함과는 다섯 가지 결박(五下分結)의 번뇌(身見·戒取·疑·貪·瞋)를 끊고 이 세상에 다시 옴이 없이 천상에서 열반에 드는 단계의 수행자이고, 아라한과는 일체의 번뇌를 끊고 현재의 법에서 그대로 해탈의 경지를 체득하여 다시 태어날 집착을 끊은 성자를 말한다.

물에 금을 긋는 사람 [百喩經]

옛날 어떤 사람이 배를 타고 바다를 건너다가 은그릇 하나를 물에 떨어뜨려 잃어버렸다. 그는 가만히 생각하였다.

'지금 물에 금을 그어 표를 해 둔 뒤 나중에 찾자.'

그리하여 그는 두 달이나 걸려 사자국(師子國)에 이르렀다. 그 사람은 앞에 흐르는 물을 보고 곧 들어가 전에 잃은 은그릇을 찾으려 하였다.

사람들이 물었다.

"어쩌려고 그러는가."

그는 대답하였다.

"나는 전에 은그릇을 잃었는데 지금 찾으려 한다."

"어디서 잃었는가."

"처음으로 바다에 들어와 잃었다."

"잃은 지 얼마나 되었는가."

"잃은 지 두 달되었다."

"잃은 지 두 달이나 되었는데 어떻게 찾겠는가."

"내가 은그릇을 잃었을 때에 물에 금을 그어 두었는데 전에 표해 둔 물이 이 물과 다름이 없다. 그래서 찾는 것이다."

"물은 비록 다르지 않지만 너는 전에 저기서 잃었는데, 지금 여기서 어떻게 찾겠는가."

그것은 외도들이 바른 행을 닦지 않고, 삼매와 비슷한 것을 닦다가 중간에 잘못 생각하여 괴로워하면서 해탈을 구하는 것과 같다. 마치 저 어리석은 사람이 저기서 은그릇을 잃고 여기서 찾는 것과 같다.

외아들을 죽이려는 여자 [百喩經]

옛날 어떤 부인이 있었다. 그는 처음으로 아들을 낳고 다시 아들을 낳고자 다른 부인에게 물었다.

"누가 나로 하여금 다시 아들을 두게 하겠는가."

어떤 노파가 말하였다.

"내가 능히 아들을 얻게 해 줄 터이니 하늘에 제사하라."

부인은 물었다.

"그 제사에는 어떤 물건을 써야 합니까."

노파는 말하였다.

"너의 아들을 죽여 그 피로 하늘에 제사하면 반드시 많은 아들을 얻을 것이다."

부인은 그 노파의 말에 따라 아들을 죽이려 하였다.

옆에 있던 지혜로운 사람이 그것을 보고 꾸짖었다.

"어찌 그처럼 어리석고 무지한가. 아직 낳지 않은 아이니 얻지 못할 수도 있는데, 그를 위해 현재의 아들을 죽이려 하는구나."

어리석은 사람들도 그와 같아서 아직 나지 않은 즐거움을 위하여 스스로 불구덩이에 몸을 던지고 갖가지로 몸을 해치면서 천상에 나게 될 것이라고 말한다.

실룩거리는 왕의 눈 [百喩經]

옛날 어떤 사람이 왕의 환심을 사려고 다른 사람에게 물었다.

"어떻게 하면 왕의 환심을 살 수 있겠는가?"

그 사람이 말하였다.

"네가 왕의 환심을 사려거든 왕의 형상을 본 받아라."

그는 왕궁에 가서 왕의 눈이 실룩거리는 것을 보고 그것을 본받아 똑같이 눈을 실룩거렸다.

왕이 물었다.

"너는 무슨 눈병에 걸렸는가. 혹은 바람을 맞았는가. 왜 눈을 실룩거리는가?"

그는 대답하였다.

"저는 눈을 앓지도 않고 또 바람도 맞지 않았습니다만 왕의 환심을 사려고 그것을 본받은 것입니다."

왕은 이 말을 듣고 곧 크게 화를 내어 사람을 시켜 갖가지로 벌을 준 뒤에 나라에서 쫓아내 버렸다.

세상 사람들도 그러하여 법을 듣거나 혹은 글귀에 조금이라도 이상한 문구가 있으면 곧 그것을 비방하거나 헐뜯는다. 그 때문에 부처님 법 안에서도 선한 것을 잃어버리고 삼악도에 떨어지는 것이니 저 왕의 실룩거리는 눈을 본받은 사람과 같은 것이다.

발로 장자의 입을 찬 하인 [百喩經]

옛날 큰 재물을 갖고 있는 장자가 있었다.

좌우의 사람들은 모두 그의 마음을 얻으려고 온갖 공경을 다하였다. 장자가 가래침을 뱉을 때에는 좌우의 모시는 사람들이 재빨리 발로 그것을 밟아 문질러 버렸다.

어떤 어리석은 사람은 그것을 보고 이렇게 생각하였다.

'가래침이 땅에 떨어지면 다른 사람들이 먼저 재빨리 밟아

문질러 버린다. 그렇다면 나는 그가 뱉으려 할 때에 먼저 밟으리라.'

그때에 장자가 막 가래침을 뱉으려 하였다. 어리석은 사람은 곧 다리를 들어 장자의 입을 걷어차서 입술이 터지고 이가 부러져 버렸다.

장자는 그에게 말하였다.

"너는 왜 내 입을 찼느냐?"

그는 말했다.

"장자의 침이 입에서 나와 땅에 떨어지기만 하면 좌우의 아첨하는 사람들이 어느새 밟아 버립니다. 나는 아무리 밟으려 하여도 늘 따르지 못합니다. 그래서 침이 막 입에서 나오려 할 때 다리를 들고 먼저 밟아 장자님의 마음을 얻으려고 한 것입니다."

무릇 어떤 일이나 때가 있는 것이니, 때가 아직 이르기도 전에 억지로 애를 쓰면 도리어 괴로움을 당하는 것이다. 그러므로 세상 사람은 마땅히 '때'와 '때가 아님'을 잘 알아야 한다.

떡 하나 때문에 도둑맞은 부부 [百喩經]

옛날 어떤 부부가 떡 세 개를 가지고 서로 나누어 먹고 있었다. 각기 한 개씩 먹고 하나가 남았다. 그래서 서로 약속하였다.

"누구든지 말을 하면 이 떡을 먹을 수 없다."

이렇게 약속하고는 그 떡 하나 때문에 아무도 감히 말을 하지 못하였다.

조금 있다가 도적이 그 집에 들어왔다. 도적은 그들의 재물을 모두 훔쳤다. 그러나 그들은 약속한 것이 있어 눈으로 보고도 말을 하지 않았다. 도적은 그들이 말하지 않는 것을 보고 남편 앞에서 그 부인을 겁탈하려 했다. 그러나 남편은 그것을 보고도 말하지 않았다. 아내는 곧 '도적이야' 하고 외치면서 남편에게 말하였다.

"이 어리석은 사람아, 어쩌면 떡 한 개 때문에 도적을 보고도 외치지 않습니까."

그 남편은 손뼉을 치고 웃으면서 말하였다.

"야, 이제 이 떡은 내 것이다."

세상 사람들은 이 말을 듣고 모두 그들을 비웃었다.

범부들도 그와 같다. 조그만 이름이나 이익을 위하여 거짓으로 잠자코 고요히 있지만 헛된 번뇌와 갖가지 악한 도적의 침략을 받아 선법을 잃고 세 갈래 나쁜 길에 떨어지게 되면서도 조금도 두려워하지 않고 출세할 길만 구한다.

그래서 바로 다섯 가지 쾌락[五欲樂]에 빠져 놀면서 아무리 큰 괴로움을 당하더라도 환란이라 생각하지 않는다. 그것은 저 어리석은 남편과 다름이 없다.

가난한 아이의 욕심 [百喩經]

어떤 가난한 아이가 있었다.

그는 어느 날 큰 부자를 보자 그 부자처럼 많은 재산을 갖고 싶어했다. 그러나 뜻대로 되지 않자 아이는 홧김에 자신이 지녔던 조그만 재물마저 물 속에 던져 버리려 했다.

그것을 본 한 사람이 아이에게 타일렀다.

"너는 아직 나이도 어려 앞길이 창창한데 왜 그것을 물 속에 버리려 하느냐? 그 재물이 비록 적긴 하지만 네가 노력한다면 늘일 수도 있지 않겠느냐."

어리석은 사람도 그와 같다. 집을 갓 떠나 진리를 조금 터득했을 때, 그들은 깊은 진리를 얻어 덕이 높은 사람들을 보고 부러워한다. 나이가 많고 덕이 있으며 또 아는 것이 많은 사람이 여러 사람들로부터 공양받는 것을 보고 그와 같이 되기를 바란다. 그러나 쉽사리 그렇게 되지 않을 때 마음속으로 괴로워하고 끝내는 그만 수행하기를 포기하려고까지 생각한다.

그것은 마치 어리석은 아이가 노력도 없이 하루 아침에 부자가 되기를 바라다가 자신의 재물마저 버리려는 것과 같다.

옹기장이 대신 나귀를 사오다 [百喩經]

옛날 한 바라문이 큰 잔치를 베풀려고 했다. 그는 제자에게 잔치에 쓸 질그릇을 마련해야겠으니 옹기장이를 한 사람 데려오라고 했다. 제자는 옹기장이 집을 찾아 나섰다.

도중에 그는 질그릇을 나귀 등에 싣고 팔러 가는 사람을 만났다. 그런데 잘못하여 나귀가 질그릇을 떨어뜨리는 바람에 그릇이 모두 깨어지고 말았다. 그 사람은 울면서 어쩔 바를 몰랐다.

이런 광경을 지켜보던 바라문의 제자는 그에게 물었다.

"왜 그렇게 슬퍼하십니까?"

"오랜 고생 끝에 그릇을 만들어 장에 내다 팔려고 가는 길인데 이 못된 나귀 때문에 모두 깨어졌으니 이를 어떻게 합니까?"

제자는 그 말을 듣고 이렇게 말했다.

"이 나귀야말로 참으로 훌륭합니다. 오랜 시간이 걸려 만든 그릇을 잠깐 사이에 모두 깨뜨려 버리니 그 솜씨가 대단하지 않습니까. 내가 그 나귀를 사겠습니다."

옹기장이는 기뻐하며 나귀를 팔았다. 제자는 그 나귀를 타고 돌아왔다.

그를 본 스승은 제자에게 물었다.

"옹기장이는 데려오지 않고 웬 나귀를 끌고 오느냐?"

"옹기장이 보다 나귀가 더 필요합니다. 옹기장이가 오랜 시간을 들여 만든 질그릇을 나귀는 잠깐 동안에 모두 깨뜨려 버립니다."

그때 스승은 이렇게 말했다.

"너는 미련하고 지혜란 조금도 없구나. 이 나귀는 깨뜨리는 일은 잘 할지 모르나 백 년을 걸려도 그릇 하나를 만들지 못한다."

세상에 은혜를 모르는 무지한 사람들도 그와 같다. 오랫동안 남의 은혜를 입고서도 그것을 갚을 줄은 모른다. 뿐만 아니라 손해만 끼치고 조금도 이익을 주지 못한다. 은혜를 배반하는 사람이 이 비유와 무엇이 다르랴.

| 제4장 |

대승경전의 가르침

반야의 향기

대승불교의 바른 뜻 [金剛經 大乘正宗分]

부처님께서 수부티*에게 말씀하셨다.

"모든 보살마하살은 마땅히 이와 같이 그 번뇌의 마음을 항복시킬 지니라.

무릇 있는 바 모든 중생의 종류인 알로 생기는 것[卵生]·태로 생기는 것[胎生]·습기로 생기는 것[濕生]·화하여 생기는 것[化生]·형상 있는 것[有色]·형상 없는 것[無色]·생각이 있는 것[有想]·생각 없는 것[無想]·생각이 있는 것도 아니고 없는 것도 아닌 것[非有想非無想]들을 내가 모두 다 교화하여 해탈의 열반에 들게 하여 제도할 것이니라.

이렇게 하여 한량없이 많은 중생들을 다 제도하였지만 실로 한 중생도 제도된 바가 없느니라.

인물분석 수부티(Subhuut, 須菩提)

* 석가모니부처님의 십대제자 중 한 명이다. 사위국의 상인 집안 출신으로 숙부였던 수닷타(須達多, Sudatta) 장자(長者)가 기원정사(祇園精舍)를 세우고 부처님을 모시고 설법을 청했을 때, 그 설법을 듣고 출가하였다고 한다. 수부티는 공(空)에 대한 이해가 깊어 해공제일(解空第一)로 불리며, 이와 관계가 깊은 반야경전에 부처님과 문답하는 상대로 자주 등장한다. 금강경(金剛經)의 주인공이다.

왜냐하면 수부티여, 보살이 나라고 집착하는 아상(我相), 다른 중생에 비해 우월한 사람이라고 집착하는 인상(人相), 중생일 뿐이라고 집착하는 중생상(衆生相), 일정한 수명을 받았다고 집착하는 수자상(壽者相)이 있으면 보살이 아니기 때문이니라."

머무름 없이 실천하라 [金剛經 妙行無住分]

"또 수부티여, 보살은 마땅히 어떤 법에도 머물지 말고 보시를 행해야 하느니라. 이른바 형상에 머물지 말고 보시해야 하며, 소리, 냄새, 맛, 촉감과 온갖 법에 머물지 말고 보시해야 하느니라. 수부티여, 보살은 마땅히 이렇게 보시하여 형상에 머물지 말아야 하느니라. 왜냐하면 만일 보살이 형상에 머물지 않고 보시하면 그 복덕은 가히 생각으로 헤아릴 수 없기 때문이니라.

수부티여, 너는 어떻게 생각하느냐? 동쪽 하늘의 허공이 얼마나 큰지 헤아려 알 수 있느냐?"

"헤아릴 수 없나이다. 세존이시여."

"수부티여, 남서북방과 네 간방(間方)과 아래 위 허공을 가히 생각으로 헤아려 알 수 있겠느냐?"

"헤아릴 수 없나이다. 세존이시여."

"수부티여, 보살이 형상에 머물지 않고 보시하는 복덕도 또한 이와 같아서 생각으로 헤아려 알 수 없을 만큼 많으니라. 수부티여, 보살은 다만 응당히 가르친 바와 같이 머물러야 하느니라."

얻을 것도, 말씀하신 것도 없다 [金剛經 無得無說分]

"수부티여, 너는 어떻게 생각하느냐? 여래가 아뇩다라삼먁삼보리를 얻었느냐? 또 여래가 법을 말한 적이 있느냐?"

수부티가 대답하였다.

"제가 부처님께서 설하신 뜻을 알기로는 아뇩다라삼먁삼보리라고 할 만한 정해진 법이 없으며, 또한 여래가 설하셨다고 할 만한 정해진 법도 없나이다. 무슨 까닭인가 하오면 여래께서 말씀하신 법은 모두가 취할 수 없고, 말할 수도 없으며, 법도 아니고 법 아님도 아니기 때문이옵니다. 왜냐하면 모든 것을 깨달은 성현(聖賢)들은 모두가 무위(無爲)의 법에서 여러 가지 차별을 이루기 때문이옵니다."

정토를 장엄하다 [金剛經 莊嚴淨土分]

"수부티여, 너는 어떻게 생각하느냐? 여래가 옛적에 연등부처님 처소에서 어떤 진리를 얻은 바가 있었느냐?"

"없사옵니다. 세존이시여, 여래께서 연등부처님 처소에 계실 적에 어떤 진리를 얻으신 바가 없사옵니다."

"수부티여, 너는 어떻게 생각하느냐? 보살이 불국토를 장엄한다고 하겠느냐?"

"보살이 불국토를 장엄한다고 할 수 없사옵니다. 세존이시여, 왜냐하면 불국토를 장엄하였다는 것은 곧 장엄함이 아니오며, 그 이름이 장엄일 뿐이기 때문이옵니다."

"그러므로 수부티여, 모든 보살마하살은 마땅히 이와 같이 청정한 마음을 낼지니라. 마땅히 형상에 머물러서 마음을 내지 말며, 소리·냄새·맛·촉감과 어떤 법에 머물러서 마음을 내지도 말아야 하며, 당연히 머무름 없이 그 마음을 내어야 하느니라. 수부티여, 비유컨대 만일 어떤 사람의 몸이 마치 수미산만 하다면 너는 어떻게 생각하느냐? 그 몸을 크다고 하겠느냐?"

수부티가 대답하였다.

"매우 크옵니다. 세존이시여, 왜냐하면 부처님께서는 몸이 아닌 것을 가리켜서 큰 몸이라 이름하셨기 때문이옵니다."

무위의 복이 더 크다 [金剛經 無爲福勝分]

"수부티여, 항하(恒河)에 있는 모래알 수만큼 그렇게 많은 항하가 있다면 너는 어떻게 생각하느냐? 이 모든 항하의 모래알 수가 많겠느냐?"

수부티가 대답하였다.

"매우 많사옵니다. 세존이시여, 단지 모든 항하의 수만도 헤아릴 수 없이 많을 것이온데 하물며 그 가운데 있는 모래알 수야 말할 나위가 있겠사옵니까?"

"수부티여, 내가 이제 진실한 말로 이르노니, 만약 선남자·선여인이 있어 저 항하의 모래 수처럼 많은 삼천대천세계에 가득찬 칠보로 널리 보시한다면 얻는 복이 많다고 하겠느냐?"

"매우 많사옵니다. 세존이시여."

부처님께서 수부티에게 말씀하셨다.

"만약 선남자·선여인이 이 경 가운데서 단지 사구게(四句偈) 만이라도 받아 지니고 남을 위하여 들려준다면 그 복덕이 앞에서 말한 칠보로 보시한 복덕보다 훨씬 더 많으니라."

마침내 나는 없다 [金剛經 究竟無我分]

"그때 수부티가 부처님께 여쭈었다.

"세존이시여, 선남자·선여인이 아뇩다라삼먁삼보리의 마음을 일으키면, 그 깨달은 마음을 어떻게 머물러야 하며 번뇌의 마음은 어떻게 항복 받아야 하옵니까?"

부처님께서 수부티에게 말씀하셨다.

"만약 선남자·선여인이 아뇩다라삼먁삼보리의 마음을 일으키면 마땅히 이와 같이 마음을 낼 것이니라.

'내가 마땅히 일체 중생을 제도하리라. 그러나 일체 중생을 다 제도한다고 하지만 실은 한 중생도 제도된 자가 없다.'

수부티여, 왜냐하면 만약 보살이 아상·인상·중생상·수자상이 있다면 곧 보살이 아니기 때문이니라. 그 까닭이 무엇이겠느냐? 수부티여, 실은 법이 있지 않은 경계에서 아뇩다라삼먁삼보리의 마음을 일으키는 것이기 때문이니라. 수부티여, 너는 어떻게 생각하느냐? 여래가 연등부처님 처소에서 법이 있어서 아뇩다라삼먁삼보리를 얻었겠느냐?"

"아니옵니다. 세존이시여, 제가 부처님께서 말씀하시는 뜻을 알기로는 부처님께서 연등부처님 처소에서 얻은 아뇩다라삼먁삼보리는 법이 있어서 얻으신 것이 아니옵니다."

부처님께서 말씀하셨다.

"그러하니라. 그러하니라. 수부티여, 실제로는 법이 없는 경계에서 여래가 아뇩다라삼먁삼보리를 얻은 것이니라. 수부티여, 만약 법이 있어서 여래가 아뇩다라삼먁삼보리를 얻었다면 연등부처님께서 나에게 수기하시기를 '네가 다음 세상에 마땅히 부처를 이루고 석가모니라 이름하리라.'고 하지 않으셨으리라.

실제로는 법이 없는 경계에서 아뇩다라삼먁삼보리를 얻었기에 연등부처님께서 나에게 수기하시기를 '네가 이 다음 세상에 마땅히 부처를 이루리니 그 이름을 석가모니라 하리라.'고 하셨느니라. 왜냐하면 여래라 함은 모든 법이 여여하여 같다는 '진여' 라는 뜻이기 때문이니라.

그러므로 만약 어떤 사람이 "여래가 아뇩다라삼먁삼보리를 얻었다."고 말하더라도 수부티여, 부처님은 실로 어떤 진리가 있지 않은 경계에서 아뇩다라삼먁삼보리를 얻은 것이니라. 수부티여, 여래가 얻은 아뇩다라삼먁삼보리 가운데는 참된 것도 없고 헛된 것도 없느니라. 그러므로 여래가 말하기를 "일체법이 다 불법(佛法)이니라."고 말씀하신 것이니라.

수부티여, 이른바 일체법이라 함은 곧 일체법이 아니며, 다만 그 이름이 일체법일 뿐이니라. 수부티여, 비유컨대 사람의 몸이 아주 크다는 것과 같으니라."

수부티가 부처님께 여쭈었다.

"세존이시여, 여래께서 말씀하신 사람의 몸이 아주 크다고 하신 것은 실로 큰 몸이 아니고 다만 그 이름이 큰 몸일 따름입니다."

"수부티여, 또한 이와 같으니 만일 '내가 한량없이 많은 중생을 제도했다.'고 말하는 이가 있다면 이는 곧 보살이라 부를 수 없느니라. 왜냐하면 수부티여, 실로 어떤 법도 마음에 두지 않은 자를 보살이라 부르기 때문이니라. 그러므로 여래가 말하기를 '모든 법은 아상이 없고 인상도 없으며 중생상도 수자상도 없다.'고 하느니라.

　수부티여, 만약 보살이 말하기를 '내가 마땅히 불국토를 장엄하리라.'고 한다면 이는 보살이라 부르지 못할 것이니라. 왜냐하면 여래가 말씀하시는 '불국토를 장엄한다.'는 것은 곧 장엄이 아니고 다만 그 이름이 장엄일 따름이기 때문이니라. 수부티여, 만약 보살이 무아(無我)의 법에 통달하였다면 여래가 이 사람을 참된 보살마하살이라 이름할 것이니라."

응화신은 참된 것이 아니다　[金剛經 應化非眞分]
　"수부티여, 만약 어떤 사람이 한량없는 아승지세계에 가득 찬 칠보를 가지고 널리 보시하더라도 만약 보살심을 일으킨 어떤 선남자·선여인이 이 경이나 내지 사구게만이라도 받아 지니고 읽고 외워서 다른 이를 위하여 연설해 준다면 그 복이 앞에서 말한 보시보다 훨씬 더 많으니라. 그렇다면 어떻게 하는 것이 남을 위해 연설해 주는 것이냐 하면, 형상에 집착하지 말고 있는 그대로의 본 모습대로 움직이지 말아야 하느니라.
　왜냐하면 일체 현상계의 생멸의 이치인 유위법(有爲法)은 꿈과 같고, 허깨비와 같고, 물거품과 같고, 그림자와 같으며, 이슬과 같고, 번개와 같으므로 마땅히 이와 같이 볼지니라."

지혜의 완성　[般若心經]
　"관자재보살(觀自在菩薩)이 깊은 반야바라밀다를 행할 때, 다섯 가지 쌓임[五蘊]이 모두 공(空)한 것을 비추어보고 온갖 괴로움과 재앙을 벗어나느니라.

사리풋타여, 색(色)이 공과 다르지 않고 공이 색과 다르지 않으며, 색이 곧 공이요, 공이 곧 색이니, 수(受)·상(想)·행(行)·식(識)도 또한 그러하니라.

사리풋타여, 이 모든 법의 공한 모습은 나지도 않고 없어지는 것도 아니고, 더럽지도 않고 깨끗하지도 않으며, 늘지도 않고 줄지도 않느니라.

그러므로 공한 가운데는 색도 없고 수·상·행·식도 없으며, 안(眼)·이(耳)·비(鼻)·설(舌)·신(身)·의(意)도 없으며, 안계(眼界)도 없고 의식계(意識界)까지도 없다.

무명(無明)도 없고 무명이 다함도 없으며, 노사(老死)도 없고 노사가 다함도 없으며, 고(苦)·집(集)·멸(滅)·도(道)도 없고 지혜도 없고 얻음도 없느니라.

얻을 것이 없는 까닭에 보살이 반야바라밀다를 의지하므로 마음에 걸림이 없고, 걸림이 없으므로 두려움이 없어서 전도(顚倒)된 몽상(夢想)을 멀리 떠나 마침내 완전한 열반에 들어가느니라. 과거 현재 미래의 모든 부처님도 반야바라밀다를 의지하므로 아뇩다라삼먁삼보리를 얻느니라.

그러므로 알아라. 반야바라밀다는 가장 신비한 주문이며, 가장 밝은 주문이며, 가장 높은 주문이며, 아무것도 견줄 수 없는 주문이니, 온갖 괴로움을 없애고 진실하며 허망되지 않느니라.

그러므로 반야바라밀다의 주문을 말하노니 주문은 곧 이러하니라.

"아제 아제 바라아제 바라승아제 모지 사바하"

연꽃과 같은 방편과 구원

관세음보살을 부르는 공덕 [法華經 觀世音菩薩普門品]

어느 때 무진의(無盡意)보살이 부처님께 여쭈었다.

"부처님, 관세음보살*은 무슨 인연으로 '관세음'이라 합니까?"

부처님이 말씀하셨다.

"한량없는 백천만억 중생들이 여러 가지 괴로움을 당할 때 관세음보살의 이름을 듣고 한 마음으로 그 이름을 부르면 관세음보살은 곧 그 음성을 듣고 그들을 다 해탈케 하는 것이오. 관세음보살의 이름을 지니는 이는 설사 큰 불 속에 들어가도 이 보살의 위신력(威神力)으로 인해 불이 그를 태우지

교리탐구   관세음보살(觀世音菩薩)

* 관세음은 범어로는 아바로키테스바라(avalo-kitesvara)이고, 관자재(觀自在), 관세음(觀世音), 관음(觀音) 등으로 번역된다. 고해 중생의 간절한 염원을 관조하여 구원의 자비를 베푸시는 분, 또는 불안과 공포가 없는 마음을 주시는 분이라는 의미를 가지고 있다. 대자대비(大慈大悲)를 근본 서원으로 하는 보살로서 자비를 상징하는 보살이다. 중생의 근기에 따라 갖가지 모습으로 화현하여 중생을 교화하는데 크게 33가지의 형상이 있어 보문시현(普門示現)이라 불린다. 관세음보살은 가장 널리 우러름을 받는 보살이며, 크고 넓은 자비로운 덕으로 극락세계에서 아미타부처님을 돕고 있다. 주로 감로수병과 연꽃을 손에 들고 있는 모습으로 봉안되며 대개 여성의 모습으로 나타난다. 늘 흰옷을 입고 화현하기 때문에 백의대사(白衣大士)라고도 하는데 이는 관세음보살의 고결함을 나타내는 상징이다. 관세음보살을 모신 전각은 관음전(觀音殿), 원통전(圓通殿)으로 불린다.

못한다. 큰 물에 떠내려가더라도 그 이름을 부르면 곧 얕은 곳에 이르게 된다. 진귀한 보배를 얻으려고 큰 바다에 들어갔다가 폭풍으로 나찰(羅刹)의 나라에 표착했을 때 그 가운데 한 사람이라도 관세음보살의 이름을 부르는 이가 있으면 여러 사람들이 모두 나찰의 난을 벗어날 수 있느니라.

또 어떤 사람이 화를 입게 되었을 때 관세음보살을 부르면 그들이 가졌던 흉기가 부서져서 화를 면하게 될 것이다. 삼천대천세계에 가득 찬 야차나 나찰들이 와서 사람들을 괴롭히려 하여도 관세음보살 부르는 소리를 들으면 이 악귀들은 해치기는커녕 흉악한 눈으로 바라보지도 못할 것이다.

또 어떤 사람이 죄가 있든 없든 손발이 쇠고랑에 채워지고 몸이 사슬에 묶였더라도 관세음보살을 부르면 모두 다 부서져 곧 벗어나게 될 것이다. 진귀한 보물을 가진 상인들이 도적떼가 들끓는 험한 길을 지나갈 때 그 중에 한 사람이 '무서워하지 말고 지극한 마음으로 관세음보살을 부르시오. 이 보살은 중생들의 두려움을 없애주니 그 이름만 불러도 도적들의 재난을 면하게 됩니다.'라고 말하면, 이 말을 들은 여러 상인들이 함께 소리내어 '나무 관세음보살'하고 그 이름을 부르면 곧 재난을 면하게 되느니라.

관세음보살의 위신력은 이와 같이 헤아리기 어렵다.

음욕이 많은 중생이 항상 관세음보살을 생각하고 공경하면 곧 그 음욕을 버리게 될 것이오. 미워하고 성내는 마음이 많더라도 항상 관세음보살을 생각하고 공경하면 곧 성내는 마음을 버릴 수 있고, 업장이 두터워 어리석더라도 항상 관세음보살을 생각하고 공경하면 곧 어리석음을 버리게 될 것이다. 관세음보살은 이와 같이 큰 위신력이 있어 이롭게 하나니 중생들은 항상 마음으로 관세음보살을 생각해야 한다. 어떤 여인이 아들 낳기를 원하여 관세음보살께 예배하고 공경하면 복덕과 지혜 있는 아들을 낳을 것이며, 딸 낳기를 원하면 단정하고 잘생긴 딸을 낳을 것이다. 그는 전생에 덕의 종자를 심었으므로 모든 사람의 사랑과 존경을 받게 될 것이다. 이와 같이 관세음보살을 공경하고 예배하면 복이 있을 것이니 중생들은 모두 관세음보살의 이름을 받들어야 하느니라."

불난 집의 비유 [法華經 譬喩品]

그때에 부처님이 사리풋타에게 말씀하셨다.

"어떤 나라의 한 마을에 한 장자가 있었는데 그의 나이는 매우 많았지만 재물은 한량없이 많았고 집과 땅과 하인 또한 많았다. 그 집은 넓고 컸으나 문은 오직 하나밖에 없었고, 수백 명의 사람들이 그 집에서 살았다. 그 집은 오래되어 담장과 벽은 썩어서 무너지고 기둥뿌리도 썩었으며 대들보마저도 기울고 위태하였다. 그런데 어느 날 갑자기 사택(舍宅)의 사방에서 한꺼번에 불이 일어났다. 이때 장자의 여러 아들이 집안에서 빠져 나오지 못했다. 장자는 이렇게 큰불이 사방에서 일어남을 보고 크게 놀라고 당황하여 이렇게 생각했다.

'나는 비록 이 불타는 집 안에서 무사히 나왔으나 내 여러 자식들은 집 안에 있으면서 놀이에 정신이 팔려 불이 난 것을 깨닫지도 못하고 알지도 못하며 놀라지도 않고 두려워하지도 않는구나. 얼마 안 가서 몸에 불이 붙어 고통을 받거나 죽을지도 모르는데 걱정하지 않고 밖으로 나올 생각조차 하지 않고 있구나.'

그러나 이 집에는 문이 하나일 뿐 아니라 좁고 적은 데다 모든 자식들은 어리고 장난을 좋아했기 때문에 혹시 나오다가 떨어져서 불이 붙을 수도 있었다. 그래서 장자는 다시 이렇게 생각했다.

'집에 불이 붙어 두렵고 겁난다는 말을 해주고 빨리 나오라고 말해야겠다.'

장자는 모든 자식들에게 소리쳤다.

"너희들은 속히 나오너라!"

아버지는 애가 타는 마음에 좋은 말로 달랬지만 모든 자식들은 장난에만 재미를 붙여 들은 척하지도 않고 놀라지도 않으며 겁내지도 않고 나올 마음조차 없었으며, 또한 어떤 것이 불인지 어떤 것이 집인지 어떤 것이 잘못된 것인지도 알지 못하였다. 다만 자식들은 이리저리 동서로 달리고 뛰어 놀면서 아버지를 빤히 바라보기만 하였다. 이때 장자는 다시 생각하였다.

'집이 벌써 큰불에 다 타들어가고 있으니 큰 불상사가 생기겠다. 내가 지금 마땅히 방편을 써서 모든 자식들로 하여금 불 속에서 빠져 나오게 하리라.'

아버지는 자식들이 그전부터 좋아하던 장난감이나 기이한 물건을 떠올리고, 그것이면 반드시 아이들이 기뻐하리라 생각하고 아이들에게 외쳤다.

"너희들이 좋아하는 희귀한 장난감을 가져왔으니 지금 가지지 않는다면 이 다음에 반드시 후회할 것이다. 가지가지 장난감이 실린 양이 끄는 수레와 사슴이 끄는 수레와 소가 끄는 수레가 지금 대문 밖에 놓여 있다. 너희들이 불타는 집을 빨리 뛰어나오면 이 장난감과 수레들을 모두 나누어 주겠다."

이때 모든 자식들은 아버지가 말하는 재미있는 물건들이 모두 원하던 것이었으므로 기뻐하며 서로서로 밀치면서 앞을 다투어 불타는 집을 뛰쳐나왔다. 이때 장자는 여러 자식들이 무사한 것을 보고 안도의 한숨을 쉬었다.

그때 모든 자식들은 각각 아버지에게 졸랐다.

"아버지께서 주신다고 하신 양의 수레, 사슴의 수레, 소의 수레를 주십시오."

사리풋타여, 장자는 여러 자식들에게 평등하게 동일한 큰 수레를 나누어 주었다. 사리불이여, 너는 어떻게 생각하느냐? 이 장자가 여러 자식들에게 똑같이 평등히 대우를 하여 수레를 나누어 준 것이 허망하다고 하겠느냐?"

사리풋타가 대답하였다.

"아니옵니다. 세존이시여, 이 장자가 다만 여러 자식들에게 화재를 면하게 하여 그 목숨만 살렸을지라도 허망한 것이 아니옵니다. 만일 목숨만 보전할지라도 벌써 장난감을 얻은 것보다 나은 것이거늘, 하물며 방편으로 불타는 집에서 구제함이야 더 말할 나위가 있겠사옵니까?"

"사리풋타여, 여래도 또한 그와 같아서 일체 세간의 아버지이다. 삼계(三界)의 썩고 낡은 불타는 집에 몸을 나투어 중생을 생로병사와 근심·슬픔·고통·번뇌·어리석음·어두움만 있는 삼독(三毒, 탐욕·화냄·어리석음의 3가지 번뇌)의 불에서 제도하고 교화하여 최상의 깨달음을 얻게 하는 것이다."

삼승은 일불승의 방편 [法華經 譬喩品]

부처님이 사리풋타에게 말씀하셨다.

"어떤 중생이 안으로 지혜가 있어 여래의 법을 듣고 부지런히 정진하여 삼계(三界)에서 빨리 벗어나려고 열반을 구한다면 그를 성문승(聲聞乘)*이라 한다. 저 아이들이 양의 수레를 가지려고 불타는 집에서 뛰쳐나오는 것과 같다.

또 어떤 중생이 여래의 법을 듣고 믿으며 부지런히 정진하여 자연의 지혜를 구하고, 홀로있기를 좋아하여 고요한 곳을 즐기며 모든 법의 인연을 깊이 알면 그를 연각승(緣覺乘)*이라 한다. 저 아이들이 사슴의 수레를 가지려고 불타는 집에서 뛰쳐나오는 것과 같다. 또 어떤 중생이 여래의 법을 듣고 믿으며 부지런히 정진하여 일체지(一切智)와 여래의 지견(知見)과 두려움 없음을 구하고, 한량없는 중생을 가엾이 여겨 그들을 편안케 하며, 세상 사람들을 이롭게 하고 그들

교리탐구 　성문승(聲聞乘)·연각승(緣覺乘)·보살승(菩薩乘)

* 승(乘)은 타는 수레 등을 말하는 것인데 '법수레를 타고 깨달음에 이르게 한다'는 뜻이다. 성문승은 부처님의 설법을 듣고 사제(四諦)의 이치를 깨달아 아라한이 되려는 수행자로서 부처님의 말씀을 듣고 깨닫는 것을 말한다. 연각승은 12인연의 이치를 관찰하여 홀로 깨달았다는 뜻으로 '독각(獨覺)'을 달리 이르는 말이다. 보살승의 보살은 보리살타(菩提薩陀)의 준말로서 위로 부처님의 도를 구하고 아래로 중생을 제도하는 성인으로 대승불교의 수행과 신앙을 실천하는 이상적인 인간상이다. 성문승, 연각승, 보살승을 삼승(三乘)이라 하는데 대하여 성문승과 연각승을 2승(二乘)이라고 한다. 대개 1승(一乘)이란 부처님의 참된 가르침은 유일하므로 그 가르침에 의하여 모든 사람이 한결같이 성불한다는 것이며, 3승은 중생의 성질과 능력에 따라 '성문·연각·보살'의 다른 차원의 깨달음이 있다는 것이다.

을 제도하면 그를 대승보살(大乘菩薩)*이라 한다. 저 아이들이 소의 수레를 가지려고 불타는 집에서 뛰쳐나오는 것과 같다. 자식들이 불타는 집에서 무사히 나와 안전한 곳에 있는 것을 본 장자(長者)가 자기 재산이 한량없으므로 자식들에게 일불승(一佛乘)*인 큰 수레를 평등하게 나누어 주듯이, 여래는 모든 중생의 어버이이므로 한량없는 중생이 여래의 법문으로 삼계의 괴롭고 험한 길에서 나와 열반의 즐거움을 얻게 한다. 저 장자가 처음에는 세 가지 수레로써 불타는 집에서 아이들을 나오게 했지만, 그 뒤 수많은 보배로 장식된 으뜸가는 큰 수레를 주었다. 여래도 그와 같이 처음에는 성문·독각·보살이라는 삼승(三乘)으로 중생을 인도하다가 나중에는 일승(一乘 ; 一佛乘)으로써 제도하여 해탈케 한다.

여래에게는 한량없는 지혜와 힘과 두려움 없는 법장(法藏)이 있어 모든 중생에게 대승법을 줄 수 있지만, 중생들은 알아 듣지 못한다. 그러므로 여래는 일불승(一佛乘)에서 방편으로 삼승을 분별하여 말한 것임을 알아야 한다."

여래가 세상에 출현한 까닭 [法華經 方便品]

부처님이 사리풋타에게 말씀하셨다.

"사리풋타여, 그대들은 마땅히 부처님이 설하신 바를 믿을지니 그 말씀은 진실이요 허망(虛妄)하지 않다. 사리풋타여,

교리탐구 일불승(一佛乘)

*일불승(一佛乘)이란 일체 중생을 구제하여 성불하게 하는 유일한 가르침이란 뜻으로 '부처님의 교법'을 일컫는 말이다. 불교의 참다운 가르침은 오직 하나로, 그 가르침에 의하여 모든 중생이 부처님이 된다는 의미이다.

모든 부처님께서는 중생의 근기에 따라 법을 설하시나니 그 뜻과 의미를 알기 어려우니라. 왜냐하면 내가 수많은 방편과 여러 가지 인연과 비유하는 말로써 법을 연설하였기 때문이다. 이 법은 생각하고 분별해서는 도저히 이해할 수 없나니, 오직 모든 부처님이라야 능히 알 수 있을 것이다. 그 까닭을 말하자면, 모든 부처님께서는 일대사인연(一大事因緣)*으로 세상에 출현하시기 때문이다.

사리풋타여, 일대사인연으로 세상에 출현하셨다고 함은 모든 부처님께서는 중생으로 하여금 부처님의 지혜를 열게 하여 청정함을 얻게 하고자 세상에 출현하시며, 중생에게 부처님의 지혜를 열어 보여 주기 위하여 세상에 출현하시며, 중생으로 하여금 부처님의 지혜를 깨닫게 하고자 세상에 출현하시며, 중생으로 하여금 부처님의 지혜에 들게 하고자 세상에 출현하셨다는 것이니라. 사리풋타여, 이것이 모든 부처님께서 일대사인연으로 세상에 출현하셨다고 하는 까닭이다."

부처님께서 사리풋타에게 다시 말씀하셨다.

"모든 부처님께서 다만 보살만을 교화하시며 여러 가지 하시는 일도 항상 일대사인연을 위함이니, 오직 부처님의 지혜를 중생에게 보여 깨닫게 하기 위함이다.

사리풋타여, 여래는 다만 일불승(一佛乘)으로써 모든 중생을 위하여 설법함이요, 다른 법으로써 설법하려는 것이 아

교리탐구 　일대사인연(一大事因緣)

*일대사는 가장 중요한 일, 또는 부처님이 이 세상에 출현하는 목적을 의미한다. 법화경에 '모든 부처님은 일대사인연으로 이 세상에 오신다.'고 한 데서 유래된 말이다. 오직 한 가지 큰 일을 위한 인연, 즉 '부처님의 지혜를 중생에게 보여 깨닫게 하는 인연'을 말한다.

니거늘 어찌 이승(二乘)이 있고 삼승(三乘)이 있겠느냐? 사리불이여, 시방세계 모든 부처님의 법이 이와 같으니라. 사리불이여, 과거·현재·미래의 모든 부처님께서 헤아릴 수 없이 많은 방편과 여러 가지 인연과 비유로 중생을 위하여 모든 법을 설하셨으니, 이 가르침도 중생을 부처님의 경지로 인도하는 일불승을 위한 것이다. 그러므로 일체 중생이 모든 부처님을 따라 법을 받들어 들었으므로 구경에 가서는 최고의 지혜인 일체종지(一切種智)를 얻게 되었느니라."

여래의 한량없는 수명 [法華經 如來壽量品]

그때 세존께서 대보살들에게 말씀하셨다.

"여러 선남자들이여, 모두들 내가 지금 현세에 붓다가야에서 성불하였다고 말하지만 분명히 말하노니, 이 모든 세계에 티끌이 떨어진 곳과 떨어지지 않은 곳을 모두 티끌로 만들어 한 티끌을 일 겁이라 하더라도 내가 부처를 이룬 것은 이보다 백천만억 나유타(那由他) 아승기겁(阿僧祇劫)*이나 더 오래 되었다.

여러 선남자들이여, 나는 한량없는 과거로부터 무량한 미래에 이르기까지 살아 있지만 이 중간에서 연등불 등의 여러 가지 이름의 부처님으로 이 세상에 출현하였음을 설하였고, 또 그 부처님들의 열반도 설하였으나 이와 같은 것은 모두

낱말풀이 **나유타(那由他) 아승기겁(阿僧祇劫)**

*나유타(那由他)는 인도에서 쓰던 수량의 단위이다. 매우 큰 수를 가리키지만 그 수의 정확한 단위에 대해서는 여러 설이 있다. 천만이나 천억에 해당된다고 한다. 아승기겁(阿僧祇劫)은 년·월·일이나 어떤 시간의 단위로도 계산하거나 표현할 수 없는 무한히 긴 시간을 한다. 그래서 백천만억 나유타 아승기겁이라는 표현은 무한히 긴 시간을 의미하는 것이다. 즉 부처님의 성불이 무한한 과거의 일이라는 의미를 표현하는 말이다.

중생을 교화하기 위한 방편으로 그렇게 설한 것이다. 모든 선남자여, 만일 중생이 나의 처소에 찾아오면 나는 지혜의 눈으로 그의 믿음과 근기의 높고 낮음을 관찰하며 제도할 바에 따라 곳곳에서 설하되, 부처님의 이름이 같지 아니하다고 설하였고 또 부처님의 수명에 대해서도 길고 짧음이 있는 것처럼 설하였으며, 또한 부처님의 수명이 다하여 열반에 든다고 말하기도 하고 또한 가지가지 방편으로 미묘한 법을 설해서 능히 중생으로 하여금 기쁜 마음을 발하게 하였다.

여러 선남자들이여, 여래는 모든 중생이 소승법을 좋아해서 덕이 적고 죄가 중한 것을 보고는 이런 사람을 위하여 '나는 젊어서 출가하여 아뇩다라삼먁삼보리*를 얻었다.'고 말한다. 그러나 내가 실로 성불한 것은 이와 같이 오래 되었고, 다만 방편으로 중생을 교화하여 부처님의 도에 들게 하기 위하여 이와 같이 말하였다.

선남자들이여, 내가 본래 보살도를 행한 공덕을 이루어 온 세월은 아직 다하지 않았으며 다시 위에서 말한 수명의 배가 남아 있다. 나는 그대들에게 잠시 후에 멸도할 것이라고 말하지만 이것은 참멸도가 아닌데 문득 멸도를 취한다고 설함은 여래가 이와 같은 방편으로 중생들을 교화하기 때문이다. 왜냐하면 만일 여래가 오랫동안 세상에 머물 것이라고

낱말풀이 **아뇩다라삼먁삼보리**

*산스크리트어 '아뇩다라'는 무상(無上), '삼먁삼보리'는 정등각(正等覺)의 뜻이므로 무상정등각(無上正等覺)이라 번역된다. 부처님이 깨달은 모든 진리를 가리키며, '바른 평등' 또는 '원만'이라는 의미를 가지고 있다. 부처님의 깨달음은 더 이상 위가 있을 수 없는 최상이며, 바르고 평등하며 완벽하다는 뜻이다. 부처님 이외에도 깨달음은 있을 수 있으나 무상정등각은 오로지 부처님의 깨달음만을 의미한다.

말하면 박덕한 중생들은 선근을 심지 않아 빈궁하고 천박한 오욕만을 탐착하고 허망한 생각에만 머물게 된다.

만일 여래가 항상 있어서 열반하지 않음을 보면 그들은 곧 방자하고 교만한 마음을 일으켜 게으름을 피워 부처님을 만나기가 어렵다는 생각과 공경하는 마음을 내지 않게 되나니, 이런 연고로 여래가 방편으로 열반한다고 설한다.

〈법화경(法華經)〉 독경의 공덕 [法華經 分別功德品]

이때 부처님께서 미륵보살마하살께 말씀하셨다.

"미륵이여, 그 어떤 중생이 부처님의 수명이 이와 같이 길고 오래 됨을 듣고 능히 믿고 이해하는 지혜로운 마음이 생기면, 그 얻는 공덕은 한량이 없다.

만일 선남자·선여인이 최상의 깨달음을 위하여 팔십만억 나유타겁 동안에 보시·지계·인욕·정진·선정 등의 다섯 바라밀을 행하고 큰 지혜인 반야바라밀*은 행하지 않는다면 그 공덕은 앞에서 말한 공덕에 비하면 백 분의 일, 천 분의

교리탐구 육바라밀(六波羅蜜)

*대승불교에서 보살이 수행을 완성하는 여섯 가지 수행법. 부파불교 시대의 수행자들이 아라한을 목표로 계율(戒)·선정(定)·지혜(慧)의 삼학(三學)의 체계로 수행을 했다면, 대승불교 운동이 일어나면서 자리이타(自利利他)의 보살도 실천을 강조했다. 따라서 '나와 남', '부처와 중생', '윤회와 열반'을 별개로 생각하지 않는 사상이 부흥했고, 기존의 삼학에 비해 이타적 덕목이 선명해진 육바라밀이 부각되었다. 육바라밀의 내용은 ①보시(布施) : 아낌없이 주는 것. 금품을 주는 재시(財施)와 법을 가르쳐 주는 법시(法施) 등이 있다. ②지계(持戒) : 계율을 지키는 것.. ③인욕(忍辱) : 불도(佛道)의 실천상에 여러 가지 곤란에 흔들리지 않고 참고 견디는 것. ④정진(精進) : 다른 다섯 가지 바라밀의 완성을 위해 게으름 없이 전념하는 것. ⑤선정(禪定) : 마음을 하나로 정하여 흔들리지 않는 것. ⑥반야(般若) : 부처님의 진실한 지혜를 얻는 것. 바라밀(波羅蜜)은 산스크리트어 파라미타 음사로, 도피안(到彼岸)이라고 번역된다. 완전한 성취, 수행의 완성, 무한한 실천을 뜻한다. 육바라밀에서는 계정혜 삼학의 요소 이외에 보시와 인욕과 정진이 강조되어 있다. 그만큼 이 여섯 가지 대승보살의 실천덕목을 무한하고 끝없이 실천한다는 의미를 내포한다.

일, 백천만억 분의 일에도 미치지 못하리니 능히 숫자나 비유로는 알 수 없다. 만일 선남자·선여인이 이와 같은 공덕이 있다면 최상의 깨달음에서 물러나는 일이 없을 것이다.

또 널리 이 〈법화경〉을 듣고 많은 사람들에게 가르쳐 듣게 하거나 자신이 지니고 다른 이에게 지니게 하거나 만일 자신이 쓰거나 다른 이를 가르쳐 쓰게 하며, 또 꽃·향·영락·당번·증개·향유·등불로써 법화경에 공양하면 이 사람의 공덕은 한량없고 가이없어서 능히 모든 것을 알게 되는 궁극적인 지혜가 생긴다.

미륵이여, 선남자·선여인이 내가 말하는 수명이 길고 오래라는 이야기를 듣고 깊은 마음으로 믿고 이해하면 그 사람은 부처님께서 항상 기사굴산에 계시면서 대보살과 모든 성문중에게 둘러싸여 설법함을 보게 되리라. 여래의 수명이 길다는 말을 듣고 간절한 마음으로 믿고 이해하면, 곧 여래가 항상 영축산에 계시면서 대보살과 성문들에게 둘러싸여 법문하는 것을 보게 될 것이다. 또 여래가 열반한 뒤에 이 〈법화경〉을 듣고 비방하지 않아 기뻐하는 마음을 내면 그것이 깊이 믿고 이해하는 모습이다. 하물며 읽고, 외우고, 받아 지니는 사람이겠느냐. 그는 여래를 머리 위에 받드는 것이나 다름이 없을 것이다. 미륵이여, 이러한 선남자·선여인은 모름지기 나를 위하여 탑과 절을 세우거나 승방을 짓거나 여러 스님과 대중들에게 공양하지 않아도 된다. 왜냐하면 선남자·선여인이 이 경전을 수지하고 독송하면 벌써 탑을 세우고 승방을 지어 여러 스님과 대중들에게 공양한 것이나 다름없기 때문이다."

극락정토(極樂淨土)의 서원

고해 중생들의 번뇌와 고통 [無量壽經]

부처님이 대중에게 말씀하셨다.

"세상 사람들은 하잘 것 없는 일들을 다투어 구한다. 악과 괴로움으로 들끓고 있는 세상에서 사람들은 자신의 생활 때문에 허덕이며 겨우 생계를 꾸려 나간다. 신분이 높거나 낮거나, 가난한 자나 부자나, 남녀노소를 가릴 것 없이 모두 돈과 물질에 눈이 어두워 있다. 그러나 사실은 그것이 있거나 없거나 간에 근심, 걱정은 떠날 날이 없다.

불안 끝에 방황하고 번민으로 괴로워하며, 욕심에 쫓기느라 조금도 마음 편할 날이 없는 것이다. 논밭이 있으면 논밭 때문에 걱정하고 집이 있으면 집 때문에 근심하며, 가축과 하인과 돈과 재산, 의복, 음식, 세간살이에 이르기까지 이것 저것 걱정 아닌 것이 없다. 있으면 있다고 해서, 없으면 없다고 해서 걱정하고 한숨짓는다.

때로는 뜻밖의 수해나 화재 혹은 도둑을 만나 재산을 잃어 버리고 원통해 하고 슬퍼한다. 이런 생각이 맺히면 마음은 멍들어 돌이키기가 매우 어렵다.

만약 재산을 모두 잃거나 벌을 받게 되어 신명이 위태롭게 되면 그는 모든 것을 고스란히 버리지 않을 수 없다. 누구 하나 그를 따라가는 이도 없다. 아무리 신분이 높고 부자라 할지라도 사람들은 이렇듯 괴로움과 근심 속에서 살아가고 있는 것이다. 또 때로는 이와 같은 고통 끝에 죽는 일이 있다. 그들은 일찍이 선한 일을 행하지 않고 도를 닦거나 덕을 쌓지 않았으므로 죽은 뒤에는 혼자서 외롭게 어두운 세상으로 가게 된다. 그가 가는 세상은 선업이나 악업의 결과에 따라 받는 과보다. 그럼에도 이 선악에 대한 인과(因果)의 도리마저 사람들은 모르고 있다.

가족이나 친척들은 서로 공경하고 사랑할 것이며, 미워하거나 시기해서는 안 된다. 가진 사람과 갖지 못한 사람은 서로 보살피고 도와주어야지 탐하거나 아껴서는 안 된다. 항상 부드러운 말과 화평한 얼굴로 대해야 한다.

만약 마음속으로 남을 미워하는 생각을 지니면 금생에서는 비록 작은 말다툼이라 할지라도 다음 세상에는 그것이 큰 원수가 될 수 있다. 왜냐하면 당장에는 충돌이 되지 않는다 해도 마음속으로는 깊은 원한을 품고 있기 때문이다. 그래서 생사를 되풀이하면서 서로 앙갚음을 하는 것이다.

인간은 애욕 속에서 혼자 태어났다가 혼자서 죽어간다. 즉 자신이 지은 선악의 행위에 따라 즐거움과 괴로움의 세계에 이른다. 자신이 지은 행위의 과보는 그 누구도 대신해 받아줄 수 없다. 착한 일을 한 사람은 좋은 곳에, 악한 짓을 저지른 사람은 나쁜 곳에 태어난다. 태어나는 곳은 달라도 과보는 당초부터 기다리고 있었으므로 그는 혼자서 과보의 늪으로 가는 것이다.

멀리 떨어진 다른 세계로 따로따로 가버리기 때문에 이제는 서로 만날 길이 없다. 한 번 헤어지면 그 가는 길이 서로 다르므로 다시 만나기는 어렵다. 그렇건만 사람들은 어째서 세상의 지저분한 일을 버리지 못하며, 몸이 건강할 때 부지런히 착한 업을 닦아 생사가 없는 깨달음의 경지에 이르려고 하지 않는가.

무엇 때문에 사람들은 길을 찾지 않는가? 도대체 이 세상에서 무엇을 바라고 있단 말인가? 어떠한 즐거움을 꿈꾸고 있는 것일까? 이와 같이 세상 사람들은 선한 일을 하면 선한 과보가 오고, 도를 닦으면 깨닫게 된다는 사실을 믿지 않는다. 사람이 죽으면 다음 세상에 다시 태어나고, 은혜를 베풀면 복이 된다는 것을 안 믿는다. 그들은 선악에 대한 인과의 도리를 믿지 않고, 그런 것이 어디 있느냐고 믿으려 하지 않는다.

이처럼 비뚤어진 소견을 가지고 있으면서도 자기는 바른 생각을 가졌다고 내세운다. 세상이 어지럽고 인심이 거칠어지고 사람들이 애욕을 탐하게 되면, 진리를 등지는 사람은 늘고 그것을 깨닫는 사람은 줄어든다. 세상은 항상 어수선하여 믿고 의지할 만한 것은 하나도 없다.

지위가 높은 사람이거나 낮은 사람이거나 가난한 사람이거나 부자거나 세상 일에 얽매여 허덕이고, 저마다 가슴에독(毒)를 품고 있다. 그러한 독기 때문에 눈이 어두워 함부로 일을 저지르는 것이다. 깊이 헤아리고 생각하여 온갖 나쁜 일을 멀리해야 할 것이다. 그리고 착한 일을 찾아 노력을 아끼지 말아야 한다. 애욕과 영화는 오래 갈 수 없다. 언젠가는 내게서 떠나가고 말 것들이다. 참으로 이 세상에서 즐길만한 것은 아무 것도 없다.

이제 다행히 바른 법을 만났으니 부지런히 닦아라. 마음속으로부터 정토에 왕생하려는 원을 세운 사람은 반드시 밝은 지혜를 얻고 뛰어난 공덕을 갖추게 될 것이다. 욕심에 팔려 여래의 계(戒)를 어기고 남 뒤에 처져서는 안 된다.

나는 그대들을 기쁘게 해 주고 싶다. 자기 자신에 대한 생로병사의 고통을 멀리해야 할 것이다. 우선 스스로 결단하여 몸과 행동을 바르게 갖고 착한 일을 많이 하며 부지런히 정진하고, 몸을 청정하게 갖고 마음의 때를 말끔히 씻어내며, 말과 행동을 떳떳하게 하여 겉과 속이 다르지 않게 하라. 그래서 미혹에서 벗어나 중생들을 구제하고 원을 굳게 세워 선업(善業)을 쌓아라.

일생의 고통이란 사실 한 순간에 지나지 않는 것이며, 무량수 부처님의 국토에 태어나면 끝이 없는 기쁨을 누리게 된다. 그 세계에서는 해탈의 기쁨을 오래오래 누리게 되고 미혹의 뿌리를 뽑아버리기 때문에 탐하고 성내고 어리석은 데서 오는 괴로움도 없다."

법장비구의 대서원 [無量壽經]

부처님은 아난다에게 말씀하셨다.

"헤아릴 수 없는 아득한 옛날, 쉰 네 번째로 출현한 세자재왕(世自在王) 부처님 때에, 기억과 이해와 판단과 정진과 지혜력이 뛰어난 '법장(法藏)' 비구가 있었다. 그는 세자재왕부처님의 가르침을 받은 구도자인데, 그 부처님 앞에서 여래의 덕을 칭송하고 보살이 닦는 온갖 행을 닦아 중생을 제도하려는 원을 세웠다. 이 원이 이루어지기까지는 지옥의 고통을 받는 한이 있을지라도 물러서지 않겠다는 굳은 결의를 하고 이렇게 말했었다.

"부처님, 저는 바른 깨달음을 얻고자 합니다. 세상에서 견줄 데 없는 부처님이 되고 싶습니다. 그래서 모든 중생들이 행복하게 살 수 있는 불국토를 이룩하고 싶습니다."

그때 세자재왕부처님은 법장에게 말씀하셨다.

"그대 자신이 그렇게 하면 되지 않겠는가?"

"부처님, 저로서는 불가능합니다. 그것은 부처님만이 하실 수 있습니다. 다른 불국토가 얼마나 훌륭한 곳인지, 그 아름답고 평화로운 모습에 대해 말씀해 주십시오. 그것을 듣는다면 저도 불국토를 완성할 수 있을 것 같습니다."

이렇게 해서 부처님은 그의 원력을 알고, 이백 십억 불국토를 말씀하셨다. 그는 그로부터 다섯 겁 동안 홀로 선정(禪定)을 닦아 다른 어떤 불국토보다도 뛰어난 국토를 이루게 된 것이다. 법장 비구가 이 일을 세자재왕부처님께 알리자, 그 부처님은 이와 같이 말씀하셨다.

"법장비구여, 지금이야말로 그대의 원력과 수행의 결과를 널리 알려 중생들을 기쁘게 해 줄 때이다. 현재와 미래의 사람들은 그것을 듣고 그와 같은 불국토의 아름다운 특징과 그 원행(願行)을 본받아 불도를 이루게 될 것이다."

"부처님, 그러면 저의 특별한 원을 들어 주십시오. 만약 저의 국토에 다음과 같은 일들이 이루어지지 않는다면 저는 결코 부처가 되지 않겠습니다.

첫째, 내 불국토에는 지옥·아귀·축생 등 삼악도(三惡道)의 불행이 없을 것. 둘째, 내 국토에 태어나는 중생들은 한결같이 훌륭한 몸을 가져 잘난 이 못난 이가 따로 없을 것. 셋째, 내 불국토에 태어나는 중생들은 번뇌의 근본인 아집(我執)을 일으키지 않을 것. 넷째, 내 불국토에 태어나는 중생들은 바른 길에 들어 필경에 성불할 것. 다섯째, 내 불국토에 태어나는 중생들은 목숨이 한량 없고 다만 중생을 제도하기 위해서는 목숨을 마음대로 할 수 있을 것. 여섯째, 내 불국토에 태어나는 중생들은 나쁜 일이라고는 이름도 들을 수 없을 것. 일곱째, 어떤 중생이든지 지극한 마음으로 내 불국토를 믿고 좋아하여 태어나려는 이는 내 이름을 열 번만 불러도 반드시 왕생(往生)*하게 될 것. 여덟째, 내 이름을 듣고 내 불국토를 사모하여 여러가지 공덕을 짓고 지극한 마음으로 내 국토에 태어나고자 하는 시방세계의 중생들은 반드시 왕생하게 될 것. 아홉째, 내 불국토에 태어나는 보살들은 누구든지 부처님의 온갖 지혜를 얻어 법을 말하게 될 것……"

아난다야, 법장 비구는 세자재왕 부처님 앞에서 이와 같은 마흔 여덟 가지 큰 서원을 세우고 오로지 미묘한 불국토 장엄(莊嚴)에 전념하였다. 그 원으로 이루어진 불국토는 끝없이 넓고 커서 다른 어떤 것에도 비교될 수 없이 홀로 뛰어난 상주불멸(常住不滅)*의 세계였다."

아미타불과 극락정토 [無量壽經]

아난다는 부처님께 여쭈었다.

"부처님, 법장비구는 이미 성불(成佛)하여 열반의 경지에 들어가셨습니까, 그렇지 않으면 아직 성불하지 못했습니까, 혹은 이 다음에 성불하실 것입니까?"

부처님은 아난다에게 말씀하셨다.

"법장비구는 이미 성불하여 지금 서쪽에 계신다. 그 이름을 아미타불(阿彌陀佛)이라 하는데, 그것은 무량광불(無量光佛) 혹은 무량수불(無量壽佛)이란 뜻이다. 그 나라는 여기에서 십만 억 번째에 있고, 그 부처님이 계시는 세계를 극락(極樂)이라 한다.

무량수불의 위신력에 찬 광명은 가장 뛰어나 다른 부처님의 광명과 비교가 되지 않는다. 만약 중생들이 그 빛을 볼 수 있다면 탐욕과 성냄과 어리석음의 세 가지 번뇌가 저절

낱말풀이   왕생(往生) / 상주불멸(常住不滅)

* **왕생(往生)** : 사람이 죽은 후 다른 세상에 가서 태어나는 것. 서방 극락세계에 다시 태어나는 것을 극락왕생(極樂往生), 시방세계의 불국토에 다시 태어나는 것을 시방(十方)왕생, 미륵보살이 계시는 도솔천에 다시 태어나는 것을 도솔(兜率)상생이라고 한다.

* **상주불멸(常住不滅)** : 대승불교에서는 부처님을 '영원한 불타상'으로 상주불멸이라고 해석한다. 부처님은 사바세계에 왔다가 열반했지만, 근원적 부처인 법신불(法身佛, 진리)은 우주에 상주(常住)해 있다는 것이다. 공간적으로 동쪽 묘희세계에 아촉불, 서쪽 극락세계에는 아미타불이 상주하고, 시간적으로는 과거 현재 미래에 걸쳐 무수한 삼세제불(三世諸佛)이 존재한다. 진리의 본체인 부처님과 그 세계가 영원하다는 뜻으로 상주불멸이라 한다.

로 사라지고, 몸과 마음이 편하고 즐거움에 가득차 스스로 어진 마음을 내게 될 것이다. 그리고 지옥·아귀·축생의 삼악도에서도 이 광명을 보게 되면 평안을 얻어 다시는 괴로워하지 않고 마침내 해탈하게 된다. 이와 같이 무량수불의 광명은 너무도 찬란하기 때문에 시방(十方)의 불국토를 두루 비추어 그 명성이 떨치지 않는 데가 없다. 지금 나만이 그 공덕과 광명을 찬탄하는 것이 아니고 모든 부처님과 보살, 성문, 연각들도 한결같이 찬탄하고 있다. 만약 중생들이 그 광명과 공덕을 듣고 밤낮으로 찬탄하면, 소원대로 그 불국토에 태어나 보살과 성문들에게 칭찬을 받을 것이다. 그리고 자신이 장차 부처가 되었을 때 시방세계의 부처님과 보살로부터 그 몸에 지닌 광명에 대해 칭송받게 될 것이다. 그것은 지금 내가 무량수불의 광명을 찬탄하는 것과 같을 것이다.

아난다여. 또 무량수부처님의 수명은 한량없이 길어 햇수로 따질 수 없다. 가령 시방세계 모든 중생들이 성문이나 연각이 되어 그들의 지혜를 한데 모아 백천만 겁 동안 헤아린다 할지라도 무량수불의 수명은 다 셀 수가 없을 것이다. 그리고 그 나라에 있는 성문이나 보살들의 수도 한량이 없어 헤아릴 수 없다. 그 불국토는 청정 안온하고 말할 수 없이 즐거운 곳이다. 형상을 초월하여 상주불변한 열반의 경지이다. 그 곳에 있는 성문과 보살과 천신과 인간들은 지혜가 한량없고 신통이 자재하여 형상이 똑같고 차별이 없다.

그러므로 세상에서 부르는 것과 같은 차별된 호칭도 소용없는 것이다. 그러나 다른 세상의 일에 수순(隨順)하기 위해 천신이라거나 인간이라고 하는 것뿐이다. 그들의 얼굴은 한결같이 단정하고 아름다워 그 어떤 것에도 견줄 수 없다. 그들은 모두 생멸이 없는 법신과 그지없이 즐거운 몸을 가지고 있다."

극락정토에 태어나는 길 [觀無量壽經]

그때 부처님은 광명을 놓았다. 시방세계 부처님의 맑고 아름다운 국토가 모두 그 광명 안에 나타났다. 칠보로 된 불국토, 연꽃으로 된 불국토, 수정의 거울과 같은 불국토 등 한량없는 불국토의 모습을 위제희 부인*에게 보여주신 것이다. 위제희 부인이 부처님께 여쭈었다.

"부처님, 이러한 불국토는 청정하고 밝은 빛으로 충만되어 있습니다. 저는 아미타불이 계시는 극락세계에 가서 나고 싶습니다. 부처님, 저에게 그 길을 가르쳐 주십시오. 저에게 마음의 평화를 가르쳐 주십시오."

이때 오색 광명이 부처님의 입에서 나와 빔비사라 왕의 머리 위에 비추었다. 대왕은 비록 갇혀 있는 몸이지만 마음의 눈이 걸림없어 부처님을 뵙고 예배했다. 부처님은 위제희 부인에게 말씀하셨다.

"아미타불이 계시는 곳이 여기에서 멀지 않다는 것을 아

인물분석 　위제희 부인(韋提希夫人)

*석존이 살아 계실 때, 마가다국 빔비사라 왕의 왕비였고 아자타삿투 왕의 어머니이다. 아자타삿투가 빔비사라 왕을 유폐해서 아사시키려고 했을 때, 몰래 볶은 쌀가루를 꿀에다 반죽하여 몸에 바르고 패물 속에 포도주를 담아 왕에게 바쳤다. 이것이 발각되어 자신도 유폐되었다. 감옥 안에서 부처님께 지극히 기도했고, 그녀의 기도에 응답하여 부처님이 나타나서 이 세상에 절망해서 아미타불의 정토를 기원하는 비(妃)에게 아미타불이나 그 정토를 관상하는 방법을 가르쳤는데 이때의 가르침이 〈관무량수경(觀無量壽經)〉이다.

시오? 생각을 한 곳에 모아 청정한 업으로 이루어진 저 불국토를 자세히 관(觀)해 보시오. 나는 이제 당신을 위해 말하리다. 그래서 이 다음 세상에 청정한 업을 닦는 사람들이 서방의 극락세계에 가서 날 수 있도록 하겠소.

저 불국토에 가서 나고자 하는 사람은 세 가지 복을 닦지 않으면 안 되오. 첫째는 부모에게 효도하고 스승과 어른을 공경하며 자비한 마음으로 산 것을 죽이지 않고 열 가지 착한 일(十善業)*을 행할 것이오. 둘째는 불·법·승 삼보에 귀의하고 여러 가지 도덕적인 규범를 지키며 위의(威儀)를 어기지 않아야 하오. 셋째는 보리심을 내어 깊이 인과(因果)의 도리를 믿고 여래의 말씀을 독송하며 남에게도 이 길을 권해야 합니다. 이와 같은 세 가지를 청정한 업이라 하오. 이 세 가지 업은 과거·현재·미래 삼세(三世) 부처님의 공통적인 청정한 업이오."

염불수행 [阿彌陀經]

부처님께서 사리풋타에게 말씀하셨다.

"사리풋타여, 극락세계에 태어나는 중생들은 모두 보리심에서 물러나지 않는 이들이며, 그 중에는 이 다음에 부처가

교리탐구　　열 가지 착한 일[十善業]

*몸과 말과 뜻으로 짓는 열 가지 청정한 일을 십선업(十善業)이라고 한다. ①불살생(不殺生) : 사람이나 동물 따위, 살아 있는 것을 죽이지 않음. ②불투도(不偸盜) : 남의 재물을 훔치지 않음. ③불사음(不邪淫) : 남녀간에 그릇된 성관계를 저지르지 않음. ④불망어(不妄語) : 거짓말이나 헛된 말을 하지 않음. ⑤불악구(不惡口) : 남을 괴롭히는 나쁜 말을 하지 않음. ⑥불양설(不兩舌) : 이간질을 하지 않음. ⑦ 불기어(不綺語) : 진실이 없는, 교묘하게 꾸미는 말을 하지 않음. ⑧불탐욕(不貪欲) : 탐내어 그칠 줄 모르는 욕심을 부리지 않음. ⑨불진에(不瞋恚) : 성내지 않음. ⑩불사견(不邪見) : 그릇된 견해를 일으키지 않음.

될 사람이 많아 숫자와 비유로도 헤아릴 수 없다.

 이 말을 들은 중생들은 서원을 세워 정토(淨土)*에 왕생을 원해야 할 것이다. 거기 가면 으뜸가는 사람들과 한데 모여 살 수 있다. 조그마한 선근(善根)이나 복덕을 지은 인연으로는 저 세계에 왕생하기 어렵다. 선남자 선여인이 아미타불에 대한 이야기를 듣고 하루나 이틀 혹은 사흘, 나흘, 닷새, 엿새, 이레 동안 한결같은 마음으로 아미타불의 이름을 외우되, 조금도 마음이 흐트러지지 않으면 그가 임종할 때 아미타불이 여러 성중(聖衆)들과 함께 그 사람 앞에 나타날 것이다.

 그는 생각이 뒤바뀌지 않고 곧 아미타불의 극락세계에 왕생하게 될 것이다. 사리풋타여, 나는 이러한 도리를 알고 말한 것이니, 어떤 중생이든지 이 말을 들으면 저 국토에 왕생하기를 원하여라."

교리탐구 정토사상(淨土思想)

* 정토사상은 선종(禪宗)과 같은 자력신앙(自力信仰)과 비교하여 타력신앙(他力信仰)이라고 부른다. 정토란 예토(穢土, 괴로움으로 가득찬 세상)의 반대 개념으로, 가장 대표적인 정토는 서방 극락세계이다. 정토사상을 설하고 있는 경전은 약 650여 부의 대승경전 중 200여 부를 차지할 정도로 정토사상이 대승불교에서 차지하는 비중은 크다고 할 수 있다.

 정토사상의 근간이 되는 경전은 〈아미타경〉 1권, 〈무량수경(無量壽經)〉 2권, 〈관무량수경(觀無量壽經)〉 1권으로서 이를 〈정토삼부경(淨土三部經)〉이라고 한다. 정토사상은 아미타불의 본원력에 의해 정토에 왕생하여 불퇴전(不退轉)의 경지에 도달함을 목적으로 한다. 초기불교에서 "법(法)에 의지하고 자신에 의지하라."는 기본적인 사상에서 특히 재가자들의 경우에는 "착한 일을 행하여 하늘나라에 태어나라."는 생천사상(生天思想)이 보편적인 가치였다. 하지만 대승불교 운동에서는 "아미타불의 본원력에 의지하여 지극한 염불수행을 통해서 정토에 왕생하라."는 정토 왕생사상이 대중들에게 각광받게 되었다.

보살의 길

한 마음 청정하면 온 세계가 청정하다 [圓覺經 普眼菩薩章]

이때 보안보살(普眼菩薩)이 자리에서 일어나 부처님께 여쭈었다.

"대비하신 세존이시여, 원하옵니다. 이 법회의 모든 보살들을 위하며 말세(末世)*의 일체 중생들을 위하여 보살이 수행하는 절차를 말씀해 주소서. 어떻게 생각하며 어떻게 머물러야 합니까. 그리고 중생들이 깨닫지 못하면 무슨 방편을 써야만 널리 깨닫게 할 수 있습니까?

세존이시여, 만일 중생들이 바른 방편과 바른 생각이 없으면 부처님께서 삼매에 대해 설하시는 것을 듣고서도 마음이 미혹하고 어지러워 깨칠 수 없을 것입니다. 원하오니, 자비를 베푸시어 저희들과 말세 중생들을 위하여 방편을 말씀해 주소서."

낱말풀이 　말세(末世)

*말세는 불교용어인 삼시(三時)에서 나온 말이다. 석가모니부처님이 열반에 드신 뒤 정법(正法), 상법(像法) 다음에 오는 시기를 말법세상이라고 한다. 이는 불법이 다한 후에 다가오는 악독하고 어지러운 세상으로, 석존이 열반에 드신 뒤부터 정법시대 일천 년과, 상법시대 일천 년을 지난 후부터 일만 년 동안의 시간이다.

그때 부처님께서는 보안보살에게 말씀하셨다.

"선남자여, 자세히 들으시오. 그대를 위하여 설하리라. 새로 배우는 보살과 말세 중생이 여래의 청정한 원각의 마음을 구하고자 한다면 응당 바른 생각으로 모든 헛된 것[患, 근심·괴로움·고통]을 멀리 여의어야 하오.

먼저 여래의 사마타행(奢摩他行)에 의하여 계율을 굳게 가지고 대중과 함께 편안히 거처하거나 조용한 방에 단정히 앉아서 항상 이 생각을 하시오.

'나의 지금 몸은 사대(四大)*로 화합된 것이다. 이른바 머리카락·털·손톱·발톱·치아·가죽·살·힘줄·뼈·골수·골·더러운 몸뚱이는 모두 흙[地]으로 돌아가고, 침·콧물·고름·피·점액·가래·눈물·대소변은 다 물[水]로 돌아가고, 따뜻한 기운은 불[火]로 돌아가고, 움직이는 작용은 바람[風]으로 돌아간다. 사대가 각각 분리되면 지금의 허망한 몸은 어디에 있겠는가.'

이 몸이 필경 실체가 없거늘 화합해서 형상이 이루어진 것이 진실로 환이나 허깨비와 같다. 네 가지 인연[四緣]이 임시 화합해서 망령되이 육근(六根)*이 있게 된 것이오.

육근과 사대가 안팎으로 합쳐 이루어졌는데, 반연하는 기운이 허망하게도 그 가운데 모이고 쌓여서 반연하는 것이

낱말풀이 　사대(四大) / 육근(六根)

* 사대(四大) : 대상의 특성을 형성하는 네 가지 요소. 지(地, 딱딱한 성질)·수(水, 축축한 성질)·화(火, 따뜻한 성질)·풍(風, 움직이는 성질)의 네 가지를 말한다.
* 육근(六根) : 외계(外界)의 모든 대상을 인식하게 하는 근원적 요소로서 안근(眼根)·이근(耳根)·비근(鼻根)·설근(舌根)·신근(身根)·의근(意根)의 6가지. 육근은 육식(六識)을 낳는 근원으로 번뇌에 오염된다. 그래서 육근청정(六根淸淨)이란 눈·귀·코·혀·몸·생각의 6기관이 업식(業識)에서 벗어나 청정한 것을 말한다.

있는 듯한 것을 이름하여 마음이라 한 것이오.

이 허망한 마음도 육진(六塵)*이 없다면 있을 수 없고 사대가 흩어지면 육진도 없을 것이오. 이 가운데 인연과 육진이 흩어져 없어지면 반연하는 마음도 볼 수 없을 것이오.

중생의 환(幻)인 육신이 멸하므로 환인 마음도 멸하고, 환인 마음이 멸하므로 환인 세계도 멸하고, 환인 세계가 멸하므로 환의 멸함도 또한 멸하고, 환의 멸함이 멸하므로 환 아닌 것은 멸하지 않소. 이를테면 거울에 때가 없어지면 맑은 빛이 나타나는 것과 같소.

몸과 마음이 다 환의 때[幻垢]이니, 때가 아주 없어지면 시방세계가 청정함을 알 것이오. 마치 맑은 구슬에 오색이 비추면 그 빛에 따라 각기 달리 나타나는 것인데, 어리석은 사람들은 그 구슬에 실제로 오색이 있는 줄로 착각하는 것이오.

원각인 청정한 성품이 몸과 생각으로 나타나는 것인데, 어리석은 사람들은 청정한 원각에 실제로 이런 몸과 생각이 있는 줄 알고 있소.

보살과 미래 중생들이 모든 환을 깨달아 영상(影像)*이 멸하기 때문에, 이때에 문득 끝없는 청정을 얻는 것이니, 끝없는 허공도 원각의 나타남이오.

그 깨달음이 원만하고 밝으므로 마음이 청정해지고, 마음이 청정하므로 보이는 세계[眼界]가 청정하고, 보이는 것이

낱말풀이　육진(六塵) / 영상(影像)

* 육진(六塵) : 육근의 대상이 되는 육경(六境)을 말한다. 안경(眼境)·이경(耳境)·비경(鼻境)·설경(舌境)·신경(身境)·의경(意境). 육경은 마음을 덮어 흐리게 하므로 진(塵)이라 한다.
* 영상(影像) : 인식 주관에 떠오르는 대상의 모습이나 특징. 특히 분별에 의해 인식주관에 형성된 주관적인 대상의 모습을 의미한다.

청정하므로 눈[眼根]이 청정하고, 눈이 청정하므로 보는 인식[眼識]이 청정하오.

보는 인식이 청정하므로 들리는 세계[耳界]가 청정하고, 들리는 것이 청정하므로 귀[耳根]가 청정하고, 귀가 청정하므로 듣는 인식[耳識]이 청정하오. 듣는 인식이 청정하므로 느낌의 세계[受界]가 청정하고, 이와 같이 코[鼻]와 혀[舌]와 몸[身]과 생각[意]도 또한 그와 같소.

눈[眼]이 청정하므로 빛[色]이 청정하고, 빛이 청정하므로 소리[聲]가 청정하며, 향기[香]와 맛[味]과 감촉[觸]과 생각의 대상[法]도 그와 같소.

이와 같이 한 마음이 청정하면 온 법계가 다 청정하며, 모든 실상(實相)의 성품이 청정하기 때문에 한 몸이 청정하고, 한 몸이 청정하므로 여러 몸이 청정하며, 여러 몸이 청정하므로 시방세계 중생의 원각도 청정하오. 한 세계가 청정하므로 여러 세계가 청정하고, 여러 세계가 청정하므로 마침내는 허공과 삼세(三世)를 두루 싸 모든 것이 평등하고 청정해서 움직이지 않소.

깨달음을 성취한 보살은 법에 얽매이지도 않고 법에서 벗어나기를 구하지도 않으며, 나고 죽는 것을 싫어하지도 않고 열반을 특별히 좋아하지도 않소. 계행(戒行) 가지는 것을 공경하지도 않고 파계를 미워하지도 않으며, 오래 수행한 이를 소중히 여기지도 않고 처음 발심한 이를 업신여기지도 않소. 왜냐하면 온갖 것이 모두 원각이기 때문이오.

이를테면 눈빛이 앞을 비추되 그 빛은 원만하여 사랑도 미움도 없는 것과 같으니, 그것은 빛 자체는 둘이 아니어서 사랑과 미움이 없기 때문이오. 보살과 미래 중생이 이 마음을 닦아 성취하면, 여기에는 닦을 것도 없고 성취할 것도 없을 것이오. 원각은 널리 비치고 적멸(寂滅)*해서 차별이 없소.

이 가운에서는 헤아릴 수 없이 많은 불국토가 마치 허공에 꽃이 어지럽게 일어나고 쓰러지는 것 같아서 합하지도 떠나지도 않으며, 얽매임도 풀림도 없을 것이오. 중생이 본래 부처이고, 생사와 열반이 지난밤 꿈과 같아 생사와 열반이 일어나는 것도 없어지는 것도 없으며, 오는 것도 가는 것도 없소. 모든 보살들이 이와 같이 닦을 것이며, 이러한 차례로 이렇게 생각할 것이며, 이와 같이 머물러 가질 것이며, 이러한 방편으로 이렇게 깨닫는 것이므로, 이와 같은 법을 구하면 아득하거나 어리석지 않을 것이오."

생사의 본질 [涅槃經 聖行品]

부처님께서 제자 카샤파에게 말씀하셨다.

"카샤파여, 또 거룩한 행이 있으니 그것은 네 가지 진리인 고(苦)·집(集)·멸(滅)·도(道)이다. 고는 괴로움이 핍박하는 것이고, 집은 애욕을 일으키는 집착이며, 멸은 번뇌를 없애는 것이고, 도는 대승의 행을 말한다.

괴로움에는 여덟 가지가 있다. 나고, 늙고, 병들고, 죽고, 사랑하는 이와 이별하고, 원수와 만나고, 구해도 얻지 못하

낱말풀이 적멸(寂滅)

*불이 꺼지듯, 탐욕(貪)과 성냄(瞋)과 어리석음(癡)이 소멸된 열반의 상태. 번뇌를 남김없이 소멸하여 평온하게 된 열반의 상태. 모든 대립이나 차별을 떠난 상태.

고, 모든 욕망이 불붙듯 일어나는 것들이다.

이와 같은 여러 가지 괴로움은 살려고 하는데서 일어난다. 중생은 어리석음에 덮여 나는 것은 탐하고 죽는 것은 싫어한다. 그러나 보살은 처음 나는 것을 볼 때에 이미 근심을 본다.

어떤 여인이 남의 집에 갔는데 그 여인의 얼굴이 아름답고 값진 옷을 입었으므로 주인이 호감을 가지고 물었다.

"당신은 어디에 사는 누구입니까?"

"나는 공덕천(功德天)입니다."

"무슨 일을 하십니까?"

"저는 가는 곳마다 그 집에 온갖 보물을 생기게 해 줍니다."

이 말을 들은 주인은 그 여인을 집안에 맞아들여 향을 사르고 꽃을 뿌려 공양하였다. 조금 후에 또 한 여인이 문앞에 서 있었다. 그 여인은 찌그러진 얼굴에 땟국이 흐르고 남루한 누더기를 걸치고 있었다. 주인은 기분이 언짢아 "당신은 누구요?" 하고 퉁명스럽게 물었다.

"나는 흑암천(黑暗天)이라고 합니다."

"무슨 일로 왔소?"

"나는 가는 곳마다 그 집의 재산을 없애버립니다."

이 말을 들은 주인은 칼을 들고 나오면서 "썩 물러가지 않으면 이 칼로 죽여 버릴 테다." 하고 덤벼들었다.

그 여인이 말했다.

"당신은 참으로 어리석고 지혜가 없소. 조금 전에 당신 집에 온 이는 내 언니요. 나는 항상 언니와 행동을 같이하기 때문에 당신이 나를 쫓아내면 결국 내 언니도 따라 나가게 될 것이오."

주인이 안으로 들어가 공덕천에게 물었다.

"어떤 여인이 와서 당신의 동생이라 하는데 사실입니까?"

공덕천이 대답했다.

"그렇습니다. 나를 좋아하려거든 내 동생도 함께 좋아해야 합니다. 나는 항상 동생과 행동을 같이하였고 한 번도 서로 떠나 본 적이 없습니다. 가는 곳마다 나는 좋은 일을 하고 동생은 나쁜 짓을 하며, 내가 이로운 일을 하면 동생은 손해 끼치는 일을 합니다. 그러나 나를 사랑하려거든 동생도 함께 사랑해야 합니다."

주인은 두 여인을 다 내쫓아버렸다. 두 여인이 나란히 사라지는 것을 보고 주인은 마음이 후련했다. 두 여인은 가난한 집 앞에서 머뭇거렸다. 그 집주인이 두 여인을 보자 반기면서 "이제부터는 우리 집에서 함께 삽시다." 하고 맞아들였다.

카샤파여, 태어나면 늙어야 하고, 병이 들면 죽게 되는 법이다. 어리석은 사람은 이 두 가지에 다 같이 집착하지만, 보살은 함께 버리고 애착하지 않는다."

보살의 참뜻 [大品般若經 金剛品]

장로 수부티가 부처님께 여쭈었다.

"부처님, 마하살이란 무슨 뜻입니까?"

부처님이 말씀하셨다.

"보살은 열반에 드는 사람 중에서도 으뜸이므로 마하살(摩訶薩)이라 한다. 보살은 모든 법을 알고 일체 중생을 구하겠다는 큰 마음을 낸다. 그 마음은 금강석처럼 굳기 때문에 반드시 열반에 들고 열반에 드는 사람 중에서도 으뜸이 된다. 그 큰마음이란 어떤 것인가? 보살은 다음과 같은 열 가지 서원을 세운다.

이 세상을 청정하게 정화시키겠다는 서원,

모든 존재의 모양에서 집착을 버리겠다는 서원,

모든 중생과 마음을 같이 하겠다는 서원,

모든 중생을 구제하여 깨달음을 얻도록 하겠다는 서원,

모든 중생을 구제할지라도 한 사람도 구제했다는 생각조차 가지지 않겠다는 서원,

모든 법의 생멸이 없음을 깨닫겠다는 서원,

밝은 지혜의 마음으로 육바라밀을 수행하겠다는 서원,

지혜를 닦아 모든 법을 알겠다는 서원,

모든 법이 공하여 모양이 없는 것임을 알겠다는 서원,

모양이 없기 때문에 그 실상을 깨닫겠다는 서원이 그것이다.

보살은 또 지옥 아귀의 괴로움에 허덕이는 중생을 가엾이 여겨 그 괴로움을 대신 받는 큰 마음을 일으킨다.

그래서 더러운 마음, 화내는 마음, 어리석은 마음, 자기 이익에만 만족하는 마음을 일으키지 않는다. 흔들리지 않는 마음을 일으켜 법을 믿고, 법을 구하고, 법을 받고, 법을 수행하여 공에 머물러 열반에 드는 사람 중에 으뜸이 된다. 이러한 보살을 마하살이라 한다."

보리에 회향하는 공덕 [大品般若經 隨喜品]

미륵보살*이 수부티에게 말했다.

"만약 보살이 여러 사람이 쌓는 공덕을 기쁜 마음으로 도

와주고 또 자신도 그 공덕을 쌓아 그것을 자기만이 아니고 다른 사람들에게까지 성불하도록 널리 회향한다면, 그것은 실로 으뜸 가는 공덕이라고 할 것입니다. 왜냐하면 보통 사람들의 공덕은 자신만을 완전하게 하고 깨끗하게 하여 구제하려는 것이지만, 보살의 공덕은 모든 사람들을 완전하게 하고 깨끗이 하고 구제하기 위해서 쌓는 것이기 때문입니다."

수부티는 다음과 같이 말했다.

"그렇습니다. 공덕의 근원인 여래를 생각하고 처음으로 보리심을 발하여 수행할 때부터 깨달음을 얻을 때까지 잠시도 잊지 않고 모든 사람의 공덕을 같이 기뻐하면서 그것을 모두 보리(菩提)*에 회향*한다면 그것은 둘도 없는 공덕이 될 것입니다.

그러나 만약 그 마음에 '나는 보리를 위해 회향했다.'는 생각이 있다면 그 사람은 바른 공덕을 쌓은 것이 아닙니다. 그는 같이 기뻐한 대상이 마음에 걸리고, 또 회향한 사실에 집착한 것입니다. 이와 같이 사물과 마음에 집착이 남아 있는 동안 바른 도를 성취할 수 없을 것입니다."

수부티는 말을 계속하였다.

"처음으로 발심한 보살이 반야바라밀을 수행할 때는 집착하려 해도 그 대상이 없고, 생각하려 해도 생각할 수 없는

교리탐구   미륵보살(彌勒菩薩)

*미륵은 범어로 마이트레야(maitreya)로 자씨(慈氏)라고 의역되며 우정이라는 뜻을 담고 있다. 미륵은 메시아(messiah)의 어원이기도 하며 미래의 부처님이다. 미륵보살은 석가모니부처님 당시 바라나국의 바라문 집안에서 태어나 부처님께 미래에 성불하리라는 수기를 받은 뒤 도솔천에 올라가 천인들을 교화하고 있다. 석존이 입멸한 뒤 56억 7천만년이 지나 다시 사바 세계에 출현하여 성불하여 3번의 설법으로 석가모니불의 교화에서 빠진 모든 중생을 제도한다고 한다. 미륵보살이 이 세상에 태어나 용화수(龍華樹) 아래에서 성불하고 3회에 걸친 법문으로 중생을 교화시킨다는 것을 용화삼회(龍華三會)의 설법이라 한다.

반야바라밀임을 믿는다면 집착에서 벗어날 수 있을 것입니다. 그러므로 배우는 보살은 부처님의 가르침을 깊이 믿고 항상 선지식에게 법을 물어야 합니다. 선지식은 그를 위해 육바라밀의 뜻을 잘 해설해 주고, 반야바라밀을 떠나지 않게 해 줄 것입니다. 따라서 그 보살은 모든 법에 집착하는 일이 없으므로 설사 악마의 가르침을 듣게 되더라도 거기에 빠져들어가지 않을 것입니다."

마음의 정체 [寶積經 迦葉品]

부처님이 카샤파에게 말씀하셨다.

"애욕에 물들고 분노에 떨고 어리석음으로 어두워지게 되는 것은 어떤 마음인가? 과거인가, 미래인가, 현재인가? 과거의 마음이라면 그것은 이미 사라진 것이다. 미래의 마음이라면 아직 오지 않은 것이고, 현재의 마음이라면 머무르는 일이 없다. 마음은 안에 있는 것도 아니고 밖에 있는 것도 아니며 또한 다른 곳에 있는 것도 아니다. 마음은 형체가 없어 눈으로 볼 수도 없고 만질 수도 없고 나타나지도 않고 인식할 수도 없고 이름 붙일 수도 없는 것이다.

마음은 어떠한 여래도 일찍이 본 일이 없고 지금도 보지 못하고 장차도 볼 수 없을 것이다. 그와 같은 마음이라면 그

낱말풀이   보리(菩提) / 회향(廻向)

*보리(菩提) : 불교 최고의 이상인 부처님의 지혜, 또는 일체의 번뇌에서 해방된 미혹이 없는 청정한 상태, 정각의 지혜를 얻기 위하여 닦는 도를 보리(菩提)라고 한다. 보리심(菩提心)은 더 위 없는 부처님의 깨달음에 이르려는 마음, 또는 부처님이 체득한 위없는 깨달음의 지혜를 갖추려는 마음을 말한다.

*회향(廻向) : 스스로 쌓은 선근(善根) 공덕(功德)을 다른 사람에게 돌려 자타(自他)가 함께 불과(佛果)의 성취를 기하려는 것.

작용은 어떤 것일까? 마음은 환상과 같아 허망한 분별에 의해 여러 가지 형태로 나타난다. 마음은 바람과 같아 멀리 가고 붙잡히지 않으며 모양을 보이지 않는다. 마음은 흐르는 강물과 같아 멈추는 일 없이 나자마자 곧 사라진다.

 마음은 등불의 불꽃과 같아 인(因)이 있어 연(緣)이 닿으면 불이 붙어 비춘다. 마음은 번개와 같아 잠시도 머물지 않고 순간에 소멸한다. 마음은 허공과 같아 뜻밖의 연기로 더럽혀진다. 마음은 원숭이와 같아 잠시도 그대로 있지 못하고 여러 가지로 움직인다. 마음은 화가와 같아 여러 가지 모양을 나타낸다. 마음은 한 곳에 머물지 않고 서로 다른 의혹을 불러일으킨다. 마음은 혼자서 간다. 두번째 마음이 결합되어 함께 있는 것은 아니다. 마음은 왕과 같아 모든 것을 통솔한다. 마음은 원수와 같아 온갖 고뇌를 불러일으킨다.

 마음은 모래로 쌓아올린 집과 같다. 무상한 것을 영원한 것으로 생각한다. 마음은 쉬파리와 같아 더러운 것을 깨끗한 것으로 생각한다. 마음은 낚시바늘과 같아 괴로움인 것을 즐거움으로 생각한다. 마음은 꿈과 같아 내 것이 아닌 것을 내 것처럼 생각한다. 마음은 적과 같아 항상 약점을 기뻐하며 노리고 있다. 마음은 존경에 의해서 혹은 분노에 의해 흔들리면서 교만해지기도 하고 비굴해지기도 한다. 마음은 도둑과 같아 모든 선근(善根)*을 훔쳐 간다. 마음은 불에 뛰어든 불나비처럼 아름다운 빛깔을 좋아한다. 마음은 싸움터의 북처럼 소리를 좋아한다.

 마음은 썩은 시체의 냄새를 탐하는 멧돼지처럼 타락의 냄새를 좋아한다. 마음은 음식을 보고 침을 흘리는 종처럼 맛을 좋아한다. 마음은 기름접시에 달라붙는 파리처럼 감촉을 좋아한다. 이와 같이 남김없이 관찰해도 마음의 정체는 알 수없다. 즉 찾을 수 없는 것이다.

얻을 수 없는 그것은 과거에도 없고 미래에도 없고 현재에도 없다. 과거나 미래나 현재에 없는 것은 삼세를 초월해 있다. 삼세를 초월한 것도 유(有)도 아니고 무(無)도 아니다. 유도 아니고 무도 아닌 것은 생기는 일이 없다. 생기는 일이 없는 것에는 그 자성(自性)*이 없다. 자성이 없는 것에는 일어나는 일이 없다. 일어나는 일이 없는 것에는 사라지는 일도 없다. 사라지는 일이 없는 것에는 지나가 버리는 일도 없다. 지나가 버리지 않는다면 거기에는 가는 일도 없고 오는 일도 없다. 죽는 일도 없고 태어나는 일도 없다. 가고 오고 죽고 나는 일이 없는 것에는 어떠한 인과(因果)의 생성도 없다. 인과의 생성이 없는 것은 변화와 작위(作爲)가 없는 무위(無爲)*다. 그것은 성인들이 지니고 있는 타고난 본성인 것이다.

그 타고난 본성은 허공이 어디에 있건 평등하듯이 누구에게나 평등하다. 타고난 본성은 모든 존재가 마침내는 하나

낱말풀이 선근(善根) / 자성(自性)

* 선근(善根) : 좋은 과보를 낳게 하는 착한 일. 착한 행업의 공덕 선근을 심으면 반드시 선과(善果)를 얻게 된다. 탐욕·성냄·어리석음이 없는 상태를 말하기도 한다.

* 자성(自性) : 산스크리트 '스바하바(svabhava)'를 번역한 말이다. 다른 것과 혼동되지 않으며, 변하지도 않는 독자적인 본성을 의미한다. 대승불교에서는 모든 존재들에게 본래부터 저절로 갖추고 있는 부처의 성품을 의미하는 용어로 사용되는 경우가 있다. 그래서 '자성법신(自性法身)'은 법신불인 비로자나불을 뜻하고, '자성청정심(自性淸淨心)'은 존재들의 본성은 늘 깨끗한 진여(眞如)라는 의미이다. 대승 중관학파의 공사상에서는 일체의 현상계는 인연을 따라 이루어지므로 자성을 부정하여 '무자성(無自性)'이라고 한다.

의 본질이라는 점에서 차별이 없는 것이다. 그 본성은 몸이라든가 마음이라는 차별에서 아주 떠나 있으므로 한적하여 열반의 길로 향해 있다. 그 본성은 어떠한 번뇌로도 더럽힐 수 없으므로 무구(無垢)하다. 그 본성은 자기가 무엇인가를 한다는 집착, 자기 것이라는 집착이 없어졌기 때문에 내것이 아니다.

마음의 본성은 진실한 것도 아니고 진실하지 않은 것도 아니다. 결국은 어디에도 치우치지 않는 점에서 평등하다. 그 본성은 가장 뛰어난 진리이므로 이 세상을 초월한 것이고 참된 것이다. 그 본성은 본질적으로 생겨난 것이 아니므로 없어지는 일도 없다. 그 본성은 존재의 여실성(如實性)으로서 항상 있으므로 영원한 것이다. 그 본성은 가장 수승(殊勝)한 열반이므로 즐거움이다. 그 본성은 온갖 더러움이 제거되었으므로 맑은 것이다. 그 본성은 찾아보아도 자아가 있지 않기 때문에 무아(無我)다.

그 본성은 절대 청정한 것이다. 그러므로 안으로 진리를 구할 것이고 밖으로 흩어져서는 안 된다. 누가 내게 성내더라도 마주 성내지 않고, 두들겨 맞더라도 마주 두들기지 않고, 비난을 받더라도 마주 비난하지 않고, 비웃음을 당하더라도

교리탐구 무위(無爲)

* 여러 가지 원인·인연에 의해 생멸변화(生滅變化)하는 원리를 초월하는 진리를 무위라고 한다. 그래서 '연기법을 유위(有爲)'라고 하고 '열반을 무위(無爲)'라고 한다. 무위법은 '삼독(三毒)이 영원히 소진된 상태'를 의미하는데, 경전에서는 무위법과 같은 위치에 부동(不動)·불사(不死)·열반(涅槃) 등의 용어를 사용하고 있다. 주의할만한 사실은 이 열반(=무위법)에 이르는 길을 팔정도라고 명시하고 있다는 점이다. 즉 무위(無爲)는 고유하게 존재하는 피안의 이상세계가 아니라, 부단하고 무한한 실천 수행의 과정으로 이해될 수 있다.

비웃음으로 대하지 않는다. 자기의 마음속으로 '도대체 누가 성냄을 받고 누가 두들겨 맞으며 누가 비난받고 누가 비웃음을 당하는 것인가.'라고 되살핀다. 수행인은 이와 같이 마음을 거두어 어떠한 환경에서라도 흔들림이 없어야 한다."

중생들의 성품에 맞는 수행법 [華嚴經 菩薩明難品]

문수보살이 지수(智首)보살에게 물었다.

"부처님의 가르침에서는 지혜를 첫째로 꼽는데 부처님께서는 어째서 육바라밀(六波羅密)과 사무량심(四無量心)*을 찬탄하십니까? 이러한 법으로는 최상의 깨달음을 얻을 수 없지 않습니까?"

지수보살은 대답했다.

"과거·현재·미래의 모든 여래가 한 가지 법만으로는 최상의 깨달음을 성취할 수 없습니다. 여래는 중생의 성품을 잘 알아 거기에 알맞는 법을 설하십니다.

탐욕이 많은 사람에게는 보시를 권장하고, 규칙을 지키지 않는 사람에게는 계율 갖기를 권장하며, 화 잘 내는 사람에게는 인욕을, 게으른 사람에게는 정진을, 마음이 흩어지기 쉬운 사람에게는 선정(禪定)을, 어리석은 사람에게는 지혜를

교리탐구 사무량심(四無量心)

*대승보살이 성취한 네 가지의 마음. ①자(慈) : 중생에게 즐거움을 주는 일과 우애의 마음. ②비(悲) : 다른 사람의 고통을 동정하여 제거해 주는 마음. ③희(喜) : 다른 사람의 행복을 보고 기뻐하는 마음. ④사(捨) : 다른 사람에 대한 원한의 마음을 버리고 평등하게 대하는 일, 그리고 중생의 사견과 고통을 버리게 하는 마음. 이 네 가지의 이타심을 통해서 중생에게 무량한 행복감을 가져다 주게 되며, 스스로도 범천(梵天)의 세계에서 살게 된다고 한다. 대승불교권에 속하는 우리 나라에서 매우 중요하게 강조되었던 교설이다.

권장합니다. 그리고 인정이 없는 사람에게는 사랑(慈)을 권장하고, 남을 해치는 사람에게는 가엾이 여김(悲)을, 마음에 근심이 있는 사람에게는 기쁨(喜)을, 사랑하고 미워하는 생각이 강한 사람에게는 버림(捨)을 권유하신 것입니다. 이와 같이 평소에 꾸준히 나아간다면 마침내 모든 진리를 깨닫게 될 것입니다."

일체 중생을 향한 회향 [華嚴經 十廻向品]

금강당(金剛幢)보살이 부처님의 위신력(威神力)을 받고 밝은 지혜 삼매에서 나와 보살들에게 법을 설했다.

"여러 불자들, 보살의 헤아릴 수 없는 큰 서원이 법계에 충만하여 모든 중생을 널리 구제합니다. 보살은 이 원을 세워 과거·현재·미래 부처님의 회향(廻向)을 배웁니다. 보살은 보시(布施)·지계(持戒)·인욕(忍辱)·정진(精進)·선정(禪定)·지혜(智慧)의 육바라밀을 수행할 때 이렇게 생각합니다.

'이 선근(善根)으로 모든 중생을 두루 이롭게 하며, 지옥·아귀·축생의 한량없는 고통에서 길이길이 떠나게 하여지이다.'

보살은 자기가 심은 선근을 이렇게 회향합니다.

'나는 모든 중생의 집이 되리라, 그들의 고뇌를 없애주기 위해서. 나는 모든 중생의 수호신이 되리라, 그들의 번뇌를 끊어 해탈케 하기 위해서. 나는 모든 중생의 귀의처가 되리라, 그들이 공포를 벗어날 수 있도록. 나는 모든 중생의 안락처가 되리라, 그들이 구경(究竟)의 편안한 곳을 얻을 수 있도록. 나는 모든 중생의 광명이 되리라, 그들이 지혜의 빛을 얻어 무명(無明)의 어둠을 없앨 수 있도록. 나는 모든 중생의 길잡이가 되리라, 그들에게 걸림 없는 큰 지혜를 주기 위해서.'

보살은 이와 같은 온갖 선근을 회향하여 중생에게 모든 지혜를 얻게 합니다. 여러 불자들, 보살은 친구나 원수를 가리지 않고 두루 회향합니다. 왜냐하면 보살은 모든 것을 평등하게 보아 사랑과 미움을 초월했기 때문이며, 항상 자비의 눈으로 중생들을 보기 때문입니다.

만약 어떤 중생이 보살을 해치려는 마음을 일으킨다면, 보살은 그 중생을 위해 어진 스승이 되어 뛰어난 법을 말해 줍니다. 이를테면 어떠한 독으로도 큰 바다를 독물로 만들 수 없듯이, 중생의 어떠한 죄악으로도 보살의 보리심을 흐트러 놓을 수는 없습니다.

보살이 보리심(菩提心)을 내어 모든 선근을 회향하는 것은 한 중생을 위해서도 아니고, 한 불국토를 정화하기 위해서도 아니며, 한 부처님을 믿기 위해서도 아니고, 한 부처님의 법을 듣기 위해서도 아닙니다. 보살은 오로지 모든 중생을 구호하기 위해서 온갖 선근을 회향하는 것입니다. 모든 불국토를 정화하고, 모든 부처님을 믿고 받들어 공양하며, 모든 부처님이 말씀하시는 바른 법을 듣기 위해 온갖 선근을 최상의 깨달음에 회향합니다. 보살은 이렇게 생각합니다.

'보리심의 보물을 캐내는 것은 여래의 힘이다. 보리심은 부처님과 같이 넓고 크며 평등하다. 무량겁을 두고 수행하고 배우더라도 얻기 어렵다.'

보살은 또 이렇게 생각합니다.

'이 회향의 공덕으로 일체 중생이 모든 부처님을 받들어 섬기며 무너지지 않을 신심을 얻어지이다. 바른 법을 듣고 그대로 수행하여 지혜와 해탈을 얻고 걸림없는 눈으로 중생을 평등하게 보며, 마침내는 부처님 처소에 편히 머물러지이다.'

보살은 또 이렇게 생각합니다.

'중생들은 헤아릴 수 없는 온갖 나쁜 업을 짓고 그 때문에 한없는 괴로움을 겪고 있다. 부처님을 뵙고도 섬길 줄 모르고 바른 가르침을 듣지도 못한다. 내가 지옥·아귀·축생의 삼악도에 다니면서 그들을 대신해 고통을 받고 중생들을 해탈케 하자. 내가 그 때문에 끝없는 고통을 받더라도 물러나거나 두려워하거나 게으르거나 중생을 버리는 일이 없도록 하자.'

보살은 이와 같이 회향하며 집착하는 데가 없습니다. 중생이나 세계의 모양에도 집착하지 않고 말에도 집착하지 않습니다. 보살은 오로지 중생들에게 진실한 법을 깨우쳐 주기 위해 회향하고, 일체 중생은 평등하다는 생각으로 회향하며, 아집을 버리고 모든 선근을 살펴 회향합니다. 보살은 이와 같은 선근 회향으로 모든 허물을 떠나 부처님의 찬탄을 받습니다."

유마힐의 설법

좌선 [維摩經 弟子品]

부처님은 베살리의 장자(長者) 유마힐(維摩詰)이 앓아 누워 있는 것을 아시고 사리풋타에게 말씀하셨다.

"네가 유마힐에게 가서 병문안을 하여라."

사리풋타는 부처님께 말했다.

"부처님, 그에게 문병하는 일을 저는 감당할 수 없습니다. 언젠가 숲속 나무 아래 앉아 좌선하던 옛일이 생각납니다. 그때 유마힐은 저에게 이렇게 말했습니다.

"사리풋타님, 앉아 있다고 해서 그것을 좌선(坐禪)이라고 할 수는 없습니다. 삼계(三界)에 있으면서 몸과 마음이 움직이지 않는 것을 좌선이라고 합니다. 마음과 그 작용이 쉬어 버린 무심한 경지에 있으면서도 온갖 행위를 할 수 있는 것을 좌선이라고 합니다. 진리에 나아가는 길을 버리지 않고, 그러면서도 범부의 일상생활을 하는 것이 좌선입니다. 마음이 안으로 고요에 빠지지 않고, 또 밖으로 흩어지지 않는 것을 좌선이라고 합니다. 번뇌를 끊지 않고 열반에 드는 것을 좌선이라고 합니다. 만약 이와 같이 앉을 수 있다면 이는 부처님께서 인정하시는 좌선일 것입니다."

부처님, 저는 그때 이런 말을 듣고 말문이 막혀 아무 말도 못했습니다. 그러므로 그를 찾아가 문병하는 일을 감당할 수 없습니다."

설법 [維摩經 弟子品]

부처님은 목갈라나에게 말씀하셨다.
"네가 유마힐에게 가서 병문안을 하여라."
"부처님, 저도 그 일을 감당할 수 없습니다. 저는 베살리 성안에서 많은 신도들에게 법을 설하던 옛일이 생각납니다. 그때 유마힐은 저에게 말했습니다.

"목갈라나님, 설법은 법답게 해야 합니다. 법은 중생을 가리지 않습니다. 중생의 허물을 보지 않기 때문입니다. 법은 '나'의 허물이 없으므로 나도 없고, 생과 사가 없으므로 목숨이 없으며, 과거의 생과 미래의 생이 끊어졌기 때문에 내가 없으며, 모양이 없으므로 항상 적연(寂然)합니다.

진리는 원인을 도와서 결과를 맺게 하는 일이 없으므로 모양이 없으며, 언어가 끊어졌기 때문에 이름이 없고, 치밀하거나 치밀하지 못한 생각까지도 떠났기 때문에 말이 없고, 허공과 같으므로 형상이 없으며, 궁극적인 공(空)이기 때문에 부질없는 말이 없습니다. 진리에는 내 것도 없고, 분별도 비교할 대상도 없으며, 진리는 간접적인 원인에 관계하지도 않고 직접적인 원인에도 속하지 않으며, 모든 사물의 안에 들기 때문에 모든 사물의 본성과 같습니다. 진리는 사물 그 대로의 모습에 따르고 어떠한 환경의 영향도 입지 않으므로 진실 그곳에 머뭅니다. 또 진리는 육진(六塵)에 의한 것이 아니므로 흔들리지 않으며, 시간 속에 머무는 것이 아니므로 오고 감이 없습니다.

진리는 공(空)에 따르고 차별하지 않으며 작위(作爲)의 뜻이 없습니다. 진리는 아름답고 추한 것을 가리지 않고 더하고 덜함이 없으며, 생멸(生滅)이 없으며 돌아갈 곳도 없습니다. 진리는 눈과 귀와 코와 혀 그리고 몸과 마음을 초월하였고, 낮음이 없으며 결코 흔들리지 않으며 관찰의 대상에서 떠나 있습니다.

진리는 중생의 능력에 따라 그에 맞게 설해야 합니다. 또 지견(知見)은 걸림이 없어야 하며, 대비심(大悲心)으로 대승(大乘)을 찬탄하고 부처의 은혜에 보답하며, 삼보(三寶)가 영원한 것을 생각하면서 설법해야 합니다."

부처님, 그러한 저에게는 변재(辯才)가 없습니다. 그러므로 문병하는 일을 감당할 수 없습니다."

중생 그대로가 진여 [維摩經 菩提品]

부처님은 미륵보살에게 말씀하셨다.

"그대가 유마힐을 찾아가 병문안을 하도록 하라."

"부처님, 저는 적임자가 아닙니다. 그 옛날 도솔천의 왕과 그 일족을 위해 깨달음을 얻는 수행에 관해 설하던 일이 생각납니다. 그때 유마힐이 저에게 말하였습니다.

"미륵보살님, 부처님께서는 보살님이 반드시 최상의 깨달음을 얻을 것이라고 수기(授記)하셨습니다. 그런데 어느 생(生)에 수기가 이루어질 것입니까? 과거, 미래, 아니면 현재입니까? 만약 과거의 생이라고 한다면 그 과거의 생은 이미 지나간 것입니다. 미래의 생이라면 아직 오지 않고 있습니다. 만약 현재의 생이라 해도 그 현재는 잠시도 머물러 있지 않습니다.

부처님께서 '너희는 지금 이 순간에도 동시에 태어나고 늙으며 죽어가고 있다.'고 하신 말씀과 같습니다. 생멸하는 미혹(迷惑)의 세계를 초월하는 것이 수기를 이루는 것이라면 생멸을 초월하는 것은 깨달음을 얻는 경지이므로 여기에는 수기를 받는 일도 없고 깨달음을 얻는 일도 없을 것입니다.

어떻게 해서 보살님은 여래가 되리라는 수기를 받았습니까? 보살님, 진여(眞如)*가 생하는 것을 수기가 이루어진 것이라고 합니까? 아니면 멸하는 것을 수기가 이루어진 것이라고 합니까? 설사 진여가 생하는 것이 수기를 이루는 것이라 해도 거기에는 생이 없으며, 멸하는 것이라 해도 거기에 멸은 없습니다. 중생 그 자체가 진여이며 모든 존재가 그대로 진여입니다. 따라서 보살님도 진여입니다. 만약 보살님이 수기를 받았다고 하면 모든 중생은 수기를 받은 것입니다. 왜냐하면 진여 그 자체는 둘이 있는 것도 아니고 구별되는

낱말풀이   진여(眞如)

*있는 그대로의 모습, 진실한 존재방식을 의미한다. 무상(無常), 무아(無我)이고 괴로운 것이 인생의 '진실한 모습'이며, 연기(緣起)하고 있는 이 세계가 틀림없는 '있는 그대로의 모습'이라고 하는 의미에서 '진여'라고 부른다.

것도 아니기 때문입니다. 또 보살님이 최상의 깨달음을 얻는다고 하면 모든 중생도 얻을 것입니다. 왜냐하면 중생 그대로가 깨달음의 실상이기 때문입니다. 그러므로 수기를 받았다고 설하여 천신(天神)을 유혹해서는 안됩니다.
 실제로는 최상의 깨달음을 구하고자 하는 마음을 일으키는 자도 없고 또 물러서는 자도 없는 것입니다. 그러므로 천신들로 하여금 깨달음에 대한 분별을 버리게 해야 합니다."
 그러므로 저는 문병하는 일을 감당할 수 없습니다."

중생이 아프니 보살도 아프다 [維摩經 問疾品]

 문수보살은 유마힐을 문병하기 위해 여러 대중과 함께 베살리로 갔다. 그때 유마힐은 문수보살 일행이 오고 있는 것을 알고 가구를 치우고 시중드는 사람들을 내보내고 홀로 침상 위에 누워 있었다. 문수보살이 들어서자 유마힐이 말했다.
 "어서오십시오, 문수보살님. 오는 것 없이 오셨고 보는 것 없이 보셨습니까?"
 문수보살이 유마힐에게 말했다.
 "그렇습니다. 거사님. 왔다 해도 온 것이 아니며 간다 해도 가는 것이 아닙니다. 왜냐하면 와도 온 곳이 없고 가도 간 곳이 없으며, 본다는 것도 사실은 보지 못하는 것입니다.
 그건 그렇고, 병환은 좀 어떠십니까? 부처님께서 안부를 전하셨습니다. 병은 어째서 생겼으며, 얼마나 오래 됐으며, 어떻게 하면 낳을 수 있겠습니까?"
 유마힐은 대답했다.

"내 병은 무명(無明)으로부터 애착이 있어 생겼고, 모든 중생이 앓으므로 나도 앓고 있습니다. 중생의 병이 없어지면 내 병도 없어질 것입니다. 왜냐하면 보살은 중생을 위해 생사에 들고 생사가 있으면 병이 있게 마련입니다. 중생이 병에서 벗어날 수 있다면 보살도 병이 없을 것입니다. 그러므로 보살의 병은 대비심(大悲心)에서 생깁니다."

"거사님의 병명은 무엇입니까?"

"내 병에는 증세가 없으므로 볼 수 없습니다."

"그 병은 몸의 병입니까, 마음의 병입니까?"

"몸과는 관계 없으니 몸의 병은 아니며, 마음은 꼭두각시 같으므로 마음의 병도 아닙니다."

"지수화풍(地水火風)의 요소 중 어디에 걸린 병입니까?"

"이 병은 지(地)의 요소에 걸린 것이 아닙니다. 그렇다고 지(地)의 요소와 관계가 없는 것도 아닙니다. 수(水)·화(火)·풍(風)의 요소에 대해서도 마찬가지입니다. 그러나 중생의 병이 네 가지 요소로부터 생겨 앓고 있기 때문에 나도 병든 것입니다."

"병든 보살은 어떻게 그 마음을 다스리고 극복해야 합니까?"

"병든 보살은 이와 같이 생각해야 합니다. '내 병은 모두가 전생의 망상과 그릇된 생각과 여러 가지 번뇌 때문에 생긴 것이지 결코 병에 걸려야 할 실체가 있는 것이 아니다. 왜냐하면 네 가지 요소가 결합되어 몸이라고 가칭(假稱)하였을 뿐, 네 가지 요소에는 실체로서의 주체는 없으며, 몸에도 역시 내가 없기 때문이다. 또 이 병이 생긴 것은 모두가 나에 집착하기 때문이다. 그러므로 나라는 것에 집착하지 말아야 한다.'

이와 같이 병의 근본을 알면 곧 나에 대한 생각도 중생에 대한 생각도 없어지고 존재에 대한 생각이 일어날 것이니 그 때는 또 이렇게 생각해야 합니다. '이 몸은 여러 가지 물질이 화합하여 이루어진 것이다. 생길 때는 물질만이 생기고 멸해도 물질만이 멸한다. 또 이 물질은 서로 알지 못해 생길 때 내가 생긴다고 말하지 않으며, 멸할 때 내가 멸한다고 말하지 않는다.'

또 병든 보살이 물질에 대한 생각을 버리기 위해서는 이렇게 생각해야 합니다. '물질에 대한 이 생각도 또한 뒤바뀐 생각이다. 뒤바뀐 생각이란 커다란 병이다. 나는 반드시 이것으로부터 떠나야 한다.'

떠난다고 하는 것은 나와 내 것으로부터 떠나는 것을 말합니다. 그것은 상대적인 것으로부터 떠나는 것을 말합니다. 상대적인 것을 떠난다 함은 주관과 객관을 떠나 평등한 행을 하는 것입니다. 평등이라고 하는 것은 나와 열반이 평등한 것이며, 나와 열반은 모두 공(空)한 것입니다. 공이라고 하는 것은 다만 이름에 지나지 않으며 그와 같은 상대적인 것은 변하지 않는 것이 없습니다. 이 평등함을 얻으면 다른 병은 없고 오직 공에 대한 집착만이 남지만 이 집착 또한 공인 것입니다.

이 병든 보살은 이제 괴로움과 즐거움을 감수(感受)하는 일이 없지만, 중생을 위해 온갖 괴로움과 즐거움을 감수합니다. 또 불법(佛法)이 중생계에서 충분히 성취되기 전에는 그 감수하는 일을 버리고 깨달음의 경지에 들지 않습니다.

그러므로 만약 자기의 몸이 괴로우면 악의 과보를 받는 중생을 생각하여 '나는 이미 괴로움을 극복하였으므로 모든 중생의 괴로움도 극복하도록 해야 한다.'는 대비심을 일으켜야 합니다.

그리고 병의 근본을 끊기 위해 가르쳐 이끌어야 합니다. 병의 근본은 반연입니다. 마음이 대상에 대하여 작용할 때, 그것은 병의 근본이 됩니다. 마음이 작용하는 대상은 삼계(三界)입니다. 이 마음의 작용을 끊기 위해서는 모든 것에 얽매이지 않아야 합니다. 만약 모든 것에 얽매이지 않으면 마음이 대상에 대해 작용하지 않을 것입니다. 마음이 얽매이지 않는다고 하는 것은 상대적인 생각을 떠나는 것이며, 상대적인 생각이라고 하는 것은 주관과 객관이며, 이것을 떠나는 것이 곧 모든 것에 얽매이지 않는 것입니다.

문수보살님, 병든 보살이 그 마음을 극복한다는 것은 이와 같은 것입니다. 그러나 보살은 마음을 극복하는 일에 집착하지 않으며, 극복하지 않는 일에도 집착하지 않습니다."

불이법문(不二法門) [維摩經 不二法門品]

유마힐은 보살들을 향해 말했다.

"여러분, 보살은 어떻게 해서 차별을 떠난 불이법문(不二法門)에 듭니까? 생각한 대로 말씀해 주십시오."

법자재(法自在)보살이 말했다.

"생과 멸은 서로 대립하고 있습니다. 그러나 진리는 본래 생하는 것이 아니므로 멸하는 일도 없습니다. 깨달음을 얻는 것이 곧 불이법문에 들어가는 것입니다."

덕수(德守)보살이 말했다.

"나와 내 것은 서로 대립하고 있습니다. 내가 있기 때문에 내 것이 있습니다. 만약 내가 없다면 내 것도 없습니다. 이것이 불이법문에 드는 것입니다."

묘비(妙臂)보살이 말했다.

"중생을 제도하고자 하는 보살의 마음과 자기의 깨달음만을 구하는 성문(聲聞)의 마음은 서로 대립해 있습니다. 그러나 마음은 공하고 꼭두각시와 같은 것이라는 것을 분명히 알 때, 보살의 마음도 성문의 마음도 없습니다. 이것은 불이법문에 드는 것입니다."

사자(師子)보살이 말했다.

"죄악과 복덕은 서로 대립하고 있습니다. 만약 죄악의 본성이 복덕과 다르지 않음을 깨달아 알고, 금강석과 같은 지혜로써 이러한 사실을 분명히 깨달으며, 거기에 속박을 받거나 해방되는 일이 없으면, 이것이 불이법문에 드는 것입니다."

나라연(那羅延)보살이 말했다.

"세간과 출세간(出世間)은 서로 대립해 있습니다. 그러나 세간의 본성이 공하다는 것을 알면 이는 곧 출세간입니다. 그리고 그 세계에서는 들고 나는 일이 없으며, 넘치고 흩어지는 일도 없습니다. 이것이 불이법문에 드는 것입니다."

주정왕(珠頂王)보살이 말했다.

"정도(正道)와 사도(邪道)는 서로 대립하고 있습니다. 정도에 머물러 있는 사람은 이것은 그릇되고 저것은 바른 것이라고 분별하지 않습니다. 이 두 가지를 떠나는 것을 불이법문에 든다고 합니다."

요실(樂實)보살이 말했다.

"진실과 허위는 서로 대립하고 있습니다. 그러나 진실을 보는 사람은 진실조차도 보지 않는데 어찌 허위를 보겠습니까. 왜냐하면 진실은 육안으로 볼 수 있는 것이 아니고 지혜의 눈으로 보기 때문입니다. 그러나 이 지혜의 눈에는 본다고 하는 것도 보지 않는다고 하는 것도 없습니다. 이것을 불이법문에 든다고 합니다."

이와 같이 여러 보살이 설한 다음 문수보살이 말했다.

"내 생각으로는, 모든 것에 대해서 말도 없고 말할 것도 없으며, 가리킬 것도 식별할 것도 없으며, 일체의 질문과 대답을 떠난 것, 이것이 불이법문에 드는 것이라 하겠습니다."

그리고 유마힐에게 물었다.

"우리들은 각기 생각한 바를 말했습니다. 이제는 거사님의 차례입니다. 어떻게 하여 보살은 불이법문에 들어갑니까?"

이때 유마힐은 침묵한 채 아무 말이 없었다. 이것을 본 문수보살이 감탄하여 말했다.

"훌륭합니다! 참으로 훌륭합니다! 문자나 말 한마디 없이 이것이야말로 참으로 불이법문에 드는 것입니다."

승만 부인의 서원

승만 부인이 수기를 받다 [勝鬘經 如來眞實義功德章]

파사익 왕과 말리 부인은 부처님의 가르침을 받고 기쁨에 넘쳐 딸 승만을 생각했다.

"승만은 슬기롭고 생각이 깊으니 부처님을 뵙기만 하면 곧 법을 깨닫게 될 것이다. 바로 사람을 보내 보리심(菩提心)을 발하게 하는 것이 좋겠다."

말리 부인은 궁녀 찬다라를 승만의 시가(媤家)인 아요다국 궁궐로 보내 부처님의 공덕을 찬탄하는 소식을 전하게 했다. 승만 부인은 어머님의 소식을 듣고 기쁨을 이기지 못했다. 부인은 부처님의 큰 공덕을 일찍부터 듣고는 있었지만, 어머니로부터 이렇게 소식을 들으니 문득 부처님을 뵙고 공양하고 싶은 생각이 간절해져 부처님 계시는 사밧티를 향해 합장을 했다.

부처님을 뵙고자 하는 간절한 소망에 오랫동안 잠겨 있을 때 부처님께서는 제자들을 거느리고 아요다로 오셨다.

승만 부인과 그 권속들은 부처님을 뵙게 된 것을 매우 기뻐했다. 그들은 부처님의 발에 머리를 대고 절하며 부처님의 큰 공덕을 찬탄하였다. 승만 부인은 부처님의 한량없는 지혜와 공덕을 다시 찬탄한 뒤 부처님에게 귀의하고 세세생생(世世生生)토록 거두어 주실 것을 간청했다. 부처님은 승만 부인에게 전생에도 바른 법을 깨닫도록 교법을 일러 주었던 인연을 말씀하시고 이렇게 수기(授記)하셨다.

"여래의 참된 공덕을 찬탄한 인연으로 부인은 한량없는 미래에 천상과 인간세계에서 자유자재한 몸이 될 것이오. 어느 때 어떠한 곳에 있더라도 늘 여래를 볼 것이며, 이만 아승기겁 후에는 부처를 이룰 것이오. 그때의 이름을 보광(普光)여래라고 할 것이오. 부인이 성불할 그 세계에는 나쁜 일이라는 것이 없고, 늙고 병들고 시드는 일도 없으며, 마음에 맞지 않는 일을 겪는 괴로움이 없고, 몸과 목숨과 기운이 갖추어져 온갖 즐거움만 가득할 것이오. 또 그 세계에는 대승보살들과 선근(善根)을 익히고 닦은 사람들만 태어나게 될 것이오."

승만 부인이 수기를 받을 때에 한량없는 중생들과 천상 사람·인간 사람들이 그 세계에 가서 나기를 원하였는데, 세존께서 모두 소원대로 가서 나리라고 수기하셨다.

열 가지 서원과 세 가지 큰 원 [勝鬘經 十受章]

부처님께 성불하리라고 수기(授記)를 받은 승만 부인은 열 가지 서원을 스스로의 계율로 삼기로 하고 부처님께 여쭈었다.

"부처님, 저는 오늘부터 보리(菩提)를 이룰 때까지 다음 열 가지 서원을 지키겠습니다.

첫째, 받은 계율에 대해 범할 생각을 내지 않겠습니다.

둘째, 어른들에게 교만한 생각을 내지 않겠습니다.

셋째, 중생들에게 성내는 마음을 일으키지 않겠습니다.

넷째, 남의 잘생긴 용모를 시기하거나 값진 패물에 대해서 부러워하는 마음을 내지 않겠습니다

다섯째, 제 몸이나 제 소유(所有)에 대해 아끼려는 생각을 내지 않겠습니다.

여섯째, 제 자신을 위해서는 재물을 모으지 않고 가난하고 외로운 중생들을 구제하기 위해서만 모으겠습니다.

일곱째, 제 자신을 위하여서는 사섭법(四攝法)*을 행하지 않겠고, 때묻지 않고 싫어하지 않고 거리낌이 없는 마음으로 중생을 섭수하겠습니다.

여덟째, 외로워 의지할 데 없거나, 구금을 당했거나, 병을 앓거나 여러 가지 고난을 만난 중생들을 보면, 반드시 그들을 도와 편안하게 하고 고통에서 벗어나게 한 다음에야 떠나겠습니다.

아홉째, 살아 있는 짐승을 붙잡거나 가두어 기르거나 계율 범하는 것을 보게 되면, 제 힘이 닿는 데까지 그들을 타이르고 거두어 나쁜 일을 고치도록 하겠습니다. 그 까닭을 말씀드리면 타이르고 거두어 줌으로써 바른 법이 오래 머물고 나쁜 일이 점점 줄어들어 부처님의 가르침이 세상에 널리 펼쳐질 것입니다.

열째, 바른 법을 깊이 새겨 잊어버리지 않겠습니다. 그 까

교리탐구 **사섭법(四攝法)**

*보살이 중생을 제도할 때에 취하는 네 가지 태도를 말한다. 섭(攝)이라고 하는 것은 모든 중생들이 다 한마음 한뜻으로 화합할 수 있다는 말이다. ①보시섭(布施攝). 부처의 가르침이나 재물을 베풂. ②애어섭(愛語攝) : 부드럽고 온화하게 말함. ③이행섭(利行攝) : 몸과 입과 생각의 선행으로 남을 이롭게 함. ④동사섭(同事攝) : 서로 협력하고 고락을 같이 함.

닦은 바른 법을 잊어버리면 대승(大乘)을 잊게 되고, 대승을 잊어버리면 바라밀을 잊는 것이 되기 때문입니다. 만약 보살이 대승의 가르침을 잊어버린다면 바른 법을 거두어 지니지 못할 것이며, 스스로 그릇된 길에 떨어져 영원히 범부의 세계에서 벗어나지 못할 것입니다. 저는 이런 일을 큰 허물이라고 알고 있습니다. 바른 법을 몸에 지님으로써 저와 미래의 보살들은 헤아릴 수 없는 복덕(福德)*을 성취할 것입니다.

부처님, 저는 이와 같은 열 가지 서원을 지킬 것을 맹세합니다. 법왕이신 부처님께서는 증인이 되어 주십시오."

승만부인은 다시 부처님 앞에서 세 가지 큰 원을 세웠다.

"이 진실한 서원으로 한량없고 가없는 중생들을 안온하게 하려 하오니, 이 선근으로써 어느 세상이고 날 적마다 정법(正法)의 지혜를 얻어지이다. 이것이 첫째 큰 소원이옵니다. 제가 정법의 지혜를 얻은 뒤에는 싫어함이 없는 마음으로 중생들을 위하여 연설하겠습니다. 이것이 둘째 큰 소원이옵니다. 제가 정법을 받아 가지고는 몸과 생명과 재산을 버려서라도 정법을 보호하여 유지하겠습니다. 이것이 셋째 큰 소원입니다."

부처님께서 승만부인의 세 가지 원에 대해서 말씀하셨다.

"모든 물건이 공간 속에 들어 있는 것처럼, 보살의 무수한 원도 모두 부인이 세운 세 가지 원 속에 들어 있소. 그만큼 이 세 가지 원은 진실로 넓고 큰 것이오."

교리탐구 　복덕(福德)

*선행(善行)과 선행에 대한 과보(果報)로서 받는 공덕이다. 복덕은 행위의 결과로 받게 되는 측면과 복덕을 닦고 쌓는 과정 모두를 의미한다. 지혜를 갖춘 존재가 아라한임에 비해 지혜와 복덕을 모두 갖춘 존재는 부처님이다.

바른 법을 거두어 들이는 이치 [勝鬘經 攝受正法章]

승만 부인이 부처님께 여쭈었다.

"보살의 모든 원은 결국 한 가지 큰 원으로 들어갑니다. 한 가지 큰 원이란 바른 법을 거두어들이는 것입니다."

부처님께서 승만부인에게 말씀하셨다.

"부인의 지혜와 방편이 깊고 훌륭합니다. 부인은 이제까지 많은 선근을 심어 북돋아 왔습니다. 다음 세상 사람들도 선근을 얻은 사람이면 부인이 말하는 것을 알아들을 것이오. 부인이 말한 바른 법을 거두어 들인다 함은 과거, 현재, 미래의 여래들도 한결같이 말씀하시는 것이오. 나도 지금 바른 법을 거두어들이는 것을 말하고 있소. 바른 법을 거두어들이는 공덕이 그지없으므로 여래의 지혜와 변재도 그지없는 것이오. 왜냐하면 바른 법을 거두어들이는 것은 큰 공덕이 되고 큰 이익이 되기 때문이오."

승만부인은 다시 말했다.

"부처님, 제가 부처님의 위신력을 받들어 바른 법을 거두어들이는 크고 넓은 이치를 말씀드리려 합니다.

바른 법을 거두어들이는 뜻이 크고 넓다는 것은 곧 한량이 없으며, 모든 부처님의 교법(敎法)을 배워 팔만 사천 법문을 포섭하는 것이기 때문입니다. 비유하여 말씀드리면, 세계가 처음 이루어질 때에 큰 구름이 일어나 여러 가지 비와 여러 가지 보배를 비처럼 내리듯이, 바른 법을 거두어들이는 것은 한량없는 복덕과 한량없는 선근을 비처럼 내리는 것입니다.

세존이시여, 또 세계가 처음 이루어질 때에 큰 물더미가 있어서 삼천대천세계의 4백억 4주(洲) 세계들을 이루어내듯이 바른 법을 거두어들이는 것은 한량없는 대승의 법장(法藏)과 보살들의 신통력과 세간의 온갖 안온과 쾌락과 온갖 세간의 마음대로 자재(自在)함과 출세간의 안락을 내는 것이며, 세계가 이루어지는 것과 천상·인간에 본래부터 얻지 못하던 것이, 모두 그 가운데서 이루어집니다.

또 대지(大地)가 큰 바다와 산과 초목과 중생이라는 네 가지 무거운 짐을 지니고 있는 것과 같이 바른 법을 거두어들이는 사람은 기꺼이 네 가지 무거운 짐을 집니다.

바른 법을 거두어들이는 사람은 첫째 선지식을 만나지 못해 법문을 듣지 못한 중생들에게는 천상이나 인간 세계에서 행해야 할 착한 일을 가르치고, 둘째 성문(聲聞)을 구하는 이에게는 성문승(聲聞乘)을 가르쳐 주고, 셋째 연각(緣覺)을 구하는 이에게는 연각승(緣覺乘)을 가르쳐주고, 넷째 대승을 구하는 이에게는 대승을 가르쳐 주오니, 이것이 네 가지 무거운 짐을 지는 것입니다. 세존이시여, 이와 같이 바른 법을 거두어들이는 사람으로서 네 가지 무거운 짐을 지는 이는, 여러 중생들의 청하지 않은 벗이 되어 자비한 마음으로 중생들을 위로하고 어여삐 여겨 세상에서 법의 어머니가 되는 것입니다.

세존이시여, 바른 법을 거두어들임은 곧 바라밀(波羅蜜)입니다. 그 까닭을 말씀드리면, 바른 법을 거두어들이는 사람들이 보시(布施)로써 성숙시킬 이에게는 보시로 성숙시키되, 나아가 몸과 사지를 버리기까지 하여 저들의 뜻을 따라 두호하면서 성숙시키면, 저 중생이 바른 법을 세우나니 이것은 보시바라밀입니다. 또 지계(持戒)로 성숙시킬 사람에게는 감관과 생각을 맑게 하고 몸가짐을 바르게 하여 저들의 뜻을 따라 두호하면서 성숙시키면, 저 중생이 바른 법을 세우니 이것이 지계바라밀입니다. 인욕(忍辱)으로 성숙시킬 사람에게는 비록 그들이 꾸짖고 욕하거나 헐뜯고 위협하더라도 성내거나 두려워하지 않고 이롭게 하려는 마음과 참고 견디는 마음으로 저들의 뜻을 따라 두호하면서 성숙시키면, 저 중생이 바른 법을 세우니 이것이 인욕바라밀입니다.

정진(精進)으로 성숙시킬 사람에게는 게으르지 않고 부지런히 힘쓰게 하여 저들의 뜻을 따라 두호하면서 성숙시키면, 저 중생이 바른 법을 세우니 이것이 정진바라밀입니다. 선정(禪定)으로 성숙시킬 사람에게는 마음이 밖으로 흩어지지 않게 하여 예전에 한 일과 말을 잊지 않도록 하여 저들의 뜻에 따라 두호하면서 성숙시키면, 저 중생이 바른 법을 세우니 이것이 선정바라밀입니다. 지혜(智慧)로 성숙시킬 사람에게는 그들이 묻는 온갖 이치를 두려움이 없는 마음으로 여러 가지 이론과 방편으로 막힘 없이 가르쳐 바른 법을 이루게 하여 저들의 뜻을 따라 두호하면서 성숙시키면, 저 중생이 바른 법을 세우니 이것이 반야바라밀입니다.

세존이시여, 이러므로 바라밀은 바른 법을 거두어들인다는 것과 다르지 아니하니, 바른 법을 거두어들임이 곧 바라밀입니다.

또 세존이시여, 바른 법을 거두어들이는 것과 바른 법을 거두어들이는 사람이 다르지 않으니, 바른 법을 거두어들이는 사람이 곧 바른 법을 거두어들이는 것이기 때문입니다.

그 까닭을 말씀드리면, 바른 법을 거두어들이는 사람은 몸과 목숨과 재산의 세 가지를 다 버리기 때문입니다.

바른 법을 거두어들이는 사람이 몸을 버린다 함은 이 세상이나 저 세상에서 생로병사를 떠나 무너지지 않고 항상하며 생각할 수 없는 공덕인 여래의 법신(法身)을 얻는 것입니다. 목숨을 버린다는 것은 죽음을 완전히 떠나 끝이 없으며 항상 머물고 생각할 수 없는 공덕과 온갖 불법을 얻는 것입니다. 재산을 버린다 함은 다른 중생들과 달리 줄어듦이 없고 다함이 없는 공덕을 얻어서 일체 중생들의 훌륭한 공양을 받는 것입니다.

세존이시여, 이렇게 세 가지를 버리는 사람이 바른 법을 거두어들이므로 항상 일체 모든 부처님의 수기를 받으며, 일체 중생들이 우러러 사모함이 됩니다.

세존이시여, 제가 바른 법을 거두어들이는 이의 이러한 큰 힘을 보거니와 부처님께서는 진실한 눈이시고 지혜이시며 법의 근본이 되시고 법을 통달하시며, 바른 법의 의지가 되시니 모두 밝게 아실 것입니다."

그때 세존께서 승만 부인이 말한 바 바른 법을 거두어들이는 크나큰 정진력에 대하여 크게 기뻐하시며 말씀하셨다.

"승만이여, 내가 이 바른 법을 거두어들이는 공덕과 이치를 무수한 아승기겁 동안 말하더라도 그 끝을 다하지 못할 것이오. 바른 법을 거두어들이는 일이 한량없고 그지없는 공덕이 됩니다."

불자의 자세

길함과 흉함의 이유 [佛說阿難問事佛吉凶經]

아난존자가 부처님께 여쭈었다.

"사람이 부처님을 모실 때, 어떤 사람은 부귀함을 얻어 뜻대로 일이 잘 되고, 어떤 이는 도리어 쇠퇴하고 줄어들어 뜻대로 되지 못하니, 어찌하여 이렇듯 같지 않습니까? 바라옵건대 부처님께서는 널리 설명해 주시옵소서."

부처님께서 아난존자에게 말씀하셨다.

"어떤 사람이 부처님을 받들되 밝은 스승을 따라 계를 받아서 이를 잃지 아니하며, 정진하여 배우고 익힌 바를 받들어 행하여 아침저녁으로 예배하고 공경으로 향을 사르며, 재계(齋戒)*함을 싫어하지 아니하고 마음으로 늘 기뻐하는 이는 정법을 지키는 착한 신들이 옹호하여 가는 곳마다 뜻대로 되어 온갖 일이 갑절이나 잘 이루어질 것이다. 또 하늘과 용

낱말풀이 **재계(齋戒)와 지계(持戒)**

* 재계(齋戒)는 몸과 마음을 깨끗이 하고 언행을 삼가는 것으로 신구의(身口意)의 삼업을 청정히 하는 것이다. 재(齋)는 청정(淸淨), 계(戒)는 청정하게 하는 규범이란 뜻으로 각종 의식, 특히 기도·천도재 등을 올릴 때 심신을 깨끗이 하는 것을 말한다. 반면 지계(持戒)는 신도 5계, 비구 250계 등 부처님이 정한 계율을 자발적으로 지키는 것을 뜻한다.

과 귀신과 사람들의 공경을 받아서 나중에 반드시 도(道)를 얻나니, 이런 선남자와 선여인은 부처님의 참된 제자이니라.

그러나 어떤 사람이 부처님을 섬기되 훌륭한 스승을 만나지 못하고, 경전의 가르침을 보지 아니하고 믿는 마음이 굳지 못하며, 계(戒)라는 이름만 있을 뿐 바른 율(律)을 어기고 범하며, 이미 위의(威儀)를 잃은 채 향을 사르거나 등을 밝히는 등의 예를 행하지 않고, 항상 성내고 화내며 악한 말을 하고 욕을 하며, 재(齋)를 지낼 때 지계(持戒)하지 않고 살생을 행하며, 불경(佛經)을 공경하지 아니하여 낡은 상자나 잡동사니 속에 두어 세간의 속서(俗書)와 다름없이 취급한다면, 바라는 바를 이루지 못하여 현세에서는 불제자가 되지 못하고, 죽어서는 지옥에 떨어지게 된다.

또한 집안 식구들의 행동이 선하지 못하고, 병이 들면 지은 업(業)을 반성하여 고치려 하지는 않으면서 무당과 복술인(卜術人)을 불러 귀신제사를 지내니, 이런 집안은 선신(善神)들이 그들을 도와주려 하여도 그들과 인연을 지을 수가 없다. 어리석은 사람은 눈이 어두워서 스스로 반성하지 못하고, 먼저 공덕이 없는 일을 행하고서 도리어 천지(天地)를 원망하며, 성인을 책망하고 하늘을 탓하니, 미혹하고 어긋남이 이러하다. 이렇게 어리석어서 드디어 삼악도(三惡道)에 얽매임을 당하게 된다.

무릇 사람이 도를 얻음은 다 선(善)으로부터 나오니, 경전과 계율로 마음과 몸과 입을 막아라. 선함은 크고 단단한 갑옷이라 칼을 두려워하지 아니하며, 선함은 큰 배라 강을 건널 수 있으니, 능히 선함을 지키고 믿는 이는 집안이 편안하고 화합하며 현세의 경사와 복이 저절로 따른다.

그것은 스스로 행해서 얻는 것이요, 신(神)이 주는 것이 아니다. 누구든지 경과 계율을 믿지 않고 지니지 않으면 내세에는 더욱 심하게 될 것이다. 선과 악은 사람을 따르기를 마치 그림자가 형상을 따르듯 하니, 저절로 지옥에 떨어짐을 의심하지 말라. 난(難)에서 벗어나기를 구하며 진실로 믿고 범하지 말아야 처소가 항상 편안할 수 있는 것이니라.

부처님의 말씀은 지극히 성실하여 끝내 사람을 속이지 않는다. 부처님의 시대는 만나기 어렵고 사람의 몸은 얻기 어려운 것이니라. 네가 지금 부처님을 모신 것은 전생의 복이 큰 것이니, 마땅히 은혜 갚기를 생각하여 법(法)과 교(敎)를 펴야 한다. 널리 복밭[福田]을 위해 득도(得度)하기를 행하면 이르는 곳마다 걱정이 없을 것이다."

교살의 죄 [佛說阿難問事佛吉凶經]

아난은 다시 부처님께 아뢰었다.

"사람이 만약 제 손으로 죽이지 아니하고 남을 시켜서 죽인다면 그 죄는 어떠합니까? 죄가 없습니까?"

부처님께서 말씀하시었다.

"아난이여, 남을 시켜서 죽이는 것은 직접 죽이는 것보다 그 죄가 무거우니라. 왜냐하면 노비와 같이 신분이 낮은 사람은 죽이려는 뜻이 없는데 왕이나 지방 관리에게 명령이나 압박을 받아서 제 뜻과 상관없이 남에게 부림을 당한 것이지만, 남을 시켜 죽이는 이는 알고 일부러 범한 것이니, 잔인하게 해칠 것을 남몰래 도모하고 다시 다른 사람으로 하여금 죄를 짓게 하였으며 삼존(三尊)*을 속이고 도리어 자연의 이치를 저버렸으니, 그 죄는 막대하여 원수를 맺은 상대와 서로 갚아서 대대로 재앙을 받아도 끊어지지 않는다.

현세에서는 편안하지 못하고 죽어서는 지옥에 들어가 매우 혹독한 고통과 찢김을 받으며 지옥에서 나오면 축생이 되어 껍질과 뼈는 발려지고 고기는 사람에게 먹히게 된다.

이것은 다 전생에서 잔인하게 살생하고 함부로 이치를 거역하여 중생을 해치고 남몰래 해칠 마음을 품고 자비한 마음을 두지 않아서 남이 살생하는 것을 보면 대신 즐거워하여 직접 죽이는 것보다 더 통쾌하게 여긴 연유이니, 그 죄의 깊기가 이와 같으니라."

해야 할 일과 해서는 안 될 일 [佛說阿難問事佛吉凶經]

아난이 다시 부처님께 아뢰었다.

"말세의 제자가 이 마(魔)의 세계에 태어났으므로 많은 인연이 있으니, 곧 집을 다스리는 일[居家之求]과 먹고 사는 일[身口之累]이 있는데, 어떻게 행하여야 합니까?"

부처님께서 말씀하셨다.

"불제자가 되었으면 비록 인연이 있더라도 계를 지키고 범하지 말며, 진실한 믿음을 내어 삼가고 조심하며 공경하여 삼존(三尊)께 귀의하라. 또한 효도로 부모를 섬기고, 안과 밖을

낱말풀이   삼존(三尊)
*본존과 그 좌우에 모시는 두 분의 부처나 보살을 통틀어 이르는 말이다. 석가 삼존, 아미타 삼존, 약사 삼존 등이 있다. 또한 불법승(佛·法·僧)을 높이 이르는 뜻이기도 하다.

삼가며 헛되고 망령되이 생각지 말고, 품고 있는 마음과 말이 서로 부합되게 하라. 또 좋은 방편을 써서 나아가고 물러가는 때를 알아야 한다. 세간의 일[世間事]은 행해도 되지만 세간의 뜻[世間意]에 부합하는 것은 행하여서는 아니 되느니라."

아난이 부처님께 아뢰었다.

"어떤 것이 세간의 일이며, 어떤 것이 세간의 뜻입니까?"

부처님께서 말씀하셨다.

"불제자가 되었다면, 사고파는 일에 바른 말[斗]과 바른 저울과 바른 자[尺]로써 바르게 쓰는 것은 괜찮지만, 굽히거나 교묘히 속이어 남을 침해해서는 아니 된다. 장례하고 이사하기, 장가가고 시집가기 등이 세간의 일이다. 세간의 뜻이란 점치기, 부적 붙이기, 주문 외우기, 괴상한 제사, 무꾸리*, 불길한 날 꺼리기 등이니, 불제자라면 이런 일들을 해서는 아니 된다.

부처님의 5계를 받은 이는 곧 복덕이 있는 사람인지라, 두렵거나 피할 것이 없으며, 할 일이 있으면 마땅히 삼존께 여쭈고 행하라. 그러면 이르는 데마다 길하니라. 계와 덕을 갖춘 이는 도(道)로써 호위하여 굳세기 때문에 모든 하늘·용·귀신들이 다 공경하고 굴복하니, 계율이 높으면 이르는 곳마다 늘 편안하며, 통달하지 못한 사람은 스스로 걸림을

낱말풀이   무꾸리

*무꾸리는 '길을 묻는다.'는 어원에서 유래된 말이다. 길을 묻는 것처럼 무당이나 판수에게 가서 인생의 길흉화복을 점치는 것을 말한다. 민간신앙의 본래의 특색은 주술의례에 있고, 주술은 어떤 목적을 달성하기 위해서 초자연적인 힘이나 영적 존재를 이용하려는 종교행동이다. 이를 통해서 바라는 바를 실현하고자 하며, 앞으로 어떤 일이 일어날 것인가를 예언하는 전조(前兆) 신앙이 동반되는데, 이것이 '무꾸리'이다. 흉(凶)에 대한 불안을 없애고 길(吉)에 대한 바람에 목적을 둔 이익적 신앙이다.

만드느니라. 선과 악은 마음에 달렸고 화와 복은 사람에게 달렸나니, 마치 그림자가 형상을 따르고 메아리가 소리에 응하는 것과 같다. 하늘은 덮지 않은 것이 없고 땅은 싣지 않은 것이 없다. 계행의 공덕에는 복이 저절로 응하며, 천신이 옹호하여 시방을 감동시키며, 하늘과 함께 덕에 참여하여 공덕이 높고 높으며, 뭇 성인들이 찬탄하는 것을 다 헤아릴 수 없다. 지혜로운 이[智士]는 명(命)을 알아서 목숨을 마칠 때까지 삿되지 아니하며, 부처님의 가르침을 잘 알아 세상을 구제하는 방법을 얻느니라."

아난은 부처님께서 말씀하신 것을 듣고 곧 가사를 정돈하고 머리를 땅에 대고 말하였다.

"그러하옵니다, 세존이시여. 저희들은 복이 있어서 여래를 가까이에서 모시면서 법[法味]을 귀동냥하였습니다. 큰 은혜는 자비롭고 크시어 일체를 불쌍히 여기시고, 복밭을 일으켜 고통에서 벗어나게 하셨습니다. 그러나 부처님의 말씀은 지극히 참되오나 믿는 이가 적습니다. 이 세상의 못된 중생은 서로 헐뜯고 귀신을 믿으며 바른 것을 등지고 삿된 것을 향하므로, 하늘나라는 텅 비었고 지옥은 가득 찼으니 실로 가슴 아픈 일입니다. 믿는 이가 하나둘만 되었던들 어찌 이렇게 세상이 시들었겠습니까? 이제 부처님께서 멸도하시어 경법(經法)만 홀로 남게 된다면 수행하는 이는 더욱 적어지고 사람들은 점차 거짓되게 바뀌어 차츰 없어져서 결국엔 쇠멸할 터이오니, 아! 다시 무엇을 믿으리까? 오직 바라옵건대 세존께서 중생들을 위하여 신통을 남겨 화생하시고 열반에 들지 마옵소서."

| 제5장 |

불교도의 윤리

신도의 기본계율*

삼귀의(三歸依)와 신도 오계(五戒) [優婆塞 五戒相經]

부처님께서 성도(成道)하신 후, 바라나시의 녹야원(鹿野苑)에서 다섯 수행자를 귀의시킨 다음 장자(長者)의 아들 야사도 출가를 하였다. 야사의 부모는 집을 나간 외아들이 돌아오지 않는 것을 걱정하던 끝에 사방에 사람들을 놓아 아들을 찾게 했다. 아버지 자신도 아들을 찾아 나섰다. 강변에 이르러 야사가 벗어 놓은 듯한 황금빛 신을 발견했다. 강 건너 수행자들이 사는 녹야원에 가지 않았을까 하는 생각에 곧 강을 건넜다. 찾아간 곳은 부처님이 계신 처소였다. 부처님은 그를 위해 여러 가지 방편으로 설법을 하셨다.

야사의 아버지는 그 자리에서 마음이 열리어 신도가 되기

낱말풀이 계율(戒律)

* 계율의 어원은 산스크리트의 '실라(sila:戒)'와 '비나야(vinaya:律)'로 원래 불교용어이다. 즉 계율은 계와 율이 합쳐진 말로서 불교에 귀의한 이가 지켜야 할 규범이나 규율을 말한다. 원래 계(戒)는 출가자와 재가자가 각각 지켜야 하는 바에 차이는 있으나 승속 모두에게 요구되는 것으로 자발적인 의미가 강한 반면, 율(律)은 출가자로 이루어진 출가공동체인 승가의 화합과 악(惡)을 방지하기 위해 제정한 것으로 타율적이고 이를 범했을 경우에는 처벌 조항이 있는 규율이다. 또한 계율은 프라티목샤(波羅提木叉)라고 하여 각 계율 조항을 지켜서 따로따로 해탈한다고 하여 '별해탈(別解脫)'이라고도 한다.

를 원했다. 부처님은 그를 위해 삼귀의(三歸依)와 오계(五戒)를 차례대로 말씀하셨다.

"진리를 깨달으신 부처님께 의지합니다. 올바른 가르침에 의지합니다. 가르침을 수행하는 승단에 의지합니다."

이와 같이 삼귀의를 외게 한 다음 오계를 일러 주셨다.

"첫째, 산 목숨을 죽이지 마시오.

둘째, 주지 않는 것을 갖지 마시오.

셋째, 삿된 음행을 범하지 마시오.

넷째, 거짓말을 하지 마시오.

다섯째, 술을 마셔 취하지 마시오."

부처님이 야사의 아버지에게 "지킬 수 있습니까?" 하고 물으시니, 야사의 아버지는 "이 목숨이 다할 때까지 지키겠습니다." 하고 맹세했다.

이렇게 해서 야사*의 아버지는 부처님의 가르침 아래서 맨 처음으로 삼귀의와 오계를 받은 신도가 되었다.

팔관재계(八關齋戒)* [齋經]

어느 때 부처님께서는 사밧티 동쪽으로 가시다가 한 신도의 집에 들렀었다. '유야'라고 하는 신도는 여러 부인들과 같이 목욕 재계하고 부처님께 예배드린 후 지극한 마음으로

인물분석 야사(耶舍)

*중인도 바라시국의 선각장자의 아들로 인생의 무상함을 통감하고, 염세하는 마음을 내어 집을 떠나 부처님께 교화를 받았다. 녹야원(鹿野苑)에서 처음으로 부처님의 제자가 된 오비구(五比丘) 다음으로 제자가 되었다. 야사의 부모와 아내는 야사의 출가를 슬퍼하여 부처님께 찾아왔다가 부처님의 설법을 듣고 오계(五戒)를 받고 귀의함으로써 최초의 재가신도인 우바새(優婆塞)·우바이(優婆夷)가 되었다.

설법해 주시기를 청했다. 부처님께서는 여러 사람들에게 큰 복이 되고 좋은 공덕이 될 여덟 가지 재계(齋戒)의 법을 설하셨다. 하룻밤 하룻낮 동안만이라도 번뇌가 없는 아라한(阿羅漢)*처럼 생활하라고 말씀하신 것이다.

"첫째, 산 목숨을 죽이지 마시오. 아라한은 산 목숨을 죽이려는 생각이 없습니다. 자비로 중생을 사랑하여 원망하는 마음이 없고 모든 생명에 대해 내 몸처럼 여깁니다.

둘째, 남의 것을 훔치지 마시오. 아라한은 탐하고 아끼는 생각이 없습니다. 항상 깨끗하고 공경하는 마음으로 보시하기를 좋아하며, 무엇이든지 주면서도 바라는 마음이 없습니다.

셋째, 음행하지 마시오. 아라한은 음란한 마음이 없습니다. 이성에 대해 부정한 생각을 내는 일이 없고 청정한 마음으로 항상 정진을 즐깁니다.

넷째, 거짓말 하지 마시오. 아라한은 거짓말을 하지 않습니다. 생각이 항상 진실하여 조용히 하는 말은 그 마음과 같이 법에 맞으며 거룩한 말에는 거짓이 없습니다.

다섯째, 술 마시지 마시오. 아라한은 술을 마시지 않습니다. 그 마음에는 어지러운 일이 없고, 생각에는 게으름이 없으며, 밝고 바른 뜻에는 술을 생각지도 않습니다.

교리탐구   팔관재계(八關齋戒) / 아라한(阿羅漢)

* 팔관재계(八關齋戒) : 재가(在家)의 신도가 육재일(六齋日), 곧 음력 매월 8·14·15·23·29·30일에 하루 낮 하룻밤 동안 지키는 여덟 가지 계율을 말한다. 관은 금한다는 뜻이며, 재는 오전에 한끼만 먹고 오후에는 음식을 멀리 하여 부정을 없애는 의식이다. 또 계는 몸으로 짓는 허물과 잘못을 금하여 방지한다는 뜻이다.
* 아라한(阿羅漢) : 초기불교에서 불교의 수행자들 중에서 최고의 경지. 사성제의 이치를 깨달아 온갖 번뇌를 끊고 다시 태어나고자 하는 집착을 버린 성자를 말한다. 사람들의 존경을 받을 만한 공덕을 갖춘 성자. 응공(應供)·불생(不生)이라 번역된다.

여섯째, 몸에 패물을 달거나 화장하지 말며 노래하고 춤추지 마시오. 아라한은 생각을 방종하게 하지 않습니다. 좋은 의복이나 패물로 호사하거나 연지와 분을 발라 화장하지 않으며, 노래하고 춤추고 악기를 쓰는 일이 없으며, 오락이라면 구경도 하지 않습니다.

일곱째, 높고 넓은 큰 평상에 앉지 마시오. 아라한은 몸을 편히 하기 위해 높은 평상이나 좋은 자리에 앉거나 눕지 않습니다. 비단으로 된 이부자리 같은 것은 쓰지 않으며, 낮고 허술한 자리에 앉고 쉬며, 올바른 가르침을 생각합니다.

여덟째, 제때 아니면 먹지 마시오. 아라한은 법답게 먹는 시간을 지켜 정오에 한 때만 식사하며, 양에 맞추어 적게 먹고 정오가 지나면 먹지 않습니다.

이 여덟 가지 계법(戒法)은 온갖 나쁜 짓을 막는 문이며 한량없는 공덕을 얻게 하는 길입니다. 출가 수행승이 되어 도를 닦는 이들은 평생을 지키지만, 세속에 있는 신도로서는 그렇게 할 수 없으므로 하룻낮 하룻밤 동안만을 지키는 것입니다.

삼장재월(三長齋月)인 1월, 5월, 9월 달에나 육재일(六齋日)인 8일, 14일, 15일, 23일, 29일, 그믐날만이라도 깨끗하게 받아 지키면 그 복덕은 열 여섯 나라의 보물을 모두 한 곳에 쌓아 두고 혼자서 수용하는 것보다 더 클 것입니다. 모든 하늘의 선신들이 항상 보호할 것이므로 온갖 재앙은 저절로 없어질 것이며, 지혜의 길은 장엄하여 한량없는 공덕을 얻게 될 것입니다."

네 가지 근본계율

음행하지 말라 [首楞嚴經 六]*

부처님이 사밧티의 기원정사(祇園精舍)에 계실 때였다.

수많은 대중이 모인 자리에서 아난다는 옷깃을 여미어 합장하고 부처님께 말씀드렸다.

"자비하신 부처님, 저는 이미 성불(成佛)하는 법문을 이해하여 수행하는 일에 의심이 없습니다. 언젠가 부처님께서 말씀하시기를 자기는 제도되지 못했더라도 남을 먼저 제도하려는 것은 보살의 발심이고, 자기가 깨닫고 남을 깨닫게 하는 것은 여래가 세상에 순응하는 것이라고 하셨습니다. 저는 비록 제도되지 못했으나 미래의 중생을 제도하려 합니다. 부처님께서 열반

교리탐구 수능엄경(首楞嚴經)과 네 가지 근본계율

* 수능엄경은 선가(禪家)의 요체를 강조하면서도 밀교사상이 더해진 대승경전으로 〈대불정경(大佛頂經)〉, 〈능엄경(楞嚴經)〉이라고도 한다. 아난다 존자가 걸식을 하기 위해 사창가를 지나다가 마등가라는 여인의 꾐에 빠져 그녀의 딸에 의해 청정한 계를 깨뜨리게 될 시점에 부처님께서 능엄주의 신통력으로 구해준다. 아난다는 부처님 말씀을 많이 들어 알기는 하지만 선정을 닦아 마음의 힘을 기르지 못했음을 부끄러이 여겨 후회하고 부처님께 위대한 선정(수능엄정; 首楞嚴定)의 법을 청하면서 이 경이 설해지게 되었다. 능엄주에 의해 악마의 장애를 물리치고 선정에 전념하여 부처님의 지혜를 얻게 하는 것이 이 경의 목적이다. 참선과 관련이 깊은 내용이므로 우리나라에서는 〈금강경〉·〈원각경〉·〈대승기신론〉과 함께 스님들이 공부하는 전문강원의 사교과(四敎科) 과목으로 채택되어 학습되고 있다.

에 드신 뒤 말세에는 사특한 무리들이 나타나 그릇된 주장이 갠지스 강의 모래처럼 많을 것입니다. 그런 때에 부처님의 가르침을 배우는 사람들은 그 마음을 어떻게 가다듬어야 온갖 장애를 물리치고 보리심에서 물러나지 않을 수 있겠습니까?"

부처님은 아난다의 물음을 칭찬하시고 말씀하셨다.

"그렇다, 아난다. 네 물음과 같이 말세 중생을 제도하는 방법은 그 마음을 올바르게 가다듬게 하는 일이다. 그래서 수행하는 데에 세 가지 정해진 도리가 있다. 마음을 거두는 계율, 계로 말미암아 생기는 선정, 선정으로 말미암아 드러나는 지혜, 이것이 번뇌를 없애는 세 가지 공부다.

이 세상 모든 중생들이 음란한 마음만 없다면 생사에서 바로 해탈할 수 있을 것이다. 너희가 수행하는 것은 번뇌를 없애려는 것인데, 만약 음란한 마음을 끊지 않는다면 절대로 번뇌에서 벗어날 수 없다. 설사 근기(根機)*가 뛰어나 선정이나 지혜가 생겼다 할지라도, 음행을 끊지 않으면 반드시 마군의 길에 떨어지고 말 것이다.

내가 열반에 든 뒤 말세에는 그러한 마군의 무리들이 성행하여 음행을 탐하면서도 선지식 노릇을 하여, 어리석은 중생들을 애욕과 삿된 소견의 구렁에 빠뜨릴 것이다.

네가 세상 사람들에게 삼매를 닦게 하려거든 먼저 음욕부터 끊게 하여라. 이것이 모든 여래의 첫째 결정인 청정한 가르침이다. 그러므로 음욕을 끊지 않고 수도한다는 것은 모래를 쪄서 밥을 지으려는 것과 같다. 모래를 가지고는 백 천 겁을 찐다 할지라도 밥이 될 수 없는 것처럼, 음행하는 몸으로 불과

(佛果)*를 얻으려 하면 아무리 미묘하게 깨닫는다 하여도 그것은 모두 음욕의 근본에 지나지 않는다. 근본이 음욕이므로 삼악도에 떨어져 헤어날 수 없을 것인데 열반의 길을 어떻게 닦아 얻는단 말인가. 음란한 뿌리를 몸과 마음에서 말끔히 뽑아버리고, 뽑아버렸다는 생각조차 없어야 비로소 부처되는 길에 오를 수 있을 것이다. 이와 같이 하는 말은 여래의 말이고, 그렇지 않은 말은 마군의 말이다."

살생하지 말라 [首楞嚴經 六]

"아난다, 또 이 세상 중생들이 산 목숨을 죽이지 않으면 생사에서 해탈할 수 있을 것이다. 너희가 수행하는 것은 번뇌를 없애려는 것인데, 죽일 마음을 끊지 않는다면 번뇌에서 어떻게 벗어날 수 있겠느냐. 설사 근기가 뛰어나 선정이나 지혜가 생겼다 할지라도 죽일 마음을 끊지 않으면 반드시 귀신의 길에 떨어지고 말 것이다.

내가 열반에 든 뒤 말세에는 귀신의 무리들이 성행하여 고기를 먹고도 지혜를 얻을 수 있다고 할 것이다. 내가 비구들에게 다섯 가지 깨끗한 고기를 허락하였으나, 그 고기는 다 내 신통력으로 변화하여 만든 것이므로 본래 생명이 없는 것이다.

열대지방에서는 땅이 찌는 듯하고 습기가 많으며 모래와 돌

낱말풀이 　근기(根氣) / 불과(佛果)

*근기(根機) : 사람이 저마다 달리 가지고 있는 종교적인 자질이나 능력을 말한다. 부처님의 가르침을 받아들이고 교화될 수 있는 능력을 가리킨다.

*불과(佛果) : 불교 최고의 이상인 부처님이 깨친 지혜를 불과라고 한다. 모든 수행의 마지막 단계의 결과를 얻어 부처가 되는 것을 말한다.

이 많아 풀과 채소가 나지 못하기 때문에 내 신통력으로 마련된 고기라 이름하는 그것을 그곳 비구들이 먹은 일이 있지만, 중생의 살을 뜯어먹는 사람을 어떻게 불제자(佛弟子)라 하겠느냐. 고기 먹는 사람은 설사 마음이 열려 삼매를 얻었다 할지라도 사실은 모두 흉악한 나찰인 것이다. 과보가 끝나면 반드시 생사의 고해(苦海)에 빠져서 서로 죽이고 잡아먹기를 그치지 않으리니, 이러한 사람이 어떻게 삼계(三界)를 벗어나겠느냐.

네가 세상 사람들에게 삼매를 닦게 하려거든 산 목숨 죽일 생각을 끊게 하여라. 이것이 모든 여래의 둘째 결정인 청정한 가르침이다. 그러므로 산 목숨 죽이는 버릇을 끊지 않고 수도한다는 것은 제 귀를 막고 큰소리를 치면서 남들이 듣지 않기를 바라는 것과 같다. 그것은 숨길수록 드러나는 법이다. 청정한 비구나 보살은 걸어 다닐 때에 산 풀도 밟지 않으려고 조심하는데, 하물며 손으로 뽑겠는가. 대자대비를 행한다면서 어떻게 중생의 피와 살을 먹을 것인가. 만약 비구가 명주실이나 풀솜, 비단 옷, 가죽 신, 가죽 옷이나 털붙이를 입지 않고, 짐승의 젖이나 그 젖으로 만든 음식까지도 먹지 않으면, 그는 참으로 세상에서 벗어나 묵은 빚을 갚고 다시는 삼계에 나지 않을 것이다. 그들의 몸붙이를 입거나 먹으면 다 그들과 인연이 되기 때문이다. 사람들이 땅에서 나는 곡식을 먹고 발이 땅에서 떨어지지 못하는 것과 같은 이치다.

몸과 마음으로 중생의 살이나 몸붙이를 입지도 먹지도 말라. 이런 사람은 반드시 해탈하게 될 것이다. 이와 같이 하는 말은 여래의 말이고 그렇지 않은 말은 마군의 말이다."

훔치지 말라 [首楞嚴經 六]

"아난다, 이 세상 중생들이 훔칠 마음이 없으면 생사에서 해탈할 수 있을 것이다. 너희가 수행하는 것은 번뇌를 없애려는 것인데, 훔치는 마음을 끊지 않는다면 절대로 번뇌에서 벗어날 수 없다. 설사 근기가 뛰어나 선정이나 지혜가 생겼다 할지라도 훔칠 마음을 끊지 않으면 반드시 그릇된 길에 떨어지고 말 것이다. 내가 열반에 든 뒤 말세에는 요사스런 무리들이 성행하여 간사와 협잡으로 선지식 노릇을 할 것이다. 그래서 어리석은 사람들을 현혹케 하고, 가는 곳마다 남의 집 살림을 망하게 할 것이다.

내가 비구들에게 걸식하게 하고 제 손으로 익혀 먹지 못하도록 한 것도, 온갖 탐욕을 버리고 보리(菩提)를 이루게 하려는 뜻에서이다. 또 지금 살아 있는 동안 삼계에 묶어 가는 나그네로서 해탈의 길에만 전념할 수 있도록 하기 위해서이다. 그런데 어떤 도둑들은 내 법복을 입고 여래를 팔아 온갖 못된 짓을 하면서도 그것이 바른 법이라고 한다. 출가하여 계율을 지키는 비구를 도리어 소승이라 비방하고 한량없는 중생들을 의혹케 하니, 이 어찌 무간지옥(無間地獄)*에 떨어질 죄업이 아니겠는가.

교리탐구 무간지옥(無間地獄)과 아비규환(阿鼻叫喚)

*무간지옥은 불교에서 말하는 여러 지옥 중 고통이 가장 극심한 지옥이다. 범어(梵語) 아비치(Avici)를 음역하여 아비지옥(阿鼻地獄)이라고도 한다. 팔열지옥(八熱地獄) 가운데 하나로서, 무간이라고 한 것은 그곳에서 받는 고통이 간극(間隙)이 없이 계속되기 때문이다.
 오역죄(五逆罪) 등 지극히 무거운 죄를 지은 자가 죽어서 가게 된다는 지옥으로 살가죽을 벗겨 불 속에 집어넣거나 쇠매(鐵鷹)가 눈을 파먹는 따위의 고통을 끊임없이 받는다고 한다. 흔히 말하는 '아비규환'은 무간지옥의 다른 말인 '아비지옥'과 4번째 지옥인 '규환지옥'을 합한 말로, '참혹한 고통 가운데서 살려달라고 울부짖는 상태'를 뜻한다.

내가 열반에 든 뒤에 어떤 비구가 발심하여 삼매를 닦기 위해 여래의 형상 앞에서 지극한 신심으로 손가락 한마디를 태우거나 향 한 개비라도 사르면, 그는 지금까지 쌓인 묵은 빚을 한꺼번에 갚아 영원히 이 세상 일에 매이지 않고 온갖 번뇌에서 벗어나게 될 것이다. 바로 그 자리에서 깨닫지는 못한다 해도 이미 그는 법에 대한 마음이 결정된 것이다.

이와 같이 몸을 버리는 조그마한 인연이라도 짓지 않으면 설사 열반의 도를 이루더라도 반드시 인간에 돌아와, 내가 말먹이 보리[馬麥]를 먹듯이 묵은 빚을 갚게 될 것이다.

네가 세상 사람들에게 삼매를 닦게 하려거든 남의 물건 훔치는 일을 끊게 하여라. 이것이 모든 여래의 셋째 결정인 청정한 가르침이다. 그러므로 훔치는 짓을 끊지 않고 수도한다는 것은 새는 항아리에 물을 부으면서 가득 차기를 바라는 것과 같다. 비구는 가욋 물건을 모아 두지 않고, 빌어 온 밥을 남겨 배고픈 중생에게 베풀며, 대중이 모인 곳에 합장하고 예배하며, 누가 때리거나 욕하더라도 칭찬하는 것과 같이 여겨야 한다. 몸과 마음을 모두 버리고 뼈와 살을 중생들과 함께 하며, 여래가 방편으로 한 말을 제 맘대로 해석하여 초심자를 그르치지 않으면 그는 진실한 삼매를 얻을 것이다. 이와 같이 하는 말은 여래의 말이고 그렇지 않은 말은 마군의 말이다."

거짓말 하지 말라 [首楞嚴經 六]

"아난다, 이 세상 중생들에게 죽이고, 훔치고, 음행하는 일이 없어 세 가지 행동이 원만하다 할지라도 큰 거짓말을 하면 삼매가 청정하지 못하고 애욕과 삿된 소견에 떨어져 여래의 종자를 잃어버리게 될 것이다.

 큰 거짓말이란 알지 못하면서 알았다 하고, 깨닫지 못했으면서 깨달았다고 하는 것이다. 자기가 도인인 척하면서 '나는 이미 아라한과를 증득하고 보살의 자리에 올랐다.'고 하여 타인의 예배와 공양을 바란다면, 이런 사람은 부처의 종자가 소멸되고 선근이 아주 없어져 버린다. 다시 지혜가 생길 수 없으며 삼악도에 떨어져 헤어날 수 없을 것이다.

 내가 열반에 든 뒤 말세에 보살이나 아라한을 여러 가지 인물로 화현(化現)시켜 중생을 제도케 할지라도 '나는 보살이다', '나는 아라한이다,' 하여 후학(後學)들에게 여래의 비밀을 누설치 못하게 한다. 그런데 어떻게 중생을 속이는 큰 거짓말을 한단 말인가.

 네가 세상 사람들에게 삼매를 닦게 하려거든 거짓말을 끊게 하라. 이것이 모든 여래의 넷째 결정인 청정한 가르침이다. 거짓말을 끊지 않고 수도한다는 것은 똥으로 전단향을 만들려는 것과 같다. 아무리 애쓸지라도 향기를 얻을 수 없을 것이다.

 나는 비구들에게 바른 마음이 도량(道場)*이라고 했다. 평소에도 거짓말을 해서는 안될 터인데 어떻게 자칭 도인(道人)이

낱말풀이   **도량(道場)**

* 도량은 범어 보디마단(Bodhimadan, 菩提道場)'의 준말로 원래는 '석가모니 부처님이 성도하신 보리수 아래의 보리도량'을 지칭하는 개념이었다. 그래서 인도에서는 '도량'과 수행처인 '정사(精舍, 비하라)'를 엄격히 구별하여 불렀다. 하지만 세월이 지나면서 '불법(佛法)의 도를 닦는 터전', '진리를 닦는 장소'라는 의미가 되었다. 중국 수나라 양제가 조칙을 내려 사원을 도량이라 부르게 한 다음부터 불교와 도교의 수행처를 도량이라 하였다. 한문 '도장(道場)'을 음역하여 도량이라고 읽는데, 우리 나라에서는 사찰 전체를 가리키는 말이다.

노라 거짓말을 한단 말인가. 빌어먹는 거지가 공연히 '나는 왕이다.'라고 하다가 붙들려 처벌되는 것과 같다. 하물며 법왕(法王)*을 어떻게 사칭할 것인가.

곧지 못한 원인은 굽은 결과를 가져오게 마련이다. 비구의 마음이 활줄과 같이 곧으면 온갖 일에 진실하여 삼매에 들어도 장애가 없을 것이니, 그는 보살의 으뜸가는 깨달음을 성취할 것이다. 이와 같이 하는 말은 여래의 말이고 그렇지 않은 말은 마군(魔軍)*의 말이다.

아난다여, 네가 마음 가다듬는 방법을 묻기에 나는 이와 같은 계율을 말하였다. 보살의 길을 가려는 사람은 누구든지 먼저 이 네 가지 계율을 서릿발처럼 지녀야 한다. 그러면 저절로 번뇌의 가지와 잎이 나지 못해 마음으로 짓는 세 가지 업과 말로 짓는 네 가지 업이 일어날 인연이 없을 것이다.

이 네 가지 계율을 잃지 않으면 마음은 어떠한 환경에도 매이지 않아 마군의 장난은 생기지 않을 것이다."

낱말풀이 법왕(法王) / 마군(魔軍)

* 법왕(法王) : 법문(法門)의 왕이라는 뜻으로, 부처님을 찬탄해서 일컫는 말이다. 부처님은 법문의 주인이며 중생을 교화하는 분이므로 법왕이라 한다.
* 마군(魔軍) : 석가모니 부처님이 성도(成道)할 때에 마왕 파순이 그의 군대를 보내 성도를 방해하였는데, 이들 마왕의 군대를 마군이라고 한다. 수행을 방해하는 온갖 번뇌나 그릇된 일을 비유하여 마군이라 하기도 한다.

대승 보살의 계율

보름마다 외우라 [梵網經]

석가모니부처님께서 보리수 아래 앉아 크게 깨달으시고 보살의 계(戒)를 제정하셨다. 그것은 부모와 스승과 삼보(三寶)에 대하여 효도하는 길이고 바른 도에 대하여 효순하는 법이다.

효순하는 것을 계(戒)라 하고 제지(制止)라고도 한다. 부처님은 입으로 한량없는 광명을 발하며 말씀하셨다.

"나는 보름마다 여러 부처님의 계법을 외운다. 너희 보살들도 따라 외우라. 계의 광명이 입에서 나온 것은 연(緣)만 있고 인(因)이 없이 나는 것이 아니다.* 광명은 푸른 것도 아니고 누

교리탐구 　계의 광명은 인과법(因果法)이 아닌 불성(佛性)

*불교에서 말하는 인과법은 인과법칙(因果法則), 또는 인연법(因緣法)이라고도 하며, 연기법(緣起法)을 일컫는 말이다. 연기법은 연기(緣起)로서 인연생기(因緣生起) 즉 직접적 원인의 인(因)과 간접적 원인인 연(緣)에 의지하여, '다른 것과의 관계에서' 생겨난다는 것이다.
　그런데 초기불교의 경전에서도 열반은 연기법의 원리를 초월해 있다고 기록하고 있다. 즉 부처님 되기를 의도하여 성불을 목적으로 수행한다고 성불할 수 있는 것이 아니라 부처님께서 안내한 길을 꾸준히 가는 어떤 지점에서 깨달음을 성취할 수 있다는 것이다. 본문에서 "계의 광명이 입에서 나온 것은 연(緣)만 있고 인(因)이 없이 나는 것이 아니며 …… 인과법(因果法)도 아니다."라고 한 것은 〈범망경보살계본〉이 '모든 이들에게 불성이 내제되어 있다.'는 대승 여래장사상의 관점에 있음을 말해주는 대목이다. 불성은 이미 결정된 인(因)으로 모든 이들에게 이미 있으므로 계율을 꾸준히 지켜가면 부처님의 법신(法身)이 우리에게 항상 머문다는 것이다.

런 것도 아니며, 붉은 것도 아니고 흰 것도 아니며 또한 검은 것도 아니다. 빛깔도 아니고 마음도 아니며, 있는 것도 아니고 없는 것도 아니며 인과법(因果法)도 아니다.

모든 여래의 근본이고 보살도를 행하는 근본이며 모든 불자(佛子)들의 근본이다. 그러므로 불자들은 받아 지켜야 하고 외워야 하며 잘 배워야 한다.

불자들은 잘 들어라. 한 나라의 왕으로부터 짐승에 이르기까지 법사(法師)*의 말을 알아들을 수 있는 이는 신분의 높고 낮음을 막론하고 모두 이 계를 받을 것이니, 계를 받음으로써 가장 청정한 자가 될 것이다. 여러 불자들, 나는 이제 보살의 열 가지 중한 계를 말하겠다."

열 가지 중한 계(十重大戒) [梵網經]

"첫째, 중생을 죽이지 말라.

온갖 목숨 있는 것을 제가 죽이거나 남을 시켜 죽이거나, 수단을 써서 죽이거나 칭찬하여 죽게 하거나, 죽이는 것을 보고 기뻐하거나 주문을 외워 죽여서는 안 된다. 즉, 죽이는 인(因)과 죽이는 연(緣)과 죽이는 방법과 죽이는 업(業)으로 목숨 있는 것을 죽여서는 안 된다. 보살은 항상 자비스런 마음과 공손한 마음으로 모든 중생을 구원해야 할 것인데, 도리어 방자한 생각과 통쾌한 마음으로 산 것을 죽인다면 그것은 큰 죄가 된다.

낱말풀이 　**법사(法師)**

*부처님의 가르침에 정통하고 교법(教法)을 가르치는 스승이 되는 스님으로 산스크리트 '다르마-바나카(dharma-bhanaka)'를 번역한 것이다. 불교의 가르침을 설하는 이, 또는 중생을 이끄는 스님이라는 뜻도 있다.

둘째, 주지 않는 것을 훔치지 말라.

주인이 있는 물건이든 도둑들이 훔친 것이든 바늘 한 개, 풀 한 포기라도 제가 훔치거나 남을 시켜 훔치거나 수단을 써서 훔쳐서는 안 된다. 보살은 항상 자비스런 마음과 공손한 마음으로 모든 중생을 도와 복되고 즐겁게 해야 할 것인데, 도리어 남의 물건을 훔친다면 그것은 큰 죄가 된다.

셋째, 음행하지 말라.

제가 음행하거나 남을 시켜 음행하게 하지 말며, 몸의 어느 부분에든지 음란한 짓은 하지 말라. 보살은 항상 공손한 마음으로 모든 중생을 제도하여 청정한 법을 일러주어야 할 것인데, 도리어 음란한 마음을 내어 가까운 친척도 가리지 않고 음행을 하여 자비한 마음이 없어진다면 그것은 큰 죄가 된다.

넷째, 거짓말 하지 말라.

제가 거짓말 하거나 남을 시켜 거짓말을 하게 하거나 수단을 써서 거짓말 해서는 안 된다. 보살은 항상 올바른 말을 하고 올바른 견해를 가져야 하며, 모든 중생들에게 올바른 말을 하게 하고 올바른 견해를 갖게 해야 한다. 그런데 도리어 중생에게 옳지 못한 말과 옳지 못한 소견과 옳지 못한 업을 일으킨다면 그것은 큰 죄가 된다.

다섯째, 술을 팔지 말라.

제가 술을 팔거나 남을 시켜 팔아서도 안 된다. 술은 허물을 짓는 인연이 된다. 보살은 항상 모든 중생에게 밝고 빛나는 지혜를 내게 해야 할 것인데, 도리어 뒤바뀐 마음을 내게 한다면 그것은 큰 죄가 된다.

여섯째, 사부대중(四部大衆)의 허물을 말하지 말라.

출가한 보살과 집에 있는 보살과 비구와 비구니의 허물을 제 입으로 말하거나 남을 시켜 말하게 해서는 안 된다. 보살은 만약 나쁜 사람들이 바른 법에 대해서 법이 아니고 율(律)이 아니라고 말하는 것을 들으면, 자비스런 마음으로 그들을 교화하여 대승(大乘)*에 대한 신심을 내게 해야 한다. 그런데 도리어 자신이 바른 법에 대한 허물을 말한다면 그것은 큰 죄가 된다.

일곱째, 자기를 칭찬하고 남을 비방하지 말라.

자기를 칭찬하고 남을 비방하거나, 남을 시켜 자기를 칭찬케 하고 다른 사람을 헐뜯게 해서는 안 된다. 보살은 모든 중생을 대신해서 남의 비방과 욕을 달게 받으며, 나쁜 일은 제게 돌리고 좋은 일은 남에게 돌려주어야 한다. 그런데 자기 공덕을 드러내고 남의 잘한 일을 숨겨 다른 사람에게 비방을 받게 한다면 그것은 큰 죄가 된다.

여덟째, 제 것을 아끼려고 남에게 욕하지 말라.

제가 아끼거나 남에게 제 것을 아끼게 해서는 안 된다. 보살

교리탐구 대승(大乘)불교와 소승(小乘)불교

* 대승은 산스크리트 '마하야나(Mahayana)'를 의역한 것으로 '커다란 탈 것'이라는 뜻이다. 기원전 1세기를 전후로 하여 부파불교 승단과는 별개로 새로운 불교운동이 일어났고, 이 새로운 운동은 스스로를 대승이라고 하고 부파불교를 소승으로 폄하하였다. 이 운동은 부처님의 유골을 모시는 탑을 숭배하는 재가자들로부터 일어났는데, 부파불교의 가르침이 '법(法)' 중심인 것에 반해 대승의 가르침은 '불(佛)' 중심이고 부파불교가 '출가(出家)' 중심인 불교인데 반해 대승은 '재가(在家)' 신자 중심의 불교이다.

대승불교 운동은 석가모니 부처님의 전생인 '보살(菩薩)'과 그 이타행(利他行)에서 가르침의 기본을 발견하고, '보살'을 이상적 인간상으로 보았다. 이 새로운 가르침은 기원전 1세기 이후, 〈반야경〉, 〈법화경〉, 〈화엄경〉 등 대승경전의 출현으로 이론적 토대가 확립되었다. 이론적으로는 '공(空)' 사상을 근간으로 하여 역사적 부처님이 아니라 진리 그 자체로서의 부처님인 법신(法身)과 다불(多佛)을 상징하였다. 또 수많은 모든 부처님의 행적으로서의 '반야(般若)'와 '방편(方便)'을 강조하고 있다. 3세기의 용수(龍樹)의 중관사상, 5세기의 세친(世親)의 유식사상에 의해 대승불교의 교리가 보다 체계적으로 확립되고 조직화되었다.

은 가난한 사람이 와서 달라 하면 무엇이든지 주어야 한다. 보살이 나쁜 마음과 성낸 마음으로 돈 한 푼, 바늘 한 개라도 주지 않고, 법을 구하는 사람에게 법문 한 구절, 게송 한마디라도 일러 주지 않으며, 도리어 나쁜 말로 욕한다면 그것은 큰 죄가 된다.

아홉째, 성내지 말고 참회를 잘 받아라.

제가 성내거나 남을 성내게 해서는 안 된다. 보살은 끝없는 자비심으로 모든 중생을 화평하게 하며 자비한 마음과 공손한 마음을 내게 해야 한다. 그런데 도리어 나쁜 욕지거리를 하여 주먹이나 작대기나 칼로 치고도 화가 풀리지 않아, 그 사람이 진심으로 참회하여도 받지 않는다면 그것은 큰 죄가 된다.

열째, 삼보를 비방하지 말라.

제가 삼보를 비방하거나 남을 시켜 비방케 해서는 안 된다. 보살은 이교도나 나쁜 사람들로부터 삼보를 비방하는 한마디의 말이라도 들으면 삼백 자루의 창으로 가슴을 찔린 듯해야 할 것인데 하물며 제 입으로 비방할 것인가. 신심과 공손한 마음을 내야 할 텐데 도리어 잘못된 소견을 가진 자들과 어울려 삼보를 비방한다면 그것은 큰 죄가 된다.

어진 불자들, 이것이 보살의 열 가지 '프라티목사(戒本)'이다. 마땅히 배워 이 중에 한 가지라도 범해서는 안 된다. 만약 이것을 범하면 이 몸으로 보리심을 내지 못하며, 온갖 공덕을 다 잃어버리고 삼악도에 떨어질 것이다. 보살은 지금 배우고 장차도 배울 것이며 이미 배운 것이니, 이 열 가지 계를 잘 배워 공경하는 마음으로 받아 지키라."

마흔 여덟 가지 계(四十八輕戒) [梵網經]

"이미 열 가지 프라티목샤를 말했으니 이제는 마흔여덟 가지 계를 말하겠다.

첫째, 스승과 벗을 공경하라. 보살계를 받은 이는 스승과 벗을 보거든 공경하는 마음으로 일어나 맞고 문안해야 한다. 보살이 교만하거나 게으르고 어리석고 성내는 마음에서 일어나 맞지 않고 예배하지 않고 법답게 공양(供養)하지 않으면 어찌 될 것인가. 만약 공양거리가 없으면 제 몸을 팔아서라도 스승과 벗을 공양할 것이니 그렇지 않으면 죄가 된다.

둘째, 술 마시지 말라. 술 때문에 생기는 과오가 한량이 없다. 술잔을 남에게 권하기만 하고도 오백 생 동안 손이 없는 과보를 받았다는데 어찌 몸소 마실 것인가. 보살은 이웃에게 술을 마시지 않도록 권유해야 할 것이다. 그러므로 보살이 술을 마시거나 남에게 마시게 하면 죄가 된다.

셋째, 고기를 먹지 말라. 고기를 먹으면 자비의 종자가 끊어지고, 중생들이 그를 보고는 달아난다. 그러므로 보살이 고기를 먹어서는 안 된다. 일부러 먹으면 죄가 된다.

넷째, 냄새나는 채소를 먹지 말라. 마늘·부추·파·달래와 같이 악취가 나는 채소는 무슨 음식에나 넣어 먹지 말라. 먹으면 죄가 된다.

다섯째, 계를 범한 사람은 참회시켜라. 오계(五戒)와 십계(十戒), 이 밖에 다른 금계(禁戒)를 범한 사람을 보거든 참회시켜야 한다. 보살이 이런 사람을 참회시키지 않고 함께 지내면서 이양(利養)을 같이 받으며, 대중이 모인 자리에서 계를 말해 주면서 그 죄를 들어 참회시키지 않으면 죄가 된다.

여섯째, 법사(法師)에게 공양하고 법을 청하라. 법을 가르치는 스승을 만나거든 일어나 맞아들이고 예배 공양해야 한다. 음식과 앉을 자리와 약과 소용될 물건을 공양하고, 법을 위해서는 몸도 잊어버리고 간절한 마음으로 설법해 주기를 청하라. 그렇지 않으면 죄가 된다.

일곱째, 설법하는 곳에 찾아가 들어라. 경이나 계율 혹은 바른 법을 말하는 곳이 있거든 나무 아래나 숲속이나 절을 가릴 것 없이 몸소 찾아가 들어라. 불자로서 가서 듣지 않고 묻지 않으면 죄가 된다.

여덟째, 대승법을 그릇되게 여기지 말라. 대승경전과 율을 부처님 말씀이 아니라고 하면서, 소승의 교법과 이교도의 사견(邪見)으로 만든 학설을 배우는 것은 죄가 된다.

아홉째, 환자를 잘 보살펴라. 보살이 환자를 보거든 부처님처럼 잘 받들어 공양해야 한다. 여덟 가지 복밭 가운데 간호하는 일이 으뜸가는 복밭이다. 보살이 병든 사람을 보고도 간호하지 않으면 죄가 된다.

열째, 살생하는 도구를 가지고 있지 말라. 사람을 죽이는 무기나 짐승을 잡는 기구는 무엇이건 마련해 두지 말라. 보살은 자기 부모를 죽인 사람에게도 원수를 갚지 않는데 하물며 중생을 죽일 것인가. 그러므로 그런 도구를 마련해 두면 죄가 된다.

열한째, 국가의 사신(使臣)이 되지 말라. 어떤 이익을 바라는 나쁜 생각에서 나라의 사신이 되어 적국과 통하거나 전쟁을 일으켜 많은 중생을 죽게 하지 말라. 보살은 군대들과 어울려 다니지도 않는데 하물며 자기 이익을 위해 나라를 해롭게 해서 될 것인가. 그러므로 그런 일을 하면 죄가 된다.

열두째, 나쁜 마음으로 장사하지 말라. 사람이나 가축을 사고 팔지 말며, 관(棺) 장사 같은 일을 하지 말라. 제가 하지도 않는데 남을 시켜 할 것인가. 제가 팔거나 남을 시켜 팔면 죄가 된다.

열셋째, 비방하지 말라. 나쁜 마음으로 남을 까닭없이 비방하면서 그가 무슨 죄를 지었다고 말하지 말라. 남을 해롭게 하여 좋지 못한 곳에 들어가게 하면 죄가 된다.

열넷째, 불을 놓지 말라. 나쁜 생각으로 불을 놓아 산과 들을 태우거나, 생물이 번성할 때 땅 위에 불을 놓지 말라. 남의 집이나 절, 혹은 전답이나 숲에 불을 놓아 태우면 죄가 된다.

열다섯째, 딴 법으로 교화하지 말라. 보살은 누구에게나 항상 대승경전과 대승 계율을 가르쳐 보리심을 내게 해야 한다. 그런데 보살이 만약 나쁜 마음과 미워하는 생각으로 소승의 경과 율이나 이교도의 그릇된 학설을 가르치면 죄가 된다.

열여섯째, 이익을 탐내지 말고 바르게 가르치라. 보살은 좋은 마음으로 대승의 위의와 경과 율을 먼저 배우고 그 뜻을 잘 해석해야 한다. 새로 발심한 보살이 멀리서 와서 대승의 경과 율을 배우고자 하면 법대로 온갖 고행을 일러줄 것이고, 그 다음에 바른 법을 차례대로 말해 마음이 열리고 뜻이 통하게 해야 한다. 보살이 어떤 이익을 위해 대답할 것을 대답하지 않거나 잘못 일러주어 앞뒤가 틀리게 하여 삼보

(三寶)를 비방하면 죄가 된다.

열일곱째, 세력을 믿고 무엇을 얻으려 하지 말라. 보살이 왕이나 관리들을 가까이 사귀어 그들의 힘을 믿고 재물을 달라고 하면 죄가 된다.

열여덟째, 아는 것 없이 스승이 되지 말라. 보살은 경전을 배우고 계를 지켜 그 뜻과 여래의 성품까지도 잘 알아야 한다. 경 한 구절, 게송 한마디도 알지 못하고 계율의 인연도 모르면서 아는 체하는 것은 저를 속이고 남을 속이는 짓이다. 모든 법을 두루 알지 못하면서 남의 스승이 되어 계를 일러주는 것은 죄가 된다.

열아홉째, 두 가지로 이간질 하는 말을 하지 말라. 나쁜 생각으로 이간을 붙여 화합을 깨뜨리거나 어진 이를 비방하는 일은 죄가 된다.

스무째, 산 목숨을 놓아 주고 죽게 된 것을 구제하라. 보살은 자비스런 마음으로 산 것을 놓아 주어야 한다. 따지고 보면 육도(六道)* 중생이 모두 내 아버지요 어머니이다. 짐승을 잡아먹는 것은 곧 내 부모를 죽이고 내 옛 몸을 먹는 일이 된다. 누가 짐승을 죽이려고 하거든 방편으로 구원하여 액난에서 벗어나게 해줄 것이며, 보살계를 일러주고 교화하여 중생을 제도할 것이다. 부모와 형제의 제삿날에는 법사를 청해 보살계와 경전을 읽어 죽은 이의 명복을 빌 것이니

낱말풀이 육도(六道)

*중생이 지은 선악의 원인에 의하여 윤회하는 6가지 세계. 지옥(地獄)·아귀(餓鬼)·축생(畜生)의 삼악도(三惡道)와 아수라(阿修羅)·인간(人間)·천상(天上)의 삼선도(三善道)를 통틀어 일컫는 말로서 업력(業力)으로 머무는 곳이다.

그러지 않으면 죄가 된다.

　스물한째, 성내고 때려 원수 갚지 말라. 보살은 마주 성내거나 때려서는 안 된다. 설사 부모 형제가 남에게 맞아 죽었더라도 원수를 갚지 말라. 산 목숨을 죽여 원수를 갚는 것은 효도에 맞는 일이 아니다. 출가한 보살이 자비심이 없어 원수를 갚는 것은 죄가 된다.

　스물두째, 교만한 생각을 버리고 법문을 청하라. 처음 출가하여 아무것도 알지 못하면서, 총명한 재주를 믿거나, 지위·나이·문벌·재산 같은 것을 믿고 교만한 생각으로 먼저 배운 법사에게 경과 율을 배우기 싫어하지 말라. 법사가 비록 나이 젊고 신분이 보잘것없고 용모가 온전치 못하더라도, 학덕이 있고 경과 율을 잘 안다면 그 법사에게 배워야 한다. 처음 배우는 보살이 법사의 문벌이나 따지면서 법을 배우지 않으면 죄가 된다.

　스물셋째, 교만한 생각으로 잘못 일러주지 말라. 보살계를 받으려 하여도 천 리 안에 법을 설해 줄 법사가 없을 때에는 불·보살 형상 앞에서 서원을 세우고 지극하게 기도하면서 상서(祥瑞, 복되고 길한 일이 일어날 조짐)를 보아야 한다. 법사가 경과 율과 대승법을 잘 안다는 것을 내세워 처음 배우는 보살이 경과 율을 묻는데도 교만한 생각으로 낱낱이 잘 일러주지 않으면 죄가 된다.

　스물넷째, 여래의 가르침을 잘 배우라. 보살이 여래의 경과 율과 대승법이 있어도 배우지 않고 어찌 소승과 이교도의 잘못된 학설이나 세속 학문을 배울 것인가. 이와 같은 일은 부처의 성품을 끊는 것이고 도(道)에 장애되는 것이며 보살의 할 일이 아니다. 일부러 그런 짓을 하면 죄가 된다.

스물다섯째, 대중을 잘 통솔하라. 법사가 되거나 교단의 책임자가 되거나 절의 주지가 되거나 어떤 일의 책임을 맡거든, 다투는 대중을 자비심으로 화해시키고 삼보의 재산을 수호하여 함부로 쓰지 말아야 한다. 만약 대중의 질서를 어기거나 삼보의 물건을 함부로 쓰면 죄가 된다.

스물여섯째, 혼자만 이양(利養)을 받지 말라. 어떤 절이나 여럿이 모인 곳에 객스님이 오거든 먼저 있던 대중이 일어나 맞아들이고 보낼 것이며, 음식을 공양하고 방과 이부자리와 평상과 방석 등 필요한 것들을 마련해 주어야 한다. 신도가 와서 대중을 초대하거든 객스님도 공양받을 분이 있으므로 절 책임자는 객스님도 함께 공양해야 한다. 만약 먼저 있던 사람들만 초대를 받고 객스님을 따돌린다면 절 책임자는 한량없는 죄를 지은 것이며 그는 짐승과 다를 것이 없다. 그런 사람은 사문이 아니며 불제자가 아니다. 이런 사람은 죄가 된다.

스물일곱째, 따로 초대받지 말라. 따로 초대를 받아 자기만 이양을 취해서는 안 된다. 이런 이양은 대중들이 똑같이 받을 것인데, 만약 혼자서만 초대를 받으면 이것은 대중들의 몫을 저 혼자 독차지하는 것이나 다름이 없다. 이런 일은 죄가 된다.

스물여덟째, 스님들을 따로 초대하지 말라. 출가한 보살이나 집에 있는 보살이나 신도가 스님들을 초대하려거든 먼저

절에 가서 일보는 사람에게 그 뜻을 말하라. 그러면 일보는 사람은 '스님들을 차례대로 초대하는 것이 모든 거룩한 스님들을 모시는 것이 됩니다.'라고 해야 한다. 세상 사람들이 오백 아라한이나 보살들만을 따로 초대하는 것은 차례대로 보통 스님 한 분을 초대하는 것만 못하다. 따로 초대하는 것은 이교도들이나 하는 풍습이고 여래의 가르침에는 따로 초대하는 법이 없다. 스님들을 일부러 따로 초대하면 죄가 된다.

스물아홉째, 나쁜 업으로 살지 말라. 어떤 이익을 위해 매음 행위를 하거나 관상 보고 점치거나 해몽을 하거나 주문과 술법을 쓰거나 독약 같은 것을 만들지 말라. 이런 행위는 자비스런 마음과 공손한 마음이 아니니 일부러 범하면 죄가 된다.

서른째, 재일(齋日)을 지키고 공경하라. 나쁜 마음으로 삼보를 비방하면서도 겉으로는 섬기는 체하며, 행위는 유(有)에 걸려 있으면서 입으로는 공(空)하다고 말해서는 안 된다. 세속 사람들과 사귀기를 좋아하고 그들에게 음란한 짓을 하게 하여 속박을 지어서는 안 된다. 육재일(六齋日)과 삼장재월(三長齋月)에 산 것을 죽이거나 도둑질하여 재를 깨뜨리고 계를 범하면 죄가 된다.

서른한째, 재난을 보거든 구해 내라. 불상이나 경전을 나쁜 사람들이 도둑질하여 팔거나, 스님과 발심한 보살들이 욕을 당하는 것을 보거든, 자비한 마음으로 어떤 방편을 써서든지 구해 내야 한다. 만약 구해 내지 않으면 죄가 된다.

서른두째, 중생을 손해보게 하지 말라. 산 것을 해치는 데에 쓰는 무기를 팔지 말며, 속이는 저울과 적게 드는 말

(斗)을 마련해 두지 말라. 권력을 의지해 남의 것을 빼앗거나 다된 일을 깨뜨리지 말며, 고양이나 돼지나 개 같은 가축을 기르지 말라. 그런 짓을 하면 죄가 된다.

서른셋째, 나쁜 짓은 보고 듣지도 말라. 방일한 마음으로 남녀의 싸움이나 전쟁이나 도둑들끼리 싸우는 것을 구경하지 말라. 노래하고 춤추는 것을 구경하지 말며, 투전이나 바둑·장기를 두지 말고, 도둑의 심부름을 하지 말라. 이런 짓을 하면 죄가 된다.

서른넷째, 잠시라도 마음을 놓지 말라. 불자는 계율을 다이아몬드 같이 알고 바다를 건너게 해주는 부낭(浮囊, 구명복)같이 여기라. 나는 아직 이루지 못한 부처요, 여래는 이미 이룬 부처임을 명심하고 보리심을 내어 잠시라도 잊어서는 안 된다. 만약 잠시라도 소승이나 이교도의 마음을 내면 죄가 된다.

서른다섯째, 원을 발하라. 부모와 스승에게 은혜 갚기를 원하며, 어진 도반과 함께 공부할 선지식 만나기를 원하며, 마음이 환히 열려 법대로 수행하기를 원하며, 계율을 굳게 지켜 잠시라도 마음에 흩어지지 않기를 원해야 할 것이니, 이런 원을 발하지 않으면 죄가 된다.

서른여섯째, 서원을 세우라. 불자는 계율을 지키면서 다음과 같은 서원을 세워야 한다.

'차라리 이 몸을 훨훨 타오르는 불구덩이나 날카로운 칼날 위에 던질지언정 삼세 부처님의 계율을 어겨 여인들과 부정한 짓을 하지 않겠습니다. 차라리 뜨거운 쇳물로 이 몸을 얽을지언정 파계한 몸으로 신심 있는 신도가 주는 옷을 입지 않겠습니다. 차라리 이 입으로 벌겋게 달은 쇳덩이를 삼킬지언정 파계한 입으로 신심 있는 신도의 음식을 먹지 않겠습니다. 차라리 이 몸을 뜨거운 철판 위에 누일지언정 파계한 몸으로 신심 있는 신도가 주는 의자나 방석을 받지 않겠습니다. 차라리 이 몸이 삼백 자루 창에 찔릴지언정 파계한 몸으로 신심 있는 신도가 주는 약을 받지 않겠습니다. 차라리 이 몸이 끓는 가마솥에 들어가 있을지언정 파계한 몸으로 신심 있는 신도가 베푼 방이나 집이나 절을 쓰지 않겠습니다. 차라리 쇠망치로 이 몸을 부수어 머리에서 발끝까지 가루를 만들지언정 파계한 몸으로 신심 있는 신도의 예배(禮拜)를 받지 않겠습니다. 모든 중생들이 다 같이 부처님이 되어지이다.'

보살이 만약 그와 같은 서원을 세우지 않으면 죄가 된다.

서른일곱째, 위험한 곳에 다니지 말라. 불자는 봄·가을 두타행(頭陀行)*을 할 때나 여름·겨울 참선할 때나 안거(安居)*할 때에 항상 다음 열 여덟 가지를 지녀야 한다. 칫솔·비누·가사·물병·바리·방석·육환장·물 긷는 주머니·수건·주머니칼·성냥·쪽집게·노끈·의자·경전·율문·불상·보살상 등…. 보살은 백 리 천 리를 가더라도 이 열

낱말풀이 　두타행(頭陀行) / 안거(安居)

* 두타행(頭陀行) : 속세의 번뇌, 의식주에 대한 애착, 욕망을 버리고 오직 청정하게 불도를 닦는 수행. 혹은 여러 괴로움을 무릅쓰고 불도에 매진하는 것을 말한다.

* 안거(安居) : 출가자들이 일정 기간 동안 외출을 금하고 수행하는 것을 말한다. 석가모니 부처님 당시의 출가자들은 우기(雨期) 3개월 동안에는 동굴이나 사원에서 수행에만 전념하였다. 이를 우안거(雨安居)라고 한다. 우리 나라에서는 음력 4월 15일에 시작하여 7월 15일에 마치는 하안거(夏安居)와 음력 10월 15일에 시작하여 이듬해 1월 15일에 마치는 동안거(冬安居)가 있다. 안거의 시작을 결제(結制)라고 하고, 안거의 종료를 해제(解制)라고 한다.

여덟 가지는 반드시 지니고 다녀야 한다.

이 물건이 몸에서 떠나지 않게 하기를 마치 새의 두 날개와 같이 할 것이다. 새로 발심한 보살은 보름마다 대중이 모인 자리에서 계본(戒本)을 외우라. 불보살 형상 앞에서 열 가지 중한 계와 마흔 여덟 가지 계를 외워야 한다. 두타행할 때에 험난한 곳에는 가지 마라. 적국의 국경, 악독한 왕이 있는 곳 , 초목이 무성한 곳, 사자나 호랑이 등 맹수가 사는 곳, 화재나 수재 폭풍이 있는 곳, 도둑이 들끓는 외딴 곳, 독사가 많은 곳에는 가지 마라. 두타행할 때나 안거할 때에 이런 위험한 곳에 가는 것은 죄가 된다.

서른여덟째, 높고 낮은 차례를 어기지 말라. 불자(佛子)는 바른 법과 같이 높고 낮은 차례를 따라 앉되 먼저 계 받은 이가 위에 앉고 나중에 계 받은 이가 아래에 앉아야 한다. 나이 많고 적음이나 신분을 묻지 말고 계받은 차례대로 앉아라. 어리석은 이교도들처럼 나이 많은 이나 적은 이나 앞뒤도 없이 함부로 앉지 말라. 만약 보살이 차례대로 찾아 앉지 않으면 죄가 된다.

서른아홉째, 복과 지혜를 닦게 하라. 중생을 널리 교화하여 절과 탑을 세우게 하고, 온갖 재난을 당했을 때도 대승 경전과 대승 율문(律文)을 말하여 복과 지혜를 골고루 닦도록 해야 한다. 새로 된 보살이 이와 같이 하지 않으면 죄가 된다.

마흔째, 계를 가려서 일러주지 말라. 남에게 계를 일러줄 때는 그 신분을 가리지 말고 누구나 받게 하라. 다만 살인자는 제외한다. 옷은 검박하게 물들여 법에 맞게 입으라. 비구의 옷은 일반인의 옷과 달라야 한다. 출가한 사람은 국왕이나 부모나 친척들에게 절하지 않으며 귀신을 위하지도 않는다. 멀리서 와서 계법(戒法)을 구하는 이에게 보살인 법사가 나쁜 마음으로 누구나 받을 수 있는 계를 일러주지 않으면 죄가 된다.

마흔한째, 이익을 위해 스승이 되지 말라. 열 가지 큰 계를 범한 사람은 불보살 형상 앞에서 참회시켜 상서(祥瑞)를 보도록 하고, 마흔 여덟 가지 계를 범한 사람은 법사에게 참회하면 허물이 소멸된다. 계를 일러주는 법사는 이와 같은 법과 대승 경률(經律)의 가볍고 큰 것과 옳고 그른 것을 잘 알아야 한다. 명예와 이끗을 위해서나, 제자를 탐내어 여러 가지 경과 율을 아는 체하면 이것은 저를 속이고 남을 속이는 것이니 죄가 된다.

마흔두째, 계 받지 않은 이에게 포살(布薩)*하지 말라. 포살할 때에 이끗을 위해, 보살계를 받지 않은 이교도나 그릇된 소견을 가진 자 앞에서 모든 부처님이 말씀한 큰 계를 설해서는 안 된다. 만약 이런 사람들 앞에서 계를 말하면 죄가 된다.

낱말풀이 — 포살(布薩)과 자자(自恣)

*불교에서의 참회수행법. 포살(布薩)은 출가 수행자들이 매월 15일과 30일에 한곳에 모여 계율의 조목을 독송하면서, 보름 동안 지은 죄가 있으면 참회하여 선을 기르고 악을 없애는 수행법이다. 재가(在家)의 신도의 경우 육재일(六齋日), 곧 음력 매월 8·14·15·23·29·30일에 하루 낮 하룻밤 동안 팔재계(八齋戒)를 지키는 것을 말한다.

이와 달리 자자(自恣)는 안거(安居)가 끝나는 날에 안거생활을 함께 한 스님들이 모여서 각자 안거 기간 중에 무슨 허물이 있었는지를 동료 스님들에게 묻는 의식이다. 스님들은 자기 차례를 기다려 대중 앞에 합장을 하고, 동료 스님들에게 안거 기간 동안 자신에게 무슨 잘못이 있었는지를 지적해 달라고 청한다. 동료 스님들은 이때 지적할 것이 있으면 지적하고 없으면 가만히 있는다. 이것은 서로간에 허물을 지적하고 참회함으로써 승가의 청정함을 유지하는 제도이다. 자자를 끝내 청정해진 스님에게 공양을 올리면 더욱 큰 공덕을 받는데, 조상의 영혼을 위로하는 우란분회(盂蘭盆會)가 자자가 끝나는 날에 열리는 것도 이 때문이다.

마흔셋째, 계 범할 생각을 내지 말라. 불자가 신심에서 출가하여 부처님의 바른 계를 받은 뒤에는 일부러 파계한 자는 신도들의 공양을 받지 못하며, 그 나라 땅으로 다니지 못하며 그 나라 물도 마시지 못할 것이다. 오천 귀신들이 항상 앞을 가로막고 큰 도둑이라 하면서 그 발자국을 쓸어버릴 것이며, 세상 사람들은 불법의 도둑이라 꾸짖을 것이고, 중생들은 그를 보기 싫어할 것이다. 바른 계를 깨뜨리는 이는 죄가 된다.

마흔넷째, 경전에 공양하라. 불자는 한결같은 마음으로 대승 경전과 율을 읽고 외우며 정성을 다해 써야 할 것이고, 함(函)을 만들어 모시고 꽃과 향으로 공양해야 한다. 이와 같이 법답게 공양하지 않으면 죄가 된다.

마흔다섯째, 중생을 항상 교화하라. 불자는 자비심을 일으켜 중생을 보거든 삼보에 귀의시켜 열 가지 큰 계를 받들도록 할 것이며, 짐승을 대하면 보리심을 내라고 속으로 생각하고 입으로 말해야 한다. 보살은 산이나 숲, 강이나 들에 갈 때에도 여러 중생들에게 보리심을 내게 해야 할 것인데, 만약 중생 교화할 생각을 내지 않으면 죄가 된다.

마흔여섯째, 법답게 설법하라. 불자는 남을 교화할 때 가엾이 여기는 마음을 가져야 하며, 여럿이 모인 대중 앞에서 법을 말할 때에는 반드시 높은 자리에 앉아 법답게 설법해야 한다. 듣는 대중들은 아랫자리에 앉아 향과 꽃으로 공양하며 부모와 스승께 공양하듯 해야 할 것이다. 법을 말할 때 법답게 하지 않으면 죄가 된다.

마흔일곱째, 옳지 못한 법으로 제한하지 말라. 국왕이나 관리들이 자기들의 세력을 믿고 불교를 파괴할 목적으로 제한하는 법을 만들어서는 안 된다. 출가하여 도 닦는 일을 못하게 하거나 불상과 탑과 경전과 절을 만들지 못하게 하는 등 온갖 옳지 못한 처사로 교단의 자유를 구속해서는 안 된다. 여러 사람을 교화할 보살이 어찌 관리들의 시중꾼이 된단 말인가. 국왕이나 관리들이 신심으로 부처님 계를 받았거든 삼보를 파괴하는 일은 하지 말라. 불교를 파괴하는 일을 하면 죄가 된다.

  마흔여덟째, 바른 법을 파괴하지 말라. 신심에서 출가한 불자가 명예와 이익을 위해 국왕이나 관리들과 결탁하여 비구·비구니나 계 받은 불자들을 구속하고 죄인처럼 다룬다면, 그것은 마치 사자의 몸에서 생긴 벌레가 사자의 살을 먹는 것과 같을 것이다. 보살은 여래의 계를 비방하고 모욕하는 소리를 들으면 삼백 자루 창으로 심장을 찔린 듯해야 할 것이다. 그런데 스스로 여래의 계를 깨뜨리거나 남을 시켜 파괴하는 인연을 지을 것인가. 계를 받은 이는 바른 법 보호하기를 외아들 사랑하듯 하고 부모 섬기듯 하여 파괴되지 않도록 해야 한다.

  여러 불자들, 이 마흔 여덟 가지 계를 받아 지키라. 과거의 보살들이 이미 배웠고, 미래의 보살들도 장차 배울 것이며, 현재의 보살들이 지금 배우고 있다. 이 보살계를 받은 이는 읽고 외우고 해석하고 써서 중생들에게 널리 펼쳐 교화가 그치지 않게 하라."

| 제6장 |

선사들의 법어

원효대사(元曉大師)의 법어*

발심수행장(發心修行章, 元曉大師**)**

　무릇 모든 부처님들께서 열반의 궁전을 장엄하신 것은 억겁의 바다에서 욕심을 버리고 고행(苦行)하셨기 때문이며, 모든 중생들이 불타는 집의 문 안에서 윤회를 거듭하는 것은 무량한 세상에서 탐욕을 버리지 않았기 때문이다.

　누구도 가로막지 않는 천당이건만 가서 이르는 자가 적은 까닭은 삼독과 번뇌로써 자기 집의 재물을 삼기 때문이며, 누구도 유혹하지 않는 지옥이건만 가서 들어서는 자가 많은 까닭은 네 마리의 뱀[四大]과 다섯 가지의 욕심[五欲]으로 망령스

인물분석　원효대사(元曉大師, 617~686)

*신라 진덕여왕 4년(650)에 의상스님(義湘, 625~702)과 함께 당나라 삼장법사 현장 스님(602~664)에게 불법을 배우려고 요동까지 갔지만, 순라군에게 첩자로 몰려서 갇혀 있다가 신라로 되돌아왔다. 10년 뒤, 의상 스님과 당나라에 유학을 가던 중, 무덤에서 잠을 청하였다가 잠결에 해골에 괸 물을 마시고 시원함을 느꼈다가 아침에야 알아챘다. 이때 "진리는 결코 밖에 있지 않다."는 기신론(起信論)의 묘한 이치를 깨달은 원효스님은 신라로 돌아와서 대중교화에 힘썼다. 원효 스님은 왕실 중심의 귀족화된 불교를 민중불교로 바꾸는데 크게 공헌하였을 뿐만 아니라, 종파적으로 흐르던 불교를 뛰어난 사상으로 회통(會通)시켰다. 이후 현장 스님이 고안한 논증 방식인 '비량(比量)'을 날카롭게 비판한 논서 「판비량론(判比量論)」을 저술하여 중국에 전했고, 이로써 현장 스님을 능가하는 세계적인 대사상가로 명성을 떨쳤다. 원효 스님의 저술을 본 현장스님과 당나라의 학승들은 원효 스님을 인도불교의 논리학을 확립한 진나(陳那) 존자가 환생한 존재로 여길 정도였다고 한다.

레 마음의 보물을 삼았기 때문이다.

　사람 가운데 그 어느 누가 산으로 들어가 도를 닦고자 아니하겠는가마는 그렇게 나아가지 않는 까닭은 애욕에 얽매여 있기 때문이다. 그렇지만 깊은 산으로 돌아가 마음을 닦지 못하더라도 자신의 힘에 따라 착한 일을 행하는 것은 버리지 말라. 스스로 능히 쾌락을 버릴 수 있으면 성인처럼 믿음과 공경을 받을 것이며, 행하기 어려운 일을 능히 행하면 부처님처럼 존중받을 것이다.

　재물을 아끼고 탐하는 자는 바로 마귀의 권속이며, 자비를 베푸는 자는 바로 법왕의 아들이다. 높은 산의 험준한 바위는 지혜로운 사람이 거처하는 곳이고 푸른 소나무의 깊은 계곡은 수행하는 자가 머무는 곳이다. 배고프면 나무 열매를 먹어 주린 창자를 달래고 목마르면 흐르는 물을 마셔 갈증나는 마음을 쉬게 할 것이다. 달디단 음식을 먹어 사랑으로 기를지라도 이 신체는 반드시 허물어질 것이며, 부드러운 옷을 입어 지키고 보호하더라도 이 목숨은 필연코 마침이 있을 것이다.

　메아리가 울리는 바윗굴을 염불하는 불당으로 여기고, 애처로이 우는 기러기 소리를 기쁜 마음의 벗으로 삼으라. 절하는 무릎이 얼음같이 시리더라도 따뜻한 기운에 집착하는 마음이 없어야 하며, 주린 창자가 마치 끊어지듯 하더라도 음식에 집착하는 마음이 없어야 한다.

　백 년도 잠깐인데 어찌 배우지 않을 것이며, 한 평생이 얼마나 길다고 수행하지 않고 놀기만 할 것인가. 마음 속에 애욕을 떨쳐버린 사람을 이름하여 사문(沙門)이라 하고 세속을 그리워하지 않는 것을 이름하여 출가(出家)라 한다.

　수행하는 자가 업의 그물에 걸리는 것은 개가 코끼리 가죽을 덮어 쓴 격이며, 도를 닦는 이가 애욕을 품는 것은 고슴도치가 쥐구멍에 들어간 격이다. 비록 재주와 지혜가 있으나 세속에 거처하며 집착에 끄달리는 자는 모든 부처님이 그 사람으로 인해 슬퍼하고 근심하는 마음을 일으키게 되고, 설령 도를 닦는 수행이 없더라도 산 속의 처소에 거주하며 걸림이 없는 자는 뭇 성인들이 그 사람으로 인해 기뻐하는 마음을 일으키게 된다.

　비록 재주와 학문이 있더라도 계행(戒行)이 없는 자는 마치 보물이 있는 곳으로 인도하여도 일어나 가지 않는 것과 같으며, 비록 부지런히 수행하더라도 지혜가 없는 자는 동쪽 방향으로 가고자 하면서 서쪽으로 향해 나아가는 것과 같다.

　지혜가 있는 사람의 수행은 쌀로 밥을 짓는 것과 같으며, 지혜가 없는 사람의 수행은 모래로 밥을 짓는 것과 같다. 모두들 밥을 먹어 주린 창자를 위로할 줄은 알면서도 불법을 깨우쳐 어리석은 마음은 고칠 줄을 모르는가!

　계행과 지혜를 모두 갖추는 것은 마치 수레의 두 바퀴와 같으며 스스로를 이롭게 하고 나아가 다른 이를 이롭게 하는 것은 마치 새의 양쪽 날개와 같다.

　죽을 얻고서 축원하면서도 그 뜻을 이해하지 못하면 그 역시 단월(檀越, 시주자)에게 수치스러운 일이 아닌가? 밥을 얻고 찬불을 하면서 그 이치에 도달하지 못하면 역시 성현에게 부끄러운 일이 아니겠는가? 사람들이 똥벌레가 깨끗하고 더러운 것을 분별하지 못함을 싫어하듯이 성현께서는 사문들이 깨끗하고 더러운 것을 분별하지 못함을 걱정하는 것이다.

　세간의 시끄러움을 버리고 천상으로 오르는 데는 계행이 훌륭한 사다리이다. 그러므로 계행을 깨트린 이가 남을 위하는 복밭(福田)이 되려는 것은 마치 날개 부러진 새가 거북을 업고 하늘로 오르려는 것과 같으니, 스스로의 죄업을 벗지 못한 이는 다른 이의 죄업을 풀어줄 수 없다. 그러니 계행이 없는 이가 어찌 다른 사람의 공양을 받을 수 있겠는가.

　계행이 없는 빈 몸은 고이 기르더라도 이익이 없으며, 덧없는 뜬 목숨은 사랑하고 아끼더라도 보존하지 못한다.

　용상대덕(龍象大德)이 되기 위해서는 기나긴 고통을 능히 참아야 하며, 사자좌(獅子座)에 앉으려면 세상의 향락을 영원히 등져야 한다. 수행하는 자로서 마음이 깨끗하면 모든 천신들이 함께 찬양할 것이며, 도를 닦는 이로서 여색에 연연하면 착한 신들이 버리고 떠날 것이다.

　사대(四大)는 홀연히 흩어지니 보존하여 오랫동안 머물지 못할 것이며, 오늘 저녁이 될지도 모르니 아침부터 서둘러 행해야 할 것이다. 세상의 쾌락은 고통이 뒤따르니 어찌 탐내어 붙들 것이며, 한 번 참으면 길이 즐거울 것이니 어찌 수행하지 않겠는가. 도를 닦는 사람의 탐욕은 수행인의 수치이며 출가한 이의 부귀는 군자의 웃음거리이다.

　핑계로 하는 말은 끝이 없기에 탐욕의 집착은 그칠 줄 모르고, 닦아야 할 수행은 끝이 없는데 세상 일은 버리지 못하며, 번뇌가 끝이 없는데 그것을 끊을 마음을 일으키지 않는다.

　오늘 당장 발심하지 않으면 악업을 짓는 날이 많아지고, 내일 또한 발심하지 못할 것이므로 선업을 지을 날은 적어지게 된다. 올해에도 발심을 미룬다면 번뇌는 한이 없고, 내년에도 발심할 가능성이 없으므로 깨달음에 나아가지 못한다.

한 시간 한 시간 옮겨가니 하루는 어둠으로 신속하게 나아가고, 하루 하루 옮겨가니 한 달은 그믐으로 신속하게 지나가며, 한 달 한 달 옮겨가니 홀연히 연말에 이르고, 한 해 한 해 옮겨가니 잠깐 사이에 죽음의 문에 도달한다.

부서진 수레는 구르지 못하듯이 늙은 사람은 수행할 수 없으니, 누우면 게으름과 나태만이 생기며 앉아 있으면 난잡한 의식만이 일어난다. 많은 생을 수행하지 않고 헛되이 밤낮을 보내고도, 이 빈 몸은 얼마를 살 것이라고 한 평생 수행하지 않는가! 몸은 반드시 끝마침이 있으니 내생에는 어찌할 것인가!

다급한 일이다.

급히 서둘러서 참생명을 회복해야 하지 않겠는가!

대승육정참회문(大乘六情懺悔, 元曉大師)

법계를 의지하여 처음 수행을 시작한 사람은 어느 것에도 헛된 행동을 함이 없고, 부처님의 불가사의한 공덕을 생각함으로써 널리 한없는 육도중생을 위하여 시방의 무량한 부처님께 귀의해야 합니다. 여러 부처님들은 서로 다르지도 않고 그렇다고 같지도 않으니, 한 부처님이 곧 일체의 부처이고 일체 부처님이 곧 한 분의 부처이십니다. 비록 머무는 곳이 없으시나 아니 계신 곳 없고, 아무 것도 하지 않으시나 모든 것을 다 하시니, 낱낱의 모습과 낱낱의 털구멍이 한없는 법계에 가득 차서 장애나 차별이 없고 중생을 교화하시기에 조금도 쉼이 없으십니다.

어찌하여 그런가. 모든 부처님은 시방삼세가 한 티끌 한 생각 중에 있고, 생사와 열반을 다르지 않게 보아 대비(大悲)와 반야(般若)로 그 둘을 잡지도 놓지도 않음이 불법(佛法)과 일치하기 때문입니다. 지금 이곳 연화장에서는 노사나불이 연화대에 앉아 끝없는 빛을 발하시어, 수많은 중생을 모아 놓고 설할 것 없는 대승법을 펴시고 허공을 꽉 매운 많은 보살대중도 누릴 것 없는 대승법락을 받아 누립니다.

그런데 지금 우리들은 하나의 실재가 삼보(三寶)인 아무 허물없는 여기에 함께 자리하면서도 보지도 듣지도 못함이 장님, 벙어리나 다름없으니 불성이 없음인가, 어찌 이러한가.

무명으로 전도되어 허망하게 바깥 경계를 짓고서 나[我]와 나의 것[我所]을 집착하여 갖가지 업을 짓고 스스로 무명에 덮히고 가리워져서 보지도 듣지도 못하게 되었으니 마치 아귀가 강에 다달았으나 물이 불로 보이는 것과 같구나. 그러므로 이제 부처님 앞에 깊이 부끄러운 마음과 깨닫겠다는 마음을 내어 지성으로 참회합니다.

"저와 중생이 시작 없는 때로부터 무명에 취하여 지은 죄가 너무 많습니다. 오역죄와 십악죄를 골고루 짓되, 내 스스로 짓거나 남을 시키거나 또는 남이 저지르는 것을 함께 좋아했으니, 이렇게 많은 죄들을 헤아릴 수 없습니다. 모든 부처님과 성현들이 증명해 주소서. 이미 지은 죄는 깊이 부끄러운 마음을 내고, 아직 짓지 않은 죄는 감히 다시는 짓지 않겠습니다."

그러나 이 모든 죄는 실제로 있는 것이 아니라 뭇 인연이 화합한 것을 거짓으로 업(業)이라 이름 했을 뿐이니, 연(緣)에는 업이 없고, 연을 떠나서도 업의 실성은 없습니다. 짓는 자의 안에 있지도 않고 밖에 있지도 않으며, 그렇다고 중간에 있지도 않습니다. 시간상으로 과거는 이미 없어져 버렸고 미래는 아직 생기지 않았으며 현재는 머무름이 없습니다.

그러므로 지어가고 있는 행위도 머무름이 없고 따라서 생멸이 없습니다. 애초에 있는 것[有]이라면 생겨났다고 할 수 없는데, 하물며 애초에 없으니 어찌 생겨났다고 할 수 있겠습니까. 만약 본래 없는 것[本無]과 지금 존재해 있는 것[今有] 둘이 화합된 것을 생(生)이라 한다면, 본무(本無)일 경우는 금유(今有)가 없거나 금유일 경우는 본무가 없어야 합니다.

선과 후가 만나지 못하고 유와 무가 합치지 않아서 두 뜻이 합해지지 않으니, 어느 곳에서 생겨났다고 하겠습니까. 모아짐[合]의 의미가 이미 사라져 흩어짐[散]의 의미도 또한 성립될 수 없으니, 모아짐도 아니고 흩어짐도 아니며, 있는 것도 아니고 없는 것도 아닙니다. 다음으로 무(無)일 경우는 유(有)가 없으니 무엇을 상대하여 무가 되며, 유일 경우는 무가 없으니 무엇에 기대어 유가 성립하겠습니까. 선후와 유무가 모두 성립되지 않습니다.

업의 성품은 본래 없는 것이어서 애초에 생겨나지 않은 것이니 어느 곳에 생겨났다 생겨나지 않았다 할 수 있겠습니까. 생겨났다고 할 수도 없고 생겨나지 않았다고도 할 수 없으며, '할 수 없다'는 말조차 할 수 없습니다. 업의 성품이 이렇듯이 모든 부처님의 성품도 마찬가지입니다.

경전에서 말하기를 "비유하면 중생이 업을 만들어 지으니 혹은 선하고 혹은 악하지만 이 사람의 안에 있지도 않고 바깥에 있는 것도 아니다. 이렇게 업의 성품은 있는 것도 아니고 없는 것도 아니다."라고 했으니 또한 이와 같습니다.

본래 없던 것이 지금 있게 된 것은 까닭 없이 생기지 않았습니다. 지을 것도 받을 것도 없지만 시절 인연이 화합하기 때문에 과보를 받습니다. 만일 이렇게 업의 실상을 끊임없이 생각하면서 참회하는 자는 사중오역죄(四重五逆罪)*를 지었다 해도 아무런 일이 없으니 마치 불이 허공을 태우지 못하는 것과 같습니다.

만약 방일하여 부끄러워할 줄 모르며 업의 실상을 생각하지 못하는 자는 비록 죄의 성품이 없다고는 하지만 장차 지옥에 떨어질 것이니, 마치 마술용 호랑이가 도리어 마술사를 삼켜버리는 경우와 같습니다. 이런 까닭에 마땅히 모든 세계의 부처님께 깊이 부끄러운 마음을 내어 참회를 해야 합니다.

참회하는 때에는 참회한다는 생각조차 내지 말아야 합니다. 참회의 실상을 생각하면 참회의 대상인 죄가 이미 없는데 어찌 참회의 주체가 있다 하겠습니까. 주체와 대상이 모두 다 성립할 수 없으니 어느 자리에 참회라는 법이 있겠습니까. 모든 업장에 대해 이와 같이 참회하고 나서, 육정(六情)*을 방일함에

낱말풀이 　사중오역죄(四重五逆罪)

*승단에서 추방되어 비구의 자격이 상실되는 네 가지 무거운 죄인 사바라이(四波羅夷)와 오역죄(五逆罪)를 합한 말이다. 사바라이는 출가수행자의 신분으로 ①음란한 짓을 함, ②도둑질을 함, ③사람을 죽임, ④깨닫지 못하고서 깨달았다고 거짓말을 함을 말한다. 이 계율을 범하면 스님의 자격을 잃게 된다. 오역죄는 p.156 참조.

대해서도 마땅히 참회해야 합니다.

"나와 중생은 모든 법이 애초에 생겨나지 않은 것[無生]임을 알지 못하고, 망상으로 전도되어 내[我]와 나의 것[我所]을 헤아리며, 안으로는 육정을 세워 거기에 의지해서 분별을 내고, 밖으로는 육진(六塵)*을 만들어 그것이 실제로 있는 것[實有]이라고 집착하면서, 이것이 모두 내 마음이 지어 낸 것으로 꿈 같고 허깨비 같아서 결국에는 있는 것이 아님을 알지 못한 채로 헛되이 남자다 여자다 하는 생각을 내어 많은 번뇌를 일으키고, 스스로 얽매고 묶이어 오래도록 고해에 빠져 벗어날 요체를 구하지 않았으니 가만히 생각해 보니 기가 막힐 노릇입니다."

비유하면 잠잘 때 잠이 마음을 덮어서 허망하게도 자기의 몸이 큰물에 휩쓸리는 것을 보고는, 다만 이것이 꿈꾸는 마음으로 나타난 것인 줄 알지 못한 채 실제로 물에 빠져 헤맨다고 생각하여 두려운 마음을 내며, 잠이 깨지 않는 때에는 또 다른 꿈을 꾸면서 '내가 보았던 것은 꿈이지 실재가 아니다.'고 합니다. 그러나 심성이 밝은 이는 꿈을 꾸면서 꿈인 줄 알기 때문에 물에 빠져 있으면서도 겁을 내지 않습니다. 그러나 아직도 몸이 침상 위에 누워 있는 줄을 알지 못하고서 고개를

낱말풀이 　육정(六情) / 육진(六塵)

* 육정(六情) : 안근(眼根)·이근(耳根)·비근(鼻根)·설근(舌根)·신근(身根)·의근(意根)을 각각 대상에 물든다는 의미로 정(情)이라고 하였다. 즉 우리가 대상세계를 지각하는 눈·귀·코·혀·몸·의식의 여섯가지 기능인 육근(六根)과 그 의미가 같다.

* 육진(六塵) : 안경(眼境)·이경(耳境)·비경(鼻境)·설경(舌境)·신경(身境)·의경(意境)을 각각 마음을 덮어 흐리게 한다는 의미로 진(塵)이라고 하였다. 즉 시각대상·청각대상·후각대상·미각대상·촉각대상·의식의 대상인 육경(六境)을 말한다.

움직이고 팔을 내저으면서 완전히 깨어나려 합니다. 완전히 깨었을 때 앞의 꿈을 쭉 따라서 생각해 보면 물과 떠내려간 몸은 간 데 없고, 오직 본래 고요히 누워 있음을 볼 뿐입니다.

긴 꿈[長夢]도 이와 같아서 무명이 마음을 덮어서 헛되이 육도(六道)를 짓고 팔고(八苦)에 유전(流轉)하다가, 안으로는 제불(諸佛)의 불가사의한 훈습력과 밖으로는 제불의 대자비로 세우신 원력에 힘입어 겨우 믿고 이해하니, 나와 중생이 오로지 긴 꿈을 꾸면서 허망하게도 그것을 실제라 여기고 육진(六塵)의 남녀 모습에 좋아하거나 싫어하니, 이것은 모두 꿈이요 실제의 일이 아니니 어느 곳에 근심과 기쁨을 내며 또 그 어느 곳에 탐욕과 성냄을 내겠습니까. 이러한 몽관(夢觀)을 자꾸자꾸 생각하면 점차로 여몽삼매(如夢三昧)를 얻게 되고, 이 삼매로 말미암아 무생인(無生忍)*을 얻어서 마침내 긴 꿈에서 활짝 깨어나니, 본래 유전이 전혀 없고 다만 일심이 평등하여 한결같은 침상에 누워 있을 뿐임을 바로 알게 됩니다.

만일 벗어나기를 이와 같이 하여 끊임없이 생각한다면 비록 육진경계를 대하더라도 실제라고 여기지 않으리니, 번뇌와 수치 참괴(慚愧)*가 스스로 나타나지 않습니다. 이것을 '대승 육정참회'라고 합니다.

낱말풀이 무생인(無生忍) / 참괴(慚愧)

* 무생인(無生忍) : 발생하지도 없어지지도 않는 진정한 진리의 세계를 깨달아 거기에 안주하여 움직이지 않는 지위를 말한다. 무생법인(無生法忍)이라고도 한다. 여기서 인(忍)이란 이 지위에 들어서 믿고(信) 받아들이고(受) 확실하게 아는 것이다. 법인(法忍)은 무간(無間)을 말하는 것으로 끊임없다는 것이다.
* 참괴(慚愧) : 허물을 부끄러워 하는 것. '참'은 자기가 지은 죄를 스스로 부끄러워 하는 것을 말하고 '괴'는 다른 사람들에게 대하여 부끄럽게 생각하는 것을 말한다.

의상조사(義湘祖師)의 법어*

법성게(法性偈, 義湘祖師 ; 圓照覺性 번역·分科**)**

1) 법성(法性)의 체용(體用)

法性圓融無二相	법의 성품 원융해서 두 모양 없고
諸法不動本來寂	모든 법 부동하여 본래 고요하여라
無名無相絶一切	이름도 모양도 없어 모든 것 초월했나니
證智所知非餘境	체득한 지혜로 알고 다른 경지 아니어라
眞性甚深極微妙	참 성품은 매우 깊고 아주 미묘하여
不守自性隨緣成	제 성품 지키잖고 인연 따라 모든 법 이루네

인물분석   의상조사(義湘祖師, 625~702)

* 우리나라 화엄종(華嚴宗)의 개조(開祖)이자 화엄십찰(華嚴十刹, 지리산 화엄사, 영주 부석사, 가야산 해인사, 계룡산 갑사, 금정산 범어사, 비슬산 옥천사 外)을 건립하였다. 함께 중국 유학길에 오른 원효대사가 신라로 돌아가자 당나라 사신의 배를 타고 중국으로 들어갔다. 중국 화엄학의 기초를 다진 지엄으로부터 8년 동안 화엄을 공부하였다. 신라로 돌아온 해에 낙산사(洛山寺)의 관음굴에서 관세음보살에게 기도를 드렸는데, 이때의 발원문인 〈백화도량발원문(白花道場發願文)〉은 그의 관음신앙을 알게 해주는 261자의 간결한 명문이다. 그 뒤 676년(문무왕 16) 부석사(浮石寺)를 세우기까지 화엄사상을 펼 터전을 마련하기 위해서 전국을 편력(遍歷)하였다. 강의와 수행에 전력했으며 의정(義淨)의 세예법(洗穢法, 더러움을 씻는 법)을 실행하여 수건을 쓰지 않았고 의복·병(瓶)·발우, 세 가지만 지녔다고 한다.

2) 처무애(處無礙)

(1) 일다자재(一多自在)

一中一切多中一　　하나 안에 일체이고 많음 안에 하나이며
一卽一切多卽一　　하나가 일체이고 많음이 하나이라

(2) 대소무애(大小無礙)

一微塵中含十方　　하나의 분자 속에 시방을 포괄했고
一切塵中亦如是　　일체의 분자 속에도 역시 그러하네

3) 시무애(時無礙)

(1) 염거무애(念劫無礙)

無量遠劫卽一念　　한량없는 긴 세월이 곧 짧은 찰나이고
一念卽是無量劫　　짧은 찰나가 곧 한량없는 세월이라

(2) 십세이성(十世異成)

九世十世互相卽　　九세와 十세가 서로서로 융화되는데
仍不雜亂隔別成　　그래도 혼잡없이 따로따로 존재하네

4) 대인(大人)의 경지

初發心時便正覺　　처음 발심할 때 문득 정각 이루고
生死涅槃常共和　　생사와 열반이 항상 서로 융화되도다
理事冥然無分別　　진리와 현실이 하나로 분별없음이여
十佛普賢大人境　　그는 곧 十佛 보현의 경지이네

5) 석가(釋迦)의 법익(法益)

能仁海印三昧中　　석가모니 부처님이 해인삼매 중에서
繁出如意不思議　　여의보(如意寶)를 엄청나게 자아내시며
雨寶益生滿虛空　　허공에 가득한 보배가 중생에게 내리시니
衆生隨器得利益　　중생이 근기에 따라 이익을 얻네

6) 수행인(修行人)의 득익(得益)

是故行者還本除	그러므로 수행자가 본제에 들어가려면
叵息忘想必不得	망상을 쉬지 않고는 될 수 없네
無緣善巧捉如意	집착 없는 솜씨에 여의보를 쥐고서
歸家隨分得資糧	집에 돌아가는 이마다 노자 마련하였는데

7) 중생(衆生)의 성불(成佛)

以陀羅尼無盡寶	다라니의 무진장인 보배를 가지고서
莊嚴法界實寶殿	법계의 진실한 보배궁전 장엄하였어라
窮坐實際中道床	마지막으로 실제중도 자리에 앉았으니
舊來不動名爲佛	옛적부터 부동한 자리 부처라고 하네

백화도량발원문(白花道場發願文, 義湘祖師)

삼가 머리 숙여 귀의하옵니다.

대자대비하신 관세음보살님의 위대한 깨달음의 세계[大圓鏡智]를 살피옵고 또한 이 제자의 본래 밝은 성품을 살피옵니다.

스승이신 관세음보살님의 영원하신 모습은 저 하늘의 밝은 달이 강물마다 비치듯이 거룩한 상호로 장엄하시건만, 어리석은 이 제자는 허공 속의 꽃과 같이 허망한 이 몸뚱이에 집착하여 마침내는 무너질 육신[正報]과 이 육신에 의지하여 살아가는 국토[依報]를 관찰하오니, 차별이 있고 끝이 있어서 깨끗하고 더럽고, 즐거웁고 괴로움이 큰 차이가 있나이다.

그렇지만 어리석은 이 제자의 몸과 마음이 저 성인의 완전한 깨달음의 경지를 떠나지 아니하니 이제 관세음보살님께 지극한 마음으로 귀의하옵니다. 제자의 마음 거울[心境] 속에 계

신 관세음보살님을 우러러 발원하오니 거룩하신 힘으로 보살
피고, 가피를 내려 주옵소서.

바라오니 이 제자는 세세생생 관세음보살님을 가장 높은 스
승과 성인으로 모시겠습니다.

관세음보살님이 지극한 정성으로 아미타부처님을 이마 위에
이고 받들듯이 저도 또한 관세음보살님을 높이 모시고 받드옵
니다. 관세음보살님께서 과거에 수행하실때 세운 열가지 큰
서원[十願]과 여섯갈래에 몸 나투어 가심[六向]과 천개의 손,
천개의 눈[千手千眼]으로 모든 중생을 보살피는 대자대비심을
갖추셨듯이, 저도 또한 이 세상과 저 세상에서 몸을 버리거나
몸을 받는 곳마다 항상 보살님의 설법을 듣고 중생을 위한 참
된 가르침을 함께 따라 돕고 거들렵니다.

모든 세상 온갖 중생이 다 함께 보살의 이름을 생각하게 하
고, 신비한 대비주(大悲呪)를 외워서 다같이 원통삼매(圓通三
昧)의 성품바다에 들어가기를 원하옵니다.

또한 바라옵건데 제자의 이 몸이 다하여 다음 생에 태어날
때 관세음보살님께서 큰 빛을 놓으셔서 저를 친히 이끌어
주옵소서. 그래서 모든 두려움을 멀리 떠나 마음이 편안하
게 해주시고, 한순간에 흰 연꽃으로 장엄된 백화도량(白花道
場)에 왕생(往生)하여 여러 보살님들과 더불어 바른 진리의
법을 듣고 진리의 흐름에 들어 생각마다 묘한 지혜가 더욱
더 밝아져서 부처님의 완전한 깨달음의 세계[無生法忍]에 들
게 하옵소서. 지극한 마음으로 발원을 마치오며 이 목숨 바
쳐 관세음보살님께 예배드리옵니다.

보조국사(普照國師)의 법어*

수심결(修心訣, 普照國師 知訥)

■ 불타는 집

삼계(三界)의 뜨거운 번뇌가 마치 불타는 집과 같은데 어째서 거기 머물러 그 긴 고통을 달게 받을 것인가. 윤회를 면하려면 부처를 찾아야 한다. 부처는 곧 이 마음인데, 마음을 어찌 먼 데서 찾으랴! 마음은 이 몸을 떠나 따로 있는 것이 아니다.

육신은 거짓이어서 생(生)이 있고 멸(滅)이 있지만, 참 마음은 허공과 같아서 끊이지도 않고 변하지도 않는다. 그러므로 "뼈와 살은 무너지고 흩어져 불로 돌아가고 바람으로 돌아가지만 한 물건은 신령스러워 하늘을 덮고 땅을 덮는다."고 한 것이다.

인물분석 보조국사 지눌(普照國師 知訥, 1158~1210)

*고려 의종 12년(1158년) 황해도 서흥에서 태어났다. 지눌 스님은 돈오점수(頓悟漸修, 단번에 깨달은 후에도 수행함)와 정혜쌍수(定慧雙修, 선정과 지혜를 함께 닦음)를 기치로 실천 위주의 불교를 주창했다. 지눌의 사상은 선(禪)의 삼문(三門) 체계로 대표된다. 이는 3단계의 깨달음이라는 자신의 체험에 바탕을 두어 조직된, 전통에 얽매이지 않은 독창적인 것이었다. 지눌 스님은 정혜결사(定慧結社)를 조직해 불교의 개혁을 추진했으며, 정혜쌍수에 입각한 선교일치(禪敎一致, 선종과 교종의 융합)를 추구했다. 그래서 선의 실천체계 속에 화엄사상을 적극적으로 도입하였는데, 이는 고려 불교사의 기본적 과제였던 선교(禪敎) 통합의 문제를 해결한 것으로서 결과적으로 한국 불교가 도달한 최고의 경지라고 할 수 있다.

슬프다! 요즘 사람들은 어리석어서 자기 마음이 참 부처인 줄 알지 못하고 자기 성품이 참 법인 줄을 모르고 있다. 법을 멀리 성인들에게만 구하려 하고, 부처를 찾고자 하면서도 자기 마음을 살피지 않는다. 만약 마음 밖에 부처가 있고, 성품 밖에 법이 있다고 굳게 고집하여 불도를 구한다면, 이와 같은 사람은 비록 티끌처럼 많은 세월이 지나도록 몸을 태우고 뼈를 두드려 골수를 내며, 피를 뽑아 경전을 쓰고 밤낮으로 눕지 않으며, 하루 한 끼만 먹고 팔만대장경을 줄줄 외며 온갖 고행(苦行)을 닦는다 할지라도 모래로 밥을 짓는 것과 같아서 보람도 없이 수고롭기만 할 것이다. 자기 마음을 알면 수많은 법문과 한량없는 진리를 구하지 않아도 저절로 얻게 될 것이다.

그러므로 부처님께서 말씀하시기를 "모든 중생을 두루 살펴보니 여래의 지혜와 덕을 갖추고 있다."하시고, "모든 중생의 갖가지 허망된 생각이 다 여래의 원각묘심(圓覺妙心)에서 일어난다."고 하셨으니, 이 마음을 떠나 부처를 이룰 수 없음을 알아야 한다. 과거의 모든 부처님들도 이 마음을 밝힌 분이며, 현재의 모든 성현(聖賢)들도 이 마음을 닦은 분이며, 미래에 배울 사람들도 또한 이 법을 의지해야 할 것이다. 그러므로 수행하는 사람들은 결코 밖에서 구하지 말 것이다. 마음의 바탕은 번뇌망상에 물들지 않아서 본래부터 스스로 원만히 이루어진 것이니, 망녕된 생각만 버리면 곧 그대로가 부처이다.

■ 불성은 어디에

[문] 만약 불성이 이 몸에 있다고 한다면 이미 몸 가운데 있으면서 범부(凡夫)를 벗어나지 못한 것이니, 저는 어째서 지금

불성을 보지 못합니까?"

 [답] 네 몸 안에 있는데도 네가 스스로 보지 못하는 것이다. 그대가 배고프고 목마른 것인 줄 알고 차고 더운 줄 알며, 성내고 기뻐하는 것은 무슨 물건인가? 또 이 육신은 지수화풍(地水火風)의 네 가지 요소가 모인 것이므로, 그 바탕이 미련해 식정이 없는데 어떻게 보고 듣고 깨달아 알겠는가. 보고 듣고 깨달아 아는 그것이 바로 너의 불성이다. 그러므로 임제스님께서는 "사대는 법을 설할 줄도 들을 줄도 모르고 허공도 또한 그런데, 다만 네 눈앞에 뚜렷이 홀로 밝은 형상 없는 한 물건[一物, 마음]만이 비로소 법을 설하거나 들을 줄 안다."고 말씀하셨다. 여기에서 말한 '형상 없는 한 물건'이란 모든 부처님의 법인(法印)이며 너의 본래 마음이다. 즉 불성이 네 안에서 버젓이 있는데 어찌 그것을 밖에서 찾느냐. 네가 믿지 못하겠다면 옛 성인들의 도에 든 인연을 몇 가지 들어 의심을 풀어줄테니 진실인 줄 믿어라. 옛날 이견왕(異見王)이 바라제 존자께 물었다.

 "어떤 것이 부처입니까?."

 존자는 이렇게 대답했다.

 "성품을 보는 것이 부처입니다."

 "스님은 성품을 보았습니까?"

 "그렇습니다. 나는 불성을 보았습니다."

 "성품이 어느 곳에 있습니까?"

 "성품은 작용하는 곳에 있습니다."

 "그 무슨 작용이기에 나는 지금 보지 못합니까?"

 "지금 버젓이 작용하는데도 왕이 스스로 보지 못합니다."

"내게 있단 말입니까?"

"왕이 작용한다면 볼 수 있지만, 작용하지 않는다면 그 자체를 보기 어렵습니다."

"만일 작용할 때에는 몇 군데로 출현합니까?"

"출현할 때는 여덟 군데로 합니다."

왕이 그 여덟 군데를 말해 달라고 하자, 존자는 말해 주었다.

"태 안에 있으면 몸이라 하고, 세상에 나오면 사람이라 하며, 눈에 있으면 보고, 귀에 있으면 듣고, 코에 있으면 냄새를 맡으며, 혀에 있으면 말을 하고, 손에 있으면 붙잡고, 발에 있으면 걸어다니며, 두루 나타나서는 온 누리를 다 싸고, 거두어들이면 한 티끌에 있습니다. 아는 사람은 이것이 불성인 줄 알고 모르는 사람은 정혼(精魂)이라 부릅니다."

왕이 이 말을 듣고 곧 마음이 열리었다.

또 어떤 스님이 귀종(歸宗) 화상께 물은 일이 있었다.

"어떤 것이 부처입니까?"

화상은 이렇게 말했다.

"그대에게 일러주고 싶지만 그대가 믿지 않을까 걱정이다."

"큰 스님의 지극한 말씀을 어찌 감히 믿지 않겠습니까?"

"그것은 곧 너니라."

"그렇다면 깨달은 후에 어떻게 닦아가야[保任] 합니까?"

"한 꺼풀 가리는 것이 눈에 있으면 실체가 없는 허공 속의 꽃[空花]이 어지러이 지느니라."

그 스님은 이 말끝에 알아차린 바가 있었다.

옛 성인의 도에 드신 인연이 이와 같이 명백하고 간단하여 힘들지 않았다. 이 법문으로 말미암아 알아차린 것이 있다면, 그는 옛 성인과 더불어 손을 마주잡고 함께 갈 것이다.

■ 신통 변화 (神通變化)

[문] 앞에 말씀하신 견성(見性)*이 참으로 견성이라면 그는 곧 성인입니다. 신통 변화를 나타내어 보통 사람과는 다른 데가 있어야 할 텐데, 어째서 요즘 수도인들은 한 사람도 신통변화를 부리지 못합니까?

[답] 너 함부로 미친 소리를 하지 말아라. 정(正) 과 사(邪)를 분간하지 못함은 어리석어 뒤바뀐 것이다. 요즘 도를 배우는 사람들이 입으로는 곧잘 진리를 말하지만 마음에 게으른 생각을 내어 도리어 자격지심(自激之心)에 떨어지는 수가 있으니, 다 네가 의심하는 것과 같은 데에 있는 것이다.

도를 배워도 앞뒤를 알지 못하고, 진리를 말하지만 본말(本末)을 가리지 못하는 것은 그릇된 소견이지 수학이라 이름할 수 없다. 자기를 그르칠 뿐 아니라 남까지도 그르치게 하는 것이니 어찌 삼가지 않을 것인가. 대체로 도에 들어감에는 문이 많으나 크게 나누어 돈오(頓悟)와 점수(漸修)* 두 문에 지나지 않는다. 비록 단번에 깨달음을 얻고[頓悟] 동시에 닦음도 완성되는 돈수(頓修)의 경우가 가장 으뜸가는 근기이지만, 과거를

낱말풀이 　견성(見性) / 돈오점수(頓悟漸修)

* 견성(見性) : 선가(禪家)에서 견성성불(見性成佛)이라는 문장으로 쓰인다. 미혹을 깨뜨리고 자기의 청정한 본성인 부처의 성품을 꿰뚫어 보아 깨닫는 것을 말한다.

* 돈오점수(頓悟漸修) : 돈오는 문득 깨달음에 이르는 경지를 말하고, 점수는 점진적으로 닦아가며 수행한다는 말이다. 돈오점수는 돈오 이전에 점수의 과정이 있어야 한다는 견해와 돈오 후에 점수한다는 견해로 나뉜다. 지눌스님은 깨우치지 못하고 수행만 한다면 참된 수행이 아니라는 '돈오후점수'의 입장에 서 있었다.

미루어 본다면 이미 여러 생을 두고 깨달음을 의지해 닦아 점점 훈습(薰習)*해 왔으므로, 금생에 이르러 진리를 듣자마자 곧 깨달아 일시에 닦음까지 완성된 것이니, 사실 이것도 먼저 깨닫고 나서 닦는 돈오점수의 방법인 것이다. 이 돈오와 점수 두 가지 문은 모든 성인들의 길이다. 예전부터 모든 성인들이 먼저 깨닫고 뒤에 닦아, 이 닦음으로 말미암아 증득하게 된 것이다. 그러므로 신통력은 깨달음에 의지해서 점차로 수행했을 때 나타나는 것이지 깨달았을 때 바로 나타나는 것이 아니다.

경(經)에 말씀하기를 "논리적인 이치로는 돈오하면 깨달음과 동시에 모든 번뇌를 녹일 수 있지만, 실재에 있어서는 단번에 제거될 수 없으므로 차례차례로 소멸된다."고 규정하였다. 그러므로 규봉스님이 먼저 깨닫고 나서 닦는 뜻을 깊이 밝혀 다음과 같이 이른 것이다.

"얼음 못이 모두 물인 줄은 알지만 햇볕으로써 녹일 수 있고, 범부가 곧 부처인 줄은 깨달으나 법력으로써만 훈수(薰修)할 수 있다. 얼음이 녹아 물이 흘러야만 씻을 수 있고, 망상(妄想)이 다해야만 마음이 신령스레 통하여 신통과 광명의 작용을 나타낼 수 있다."

그러므로 알아라. 신통력은 하루에 이루어지는 것이 아니고 점점 닦아감으로써 나타나는 것이다. 그렇더라도 신통이 자재한 사람의 경지로는 오히려 요괴스런 짓이고, 성인의 분수에

낱말풀이 훈습(薰習)

*몸과 입으로 표현하는 선악의 말이나 행동, 또는 뜻에 일어나는 선악의 생각 등이 없어지지 않고 자기의 마음에 머무는 작용. 마치 향이 옷에 배이는 것 같이 몸과 말과 뜻으로 일으킨 행위의 기운이 잠재의식에 있는 현상을 말한다.

는 하찮은 일이다. 비록 나타날지라도 요긴하게 쓰지 않을 것인데, 요즘 어리석은 무리들은 망녕되이 말하기를 한 생각 깨달을 때 한량없는 묘용(妙用)과 신통 변화를 나타낸다고 하니, 이와 같은 생각은 이른 바 앞뒤를 분간하지 못하고 본말을 알지 못한 것이다. 앞뒤와 본말을 알지 못하고 불도를 찾는다면 모가 난 나무를 가지고 둥근 구멍에 맞추려는 것과 같으리니, 어찌 큰 잘못이 아니겠는가.

　방편을 모르기 때문에 미리 겁을 먹고 스스로 물러나 부처의 종성(種性)을 끊는 사람이 적지 않다. 자신이 밝지 못하기 때문에 남의 깨달음을 믿지도 않아 신통 없는 이를 보고 업신여긴다. 이는 성현을 속이는 것이니 참으로 슬픈 일이다.

■ 돈오 점수(頓悟漸修)

　[문] 돈오와 점수 두 문이 모든 성인의 길이라 말씀하셨는데, 깨달음이 이미 단박 깨달음이었다면 왜 점수가 필요하며, 닦음이 점차 닦는 것이라면 차츰 수행이 완성될 것인데 어째서 돈오가 필요합니까? 거듭 말씀하여 의심을 풀어 주십시오.

　[답] 범부가 미(迷)했을 때는 사대로 몸을 삼고 망상으로 마음을 삼아, 자성(自性)이 참 법신(法身)인 줄 모르고, 자기의 신령한 마음[靈知]이 참 부처인 줄을 모른다. 그래서 마음 밖에서 부처를 찾아 이리저리 헤매다가 문득 선지식의 가르침을 만나 한 생각에 마음의 빛을 돌이켜 자기 본성을 보게 된다. 이 성품의 바탕에는 본래부터 번뇌가 없는 지혜 성품이 저절로 갖추어져 있어 모든 부처님과 조금도 다르지 않다. 이것을

깨닫는 것을 돈오(頓悟)라 한다. 그러나 비록 본성이 부처와 다름 없음을 깨달았으나 끝없이 익혀 온 습기(習氣)를 갑자기 없애기란 어려운 일이다. 그러므로 깨달음을 의지해 닦아 점점 훈습하여 깨달음의 결실이 이루어지고 성인의 모태(母胎) 기르기를 오래하면 성인을 이루게 되므로 점수(漸修)라 한다. 비유하면 어린아이가 태어났을 때에 모든 기관이 갖추어 있음은 어른과 다름이 없지만, 그 힘이 충실치 못하기 때문에 얼마 동안의 세월이 지난 뒤에야 비로소 어른 구실을 하는 것과 같다.

[문] 그러면 무슨 방편(方便)을 써야 한 생각에 문득 자성을 깨닫겠습니까?

[답] 오직 그대의 마음이다. 이 밖에 무슨 방편을 쓰겠는가? 만일 방편을 써서 다시 알려고 한다면, 마치 어떤 사람이 자기 눈은 보지 못하고 눈이 없다면서 보고자 하는 것과 같다. 이미 자기 눈인데 다시 볼 필요가 무엇인가. 눈을 볼 수는 없지만 없어지지 않는 줄 알면 곧 눈을 보는 것이다. 보려는 마음도 없는데, 어떻게 보지 못한다는 생각이 있겠는가. 자기의 영지(靈知)도 이와 같아서 이미 자기 마음인데 무엇하러 또 앎을 구할 것인가. 만약 앎을 구하고자 한다면 문득 알지 못할 것이다. 다만 알 수 있는 대상이 아닌 줄 알면 이것이 곧 견성이다.

[문] 근기가 아주 높은 사람은 곧 들으면 쉽게 알지만 중하(中下)의 근기는 의혹이 없지 않을 것입니다. 다시 방편을 말씀하여 어리석은 이로 하여금 알아듣게 하여 주십시오.

[답] 도는 알고 모르는데 있지 않다. 네가 어리석어 깨닫기를 기다리니 그 생각을 쉬고 내 말을 들어라. 모든 일과 모든

세계[法]는 꿈과 같고 허깨비와 같다. 번뇌 망상이 본래 고요하고, 티끌 같은 세상이 본래 공(空)한 것이다. 모든 법이 다 공한 것임을 아는 그곳에서는 신령스럽게 아는 영지(靈知)가 어둡지 않다. 그러므로 공적하고 신령스럽게 아는 영지의 마음이 너의 본래면목(本來面目)이며, 삼세제불(三世諸佛)과 역대조사(祖師)와 천하 선지식이 은밀히 서로 전한 진리[法印]이다.

만약 이 마음을 깨달으면 과정을 거치지 않고 참으로 바로 부처님의 경지에 올라가, 모든 행동이 삼계를 초월하여 본래 마음으로 돌아가서 단박에 의심을 끊게 된다. 인간과 천상의 스승이 되고, 자비와 지혜가 서로 도와 자리이타(自利利他)를 갖추게 되며, 인간과 천상의 공양(供養)을 받을만하다. 네가 이와 같다면 참 대장부이니 평생에 할 일을 마친 것이다.

[문] 저의 입장에서 본다면 어떤 것이 공적영지(空寂靈知)*의 마음입니까?"

[답] 네가 지금 내게 묻는 것이 너의 공적(空寂)하고 신령스럽게 아는[靈知] 마음인데, 왜 돌이켜 보지 않고 밖으로만 찾느냐? 내 이제 네 근기에 따라 바로 본심을 가리켜 깨닫게 할테니 너의 마음을 비우고 내 말을 들어라. 아침부터 저녁까지 보고, 듣고, 웃고, 말하고, 성내고, 기뻐하며 옳고 그른 온갖 행위와 동작은 무엇이 그렇게 하도록 하는지 어디 말해보아라. 만일 육신이 그렇게 한다면 왜 사람이 한 번 명(命)을

낱말풀이 　공적영지(空寂靈知)

*영지(靈知) : 신령스런 앎을 말한다. 모든 인간의 마음 속에 본래 있는 불성(佛性)은 마음에 쌓인 때를 거두면 나타나는데, 이 때 발현되는 불성을 영지라고 한다.
*공적영지(空寂靈知) : 공적(空寂)은 공공적적(空空寂寂)과 같은 말로서 온 우주에 형상이 있는 것이나 형상이 없는 것이나, 본래 모습이 공(空)하여 아무것도 분별할 것이 없다는 뜻이다. 즉 공적영지는 만물의 실재가 공하다는 것을 스스로가 신령스럽게 아는 것을 의미한다. 진공묘유(眞空妙有)와 함께 진리의 본질을 표현하는 말이다.

마치면 눈은 스스로 보지 못하느냐? 어째서 귀는 들을 수 없고, 코는 냄새를 맡을 수 없고, 혀는 말하지 못하며, 몸은 움직이지 못하고, 손은 잡지 못하며, 발은 걷지를 못하느냐? 그러므로 보고 듣고 움직이는 것은 너의 본래 마음[本心]이지 육신은 아니다. 이 육신을 이루고 있는 지(地)·수(水)·화(火)·풍(風) 등의 사대(四大)는 그 성질이 공하여 마치 거울에 비친 형상과 같고 물에 비친 달과 같다. 그런데 어떻게 육체가 항상 분명히 알고, 밝아서 한량없는 묘용을 일으킬 수 있겠는가. 그러므로 옛 선사의 말씀에 "마음이 묘한 신통과 작용을 일으키는 것은 마치 일상생활에서 물을 긷고 나무를 운반하는 것과 같다"고 하였다. 이치에 들어가는 데는 길이 많으나, 너에게 한 가지 길을 가리켜 근원에 들어가게 하겠다.

"그대는 지금 까마귀 울고 까치 지저귀는 소리를 듣느냐?"

"듣습니다."

"그대는 그 소리를 듣고 있는 자신의 마음을 돌이켜 들어보아라. 그곳에도 정말 많은 소리가 있는가?"

"저의 마음 속에는 어떤 소리도 어떤 분별(分別)도 얻을 수가 없습니다."

"참으로 기특하다. 이것이 관세음보살님께서 진리에 드신 문(門)이다. 내가 다시 너에게 물어 보겠다. 그대가 말하기를, 거기에는 일체의 소리와 일체의 분별이 없다고 했는데, 그렇다면 그것은 허공과 같은 것이 아니겠느냐?"

"본래 마음은 공(空)하면서도 공하지 않으므로[不空] 환히 밝아 어둡지 않습니다."

"그럼 어떤 것이 공하지 않은 것의 본체인가?"

"모양이 없으므로 말로 표현할 수 없습니다."

"이것이 바로 모든 부처님과 조사들의 생명이니 다시 의심하지 말아라.."

■ 이 몸 이때 못 건지면

과거 윤회의 업을 따라 생각하면, 몇 천 겁을 흑암지옥(黑暗地獄)에 떨어지고 무간지옥(無間地獄)에 들어가 고통을 받았을 것인가. 불도를 구하고자 하여도 선지식을 만나지 못하고 오랜 겁을 생사에 빠져 깨닫지 못한 채 갖은 악업(惡業)을 지은 것이 그 얼마일 것인가. 생각할수록 저절로 긴 한숨이 나오는데 어찌 또 게으르게 방일해서 과거의 그때 같은 재난을 다시 받겠는가. 그리고 누가 나에게 지금 인간 세상에 태어나게 해서 만물의 영장이 되어 진리의 길을 닦게 했는가. 실로 눈 먼 거북이 바다에서 나무 판자를 만남과 같고, 하늘에서 던진 겨자씨가 바늘에 꽂힌 격이다. 그 다행함을 어찌 다 말할 수 있으랴.

바라건대 도 닦는 사람들은 게으르지 말고 탐욕과 음욕에 집착하지 말며, 머리털에 붙은 불을 끄듯이 살피고 돌이켜 살피고 돌아보기를 잊지 말아야 한다. 무상한 세월은 빨라서 몸은 아침 이슬과 같고 목숨은 저녁 노을과 같다. 오늘은 있을지라도 내일은 기약하기 어려우니 간절히 마음에 새겨둘 일이다. 이 몸을 금생에 건지지 않으면 다시 어느 생을 기다려 건질 것인가. 지금 닦지 않는다면 만겁(萬劫)에 어긋날 것이고, 힘써 닦으면 어려운 수행도 점차로 어렵지 않게 되어 공부가 저절로 이루어질 것이다.

애닲다! 요즘 사람들은 배고파 하면서도 맛있는 음식을 보고도 먹을 줄 모르고, 병이 들어 의사를 만나고서도 의사가 주는 약을 먹을 줄 모르는구나. 어리석어 내 말을 따르지 않는 사람은 나로서도 어찌할 수 없구나.

슬프다! 우물 안 개구리가 어찌 창해(滄海)의 넓음을 알며, 여우가 어찌 사자의 소리를 낼 수 있겠는가. 그러므로 말세에 이 법문을 듣고 희귀하다는 생각을 내어 믿고 받아 지니는 사람은 이미 한량없는 겁에 모든 성인을 섬기어 온갖 선근을 심었고, 지혜의 바른 인연을 깊이 맺은 최상의 근기임을 알아라.

금강경(金剛經)에 말씀하시기를, "이 글귀(사구게)에 신심을 내는 이는 한량없는 부처님 회상에서 온갖 선근을 심은 것임을 알아야 한다."고 했고, 또 "이 법은 대승의 마음과 최상의 마음을 발한 사람을 위해 설한다."고 했다. 원컨대 도를 구하는 사람들은 미리 겁을 내지 말고 용맹한 마음을 내야할 것이다.

만일 이렇게 수승한 법문을 믿지 않고 스스로 하열하다고 자처하여 어렵다는 생각을 내어 닦지 않으면, 비록 숙세의 선근이 있을지라도 이제 그것을 중단하였기 때문에 더욱 어렵고 점점 멀어질 것이다. 이미 보배가 있는 곳에 이르렀으니 빈손으로 돌아가지 말아라. 한 번 사람의 몸을 잃으면 만 겁을 두고도 인간의 몸을 받기가 어렵다. 바라건대 마땅히 삼가하라.

어찌 지혜로운 사람이 보배가 있는 것을 알면서도 구하지 않고 어찌 오래도록 가난함만을 원망할 것인가. 만약 보배를 얻고자 한다면 가죽 주머니인 육신에 대한 집착을 버려라.

서산대사(西山大師)의 법어*

선가귀감(禪家龜鑑, 西山大師 休靜)

■ 이끄는 글

예전에 불교를 배우는 이들은 부처님의 말씀이 아니면 말하지 않았고, 부처님께서 행하셨던 계행(戒行)이 아니면 행하지 않았었다. 그러므로 그네들이 보배로 여기는 것은 오직 불경의 거룩한 글뿐이었다. 그러나 오늘날 불교를 배우는 이들이 서로 전해가면서 외는 것이 세속 사대부의 글이요, 청하여 지

인물분석 　서산대사 휴정(西山大師 休靜, 1520~1604)

*조선 중기의 스님으로 법명은 휴정(休靜)이고, 법호는 청허(淸虛)이며 서산(西山)이라 불리우기도 한다. 임진왜란 때 전국에 격문을 돌려 의승군을 조직했다. 그의 제자 처영(處英)은 지리산에서 궐기하여 권율(權慄)의 휘하에서, 사명대사 유정(惟政)은 금강산에서 1,000여 명의 승군을 모아 평양으로 갔다. 서산대사는 순안 법흥사에서 직접 문도 1,500명의 승군을 직접 통솔하였으며, 명나라 군사와 함께 평양을 탈환하였다. 평양성 탈환에 이어 선조 26년(1593) 10월, 의승병들이 어가를 호위하고 서울로 돌아와 폐허가 되다시피 한 서울의 복구작업을 폈다. 선조는 그에게 팔도선교도총섭(八道禪敎都摠攝)이라는 직함을 내렸으나 나이가 많음을 이유로 군직을 제자인 유정에게 물려주었다.

그 뒤 여러 곳을 순력하다가 1604년 1월 묘향산 원적암(圓寂庵)에서 설법을 마치고 자신의 영정(影幀)을 꺼내어 그 뒷면에 "80년 전에는 네가 나이더니 80년 후에는 내가 너로구나(八十年前渠是我 八十年後我是渠)."라는 시를 적어 유정과 처영에게 전하게 하고 가부좌하여 앉은 채로 입적하였다. 입적한 뒤 21일 동안 방 안에서는 기이한 향기가 가득하였다고 한다. 대표적 저서는 명종 19년에(45세)에 금강산에서 완성한 〈선가귀감(禪家龜鑑)〉, 그리고 〈청허당집〉 8권, 〈선교석(禪敎釋)〉, 〈회심곡(回心曲)〉 1편이 세상에 유통되고 있다.

니는 것이 사대부의 시뿐이었다.

  그것은 울긋불긋한 종이에 쓰고 고운 비단으로 꾸며서 아무리 많아도 족한 줄을 알지 못하고 가장 큰 보배로 생각하니, 아! 예와 지금에 불법을 배우는 이들의 보배 삼는 것이 어찌 이다지도 다른가? 미흡한 산승이 옛 글에 뜻을 두어 대장경의 거룩한 글들을 보배로 삼기는 하지만 그 글이 너무 길고 많으며, 대장경의 바다가 너무 넓고 아득하므로 뒷날 뜻을 같이 하는 여러 벗들이 가지를 헤쳐가면서 잎을 따는 수고로움을 면치 못할까 염려하여 글 가운데 가장 요긴하고도 절실한 것 수백마디를 간추려서 한 장에 적나니, 가히 글은 간략하나 뜻은 두루 깊다고 할 만하다.

  만일 이 글로써 스승을 삼아 갈고 닦아 오묘한 이치를 얻으면 마디마디에 살아 있는 석가여래께서 나타나실 것이니, 부디 힘쓸지어다. 그리고 문자를 떠난 한 마디 활구(活句)와 상식적인 형식의 뜻을 벗어난[格外] 선지(禪旨)의 기묘한 보배를 쓰지 않으려는 것은 아니지만, 앞으로 장차 특별한 기회를 기약할 수밖에 없다.

■ 마음

  [본문] 여기 한 물건(마음)이 있으니 본래부터 한없이 밝고 신령스러워 일찍이 나지도 않았고 일찍이 멸하지도 않으니 이름을 붙일 수도 없고 모양으로 그려낼 수도 없다.

  [주해] 한 물건이란 대체 무엇일까? 먼저 깨달은 옛 사람은 이렇게 읊었다.

"옛 부처님께서 이 세상에 태어나시기 전부터 일원상(一圓相)이 뚜렷이 밝았다. 석가모니께서도 몰랐는데 어찌 가섭이 전할 수 있겠는가?"

이 한 물건은 일찍이 나지도 않았고 일찍이 없어지지도 않으며, 이름을 붙일 수도 없고 모양을 그릴수도 없다.

육조(六祖) 스님께서 대중에게 물었다.

"나에게 한 물건이 있으니 이름도 없고 자(字)도 없으니 너희는 알겠는가?"

이때 신회(神會) 선사가 곧 대답하기를 "모든 부처님의 근본이며 신회의 불성이옵니다."하였다. 이것이 육조대사의 서자(庶子)가 된 까닭이다.

회양(懷讓) 선사가 숭산(崇山)에서 오니 육조 스님이 "무슨 물건이 어떻게 왔는고?"라고 물으셨다. 회양 선사는 대답을 못하고 쩔쩔매다가 8년이 지나 깨달음을 얻고 나서 "설사 한 물건[一物]이라고 말해도 맞지 않습니다."라고 대답했다. 이것이 육조 스님의 적자(嫡子)가 된 연유이다.

[송(頌)] 삼교(三敎)의 성인이 모두 이 글귀를 쫓아 나왔네. 누가 말해 볼 사람이 있는가. 잘못 말했다가는 눈썹만 빠지리라.

■ **본래 완전한 마음**

[본문] 부처님과 조사(祖師)가 세상에 나오심은 마치 바람 없는 바다에 물결이 일어나는 것과 같다.

[주해] 부처님은 석가세존이고, 조사는 가섭 존자이다. 이 분들이 세상에 나오신 것은 대비심으로 중생을 구제하기 위함이

다. 그러하나 마음[一物]을 살펴보면 사람마다 본래 마음의 성품이 저절로 원만히 이루어졌는데 어찌 다른 사람이 연지를 찍어주고 분을 발라주기를 바라겠는가?

〈허공장경(虛空藏經)〉에서 "진리의 세계를 보는 데는 문자도 악마와 같은 방해물이고, 온갖 사물의 이름과 형상도 악마와 같은 방해물이며, 부처님의 말씀까지도 또한 악마와 같은 방해물이다."라고 한 것이 바로 이 뜻이다. 누구나 근본 마음의 바탕은 본래부터 그대로 부처라는 처지에서 보면 부처님이나 조사의 말씀도 아무 소용이 없는 것이다.

■ 근기에 따른 여러 가지 방편

[본문] 그러나 모든 사물의 이치[法]에도 여러 가지 뜻이 있고, 사람에게도 여러 근기가 있으므로 여러 가지 방편을 통해 깨달음의 길로 이끈다.

[주해] 법(法)이란 한 물건, 즉 마음이요, 사람이란 중생이다. 마음에는 영원히 변하지 않는 진여(眞如)의 마음과 인연을 따라 변화·작용하는 마음, 두 가지가 있다. 사람에게는 단박에 깨치는 상근기와 점차 닦아서 깨달음을 얻는 하근기의 두 가지 기질이 있다. 그러므로 문자나 말로 가르치는 여러 가지 방편이 없을 수가 없다.

[본문] 굳이 여러 가지 이름을 세워서 혹은 마음이라 혹은 부처라 혹은 중생이라 하나, 이름에 얽매어 알음알이를 내지 않아야 한다. 다 그대로 옳은 것이니 한 생각이라도 일으키면 곧 어그러지리라.

■ 선(禪)은 부처님의 마음

[본문] 세존께서 세 곳에서 마음을 전하신 것[三處傳心]은 선지(禪旨)가 되었고 한평생 말씀하신 것은 교문(敎門)이 되었다. 그러므로 "선(禪)은 부처님의 마음이요, 교(敎)는 부처님의 말씀이니다."라고 하는 것이니라.

[주해] 세 곳이란 다자탑(多子塔)에서 설법하실 때 앉아 계시던 자리를 반으로 나누어 가섭에게 앉게 하심이 첫째요, 세존께서 영산회상에서 꽃을 들어 보이실 때 가섭이 마음으로 알아차리고 미소를 지어 응답했음이 둘째요, 세존께서 사라쌍수 아래에서 열반하실 때 임종의 시기를 놓쳐서 늦게 도착한 가섭에게 관 밖으로 두 발을 내어 보이심이 셋째이니, 이른바 세존께서 가섭 존자에게 선(禪)의 등불을 따로 전했다는 것이 이 것이다.

부처님께서 한평생 말씀하신 것이란 45년 동안 중생을 위해 설법하신 다섯 가지 가르침[五敎]이니, 인천교(人天敎)가 첫째요, 소승교(小乘敎)가 둘째며, 대승교(大乘敎)가 셋째요, 돈교(頓敎)가 넷째며, 원교(圓敎)가 다섯째이다.

이른바 아난 존자가 교의 바다를 흘러 통하게 하였다는 것이 이것이다. 그러므로 선문(禪門)과 교문(敎門)의 근원은 세존이시고, 선문과 교문의 갈래는 가섭 존자와 아난 존자이다. 말이 없는 무언(無言)으로써 말 없는 진리의 세계에 이르는 수행법이 선문(禪門)이고, 대장경의 말로써 말 없는 진리의 세계에 이르는 공부의 방법이 교문(敎門)이다. 또한 마음으로 진리의 세계에 이르는 것이 선법(禪法)이요, 말로써 진리의 세계에 이르는 것이 교법(敎法)이다. 진리의 법은 비록 한 맛이나, 견해는 하늘과 땅만큼 동떨어진 것이니, 이것은 선(禪)과 교(敎)의 두 길의 차이를 밝힌 것이니라.

■ 참마음을 얻으면 모든 것이 진리의 법문

[본문] 그러므로 만약 언어에 끄달려 가르치신 본뜻을 잃으면 꽃을 드신 것이나 빙긋이 웃은 것도 모두가 곧 교(敎)의 자취만 될 것이요, 마음에서 얻으면 곧 세간의 온갖 잡담이 모두가 곧 교(敎) 밖에 따로 전한 선지(禪旨)니라.

[주해] 진리는 이름이 없으므로 말로써 설명할 수 없고, 진리는 모양이 없으므로 마음으로도 헤아릴 수 없는 것이다. 무엇이라도 말해보려고 한다면 벌써 본래의 마음[心王]을 잃어버리게 된다.

본래의 마음 바탕을 잃게 되면 세존이 꽃을 드신 것이나 가섭 존자가 미소를 지은 일이 모두 쓸모없는 이야깃거리가 되어버릴 것이니 끝내 곧 죽은 물건이 될 것이니라.

마음에서 얻게 되면 다만 길거리 장사꾼의 잡담이라도 좋은 설법이 될 뿐만 아니라 새의 지저귀는 소리나 짐승의 울음까지도 진리를 설하는 법문이 될 것이다.

그렇기 때문에 보적(寶積) 선사는 통곡하는 소리를 듣고도 바로 깨달음을 얻어 춤추고 기뻐하였으며, 보수(寶壽)선사는 거리에서 주먹질하며 싸우는 것을 보고 본래가 천진한 마음의 본바탕을 깨달은 것이다. 이것은 선(禪)과 교(敎)의 깊고 얕은 세계를 밝힌 것이다.

[주해] 생각을 끊고 반연을 쉰다는 것은 마음에서 얻은 것이니 이른바 한가한 도인[休道人]이다.

"아! 사람됨이 본래 걸림이 없고 본래 일 없어 배고프면 밥을 먹고 고단하면 잠을 잔다. 맑은 물과 푸른 산을 마음대로 노닐 뿐만 아니라, 고기잡는 어촌과 술을 파는 주막에 걸림없이 자유자재하다. 세월이 가나 오나 내가 알 바 아니지만, 봄이 오니 예전과 같이 풀잎이 푸르구나."

이것은 특별히 일념으로 회광반조(廻光返照)하는 이를 찬미한 것이니라.

■조사의 가르침은 단번에 깨치는 법

[본문] 모든 부처님이 말씀하신 경전에는 먼저 모든 법을 가려 구별하시고 그 뒤에 마침내 공한 이치를 말씀하셨으되, 조사들이 보여주신 구절은 말의 자취가 생각에서 끊어지고 이치가 마음 근원에서 드러난 것이다.

[주해] 모든 부처님은 영원한 스승이므로 모든 중생들을 위해 자세하게 설명하여 가르치셨고, 조사들은 상대방으로 하여금 그 자리에서 즉시 해탈하도록 단번에 깨치는 가르침을 위주로 하였다. 자취란 조사의 말 흔적이요, 생각이란 공부하는 이의 생각[意地]이다.

[본문] 모든 부처님은 활처럼 말씀하시고 조사들은 활줄처럼 말씀하셨다. 부처님께서 말씀하신 걸림 없는 법이란 모든 사물의 실제 모습이 서로 다르지 않고 바야흐로 한 맛[一味]으로 돌아가는 것을 뜻한다. 이 한 맛의 자취마저 털어버려야 바야

호로 조사가 내보인 바 한 마음의 세계를 볼 수 있다. 그러므로 "뜰앞의 잣나무[庭前栢樹子]의 화두는 용궁(龍宮)의 대장경 속에도 없는 것이다"라고 하였다.

[주해] 활같이 말씀하셨다는 것은 둥글둥글 자세하게 설명해서 굽다[曲]는 뜻이요, 활줄같이 말씀하셨다는 것은 단도직입적으로 바로 설명했다는 데서 곧다[直]는 뜻이며, 용궁의 장경이란 용궁에 간직해 둔 대장경이다. 어떤 스님이 조주선사에게 묻기를 "달마대사께서 서쪽에서 온 뜻이 무엇이옵니까?" 하자 조주 선사가 답해 이르기를 "뜰 앞의 잣나무니라."라고 하였다. 이것이 보통 사람의 소견이나 상식으로는 이해할 수 없는 오직 마음으로만 체득될 수 있는 격외의 선지(禪旨)이다.

■ 활구[活句]를 참구하라

[본문] 참선 수행자들은 모름지기 살아있는 화두인 활구(活句)을 참구할 것이요, 죽은 말인 사구(死句)을 참구하지 말라.

[주해] 활구에서 깨달음을 얻으면 부처나 조사와 함께 스승이 될 것이고, 사구에서 무엇을 얻으려고 한다면 제 자신도 구출하지 못할 것이다. 활구를 들면 저절로 깨달음의 세계로 들어갈 것이다.

■ 참선하는 마음자세

[본문] 공안(公案)을 참구할 때는 간절한 마음으로 공부하기를, 마치 닭이 알을 품은 것과 같이 하며, 고양이가 쥐를 잡는 것과 같이 하며, 주린 사람이 밥을 생각하듯이 하며, 목마른

사람이 물을 생각하듯이 하고, 어린애가 엄마를 생각하듯이 하면 반드시 환히 꿰뚫어 깨달을 기약이 있을 것이다.

　[주해] 조사들의 공안은 1,700가지나 있다. 부처님께서는 모든 중생이 부처의 성품을 갖추고 있다고 했는데, 조주(趙州) 스님이 "개에게는 불성이 없다"고 한 것이라든지, 달마대사가 서쪽에서 온 뜻을 묻는 말에 "뜰 앞에 잣나무"라고 대답한 것이라든지, "어떤 것이 부처입니까?"하고 묻는 질문에 동산(洞山) 스님이 "삼 세 근이다."라고 대답한 것이라든지, 또 "어떤 것이 부처님니까?"하고 묻는 질문에 운문(雲門) 스님이 "마른 똥막대기니라."라고 말한 것들이다. 닭이 알을 품게 되면 더운 기운이 늘 지속되는 것이며, 고양이가 쥐를 잡으려 하면 마음과 눈이 움직이지 않게 되고, 주릴 때 밥 생각하는 것과 목마를 때 물 생각하는 것과 어린 아이가 엄마를 생각하는 것은 모두 인간의 간절한 진심(眞心)에서 우러나온 것이고 억지로 지어서 내는 마음이 아니므로 간절한 것이다. 참선하는 데에는 이렇듯이 간절한 마음이 없이는 깨달음을 얻을 수 없는 것이다.

■ 참선의 세 가지 요소

　[본문] 참선할 때는 모름지기 세 가지 중요한 마음을 가져야 한다. 첫째는 큰 신심의 뿌리[大信根]이요, 둘째는 큰 분심[大憤志]이요, 셋째는 큰 의심[大疑情]이다. 만약 거기에서 하나라도 빠지면 세 발 달린 솥의 다리가 부러진 것과 같아서 못쓰게 된다.

　[주해] 부처님께서 말씀하시기를 "성불은 믿음이 근본이다." 하셨고, 영가(永嘉) 스님은 "도를 닦는 수행자는 먼저 뜻을 세

워야 한다."하셨고, 몽산(蒙山) 스님은 "참선하는 사람이 화두를 의심하지 않는 것이 큰 병이다."하셨고 또 "크게 의심하는 데서 크게 깨닫는다."고 하셨다.

■ 개에게 불성이 없다고 한 이유

[본문] 일상 생활에 무슨 일을 하든지 오직 '개에게 불성이 없다.'고 한 화두를 끊임없이 추구하여 더 이상 의심할 수 없는 경지가 되어, 이치의 길이 끊어지고 뜻의 길이 사라져서 결국은 아무 맛도 없어지고 마음이 답답할 때가 바로 자신의 몸과 목숨을 내던질 곳이다. 이것이 부처가 되고 조사가 될 수 있는 바탕이다.

[주해] 어떤 스님이 조주 스님에게 묻기를 "개도 불성이 있습니까? 없습니까?"하고 물었더니, 조주 스님이 이르기를 "없다[無]"하였느니라. 이 한 마디는 선종에서 부처가 되기 위해서는 반드시 통과해야 할 관문(關門)이며, 또한 이것은 온갖 그릇된 알음알이와 잘못된 깨침을 꺾어 버리는 연장이며, 또한 모든 부처님의 본래 모습이고, 모든 조사들의 골수이다. 모름지기 이 관문을 뚫은 후에라야 부처나 조사가 될 수 있다. 먼저 깨달은 옛 사람은 이렇게 읊었다. "조주 스님의 무서운 칼 서릿발처럼 번쩍이네. 무어라 잘못 물으면 몸뚱이를 두 토막 내리."

■ 이뭣고

[본문] 화두는 의심을 일으켜서 그 뜻을 알아맞히려 해서도 안 되고, 생각으로 헤아려서도 안 된다. 또한 깨닫기를 기다리

지도 말고, 더 생각할 수 없는 데까지 나아가 생각하면 마음이 더 이상 갈 곳이 없게 되어, 마치 늙은 쥐가 물소의 뿔 속으로 들어가 죽는듯 마음을 얻을 수 있을 것이다. 이것인가 저것인가 따지고 맞추어 보는 것이 그릇된 생각과 분별심을 일으키는 것이며, 나고 죽음을 따라 흘러 다니는 것이 그릇된 생각을 일으키는 것이며, 두려워서 갈팡질팡하는 것도 그릇된 생각을 일으키는 식정(識情)이다. 요즘 사람들은 이 병통을 알지 못하고 오로지 이 속에 빠졌다 나왔다 하고 있을 뿐이다.

[주해] 화두를 참구하는데에 열 가지 병이 있으니, 분별로써 헤아리는 것과, 눈썹을 오르내리고 눈을 꿈적거리는 곳에 생각을 머무르는 것과, 말 길에서 살림살이를 짓는 것과, 문자 가운데에서 끌어다가 증거를 삼으려는 것과, 들어 일으키는 곳에서 알아맞히려는 것과, 모든 것을 다 날려 버리고 일없는 곳에 들어앉아 있는 것과, 있다는 것이나 없다는 것으로 알려는 것과, 참으로 없다는 것으로 아는 것과, 도리가 그렇거니 하는 알음알이를 짓는 것과, 조급하게 깨치기를 기다리는 것들이다. 이 열 가지 병을 여의고 다만 화두를 들 때는 정신을 차려 '이 뭣고?'만 의심하여야 하느니라.

■ 공부하는 방법은 중도(中道)

[본문] 공부하는 방법은 거문고의 줄을 고르듯 해야 한다. 팽팽하고 느슨함이 알맞게 조율되어야 한다. 너무 긴장하여 애쓰면 병 나기 쉽고, 너무 느슨하여 마음을 놓아버리면 어리석은 무명(無明)에 떨어지게 된다. 정신이 또록또록하고 역력

하게 하면서도 차근차근 끊임없이 하여야 한다.

[주해] 거문고를 타는 자가 말하기를 "그 줄의 느슨하고 팽팽함이 알맞은 뒤라야 아름다운 소리가 잘 난다."고 하였다. 공부하는 것도 그와 같아서 조급히 하면 혈기가 고르지 못한 병이 나고, 방일해서 잊어버리면 흐리멍텅 바보가 되어 귀신의 굴로 들어가게 된다. 느리지도 않고 빠르지도 않게 중도(中道)에 따라 공부를 하면 오묘한 진리를 얻을 수 있다.

■ 도가 높아질수록 마(魔)가 치성하다

[본문] 공부가 걸어가면서도 걷는 줄 모르고 앉아도 앉는 줄 모르게 되면, 이 때 팔만 사천 마군의 무리가 육근(六根)의 문 앞에 지키고 있다가 마음을 따라 온갖 계책을 꾸며 낼 것이다. 그러나 마음이 움직이지 않는다면 무슨 상관이 있겠는가.

[주해] 마군(魔軍)이란 나고 죽는 생사를 즐기는 귀신의 이름이고, 팔만 사천 마군이란 중생의 팔만 사천 번뇌이다. 악마란 본래 종자가 없지만 수행하는 이가 바른 생각을 잃은 데서 그 근원이 파생되는 것이다. 모든 범부중생은 그 환경에 순종하므로 탈이 없이 공존하지만 수행하는 도인은 그 환경에 역행하므로 마가 대들게 된다. 그래서 "도가 높을수록 마가 드세다."고 하는 것이다. 어떤 스님이 선정에 들었는데, 상복을 입은 사람이 "네가 우리 어머니를 왜 죽였느냐?"고 대들어서 옥신각신 시비 끝에 도끼로 그 사람을 찍었는데 제 다리가 찍혀서 피가 났다. 또 어떤 스님이 선정에 들었는데, 멧돼지가 쫓아와 대들기에 멧돼지 코를 붙잡고 소리를 치다가 정신을 차려보니 자

기의 코를 붙잡고 있었다. 이런 일화가 모두 자기의 마음에서 망상을 일으켜 외부의 악마를 보게 된 것이다. 그러나 마음이 온갖 시비와 분별에 움직이지 않는 부동심이면 악마가 온갖 재주를 부려도 칼로 물을 베려는 것이나, 햇빛을 불어버리려는 격이 되고 말 것이다. 옛 말에 "벽이 갈라져 틈이 생기면 바람이 들어오고, 마음에 틈이 생기면 악마가 들어온다."고 했다.

[본문] 밖으로 일어나는 마음은 천마(天魔)요, 일어나지 않는 마음은 음마(陰魔)요, 혹 일어나기도 하고 혹 일어나지 않기도 하는 것은 번뇌마(煩惱魔)이다. 그러나 불교의 정법(正法) 중에는 본래 그런 일이 없다.

[주해] 대체로 무심한 것이 불도요, 분별하는 것은 악마의 일이다. 그러나 악마의 일이란 허망한 꿈 가운데 일인데, 어찌 따질 것이 있겠는가.

[본문] 마음을 밝히는 공부를 한 단계라도 이룬다면 비록 금생에 깨치지 못하더라도, 마지막 눈감을 때에 악업에 끌리지 않을 것이다.

[주해] 업(業)은 무명이요, 선정은 밝은 지혜다. 밝은 것과 어두운 것이 서로 맞설 수 없는 것은 당연한 이치이다.

■ 참선하는 수행자의 16가지 도리

[본문] 참선하는 수행자는 항상 이렇게 돌이켜 보아야 한다. 네 가지의 은혜가 깊고 두터운 것을 알고 있는가? 네가지 요소[四大]로 구성된 이 육신이 찰나 찰나 썩어가는 것을 알고 있는가? 사람의 목숨이 들이마시고 내뱉는 한 번의 숨에 달린

것을 알고 있는가? 일찍이 부처님이나 조사와 같은 훌륭한 스승을 만나고서도 그냥 지나쳐버리지 않았는가? 위 없는 거룩한 법문을 듣고 기쁘고 다행한 생각을 잠시라도 잊어버린 경우가 있었는가? 공부하는 장소를 떠나지 않고 수도인다운 절개를 지키고 있는가? 곁에 있는 사람과 쓸데없는 잡담이나 하고 지내지 않는가? 부질없이 시비(是非)를 일으키고 있지나 않은가? 화두가 어떤 상황에서도 분명하여 어둡지 않은가? 남과 이야기하고 있을 때에도 화두가 끊임없이 되는가? 보고 듣고 느끼고 알아차린 때에도 화두가 하나가 되고 있는가? 자기의 공부를 돌아볼 때 부처와 조사를 붙잡을 만한가? 금생에 꼭 깨달음을 얻어 부처님의 혜명을 이을 수 있겠는가? 앉고 눕고 편한 때에 지옥의 고통을 생각하는가? 이 육신으로 반드시 윤회를 벗어날 자신이 있는가? 인간의 마음을 흔들어 움직이게 하는 온갖 현상이 나에게 닥쳐와도 마음이 움직이지 않는가?

이것이 참선하는 수행자가 일상생활 속에서 점검해야 할 도리이다. 먼저 깨달은 옛 사람은 이렇게 말씀하셨다.

"이 몸 이때 못 건지면 다시 어느 세상에서 건질 것인가!"

■ 깨달음을 얻은 뒤에 해야 할 일

[본문] 수행을 하지 않고 말로만 불법을 배우는 무리들은 말할 때에는 깨친 듯 하다가도 실제의 경계나 상황에 직면하면 도리어 미혹하여 앞이 캄캄해진다. 이른바 '말과 행동이 서로 다른 자'이다.

[본문] 만일 생사를 끊으려면 한 생각을 '탁' 깨뜨려서 마음

속의 어두운 칠통(漆桶)을 깨뜨려야 비로소 나고 죽는 생사의 속박으로부터 벗어나는 진리를 얻을 수 있다.

[본문] 그러나 한 생각[一念子]을 깨친 뒤에는 반드시 깨우침이 높은 스승을 찾아가 올바른 깨우침을 얻었는가를 점검하여 바른 안목을 결택(決擇) 받아야 한다.

[본문] 먼저 깨달은 옛 사람이 말씀하기를 "다만 자네의 눈 바른 것만 귀하게 여길지언정, 자네의 행실은 보려고 하지 않는다."라고 하였다.

[본문] 바라건대 공부하는 수행자들은 자기의 마음을 확실히 믿어 스스로 열등하게 생각하여 굽히지도[自屈] 말고, 교만하여 스스로 높이지도[自高] 말아야 한다.

[주해] 이 마음이 평등하여 본래 범부와 성인이 따로 없다. 이치는 이러하지만 사람에게는 어두운 이와 깨친 이가 있고, 범부와 성인이 있다. 스승의 가르침을 받아 문득 참·나[眞我]가 부처와 조금도 다름이 없음을 깨치는 것을 이른바 '단박 깨친다[頓]'고 한다. 그러므로 스스로 굽히지 말것이니, 육조(六祖) 스님께서 말씀하신 "본래 한 물건도 없다[本來無一物]"고 한 말이 그것이다. 깨달음을 얻은 뒤에 지난 날부터 익혀온 버릇을 점차로 끊어가면 마침내 보통 사람이 변하여 성인이 되는 것을 '점점 닦아 간다[漸]'고 한다. 그러므로 스스로 높이지 말 것이며, 신수(神秀) 스님이 말씀하신 "부지런히 털고 닦으라[時時勤拂拭]"고 한 말이 그것이다.

스스로 못났다고 굽히는 것을 교학을 배우는 이의 병통이요, 스스로 잘났다고 높이는 것은 참선하는 이의 병통이다. 교학을 배우는 이는 참선의 비밀한 수행법을 통해 깨달음의 문으로 들어가는 것을 믿지 않고 방편으로 가르치는 데 깊이 빠져서 진리를 마음으로 관찰하고 행동하지[觀行] 않고 남의 보배만 세게 되므로 스스로 자신 없어 하는 퇴굴심을 내는 것이다.

　참선하는 선학자(禪學者)는 교학의 수행방법인 점점 닦아감과 아울러 못된 버릇을 끊어서 마침내 깨달음의 좋은 길[正路]에 이르는 방법을 믿지 않고 지난 날 익힌 못된 버릇이나 행동을 하면서도 부끄러워할 줄 모르며, 공부의 정도가 유치하면서도 진리의 세계에 대한 자만한 생각이 많기 때문에 무턱대고 교만하게 찌껄인다. 그러므로 옳게 배워 마음을 닦는 수행자는 스스로 못났다고 굽히지도 않고 스스로 잘났다고 높이지도 않는다.

　[본문] 참 마음을 모르고 도를 닦는 것은 오직 어리석은 무명(無明)만 더욱 깊어질 줄 뿐이다.

　[주해] 확실히 깨치지 못하였다면 어찌 참되게 닦을 수 있겠는가. 깨침[悟]과 닦음[修]은 마치 기름과 불이 서로 의지하여 빛을 내는 것과 같고, 눈[目]과 발[足]이 서로 돕는 것과 같다.

■ 번뇌를 여읜 깨달음의 경지

　[본문] 수행하는데 가장 중요한 핵심은 범부의 번뇌망상을 없애는 것이다. 따로 성인의 알음알이가 있을 수 없다.

　[본문] 번뇌를 끊는 것은 이승이요, 번뇌가 나지 않는 것이 대열반이다.

　[본문] 모름지기 생각을 비우고 스스로 비추어 보아서 한 생

각 인연따라 일어나는 것[一念緣起]이 사실은 진리의 세계에서 보면 마음이란 실체가 없어 공(空)하기 때문에 아무것도 일어남이 없는 줄 믿어야 한다.

[본문] 살생하고, 도둑질하고, 음란하고, 거짓말하는 것이 모두 한 마음[一心]에서 일어나는 것임을 자세히 관하라. 마음의 본바탕은 더 보탤 것도 덜어낼 것도 없이 그 일어나는 곳이 비어 있어서 다시 무엇을 끊을 것이 없다.

[본문] 모든 것이 실체가 없는 환상[幻]인 줄 알면 곧 번뇌로부터 벗어난 것이므로 더 방편을 쓸 것이 없다. 환상을 여의면 곧 깨달은 것이므로 더 닦아갈 것도 없다.

[주해] 마음은 환상을 만드는 요술장이요, 몸은 환상의 성(城)이고, 세계는 환상의 옷이며, 이름과 형상은 환의 밥이다. 그뿐 아니라, 마음을 일으키고 생각을 내는 것이나, 거짓을 말하고 참을 말하는 것이 다 환상이 아닌 것이 없다. 그러므로 시작도 없는 환상 같은 무명이 다 본 마음에서 나온 것이다. 모든 환상은 실체가 없는 허공의 꽃과 같으므로 환상이 없어지면 그 자리가 곧 한 생각도 일어남이 없는 부동지[不動地]이다. 마치 꿈속에서 병이 나서 의사를 찾던 사람이 잠을 깨면 근심 걱정이 사라지듯, 모든 것이 환상인 줄을 아는 사람도 또한 그렇다.

[본문] 보살이 중생을 제도하여 열반에 들게 했다 하더라도 실은 열반을 얻은 중생이 없다.

[주해] 보살은 오로지 중생에 대한 생각 뿐이다. 생각의 본바탕이 빈 것[空]임을 알아내는 것이 곧 중생을 건지는 것이다. 생각이 이미 비어 마음이 고요하면 사실 구제할 중생이 따로

없다. 이상은 믿음과 깨달음을 말한 것이다.

[본문] 이치는 비록 단박에 깨달을 수 있다고 하더라도, 버릇은 단박에 다스려지지 않느니라.

■ 마음의 계율

[본문] 음란하면서 참선하는 것은 모래를 쪄서 밥을 지으려는 것과 같고, 살생하면서 참선하는 것은 제 귀를 막고 소리를 지르는 것과 같으며, 도둑질하면서 참선하는 것은 밑빠진 그릇에 물이 가득 차기를 바라는 것과 같고, 거짓말하면서 참선하는 것은 똥으로 향을 만들려는 것과 같다. 비록 많은 지혜가 있더라도 다 악마의 길을 이룰 뿐이다.

[본문] 덕(德)이 없는 사람은 부처님의 계율에 의지하지 않고, 몸과 입과 생각의 삼업(三業)을 지키지 않는다. 함부로 놀아 게을리 지내고, 남을 업신여기고, 시비를 걸어 따지는 일을 일삼는다.

[주해] 굳게 다짐한 마음의 계율을 한번 깨뜨리면 온갖 허물이 함께 일어난다.

[본문] 만약 계행을 지니지 않으면 다음 생에 비루먹은 여우의 몸도 받지 못한다는데, 하물며 청정한 깨달음의 열매를 바랄 수 있겠는가.

[주해] 계율을 중하게 여기기를 부처님 모시듯이 한다면, 부처님이 항상 곁에 계시는 것과 같다. 한 포기 풀의 생명을 아꼈던 초계(草繫)의 일화와 거위의 생명을 구하려고 대신 자신의 피를 흘렸던 아주(鵝珠)의 일화를 본보기로 삼아야 하겠다.

[본문] 생사의 고통에서 벗어나려면 먼저 탐욕을 끊고 애욕

을 없애야 한다.

[주해] 애정(愛情)은 윤회의 근본이 되고, 정욕은 몸을 받는 인연이 된다. 부처님이 이르시기를 "음심을 끊지 못하면 번뇌의 티끌 속에서 벗어날 수 없다."고 하셨고, 또한 "애정에 한 번 얽히게 되면 사람을 끌어다가 죄악의 문에 처넣는다."고 하셨다. 애욕의 목마름은 애정이 너무 간절하여 목이 타듯 함을 말하는 것이다.

[본문] 자유롭고 걸림이 없는 청정한 지혜는 다 선정(禪定)에서 나온다.

[본문] 어떤 경계나 상황을 당하여서도 마음이 흔들리지 않는 것을 생겨나지 않는다[不生]고 이름하고, 생겨나지 않는 것을 무념(無念)이라 하며, 무념의 상태를 해탈이라고 한다.

[주해] 계율이나 선정이나 지혜는 하나를 들면 셋이 함께 갖추어 있는 것이어서 홀로 성립될 수 없다.

■ 육바라밀

[본문] 가난한 이가 와서 구걸하거든 자신의 능력껏 나누어 주라. 동체자비(同體慈悲)한 마음으로 내 몸처럼 사랑하면 이것이 참된 보시(布施)이다.

[주해] 나와 남이 둘 아닌 한 몸이요, 빈손으로 왔다가 빈손으로 가는 것이 우리 인생의 모습이다.

[본문] 만약 어떤 사람이 와서 해롭게 하더라도 마땅히 마음을 거두고 단속하여 성내거나 원망하지 말라. 한 생각 성내는 데에 백만 가지 장애의 문이 열린다.

[본문] 만약 참는 행[忍行]이 없다면 보살의 모든 선한 행위[六度萬行]가 이루어 질 수 없다.

[본문] 본바탕의 천진(天眞)한 마음을 지키는 것이 첫째가는 정진(精進) 바라밀이다.

■ 진언

[본문] 진언(眞言)을 외우는 것은, 금생에 지은 업은 다스리기 쉬워서 자기 힘으로도 고칠 수 있지만 전생에 지은 업은 지워 버리기가 어려우므로 신비힌 힘을 빌리기 위한 것이다.

■ 예배

[본문] 예배(禮拜)란 공경이며 굴복이다. 참된 성품[眞性]을 공경하고 어리석음[無明]을 굴복시키는 것이다.
[주해] 몸[身]과 말[口]과 생각[意], 즉 삼업[三業]이 청정하면 그것이 곧 부처님이 나타나심이다.

■ 염불

[본문] 염불(念佛)에는 입으로 하는 송불(誦佛)과 마음으로 하는 염불(念佛)이 있다. 입으로만 부르고 마음으로 생각하지 않으면, 도를 닦는 데 아무 이익이 없다.
[주해] '나무 아미타불'의 여섯 자 법문은 윤회의 고통을 벗어나는 지름길이다. 마음으로 부처님의 세계를 생각하여 잊지 말고, 입으로는 부처님의 명호를 부르되 분명하고 일심불난(一心不亂)해야 한다. 이와 같이 마음과 입이 상응하는 것이 염불이다.

■ 간경 (看經)

[본문] 경전을 들으면 귀를 스친 인연도 있게 되고, 따라 기뻐한 복도 짓게 된다. 물거품 같은 이 몸은 다할 날이 있지만 참다운 행은 없어지지 않는다.

[본문] 경전을 보는데 자기 마음 속을 향하여 공부를 하지 않으면, 비록 만 권의 대장경을 모두 보더도 아무런 이익이 없다.

■ 수행자의 마음 자세

[본문] 공부하여 아직 도를 이루기 전에 남에게 자랑하려고 한갓 말재주만 부려 상대방을 이기려고 한다면 마치 변소에 단청하는 것과 같을 것이니라.

[주해] 이 말은 말세에 어리석게 공부하는 것을 특별히 일깨우는 말이다. 공부란 본래 제 성품을 닦는 것인데, 수행자가 남에게 보이기 위하여 익힌다면 무슨 소용이 있겠는가.

[본문] 출가하여 수행승이 되는 것이 어찌 작은 일이랴! 몸의 안일을 구하려는 것도 아니고, 따뜻이 입고 배불리 먹으려는 것도 아니며, 명예와 재물을 구하려는 것도 아니다. 나고 죽는 생사를 면하고, 번뇌를 끊으려는 것이며, 부처님의 지혜를 이으려는 것이며, 중생세계인 삼계(三界)에 뛰어넘어 중생을 구제하기 위해서이다.

[주해] 가히 하늘을 찌를 대장부(大丈夫)라 할 만하다.

[본문] 부처님께서 말씀하시기를 "세월의 무상한 불꽃이 온 세상을 태운다."하셨고, 또 "중생들이 받는 고통의 불길이 사방에서 함께 타오른다."고 하셨다. 또 "온갖 번뇌의 도둑이 항

상 너희들을 죽이려고 엿보고 있다."고 하셨다. 그러므로 수행자는 마땅히 스스로 깨우치기를 자신의 머리털에 붙은 불을 끄듯 해야 한다.

[주해] 사람의 몸은 생·노·병·사가 있고, 일체가 존재하는 세계는 생겨나서[成]·지속되면서 머물고[住]·변해가면서 허물어져[壞]·결국 사라져 본래부터 실체가 없던 공[空]의 상태로 되돌아가 버린다. 인간의 마음도 생각이 일어났다[生]·잠시 머물고[住]·변해가고[異]·사라져버리는[滅] 것이다. 바로 이것이 무상한 고통의 불이 사방에서 함께 불타고 있다는 것이다. 진리를 찾는 구도자들이여, 부디 광음을 아껴 세월을 헛되이 보내지 말라.

[본문] 덧없는 세상의 명예를 탐하는 것은 쓸데없이 몸만 괴롭게 하는 것이요, 세상 잇속을 쫓아 다니는 것은 업(業)의 불에 섶을 더하는 것과 같다.

[본문] 명예와 재물을 따르는 출가 수행자는 초의(草衣)를 걸친 야인(野人)만도 못하다.

[본문] 부처님께서 말씀하시기를 "어찌하여 도둑들이 내 옷을 빌어 입고, 부처를 팔아서 온갖 나쁜 짓을 일삼고 있다."고 통탄하셨다.

■ 시주(施主)에 대한 수행자의 자세

[본문] 아! 불자여. 그대의 한 벌 옷과 한 그릇 밥이 농부와 직녀(織女)의 피와 땀 아닌 것이 없다. 도의 눈[道眼]이 밝지 못하고서야 어떻게 사용할 수 있을까?

[본문] 그러므로 말씀하시되 "털을 쓰고 뿔을 이고 있는 것이 무엇인지 아느냐? 그것은 지금 신도들이 베푸는 것을 공부도 하지 않고 거저 먹는 그런 무리들의 미래상이다."라고 했다. 그런데 어떤 사람은 배가 고프지 않아도 먹고, 춥지 않아도 입으니 무슨 마음일까? 참으로 안타까운 일이다. 눈 앞의 쾌락이 훗날 괴로움이 됨을 생각하지 않기 때문이다.

[본문] 그러므로 말씀하시되 "도를 닦는 사람은 음식 먹기를 독약을 먹는 것과 같이 두려워하고, 시주의 보시를 받을 때에는 화살을 받는 것과 같이 두려워하라."고 한 것이다. 융숭한 대접과 달콤한 말을 수행자는 두려워해야 한다.

■ 참회(懺悔)

[본문] 허물이 있거든 당장 참회하고, 잘못한 일이 있으면 곧 부끄러워할 줄 아는 자세가 대장부의 기상이다. 그리고 허물을 고쳐 스스로 새롭게 하면 그 죄업도 마음을 따라 없어지게 된다.

[주해] 참회(懺悔)란 먼저 지은 허물을 뉘우치고, 다시 짓지 않겠다고 맹세하는 것이다. 부끄러워한다는 것은 안으로 자신을 꾸짖고, 밖으로는 자기의 허물을 드러내는 것이다. 그러나 마음은 본래 비어 고요한 것이라, 죄업이 붙어 있을 곳이 없다.

[본문] 수행자는 마땅히 마음을 단정히 하여 검소하고 진실한 마음으로써 근본을 삼아야 한다. 한 개의 표주박과 한 벌의 누더기 옷이면 어디를 가나 걸릴 것이 없다.

[주해] 부처님께서 말씀하기를 "마음이 똑바른 거문고 줄 같아야 한다."고 하셨으며, 또 말씀하기를 "바른 마음이 곧

도량이다."고 하셨다. 이 몸에 탐착하지 아니하면 어디를 가나 걸림이 없다.

　[본문] 범부는 눈 앞에 보이는 경계에만 집착하고 수행자는 마음을 붙잡으려 한다. 그러나 마음과 경계를 둘 다 내 버리는 것이 참된 법이다.

　[주해] 경계를 따르는 것은 마치 목마른 사슴이 아지랑이를 물인 줄 알고 쫓아가는 것과 같고, 마음을 붙잡으려는 것은 마치 원숭이가 물에 비친 달을 잡으려는 것과 같다. 경계와 마음이 비록 다르지만 병통이 되는 것은 마찬가지이다.

■ 임종할 때 관찰해야 할 문제

　[본문] 누구든지 목숨이 다해 임종할 때에는 이렇게 생각하고 관찰해야 한다. 즉, 나를 구성하고 있는 물질과 정신작용의 요소인 오온(五蘊)의 본래 모습이 공(空)한 것임을 관찰해서 우리의 육신은 흙[地]·물[水]·불[火]·바람[風] 등의 인연화합으로 잠시 이루어져 있으므로 '나'라고 할 것이 없음을 관하라. 참 마음[眞心]은 모양이 없어 어느 곳에서 온 것도 아니요, 가는 것도 아니다. 태어날 때에도 성품은 생긴 것이 아니요, 죽을 때에도 성품은 어디로 가는 것이 아니다. 그러므로 지극히 맑고 고요하여 마음과 바깥의 경계가 둘이 아닌 하나인 것이다. 오직 이와 같이 관찰하여 단박에 깨달으면 과거·현재·미래의 삼세인과(三世因果)에 이끌리거나 얽매이지 않게 될 것이니, 이가 곧 세상에서 뛰어난 자유인이다.

　만약 부처님을 만났다 하더라도 따라갈 마음이 없고, 지옥을 보더라도 두려운 마음이 없어야 한다. 다만 스스로 무심(無心)하면 온갖 세계의 모든 것들과 하나가 될 것이니, 이것이 바로 요긴한 대목이다. 그러므로 평상시는 좋은 씨를 뿌리는 원인[因]이 되고, 임종할 때는 그 열매를 거두는 결과[果]가 되니, 수행자는 모름지기 이 점을 주의해야 한다..

[주해] 죽음이 두려운 늙음에 이르러서야 부처님을 찾아가네.

■ 임제종(臨濟宗)의 근원

[본문] 공부하는 사람은 먼저 불교의 특징이라 할 수 있는 종파의 가풍부터 자세히 가려 알아야 한다. 옛날에 마조(馬祖) 스님이 한 번 고함을 친 '할(喝)'에 백장(百丈) 스님은 귀가 먹고, 황벽(黃蘗) 스님은 혀를 내밀었으니, 이 멋진 '할'이야말로 곧 부처님께서 연꽃을 들어 이심전심으로 당신의 소식을 전한 것이요, 달마대사의 서쪽에서 중국으로 오신 뜻이다. 이것이 임제종의 근원이 된 것이다.

■ 선종의 오종(五宗)

[본문] 무릇 조사의 종파에 다섯 갈래가 있으니, 즉 임제종(臨濟宗)·조동종(曹洞宗)·운문종(雲門宗)·위앙종(潙仰宗)·법안종(法眼宗) 등이다.

■ 살불살조(殺佛殺祖)의 대장부

[본문] 깨달음을 얻을 만한 대장부는 부처님이나 조사(祖師)를 보기를 원수와 같이 해야 한다. 부처님에게 매달려 구하

면 부처님에게 얽매인 것이요, 조사에게 매달려 구하면 조사에게 얽매이는 것이 된다. 깨닫지 못하고 무언가를 구하고 있다면 모두 고통이므로, 아무 일 없는 것만 같지 못하다.

[주해] 부처와 조사도 원수와 같이 보라는 것은 첫머리에 '바람도 없이 물결을 일으킨다.'는 말을 맺음이고, 구하는 것이 있으면 다 고통이라고 한 것은 '모두가 다 그대로 옳다.'는 말을 맺는 것이며, 일 없는 것만 같지 못하다는 것은 '한 생각 일으키면 곧 어그러진다.'는 말을 맺는 것이다.

[본문] 거룩한 빛[神光] 어둡지 않아 만고에 밝구나. 이 문 안에 들어오면 얄팍한 지식과 분별로 알음알이를 두지 말라.

[주해] 거룩한 빛이 어둡지 않다는 것은 '밝고 신령하다.'는 것을 맺는 말이요, '만고에 밝다.'함은 '본래부터 나지도 죽지도 않는다.'는 것을 맺는 말이며, '알음알이를 두지 말라.'는 것은 '이름에 얽매여서 알음알이를 내지 말라.'는 것을 맺는 말이다.

[송] 이와 같이 들어 보여 종지(宗旨)를 들어 밝히니 서쪽에서 온 눈 푸른 달마대사가 한바탕 웃으리라. 그러나 마침내 어떻게 할 것인가. 에끼!

휘영청 달은 밝고 강산은 고요한데 터지는 웃음소리 천지가 놀라겠네.

|부록|

불교경전의 세계

1. 불교 경전의 성립

1) 불경(佛經)의 의미

세상을 살다보면 많은 난관에 봉착되고 그때마다 선택이 필요하며, 그 선택이 옳은 것인지 잘못된 것인지 헤맬 때가 있다. 이럴 때 필요한 개념이 바로 경(經)이다.

우리가 일상생활에서 흔히 잘 쓰고 있는 '무슨 무슨 경(經)'이라고 할 때의 경은 지구상의 위치를 표시하는 좌표의 하나인 경도(經度, 날줄) 위도(緯度, 씨줄) 할 때의 '경'이다.

즉 정해진 선을 따라서 위치를 판별하는 기준이 되는 것을 일러 경위(經緯)라고도 하는데, 면직을 짤 때 직물의 세로방향의 날줄에 해당하는 것이 경(經)이고, 가로방향의 씨줄에 해당하는 것이 위(緯)이다. 경은 어떤 일의 변하지 않는 기준이 되어 흔들림이 없는 원칙을 말하는데, 실제로 날줄을 보면 그 모양에 쭉 뻗어서 똑바르기 때문에 이를 우리 생활 속의 교훈에 비유하여 부처님의 말씀을 경(經)이라고 한다.

불교에서 말하는 경전(經典)이란 그 내용이 긴 것이든지 짧은 것이든지 간에 부처님께서 직접 설하신 교훈적인 내용을 담고 있다. 부처님께서 말씀하신 법은 마치 실(絲)로 꽃 등을 꿰어서 화환을 만드는 것과 같이 온갖 사물의 이치를 터득하고 자각한 뒤에 진리 그 자체를 설하셨기 때문에, 시간이 지난다 해도 쉽게 흩어지지 않는다는 의미도 내포되어 있다. 불교에는 수많은 경전이 오늘날까지 전해지고 있는데, 그 내용을 흔히 8만 4천 법문이라고 한다. 이것은 또한 중생들의 번뇌의 숫자와도 일치한다고 하는데, 그것은 부처님께서 모든 번뇌에 대하여 그것을 해소할 수 있는 알맞은 말씀을 일일이 하셨기 때문에 그렇게 많게 되었다는 것이다.

2) 경전의 결집(結集)
■ 제1차 결집 : 경장(經藏)과 율장(律藏)의 성립

　부처님께서 입멸하신 후에 교단 내부에서는 오히려 기뻐하는 무리가 있었다. "계율을 내세워 출가자들의 행동을 제약할 잔소리꾼이 없어졌는데 무엇을 그리 슬퍼하느냐."는 것이었다. 그래서 마하카샤파 존자는 잘못된 법과 규율이 일어나 교단의 규율이 무너지지 않게 하기 위해 여러 스님들에게 부처님의 가르침을 보존할 결집(結集)을 제의했다. 이에 동의한 500명의 아라한 제자들이 모인 가운데 마가다국의 수도 라자가하(왕사성) 교외의 칠엽굴(七葉窟)에서 3개월에 걸쳐 결집이 실시되었다.('왕사성 결집', '오백결집'이라고도 한다.)

　이로서 부처님 경전이 후대에 전해지게 되었는데, 당시에는 문자가 없었으므로 대중 집회를 열어 함께 외우고 암송하여 구전(口傳)하는 방식이었다. 마하카샤파 존자가 결집의 의장을 맡아 교법(經)은 아난(阿難) 존자가 맡아 외웠다. 아난 존자가 먼저 "이와 같이 들었습니다. 어느 때 부처님께서…"라고 암송하였고, 아난 존자의 암송이 부처님의 설법과 일치하면 박수를 쳐서 함께 외웠고 아난 존자의 기억이 틀리면 정정한 뒤 참가자 전원이 함께 외웠다. 아난 존자가 부처님의 첫 설법의 경위와 설법내용을 외울 때 모든 비구들은 눈물을 흘리며 그 자리에서 엎드렸다고 전한다. 이런 방식으로 계율(戒律)은 지계제일의 우팔리(優波離) 존자가 암송했다. 이런 이유로 경전편찬회의를 합송(合誦)이라고도 한다. 모든 불교경전의 첫 부분이 '이와 같이 나는 들었다(如是我聞)'로 시작되는 것이 이 때문이다. 불교 경전의 첫 머리에 갖추는 여섯 가지 필수적인 요건을 육성취(六成就)라고 하는데, 그 내용은 아래와 같다.

① 신성취(信成就) : 부처님 가르침이 틀림없음을 확인함.
 ; '여시(如是, 이와 같이)'
② 문성취(聞成就) : 아난 존자가 직접 들었다는 것을 확인함.
 ; '아문(我聞, 내가 들었다)'
③ 시성취(時成就) : 부처님이 설법하신 때를 명시함.
 ; '일시(一時, 어느 때)'
④ 주성취(主成就) : 부처님이 직접 설법했다는 것을 확인함.
 ; '불(佛, 부처님께서)'
⑤ 처성취(處成就) : 설법한 장소를 명시함.
 ; '재(在, 어디에서)' 기수급고독원 등이 여기에 해당됨.
⑥ 중성취(衆成就) : 어떤 대중이 설법을 들었는지 확인함.
 ; '비구대중(大比丘衆)' 등이 여기에 해당됨.

■ 제2차 결집 : 교단의 분열

2차 결집은 1차 결집 후 100여 년 뒤에(B.C. 3C) 바이샬리에 거주하는 스님들이 재가신도들에게 보시를 권장하고 소금과 화폐를 모으자 이를 본 야사(耶舍)라는 스님이 인도 전지역에 700명의 장로 스님들을 모아 계율에 관한 '10가지 문제(十事)'를 심의한 후 율장(律藏)을 다시 결집한 일이다.('바이샬리 결집', '칠백 결집'이라고도 한다.)

이 결집에서 장로 스님들은 바이샬리의 스님들이 행한 것이 모두 비법(非法)이라고 판정하였고, 이에 반기를 든 1만여 명의 스님들이 스스로를 대중부(大衆部)라는 부파(部派)를 형성하였다. 이로써 불교의 교단은 대중부와 상좌부(上座部)로 분열되어 부파불교로 전개되었다.(진보적 입장의 스님 만 명이 모여 별도의 결집을 했다고 전하기도 한다.) 이렇게 두 부파로 분열되기 이전인 불멸 후 백 년까지의 불교를 초기불교라고 한다.

■ 제3차 결집 : 삼장(三藏)의 성립

3차 결집은 2차 결집 이후 약 100여 년 후에(B.C. 2세기경) 아쇼카왕의 주선으로 파탈리풋타(華氏城)에서 1,000여 명의 스님들이 참석한 가운데 '목갈리풋타티싸' 장로의 주도로 진행되었다. 이 결집에서는 경(經)과 율(律) 이외에도 경전에 대한 주석(註釋)인 여러 부파의 논(論)이 정리되어 삼장(三藏)이 성립되었다.

■ 제4차 결집 : 주석서의 편집과 경전의 문자화

① 제 1설 : 남방불교권의 편찬 회의설

남방불교권의 제4결집은 스리랑카의 〈장사(Mahavamsa)〉에 근거한 것이다. 제3결집 후 아쇼카왕이 왕명으로 불교 전법사들을 각지에 파견하였는데, 이때 아쇼카의 아들 마힌다 장로는 4명의 전법사와 함께 불교 전법의 임무를 띠고 스리랑카에 가게 되는데, 그가 도착하자 즉시 그를 통해 부처님의 가르침을 구전(口傳)으로 전수받기 위한 경전 편찬회의가 열리게 되었다. 이때 모인 인원은 16,000명이었다고 전해지며, 이어서 B.C. 1세기 중반에 대대적인 경전 편찬 작업이 개최되어 남방권에서는 이를 제4결집으로 공식화하고 있다. 이 편찬 회의는 마하테라라키타의 주재하에 500명의 학승들이 참여했다고 하며, 이때 편집된 문헌은 경율논의 팔리 삼장(三藏) 일체와 이에 대한 주석서였다고 한다. 알로까 동굴에서 편찬 작업이 열렸기 때문에 이 경전 편찬 회의를 또한 〈알로까비하라 결집〉이라고도 부른다. 이때 구전(口傳)으로만 전해오던 팔리어(pali) 삼장 일체를 종려나무잎에 문자로 기록했다고 하는데, 이것을 보통 〈패엽경(貝葉經)〉이라고 하여, 불경이 문자로 된 최초의 일이라고 전한다.

② 제 2설 : 대승권의 편찬 회의설

중국의 현장스님이 번역한 〈아비달마대비바사론〉의 발(跋)에 의하면, 불멸 후 400년경 대월지국(大月氏國, 굽타왕조)의 카니시카왕(A.D. 73~103년)이 주선하여 카슈미르에서 협존자(脇尊者)가 주가 되어 삼장(三藏)에 정통한 500여 명의 스님들이 참석하여 기존의 경율논 삼장(經律論三藏)에 대한 광범위한 주석을 덧붙였다. 이때 덧붙여진 주석서가 후에 「대비바사론(大毘婆沙論)」 200권으로 집대성되었다. 이를 통해 삼장에 관한 전체 30만 송(頌), 660만 언(言)에 달하는 대주석을 완료했고, 특히 범어(sanskrit)를 불교의 성전어로 한다는 결의를 했다고 전한다.

■ **경전의 문자기록과 대승경전의 성립**

제1차 결집 때 암송의 형식으로 구전(口傳)되어 내려온 경전들은 이후 세월이 지나면서 부처님의 가르침에 대한 보존을 목적으로 B.C. 1세기 중반부터 문자로 기록되기 시작했으며, 이렇게 문자로 기록된 경전들을 보통 팔리어 삼장이라 부른다. 이 팔리어는 인도 서부 지방(마가다 지방)의 서민들이 쓰던 옛 언어로서 문자가 없는 구전(口傳) 언어였다.

인도어에는 산스크리트와 프라크리트의 두 종류가 있는데, 산스크리트는 '정교한, 잘 만들어진 언어'라는 뜻이고 프라크리트는 '형편없이 만들어진 언어'라는 뜻이다. 이런 의미에서 산스크리트의 입장에서는 산스크리트 외에 모든 인도어가 프라크리트인 것이다. 산스크리트어에 비해 팔리어는 언어가 느슨하고 정해진 글자가 없이 말만 존재하는 구전언어이다. 언어의 음으로 각 나라마다 소리가 나는 대로 달리 표기되는 것이다. 이 '구전언어'인 팔리어로 B.C. 1세기 중반부터 스리랑카 알로까 동굴에서의 경전 편찬 작업을 계기로 각 지방의 문자 형식을 빌어 종려나무잎에 기록되었다.

이에 비해서 이후에 제작된 모든 대승경전은 팔리어가 아닌 산스크리트어로 기록되었다. 산스크리크어는 인도의 브라만 계급이 사용해 오던 고급언어로서 라틴어나 그리스어 같은 더 오래된 인도유럽어의 문법과 비슷하고, 복잡하며 어형변화가 심하다. 그래서 부처님 당시에도 산스크리트어로 법문을 기록하지 않다가 부파(部派)불교 시대의 설일체유부(說一切有部)에서 초기경전인 니카야 경전과 논장을 산스크리트어로 쓰기 시작하였다. 그후 성립된 대승경전은 주로 반야부 계통의 경전들(반야심경, 금강경 등)이 먼저 제작되었고, 〈법화경〉, 〈유마경〉, 〈화엄경〉, 〈정토삼부경〉을 비롯하여 〈능가경〉, 〈해심밀경〉 등이 제작되었다. 이후 A.D. 7세기에는 〈대일경〉, 〈금강정경〉 등 밀교 계통의 경전들이 출현하기 시작했다. 이와 같이 불교경전은 오부(五部)의 니카야 경전, 대승경전, 밀교경전의 순서로 문자화되어 갔다.

3) 대장경(大藏經)의 종류

대장경은 경(經)・율(律)・논(論) 삼장이나 여러 고승의 저서 등을 모은 총서를 말하며, 다른 말로 일체경(一切經)이라고도 한다. 오늘날 산스크리트어 원전의 대장경은 완전한 형태로 남아 있지는 않으나, 팔리어 원전과 주로 산스크리트어로부터 역출한 한역대장경, 그리고 티벳대장경, 다시 티벳역을 중역한 몽고대장경과 만주대장경 등은 대체로 완전한 형태로 현존하고 있다. 일반적으로 대장경이라 함은 크게 〈팔리어대장경〉, 〈티벳대장경〉, 〈한역대장경〉의 세 종류로 나뉜다.

■ 팔리어 대장경

3차 결집 이후 아쇼카왕은 세계 여러 나라에 불법을 전하기 위해 포교사를 파견했는데, 스리랑카에는 아들 마힌다와 딸 상가밋타를 보냈다. 그래서 스리랑카가 불교의 한 본거지가 되었고, 오늘날까지 상좌부의 팔리어 삼장(三藏)이 전승되고 있다. 경율론의 삼장의 완전한 형식을 모두 갖추고 있는 팔리 삼장은 현존하는 여러 불교경전 중에서 가장 먼저 성립된 경전으로 현재 스리랑카, 태국 등 남방불교 국가에서 사용되고 있으며, 대승경전을 전혀 포함하고 있지 않다는 것이 특징이다. 팔리어 대장경의 구성은 다음과 같다.

① 경장(5부) : ㉠내용이 긴 34경을 모은 디가니카야(장부경전), ㉡중간 정도 길이의 152경을 모은 맛지마니카야(중부경전), ㉢짧은 경전 2,875경을 주제에 따라 분류하여 배열한 상윳다니카야(상응부경전), ㉣2,198경이 법수(法數)에 따라 1법에서 11법까지 순서대로 배열되어 있는 앙구타라니카야(증지부경전), ㉤열 다섯의 작은 경전으로 구성되어 있는 쿳다카니카야(소부경전)의 다섯 가지가 있다.

② 율장(3부) : ㉠비구, 비구니가 일상생활에서 지켜야할 금계(禁戒)규정을 수록한 경분별(經分別), ㉡교단의 제도규정 및 행사작법을 설명하고 있는 건도부(犍度部), ㉢빠진 것을 보충한 부수(附隨)의 세 가지가 있다.

③ 논장(7부) : ㉠법집론(法集論), ㉡분별론(分別論), ㉢계론(界論), ㉣쌍론(雙論), ㉤발취론(發趣論), ㉥인시설론(人施設論), ㉦논사(論事)의 일곱 가지가 있다.

■ 산스트리트어(범어) 대장경

범어는 고대 인도의 브라만 계급의 바라문교 성전어(聖典語)이었으므로 인도의 다양한 언어 중 표준어라고 할 수 있다. 그러나 부처님은 민중들이 사용하던 언어인 팔리어로 법을 설하셨으며 산스크리트어로 부처님의 말씀을 기록하는 것을 허락하지 않으셨다. 산스크리트가 공식적으로 불교의 성전어가 된 것은 「대비바사론(大毘婆沙論)」을 집대성한 4차 결집 때부터이며, 그 후 산스크리트로 표기되어 범어경전이 이루어졌다. 이러한 범어경전은 불교의 전파와 더불어 중앙 및 동북아시아로 전해서 중국어, 티벳어로 번역되어 북방불교 경전의 원서가 되었다.

범어경전은 19세기에 네팔의 승원(僧阮) 고탑(古塔) 속에서 발견된 이후에 이 세상에 알려지게 되었다. 그 이후로 여러 곳에서 범어경전이 발견되었지만 그 수가 많지 않아서 삼장을 통하여 약 40부 정도에 지나지 않는다.

현재까지 발견된 범어경전은 거의가 대승경전이고 소승경전은 극히 적은 편이고, 다른 경전들과 같이 질서정연한 체계는 엿보이지 않으며 그 종류는 다양하다.

범어경전이 산발적으로 네팔 등의 고탑 또는 고사원(古寺院)에서, 또는 서역지방의 모래 속에서 발견되는 이유는 회교도의 침입으로 법난(法難)을 맞은 인도의 불교도들이 법보(法寶)의 보호처로 히말라야산의 변방이나 지하에 은닉처를 구하였기 때문이라고 파악된다.

■ 티벳대장경

티벳어로 번역된 불전의 집성을 티벳대장경이라고 하는데, 후기 인도불교의 경론(經論)이 거의 티벳어 번역으로만 남아 있고, 충실한 직역의 형태를 취하고 있으므로 범어 원전의 복원은 물론 불교연구에 있어서 소중한 자료로 주목받고 있다. 현재 동국대학교에 달라이라마가 기증한 전질이 보관되어 있다.

티벳대장경의 내용은 크게 성어부(聖語部, Bkan gyur ; 칸귤)와 해설부(解說部, Bstan gyur ; 탠귤)의 2부로 나누어진다. 성어부는 석가모니 부처님의 교설로 경과 율을 수록하고 있다. 경은 대승경(大乘經)이 중심적이며 초기경전은 부수적으로 수록하고 있다. 그리고 율은 소승율(小乘律)이다. 해설부는 논장에 해당하는 것으로 경의 주석서와 철학서 등이 포함되어 있다. 티벳대장경은 7세기 경에 번역을 시작하여 9세기에 대부분이 번역되었는데 대부분 산스크리트 문헌에서 번역되었으며, 소수 팔리성전 번역 외에 한역 및 몽고어 등의 번역도 포함되어 있다. 한역대장경에 비해 인도 후기불교의 경론이 많이 수록되어 있다는 점이 특징이다.

■ 한역대장경

한자로 번역된 불교경전을 통틀어 말하는 것으로서 우리가 일반적으로 대장경이라고 말하는 것은 한역대장경이다. 인도와 서역의 여러 지방에서 전래된 경율론 삼장을 중심으로 중국·한국·일본에서 불교학자들에 의해 찬술된 주석서까지도 포함하여 편집한 것이다. 대소승의 삼장이 모두 수록되어 있기 때문에 불교연구의 제1자료로 쓰이고 있으며 분량도 방대하다. 한역대장경의 번역은 후한(26~220년)말에 시작되어 원대(元代, 1,206~1,368)에 까지 이루어졌음에도 불구하고 원래 형태를 그대로 보존하고 있다.

한역대장경은 처음에 필사본으로 전해졌지만 송대(宋代) 이후 인쇄기술의 발달에 의해 목판인쇄의 대장경이 간행되었다. 한역대장경은 크게 다음과 같이 23부로 구성되어 있다.

①아함부 ②본연부 ③반야부 ④법화부 ⑤화엄부 ⑥보적부 ⑦열반부 ⑧대집부 ⑨경집부 ⑩밀교부 ⑪율부 ⑫석경론부 ⑬비담부 ⑭중관부 ⑮유가부 ⑯논집부 ⑰경소부 ⑱율소부 ⑲논소부 ⑳제종부 ㉑사전부 ㉒사휘부 ㉓목록부

오늘날에 있어서는 한역대장경 중 교정이 정밀하고 판목과 문자가 호화로운 것으로 우리나라의 〈고려대장경(高麗大藏經, 팔만대장경)〉과 이를 저본으로 하면서도 독자적인 분류로써 경전을 배열한 일본의 〈대정신수대장경(大正新修大藏經)〉이 주로 이용되고 있다. 한글판으로는 〈한글대장경〉이 동국대 역경원에 의해 2001년에 전체 318권이 완간되었다.

■ 고려대장경

목판대장경 중에서 세계에서 네 번째로 만들어진 대장경(이전에 만들어진 경은 ①중국 송나라 관판대장경, ②거란대장경, ③고려 초조대장경으로 모두 몽고의 병란으로 소실됨)으로 현존하는 대장경 중에서 가장 오래된 대장경이다.

경판 수가 무려 81,137개에 달하므로 팔만대장경이라고도 한다. 가장 정확하면서도 풍부한 내용을 담고 있는 것으로 유명하며, 현재 학계에서 가장 많이 이용되고 있는 일본의 대정신수대장경의 모본이기도 하다.

고려대장경은 고종 때 몽고의 침입으로 왕실을 강화도로 옮긴 가운데, 부처님의 가호로 외적을 물리치고자 온 백성이 마음을 모아 14년(1,237~1,251)에 걸쳐 완성하였다.

2. 초기 불교경전

1) 다섯 니카야(Nikaya)

■ 상응부경전(相應部經典, 상윳다니카야)

문장의 길이가 짧은 경전 2,875경을 주제에 따라 분류하여 배열한 것으로 5품으로 되어 있다. 한역 〈잡아함경〉에 대응된다.

■ 중부경전(中部經典, 맛지마니카야)

문장의 길이가 중간 정도인 152경을 모은 것으로 약 50경씩 3편으로 분류되어 있으며, 다시 각 편은 5품으로, 각 품은 대개 10경 단위로 구성되어 있다. 한역 〈중아함경〉에 대응된다

■ 장부경전(長部經典, 디가니카야)

문장의 길이가 긴 34경을 모은 것으로 3편으로 분류되어 있다. 한역 〈장아함경〉에 대응된다.

■ 증지부경전(增支部經典, 앙구타라니카야)

법수(法數)에 따라 1법에서 11법까지 순서대로 배열된 2,198경이 수록되어 있다. 한역 <증일아함경>에 대응된다.

■ 소부경전(小部經典, 쿳다카니카야)

열 다섯의 작은 경전으로 구성되어 있다. 한역 아함경에는 소부경전에 대응되는 경전이 포함되어 있지 않다. 쿳다(khud)는 '작다'는 의미이다. 소부경전에 포함된 유명한 경전으로는 부처님의 전생담인 <자타카(前生談)>, 부처님께서 스스로 말씀하신 <우다나(自說經)>, 깨달은 비구가 깨달은 경지를 노래한 <테라가타(長老偈)>, 깨달은 비구니가 깨달은 경지를 노래한 <테리가타(長老尼偈)>, 불교교리의 핵심이 748개의 간결한 게송에 집약되어 있는 <법구경(法句經)>, 가장 오래된 경전인 <숫다니파타(經集)> 등이다.

2) 네 가지 아함경(四阿含經)

아함(阿含)이라는 말은 산스크리트 '아가마(Agama)'의 음사인데, 그 원래의 뜻인 '오는 것'에서 유래하여 '예로부터 전해온 가르침', 즉 구전되어 오던 석가모니 부처님의 가르침을 정리하여 집성한 것을 아가마라고 총칭하고 있다. '아함'에 일관하여 설해지고 있는 것은 초기불교의 중심사상인 사제(四諦), 팔정도(八正道), 십이인연(十二因緣) 등의 교리로서 이것은 부처님 설법에 가장 가까운 것이면서도 일상생활의 실제적인 교훈이 되고 있는 내용이다. 아함경은 다른 어떤 경전보다도 부처님의 사실적인 모습과 인간미를 그대로 담고 있고 사상적인 변화도 거의 없으며, 이설의 대립이나 대·소승의 구별도 보이지 않는 불교의 근간이 되는 경전이라고 할 수 있다.

유사한 가르침이 남방불교에서는 팔리어로 전수되어 니카야(묶음·모임의 의미, 部)라는 명칭으로 불린 데 대해 북방불교에서는 산스크리트로 '아가마'라는 명칭이 전수되었고, 이것을 중국에서 번역한 것이 〈아함경〉이다. 이렇듯 〈아함경〉은 단지 하나의 경전을 뜻하는 것이 아니라 부처님의 교설 전체를 나타내는 총체적인 표현으로서, 엄밀히 '아함' 또는 '아함부'라고 부르는 것이 옳은 표현이다. 부파불교 시대에 각 부파들은 〈아함경〉의 특정한 일부를 독자적인 경장으로 삼고 있었으며, 서로 다른 부파의 〈아함〉이 차례로 한역되어 네 가지의 〈아함경〉이 되었다.

■ 잡아함경(雜阿含經) 50권 1362경

구나발타라(求那跋陀羅)가 한역하였다. '설일체유부(說一切有部, 이하 유부)'라는 부파에서 전승하던 경장으로 문장의 길이가 짧은 경전을 수록하였다. 중생의 근기에 따른 친절한 설법으로 초기불교의 중요한 교설이 잘 정리되어 있다. 즉 오온(五蘊), 십이처(十二處), 십팔계(十八界), 십이연기(十二緣起), 팔정도(八正道) 등 여러 수행방법, 악마와의 싸움 및 지옥에 관한 설명, 아쇼카왕의 전기 및 역사적 사실에 대한 경전들이 체계적으로 포함되어 있다.

■ 중아함경(中阿含經) 60권 222경

승가제바(僧伽提婆)가 한역하였다. '유부'에서 전승하던 경장으로 문장의 길이가 중간 정도인 경전을 수록하였다. 초기불교 교리가 5송으로 편찬되어 있다. 중아함경에 포함된 유명한 경전으로는 〈선법경(善法經)〉, 〈염처경(念處經)〉, 〈상적유경(象跡喩經)〉, 〈전유경(箭喩經)〉, 〈선생경(善生經)〉 등이 있다.

■ 장아함경(長阿含經) 22권 30경

불타야사(佛陀耶舍), 축불염(竺佛念)이 함께 한역하였다. '법장부'가 전승하던 경전으로 대체적으로 문장의 길이가 긴 경전을 수록하였다. 과거칠불, 부처님 열반, 미륵불 출현, 외도사상 타파, 삼재(三災) 등을 설명하고 있다. 장아함경에 포함된 유명한 경전으로는 〈대본경(大本經)〉, 〈유행경(遊行經)〉, 〈전존경(典尊經)〉, 〈소연경(小緣經)〉, 〈삼명경(三明經)〉, 〈사문과경(沙門果經)〉, 〈범망경(梵網經)〉 등이 있다.

■ 증일아함경(增壹阿含經) 51권 471경

승가제바(僧伽提婆)가 한역하였다. '대중부'가 전승하던 경장으로 사제(四諦)·육도(六度)·팔정도(八正道) 등과 같이 법수(法數)를 순서대로 분류하여 엮어 수록하였다. 십념품(十念品), 광연품(廣演品), 제자품(弟子品), 비구니품(比丘尼品), 청신사품(淸信士品), 청신녀품(淸信女品), 선취품(善聚品), 선지식품(善知識品), 삼보품(三寶品) 등의 부분으로 구성되어 있다.

3) 꼭 알아두어야 할 초기경전

■ 본생경(本生經)

〈본생경〉은 팔리어 5부 중 소부경전에 포함되어 있으며, 원어는 자타카(Jataka)이다. 부처님이 전생에 어떠한 선행과 공덕을 쌓았기에 이생에서 부처님이 될 수 있었는가에 대한 인과(因果)의 이야기 547가지를 모은 것이다. 이 경전은 일찍이 유럽에 전해져 이솝우화에 편입될 정도로 설화 문학에 있어서 세계적인 보고(寶庫)로 평가받고 있다. 이 경의 내용 속에는 우리 민담(民譚)에 수용된 설화도 포함되어 있다. 이 경이 인도를 비롯한 동남아 여러 나라에 유포된 것은 2~3세기로부터 5~6세기에 이르기까지로 보며, 사실적으로 신봉되었다고 한다. 우리나라에서도 불탑이나 석굴 등의 미술 조각을 중심으로 시·소설·전기·속담 등에 이르기까지 많은 영향을 끼쳤다.

■ 육도집경(六度集經)

<육도집경>은 팔리어 5부 중 소부경전에 포함되어 있으며, 전체 91개의 자타카를 보시·지계·인욕·정진·선정·지혜라는 육도(六度, 육바라밀)에 각각 배당하여 모았기 때문에 <육도집경>이라 한다. 이 경은 특히 대승불교의 중심이 되는 보살행(菩薩行)을 강조하는 것을 주안으로 하여 편찬된 흔적이 보인다. 자타카가 부처님이 전생에 보살이었을 때의 이야기라는 것은 잘 알려진 사실이지만, 이 경전은 특히 대승불교의 핵심을 이루는 보살행을 고양하는 데에 주된 목적을 두고 편찬된 것이다. 뿐만 아니라 부처님의 전생이야기와 함께 미륵의 전생이야기가 종종 등장하고 있다는 점과 <반야경>을 이미 알고 있었다는 점 등이 특색이다. 여기서 취급하고 있는 대부분의 자타카는 팔리어 경전 및 한역 경전에 나오는 것들이다. 산스크리트 원전은 전하지 않지만, 오(吳)나라 강승회(康僧會)의 한역 8권의 연대·내용 등으로 미루어 2세기에는 이미 그 근간이 성립되었던 것으로 추정된다.

■ 법구경(法句經)

<법구경>은 팔리어 5부 중 소부경전에 포함되어 있으며, 원래 명칭은 팔리어의 담마파다(Dhammapada), 즉 진리(dharma)의 말씀(pada)이란 뜻이다. 이 경은 전체 423편으로 이루어진 시집으

로 그 주제에 따라서 26장으로 나눠져 있다. 주로 단독의 시로 되어 있으나 때로는 둘 또는 여러 편의 시가 무리를 이루고 있다. 보통 4구(句)로 구성되어 있어 문학작품으로도 가치가 높다. B.C. 4~3세기경에 편집한 것으로 추정되며, 방대한 불교 성전 중에서도 가장 오래된 것으로서 불교의 도덕관과 사회관 등의 교화 내용을 담고 있다. 부처님의 참 뜻을 비교적 원초적인 형태로 전하고 있어서 예로부터 불교도들에게 가장 널리 애송되어 왔고 가장 오랫동안 읽혀진 불교 교훈집으로서 가치가 높다.

이 경에 실려 있는 주옥 같은 시들은 소박하고 간단명료하면서도 매우 깊은 뜻을 시사하고 있다. 번뜩이는 지혜로써 인생의 궁극적인 목표를 제시하고 있는가 하면 부처님의 투철한 종교적인 인품을 느끼게 한다. 이른바 '동방의 성서'라고 불릴 정도로 출가, 재가의 불교도는 물론 일반인들까지도 반드시 읽어 보아야 할 교양서적으로 손꼽히는 경전이다.

■ 우다나(Udāna, 優陀那)

'우다나'란 감흥하여 저절로 나오는 말을 가리킨다. 한역하면 자설(自說) 또는 무문자설(無問自說)이다. 그래서 이 경전을 〈자설경〉, 또는 〈무문자설경〉이라고도 한다. 이 경전은 부처님의 우다나를 모은 것으로, 팔리어 경장 중 소부(小部)의 세번째 경전이다. 모두 8장이며, 각 장은 다시 10경(經)을 담고 있으므로 총 80경이 된다. 대개 게송으로 이루어지며, 앞 부분에는 '거기서 세존은 이것을 알고, 그때 이 우다나를 발하였다.'라는 말로 시작된다. 그리고 끝에서 우다나가 왜 나왔는지를 산문으로 설명한다. 부처님의 전기에 관한 것이 주된 내용이고 그밖에 사상적으로 중요한 교설도 포함하고 있다. 80경 중 15~20경 정도는 다른 경전에도 나오는 내용이지만 나머지는 이 경전에만 나온다. 우다나는 팔리불교 이외에 부파불교에도 전해져 설일체유부의 경장에 속하는 〈우다나품〉에 이 경전의 내용이 대부분 나온다. 〈우다나품〉의 내용은 〈법구경〉의 내용과 거의 같다.

■ 숫타니파타(sutta-nipāta, 經集)

〈숫타니파타〉는 최초로 성립된 불교의 경전이다. 팔리어 경장 중 소부(小部)에 속한다. 숫타(sutta)는 팔리어로 '경(經)'이란 말이고 니파타(nipāta)는 '모음(集)'이란 뜻으로 부처의 설법을 모아 놓은 것이란 뜻이다. 초기경전이며 시기적으로 상당히 고층에 속하며, 남방불교에서 매우 중요시하는 불경이다. 이 경전은 누구 한 사람의 의지로 인하여 쓰인 것은 아니고, 부처님의 설법을 부처님 열반 후에 제자들이 모여 운문 형식으로 모음집을 구성한 이후 전래되어 왔다고 전한다.

〈숫타니파타〉는 무엇보다도 석가모니 부처님을 역사적 인물로 이해하는 데 매우 중요한 경전이다. 물론 〈아함경〉 등에도 부처님의 역사적 행적을 찾아볼 수 있는 점이 많이 있으나 〈아함경〉보다 이 경이 먼저 이루어진 경이므로 부처님의 육성이 더 생생하게 담겨 있는 경전이라 할 수 있다.

■ 법구비유경(法句譬喩經)

〈법구비유경〉은 서진(西晋)의 법거(法炬)·법립(法立)이 함께 번역하였다. '호계품'이 하나 더 들어 있는 것을 제외하면 〈법구경〉과 품의 배열 순서를 비롯해서 거의 모든 것이 일치하고 있다. 법구경(法句經)의 게송에서 약 3분의 2를 가려 뽑아, 그것들이 설해진 배경이나 인연을 이야기로 덧붙이고 있다. 즉 <법구경>이 운문으로 되어 있는 게송들만 모아놓은 것인 반면, <법구비유경>은 그 게송이 설해지게 된 인연담을 추가하고 있다. 고려팔만대장경의 법구경 계의 이본으로는 <출요경>과 <법집요송경>이 있다.

■ 육방예경(六方禮經)

<육방예경>은 재가의 불교도가 지켜야 할 실천 규범을 설한 경전이다. 장자의 아들인 싱갈라가 아버지의 유언에 따라 동서남북과 위아래의 여섯 방향을 향해 예배하는 모습을 보신 부처님께서 각각의 방향에 대해 의미를 부여하고 서로의 인간관계를 생각하면서 예를 지키라는 내용을 설하고 있다.

특히 부부 관계에서 아내의 위치를 중시하고, 주종 관계에서는 피고용인의 입장을 이해할 것을 제시하여 자만심과 권위심을 버리라고 권유한다. 또한 진실한 친구 선택의 중요성과 근검절약의 교훈을 설하고 있다. 나아가 재가자의 필수덕목인 살생하지 말 것, 주지 않는 것을 취하지 말 것, 부정한 남녀관계를 맺지 말 것, 거짓말을 하지 말 것 등의 4계(戒)를 지키도록 당부하고 있다.

이 경은 근본적으로 삼독심 즉 욕심내는 마음, 성내는 마음, 어리석은 마음과 공포심 등을 제거하라고 설한다. 이 경의 원형은 기원전 3세기경 아쇼카왕 이전에 성립된 것으로 보고 있다. 한역 이본으로 <선생자경(善生子經)>, <선생경(善生經)> 등이 있다. 그래서 이 경을 <선생경>이라고도 한다.

■ 범망경(梵網經)

<범망경>에는 두 종류가 있다. 하나는 남방 상좌부 경장인 <장부>의 제1경인 <범망경>인데, 이에 해당하는 한역은 <장아함>의

제21경인 〈범동경〉과 〈범망육십이견경〉이고, 또 하나는 구마라습(鳩摩羅什, 344~413) 삼장이 번역한 〈범망경〉이다.

〈장아함〉에 속하는 〈범망경〉은 〈범망육십이견경(梵網六十二見經)〉이라고 하여 부처님 재세시 외도들의 62가지 견해를 서술하고 이를 논파함으로써 불교의 우수성을 천명한 것이다. 이 경전은 오(吳)의 지겸이 번역한 1권으로 된 경전이다.

이에 비해 구마라습 삼장이 번역한 〈범망경〉은 대승보살계를 설한 경전으로 상하 두 권으로 되어 있다. 상권은 부처님이 연화장세계의 광명궁에서 십주(十住)·십행(十行)·십회향(十回向) 등을 차례로 설한 것이다. 이는 화엄경의 수행단계와 함께 불교사상의 연구에 중요한 자료가 되고 있다.

우리 나라에서 널리 전승된 것은 하권의 계율이다. 하권에 대승의 보살이 지켜야 하는 십중대계(十重大戒)와 가벼운 허물을 다스리는 48가지 계율인 48경계(輕戒), 재가신도를 위하여 육중계(六重戒)와 28경계를 따로 설하고 있다. 우리 나라에서는 이 하권만을 따로 뽑아 〈보살계본(菩薩戒本)〉이라 부르고 있는데 한국 불교승단의 조직 및 유지에 큰 영향을 미쳤다. 〈사분율(四分律)〉·〈오분율(五分律)〉 등이 출가 스님에게만 적용되는 데 반해 이 경의 대승계는 출가와 재가자에게 두루 통용된다.

■ 유행경(遊行經)

〈유행경〉은 〈장아함〉의 제2경으로, '유행'이라는 말 그대로 돌아다닌다는 뜻으로, 부처님이 각지를 유행하면서 여러 가지 사건을 인연으로 하여 제자들과 불교신자들, 그리고 이교도들에게 했던 설법이 포함되어 있다.

이 경의 첫 법문은 당시 강대국이었던 마가국의 아사세왕이 밧지국을 정벌하기 위해 우사를 부처님께 보내자 적을 막는 일곱 가지 방법[七不退法]을 설한 내용이다.

■ 대념처경(大念處經)

〈대념처경〉은 〈중아함〉에 속하는 경전으로서, 〈염처경〉의 염(念)은 '지금(今)'과 '마음(心)'의 합성어로 '현재에 주의를 준다', '현재를 알아차린다'는 의미를 내포한다. 〈대념처경〉에서는 몸(身)·느낌(受)·마음(心)·법(法)의 네 가지 대상에 주의를 기울여서 그것들에서 일어나고 사라지는 제반 현상을 예리하게 관찰하는 사념처(四念處) 수행법을 상세하게 설명하고 있다. 그래서 부처님 당시 초기불교 교단의 수행법을 파악하는 근거가 되고 있다.

■ 전유경(箭喩經)

〈전유경〉은 〈중아함〉 제60권에 들어 있는 경전으로, 독화살의 비유로 유명한 경전이다. 이 경은 〈불설전유경〉이라는 이름으로 따로 번역되어 있기도 하다. 경의 내용은 다음과 같다.

어느 날 만동자가 명상을 하다가 부처님이 세상 만물의 영원성 여부와 목숨의 영원성, 그리고 죽음의 유무 등 소위 형이상학적 문제들에 관해서 설법한 적이 없다는 사실을 기억해냈다. 만동자는 세상이 영원한 것이라고 하면 계속 수행을 할 것이지만, 그렇지 않다고 하면 포기하겠다는 생각에서 부처님을 찾아가 앞에서 말한 형이상학적 문제들에 대한 답을 요구한다. 만동자의 물음에 부처님은 그 어리석음은 마치 독화살을 맞은 사람이 화살을 뽑을 생각은 하지 않고, 활을 쏜 사람이 누구이고 그 활의 재료는 무엇인지 등을 알려고 하는 것과 같다고 설하신다. 독화살을 맞은 사람은 그런 사실들을 다 알기 전에 허망하게 죽어버리듯이 만동자 역시 그런 생각만 하다가는 아무 것도 깨닫지 못하고 죽게 될 것이라고 경고한다. 형이상학적 문제에 대한 이같은 부처님의 입장을 '무기(無記)'라고 하는데, 그것은 추상적이고 관념적인 질문은 올바른 결론을 산출하지 못하므로 그와 같은 잘못된 질문에 대해서는 가부를 대답하지 않는 경우를 말한다.

■ 옥야경(玉耶經)

〈옥야경〉은 가정에서 부녀자의 도리를 일곱 가지로 나누어 설명을 하고 있는 경전이다. 산스크리트어 원전으로는 전하지 않는 단권으로 된 짧은 경전이지만 한역본으로는 〈증일아함경〉 제49 비상품(非常品)에 속한 것을 포함해서 4종이 있다.

이 경의 주인공은 신심이 돈독했던 급고독(給孤獨) 장자의 며느리인 옥야이다. 그런데 이 옥야는 친정의 부귀함만을 믿고서 교만하여 아내의 도리를 다하지 못했다. 그래서 급고독 장자가 부처님께 가르침을 청했고 부처님이 부녀자의 도리를 옥야에게 말씀하셨다. 부처님께서는 옥야에게 어머니 같은 아내, 누이동생 같은 아내, 스승 같은 아내, 부인다운 아내, 노비 같은 아내, 원수 같은 아내, 살인자 같은 아내 등 일곱 가지 종류의 아내를 설하셨다. 팔리어본에서는 살인자 같은 아내, 도적 같은 아내, 지배자 같은 아내, 어머니 같은 아내, 자매 같은 아내, 친구 같은 아내, 노비 같은 아내 등 7종을 열거하고 있다.

■ 사십이장경(四十二章經)

중국 후한 효명제(孝明帝, 58~75재위) 때, 인도의 가섭마등(迦葉摩騰), 축법란(竺法蘭)의 2명이 칙령에 의해서 번역한 중국불교 최초의 한역경전이다. 이 경은 제목이 나타내는 바와 같이 마흔 두 개의 문장으로 이루어졌다고 해서 <42장경>이라 한다. 각 장의 내용이 매우 간략하면서도 불교의 교리적 개념을 쉽게 설명하여 불교입문서의 역할을 할 수 있는 경전이다. 출가윤리와 일상의 수행에서 중요한 덕목을 여러 경전에서 간추려 놓은 경으로, 특히 수행을 중요시하는 선가(禪家)에서는 <유교경>·<위산경책>과 함께 '불조삼경(佛祖三經)'이라 하여 중국에서 특별히 중시되기도 하였다. 아함경의 내용을 가장 많이 담고 있고, <잡아함>이나 <법구경>과도 같은 경집(經集)의 성격을 띠고 있다. 따라서 이 경의 모체는 <아함경>과 <법구경> 등이었다고 추정된다. 고(苦)·무상(無常)·무아(無我)·애욕(愛欲)의 단절 등의 초기불교 경전의 가르침뿐만 아니라 자비와 인욕의 실천, 보시의 권장과 참회의 강조 등 대승적인 요소들도 갖추고 있는 것이 특징적이다.

■ 밀린다왕문경(Milindapanha)

경의 원래 명칭은 <밀린다팡하(Milindapanha)>이며, '밀린다 왕의 물음'이라는 뜻이다. 한역에서는 <미란타왕문경> 또는 <나선비구경>이라고 한다. 밀린다 왕은 서기전 150년경 서북 인도를 지배한 희랍의 메난드로스(Menadros) 왕을 가리킨다.

철학적인 소양을 가진 이 그리스왕이 당시의 불교 고승인 나가세나(Nagasena, 那先) 스님에게 불교의 진리에 관해 대론(對論)한 내용이 이 경전의 뼈대를 이루고 있다. 당시의 그리스적(서양적)인 사유와 대비라는 면에서 동서 사회의 가치관이나 종교관을 비교 연구하는 데 매우 중요한 가치를 갖는다. 또한 역사상 동양과 서양의 지혜가 처음으로 교류했다는 점에서도 그 가치는 더욱 크다. 나가세나 스님은 밀린다 왕의 질문에 대해 풍부한 비유를 활용하여 난해한 전문술어를 쓰지 않는 가운데 불교의 입장을 명쾌하게 대변하고 있다. 중심주제는 ①인격적 개체의 구조와 영혼의 문제, 윤회의 주체와 인과응보의 원리, ②불교의 독자적인 지식론, 심리현상, ③불타론을 중심으로 해탈과 열반을 향한 실천수행론 등 실제로 불교의 중심 주제를 광범위하게 다루고 있다. 특히 소위 부파불교 일반의 번쇄한 교학과는 달리 불교의 실천적 특성을 다방면으로 논구하고 있다는 점에서 대승불교의 흥기를 앞둔 시대적 특성을 보여주고 있다. 대체로 인도에서 문헌이 문자로 기록되기 시작한 것을 기원 전후로 본다면 대론 후 100여년이 지난 후에 경전으로 성립된 것으로 볼 수 있다.

■ 현우경(賢愚經)

〈현우경〉은 부처님과 그 제자 및 여러 사람들의 전생 이야기를 통해 인과응보의 법칙을 밝히고 있는 경전이다. 중국 송나라 문제 때 혜각, 담학, 위덕 등 8인이 우전국에 가서 여러 법사들이 경과 논을 강의하는 것을 듣고, 각자가 들은 바를 번역하여 모두 모아 편찬하였다.

〈찬집백연경〉, 〈잡보장경〉과 함께 불교의 설화 및 비유문학 가운데 3대 대작으로 손꼽히고 있다. 특히 〈현우경〉에 보이는 설화 10가지가 〈찬집백연경〉에 똑같이 실려 있는 것을 보면 두 경전이 밀접한 관계에 있음을 알 수 있다.

모두 69품으로 나뉘며 '가난한 여인의 등불(貧者一燈)', '미묘비구니의 인연' 등 쉽고 흥미로운 설화로 불교를 대중화시키는 데 도움이 되었다.

■ 열반경(涅槃經)

〈열반경〉은 석가모니부처님의 열반을 중심으로 설한 경전으로 남방과 북방의 두 가지가 있다. 남방의 〈열반경〉을 흔히 〈소승열반경〉이라 하며, 대승불교 흥기 후 성립된 경전을 〈대승열반경〉이라고 한다. 두 경의 이름은 모두 〈대반열반경(大般涅槃經)〉이라고 한다. 남방의 〈열반경〉은 주로 역사적 사실인 석존 입멸 전후의 유행(遊行)·발병(發病)·순타의 공양·최후의 유훈·사리의 분배 등이 기록되어 있다. 이에 비해 북방 대승불교의 〈열반경〉은 법신(法身)이 상주(常住)한다는 근거에서 불성은 본래 갖추어 있고, 일체중생에게 보편적인 것임을 역설하여 열반을 상(常)·락(樂)·아(我)·정(淨)으로 기술하고 있다. 즉 '모든 중생에게 모두 불성이 있다[一切衆生 悉有佛性]'는 사상을 천명하고 있다.

■ 불유교경(佛遺敎經)

〈불유교경〉은 부처님의 가르침을 남기는 경전이라는 제목의 뜻처럼, 석가모니 부처님이 열반에 들기 전에 제자들에게 마지막으로 설법하는 광경을 담고 있다. 줄거리는 다음과 같다.

부처님은 사라쌍수 아래에서 입멸할 것임을 밝히고 제자들에게 여러 가지를 당부하셨다. 우선 계율을 스승으로 삼아 지키고, 오욕을 삼가하며, 마음을 경계하여 방일(放逸)하지 말고, 항상 적정한 곳을 구하여 정진할 것을 설하셨다. 부처님의 임종이라는 극적인 무대를 배경으로 하고, 불교의 근본 가르침을 간명하게 설명한 탓에 예로부터 널리 읽혀졌다. 그래서 주석서나 연구서가 많은 편이다. 선종에서는 〈사십이장경〉, 〈위산경책〉과 더불어 '불조삼경(佛祖三經)'의 하나로 여긴다. 산스크리트 원전이나 티베트본은 전하지 않고 구마라습이 한역하였다. 부처님 만년에 있었던 일을 기록한 경전과 논서는 이외에도 〈대반열반경〉, 마명(馬鳴)이 지은 〈불소행찬〉·〈불본행경〉 등이 있다. 이들 저서도 이 경전과 유사한 문체로 쓰였다.

■ 잡보장경(雜寶藏經)

〈잡보장경〉은 모두 10권으로 5세기 말에 서역출신의 학승 길가야가 담요와 함께 한역한 경전으로, 121가지의 짧은 설화로 이루어져 있다. 선행을 장려하고 악행을 징계한다는 불교의 권선징악의 교리를 주제로 하고 있고, 내용은 주로 복덕을 지을 것과 계율을 수지(受持)할 것을 권장하고 있다. 이 경전은 나가세나 스님과 밀린다 왕이 토론한 이야기와 카니시카 왕과 마명보살 등 역사적으로 실존했던 인물들이 등장하고 있는 점이 다른 설화 경전에 비해 특이한 점이다.

■ 찬집백연경(撰集百緣經)

〈찬집백연경〉은 줄여서 〈백연경〉이라고 한다. 국왕, 부호, 바라문과 그의 자녀들, 상인과 하인, 도적, 새와 짐승에 이르기까지 부처님께 귀의한 인연에 대해 설법하는 내용을 담고 있다. 10품으로 나뉘어 있고 각 품마다 열 가지의 이야기를 담고 있으며, 오(吳)나라(223-253) 때 월지국 출신의 지겸(支謙)이 번역하였다.

■ 안반수의경(安般守意經)

〈안반수의경〉의 본래의 이름은 〈불설대안반수의경(佛說大安般守意經)〉이다. 달마 스님이 인도에서 중국으로 와 선법을 펴기 이전인 후한(後漢) 때 안세고(安世高)가 번역하였다.

안반(安般)이란 말은 산스크리트어 'āna-apāna'를 음사하여 아나 파나(阿那波那), 안나반나(安那般那)로 표기하다가 줄여서 안반(安般)이라 하게 되었다. 'āna'는 들숨, 'apāna'는 날숨을 뜻한다. 수의는 범어로 sati로서 염(念)의 뜻이다. 그러므로 이 경의 범명이 āna-apāna-sati-sūtra이므로 안세고가 안반수의경이라고 번역한 것이다.

이 경은 들숨과 날숨을 헤아리거나 거기에 집중하는 수행법에 대해 설하고 있는데, 수식관의 수행이 마치 등불이 어둠을 헤치고 광명을 주는 것과 같이 무지를 없애고 지혜를 준다고 설하고 있다. 수식관을 성취한 사람은 해탈, 진리, 잡념 없애기, 옳은 일 가려보는 기쁨 등을 얻을 수 있다고 하였다.

경의 내용을 살펴보면 수식관이 여섯 단계로 진행된다는 것이 서술되어 있다. 수식관(數息觀)은 이 경에서 설하고 있는대로 숨을 들이마시고 내뿜는 호흡에 있어서 수를 세면서, 그에 정신을 집중하는 관법을 뜻한다. 선(禪)의 입문에 있어서 중요시 되는 수행법이다.

3 대승불교 경전

1) 반야경전(般若經典)
■ 반야경(大品般若經)

〈반야경〉은 최초로 대승(大乘)을 선언한 경전으로서 초기 대승경전에 속한다. 하지만 〈반야경〉이라는 경전은 단일한 경전이 아니라 각종 반야경전을 총칭한 것이며, 이 명칭으로 한역된 경전

은 42종에 이른다. 〈반야경〉에 의하면, 보살의 수행덕목인 육바라
밀은 '반야바라밀' 즉 완전한 지혜를 기본으로 한다는 사상을 기
반으로 한다. 반야바라밀이란 단적으로 말하면 '지혜의 완성'이며
그 실제 내용은 공사상(空思想)을 바탕으로 삼는다. 또 진실한 지
혜인 반야의 획득은 중생에 대한 무한하고 사심이 없는 자비심
의 작용으로 나타난다.

반야경전 중 가장 오래되고 기본적인 것은 408년 구마라습에
의해 한역된 〈팔천송반야경〉으로, 기원 전후 경부터 1세기 중반
에 성립했으며 〈소품반야경〉이라고도 한다. 이 〈팔천송반야경〉을
증대시킨 〈십만송반야경〉, 〈이만오천송반야경〉이 있으며, 구라마
습이 한역한 〈이만오천송반야경〉을 〈대품반야경〉이라고 하여 중
국, 일본에서는 중시되었다.

짧은 경전으로는 〈금강반야경〉, 〈반야심경〉 등이 잘 알려져 있
다. 또한 이들을 여러 계통을 반야경전들을 집대성한 것이 현장
스님이 번역한 〈대반야경〉 600권이다.

■ 대반야경(大般若經)

〈대반야경〉은 반야부 계통의 경전을 당나라 현장 스님이 집대
성하여 한역한 6백권 반야경을 말한다. 전체적으로 공(空)사상을
천명하고 있으며 육바라밀 중 특히 반야바라밀을 강조하고 있다.

예로부터 국가의 보호와 융성 그리고 재앙의 소멸과 복을 구할
때는 종파의 구별없이 일률적으로 이 경의 독송과 전파에 주력
해 왔다고 하여 나라를 보호하는 경전, 인천(人天)의 큰 보배로
일컬어져 온 경전이다. 특히 제398권에는 "〈대반야경〉을 지니고
외우는 자, 〈대반야경〉을 베끼는 자, 전독(轉讀)하는 자, 사유하는

자, 경의 말씀대로 행하는 자, 다른 이들을 깨닫게 하는 자는 모든 악취에 떨어지지 않는 법을 얻을 것이다."라고 하여 <대반야경>의 공덕을 설하고 있다. 이러한 연유로 우리나라에서도 신앙적으로 매우 존중되어 왔다. 특히 고려시대 몽고군의 침입으로 국가가 위기에 처했을 때 제조한 고려 팔만대장경의 첫머리에 이 경을 배열한 것도 바로 이 때문이다. 대장경의 약 3분의 1을 차지하는 가장 방대한 경전으로 그 사상적 내용에서도 매우 중요한 위치를 차지한다.

■ 금강경(金剛經)

<금강경>의 원래 명칭은 <금강반야바라밀경(金剛般若波羅蜜經)>이며, '금강과 같이 견고하여 능히 일체를 끊어 없애는 진리의 말씀'이라는 뜻이다. 공(空)사상을 근본으로 하는 반야부 계통의 경전 가운데 <반야심경> 다음으로 널리 읽히는 경이다.

특히 선종에서는 5조 홍인대사 이래로 중시되어 온 소의경전으로서, 불교경전 가운데 세계적으로 가장 널리 알려진 경이다. 철저한 공사상에 의해 번뇌와 분별하는 마음을 끊음으로써 반야의 지혜를 얻어 깨달음을 증득할 수 있다는 것이 경의 중심적 내용이다. 하지만 공사상을 천명하면서도 공(空)자가 한 자도 보이지 않는 것이 특징이기도 하다.

이 경은 부처님의 제자 중에서 공(空)의 이치를 가장 잘 터득하고 있었다는 수부티 존자와 부처님이 문답식의 대화를 전개해 가고 있다. 이 경에서 가장 주목을 받고 있는 문구는 '응무소주이생기심(應無所住而生其心)'이다. '마땅히 머무는 바 없이 그 마음을 일으켜라.'고 해석되는데, 6조 혜능(慧能) 스님도 <금강경>

을 읽다가 바로 이 대목에서 홀연히 깨달았다고 할 만큼 핵심적인 문구로서 선종에서 매우 중요시 여기는 어구이다. 한역본은 402년에 구마라습이 번역한 것 외에도 다른 7종이 있으나 구마라습이 번역한 〈금강반야바라밀경〉(1권)이 가장 널리 유통되고 있다. 우리 나라에는 삼국시대의 불교유입 초기에 전래되었으며, 고려 중기에 보조국사 지눌(知訥)이 불교를 배우고자 하는 사람들의 입법(立法)을 위해서 반드시 이 경을 읽게 한 뒤부터 널리 유통되었다.

■ 반야심경(般若心經)

〈반야심경〉은 〈대반야경〉 6백 권의 사상을 한자 260자로 가장 짧게 요약하여 그 진수만을 담고 있는 경전이다. 경의 원래 제목은 〈마하반야바라밀다심경(摩訶般若波羅蜜多心經)〉이고, 핵심은 역시 공(空)사상이다. 오온·십이인연·사성제의 법을 들어 온갖 법이 모두 공한 이치를 밝히고, 보살이 이 이치를 관(觀)할 때 일체의 고난을 면하고 반야바라밀다에 의지하여 구경의 열반을 얻으며 삼세의 부처님도 반야바라밀다에 의지하여 아뇩다라삼먁삼보리를 얻는다고 하는 반야바라밀의 내용과 공덕에 대하여 설하고 있다. 현재 우리나라의 거의 모든 법회 의식에서 독송되고 있으며, 반야부 경전 중에서도 가장 많이 읽히고 있다. 우리나라에서 독송되고 있는 경은 당나라 현장 스님이 번역한 것으로 소본에 해당된다.

■ 인왕경(仁王經)

〈인왕경〉의 본래 명칭은 〈불설인왕반야바라밀경(佛說仁王般若波羅蜜經)〉인데, 상하 2권으로 되어 있고, 5세기 초에 구마라집이 번역했다. 부처님께서 16국의 왕들에게 나라를 보호하고 잘 다스리기 위해서 반야바라밀을 잘 수지하라고 설법한 것을 내용으로 하고 있다. 그래서 옛부터 이 경과 〈법화경(法華經)〉·〈금광명경(金光明經)〉을 호국(護國) 3부경이라 한다. 크게 보면 대승경전이지만 그 내용이 소승이나 대승 모두에게 두루 통하며, 반야의 실상과 사용, 그리고 그 이론적 체계를 다 구비하고 있어서 일체의 반야부 경전을 종결짓는 경으로 전해져 내려오고 있다.

2) 법화(法華)·화엄경전(華嚴經典)

■ 법화경(法華經)

〈법화경〉은 〈묘법연화경(妙法蓮華經)〉의 약칭으로 "무엇보다 밝은 연꽃과 같은 가르침"이라는 뜻의 28품으로 이루어진 경전이다. 여러 많은 경전 중에서 가장 넓은 지역과 가장 많은 민족들에 의해 수지(受持)되고 사경(寫經)된 대승경전의 꽃이다.

〈법화경〉의 핵심적인 가르침은 모든 중생이 성문(聲聞)·연각(緣覺)·보살(菩薩)의 삼승(三乘)을 초월하여 마침내 성불(成佛)할 수 있다는 '회삼귀일(會三歸 一)' 사상과, 석가모니 부처님의 성불이 사바세계에서 처음 이루어진 것이 아니라 한량없는 오랜 겁 전에 이미 성취된 것이라는 '구원실성(久遠實成)' 사상이다.

회삼귀일이란 삼승의 가르침은 결국 일승(一乘)으로 귀결된다는 가르침으로, 이전에 설한 소승의 성문법·연각법이나 대승의 보살법은 오직 일불승(一佛乘)을 설하기 위하여 불제자들의 근기에 맞게 방편으로 설한 것이라는 사상이다. 즉 부처님께서 이 세상에 오신 이유는 중생들에게 부처님의 지혜를 열어 주고, 부처님의 지혜를 보여 주고, 부처님의 지혜를 깨닫게 하고, 부처님의 지혜의 길에 들어가게 하고자 하는 일대사인연(一大事因緣)을 위한 것이 므로, 성문이나 연각 등의 소승도 결국에 가서는 일불승의 가르침 안에서 성불할 수 있다는 것이다. 구원실성(久遠實成)이란 부처님 의 수명과, 부처님의 몸과, 부처님의 가르침이 영원하고 끝이 없 다는 가르침이다. 부처님이 보리수 아래에서 깨달음을 성취하였 지만 그것은 중생을 구제하기 위한 일시적인 방편이고, 사실은 헤 아릴 수 없이 아득히 먼 과거에 이미 성불하였다는 것이다. 이 일 불승(一佛乘)인 부처님의 법(法)은 영원한 수명과, 상주하는 몸과, 한량없는 교화라는 형태로 존재한다는 안목이다.

■ 화엄경(華嚴經)

경전의 원래 이름은 〈대방광불화엄경(大方廣佛華嚴經)〉이며, 처 음부터 완전한 형태를 갖추고 있던 것은 아니고 서력기원 전후부 터 1,2세기에 걸쳐 조금씩 정리되어 각 장이 독립된 경전으로 되 어 있던 것을 4세기경에 집대성된 것이 〈화엄경〉이다.

이 경은 사사무애법계(事事無碍)와 법계연기(法界緣起) 사상을 근간으로 하고 있다. 즉 궁극의 진리의 입장에서 살펴보면 일체 사상이 상호연관성을 지니고 성립되었으면서도 서로 걸림이 없 다는 것이다. 이런 관점에서 보살도(菩薩道)의 실천을 설하고 있 다. 보살도의 실천에는 자리(自利)와 이타(利他)의 두 길이 있지만, 보살도에 있어서는 타인을 구제하는 것이 자리이기 때문에 '자리 즉이타(自利卽利他)'인 것이다.

한역에는 6본이 있으나 지금은 3본만 전해 오고 있다. 현재 전 해지는 한역본으로는 〈60화엄〉과 〈80화엄〉, 그리고 〈40화엄〉이며, 이들 모두 우리 나라에서 널리 유통되었다. 〈60화엄〉은 34품(品),

〈80화엄〉은 39품이며, 그 내용에는 큰 차이가 없으나 〈40화엄〉은 〈60화엄〉과 〈80화엄〉의 마지막 장인 입법계품(入法界品)에 해당하는 것이므로 〈화엄경〉의 완역본은 아니다.

전통적으로 〈화엄경〉은 석가모니부처님이 완전한 깨달음을 증득한 직후에 그 깨달음의 경지와 그것의 증득을 가능하게 하는 수행을 그대로 설한 것으로 알려져 있다. 경전의 장엄한 구상과 유려한 서술로 부처님의 깨달음의 경지에서 보이는 우주, 즉 연화장세계(蓮華藏世界)를 묘사하고 있으며, 〈법화경(法華經)〉과 함께 대승경전의 쌍벽을 이루고 있다.

■ 60화엄경(六十華嚴經)

〈60화엄〉은 보살의 수행과 그 과보인 십주(十住)·10행(十行)·10회향(十廻向)·10지(十地)·불지(佛地)의 41위를 설하는 내용으로 이루어져 있다. 〈60화엄〉의 41위는 대승불교에서 널리 받아들여 사용하고 있는 보살 수행계위인 10신(十信)·10주·10행·10회향·10지·등각(等覺)·묘각(妙覺)의 52위가 성립되는 바탕이 되었다. 대승불교의 교학에서 41위 또는 52위의 보살 수행계위 중에서 보살행의 근간을 이루는 것은 10지(十地)이다. 즉 윤회의 원인인 번뇌를 끊어낼 수 있는 10지에서의 10단계 무루지(無漏智)이다. 그렇기 때문에 〈화엄경〉에서도 제22품에서 제30품 또는 제32품까지에 걸쳐서 다른 계위보다 더 많은 분량을 할애하여 10지를 설명하고 있다. 〈60화엄〉에 따르면 제1 적멸도량회는 보리수 밑에서 깨달음을 이룬 부처님의 주위에서 많은 보살들이 부처님의 덕을 칭송하고 있다. 이때 부처님은 이 경의 교주인 비로자나불과 한몸이 되어 있다. 제2 보광법당회에서는 부처님이 사자좌에 앉아 계시고 문수보살이 고집멸도(苦集滅道) 사성제를 설한다. 또 10보살이 10종의 깊은 법을 설한다. 제3 도리천회, 제4 야마천궁회, 제5 도솔천궁회, 제6 타화자재천궁회는 설법의 장소가 천상으로 각각 보살이 수행하는 계위를 뜻하는 십주(十住), 십행(十行), 십회향(十廻向), 십지(十地)에 대해 설해지고 있다. 제7회는 다시 지상의 보광법당회로 지금까지의 설법을 요약하고 있다. 제8회는 기원정사에서 설한 〈입법계품〉으로 선재동자가 보살에서 외도에 이르기까지 53인의 선지식을 찾아 구도하는 과정을 묘사하여 정진이 곧 불교임을 강조하고 있다. 그가 만나는 선지식 중에는 보살만이 아니라 비구(니), 소년, 소녀, 의사, 장자, 바라문, 창녀 등 가지가지의 직업과 신분을 가진 사람들이 섞여 있다. 이처럼 수도에는 겉모습과 형식이 문제가 아니라는 대승불교의 이상을 잘 나타내 주는 것이라 하겠다.

■ 80화엄경(八十華嚴經)

〈80화엄〉은 〈60화엄〉과 비교하여 〈60화엄〉은 34품(品), 〈80화엄〉은 39품으로 설법의 모임과 품수에 있어 차이가 나지만 그 내용적인 면에서는 크게 다르지 않다. 〈80화엄〉이 7처 9회가 된 것은 〈60화엄〉의 여섯 번째 모임이 〈80화엄〉에서는 여섯 번째 모임과 일곱 번째 모임으로 나누어져 있기 때문이며, 〈60화엄〉의 제2 노사나불품이 〈80화엄〉에서는 여래현상품·보현삼매품·세계성취품·화장세계품·비로자나품의 다섯으로 세분되어 있다. 또한 〈80화엄〉에는 〈60화엄〉에 없는 십정품(十定品)이 첨가되어 있는데, 이 품에서는 부처님의 지혜를 이루기 위해 닦아야 하는 열 가지 선정에 대해 설하고 있다.

3) 정토삼부경(淨土三部經)

■ **무량수경(無量壽經)**

아미타불(阿彌陀佛)을 무량수불(無量壽佛) 또는 무량광불(無量光佛)이라고 의역하는데, 〈무량수경〉의 명칭은 여기서 유래했다. 석가모니부처님이 아미타불과 그의 국토인 극락세계에 대해 설법하는 경전으로 〈관무량수경〉·〈아미타경〉과 함께 정토삼부경이라고 하며, 한국에서 가장 많이 유통되었던 불교경전 중의 하나이다. 정토교의 근본 소의경전이며, 〈무량수경〉을 대경이라 하고 〈아미타경〉을 소경이라 한다.

〈무량수경〉의 상권에는 아미타불이 법장비구라 불릴 때, 모든 중생을 구제하기 위하여 세자재왕불(世自在王佛)의 처소에서 48서원(誓願)을 수행으로 성취함으로써 아미타불이 되어 서방(西方)에 정토(淨土)를 마련하였으니, 중생은 누구나 '나무(南無)아미타불'이라는 6자 명호(名號)를 진심으로 열심히 부르면 구제된다는 것을 기록하였다. 하권에는 중생이 왕생(往生)하는 데는 염불(念佛)왕생과 제행(諸行)왕생이 있음을 설법하고, 왕생한 뒤에 받는 여러 가지 과덕(果德)을 밝혔다.

■ **관무량수경(觀無量壽經)**

〈무량수경〉과 함께 정토신앙의 근본경전으로 인도 마가다국의 태자 아사세가 부왕인 빔비사라를 가두고 왕위를 찬탈하려 하므로 모후인 위제희 왕후가 몰래 왕에게 음식을 가져다주어 목숨을 연명하게 하였다. 왕후는 석가모니부처님이 있는 곳을 향해 지성으로 예배하고 교화해 주기를 빌었다. 이에 석가모니부처님은 극락세계를 보여주고 16관법을 일러주어 왕비와 시녀를 깨닫게 하고 빔비사라왕을 구제하였다. 왕비는 16관법 등의 법문을 듣고 생사를 초월한 무생인(無生忍)의 경지에 이르렀으며, 500인의 시녀들은 극락에 왕생하고자 하는 마음을 일으켰다고 한다. 이 경의 중심내용을 이루고 있는 16관법은 지는 해를 보고 극락세계를 관하는 일상관(日想觀), 극락세계의 대지가 수면이나 얼음처럼 평탄함을 관하는 수상관(水想觀) 등의 16가지 관법으로서, 우리나라에서는 통일신라시대에 정토신앙이 성행하면서부터 널리 행해졌던 관법이다.

■ 아미타경(阿彌陀經)

〈아미타경〉은 〈무량수경〉, 〈관무량수경〉과 더불어 우리나라 정토신앙의 근본 경전에 속한다. 이 경은 〈무량수경〉을 간략히 한 경전으로, 대부분의 경전이 제자들의 간청에 의하여 부처님이 설법한 것인 데 비하여, 부처님이 자진해서 설하신 무문자설경(無問自說經)이라는 특징을 가지고 있다. 아미타불과 극락정토(極樂淨土)의 장엄을 설하고, 그러한 정토에 왕생하는 길이 아미타불을 칭명염불(稱名念佛)하는 데 있다는 것을 설하고 있다.

4) 여래장사상(如來藏思想) 경전(經典)

■ 능엄경(楞嚴經)

〈능엄경〉은 선가(禪家)의 요체를 강조하면서도 밀교 사상이 더해진 전체 10권의 경전으로 〈대불정수능엄경〉, 〈수능엄경〉 등으로 불리운다.

부처님의 제자인 아난 존자가 마등가라는 여인의 꾀임에 빠져 그녀의 딸에 의해 청정한 계를 깨뜨리게 될 즈음, 부처님께서 능엄주의 신통력으로 구하신다. 아난 존자는 불법을 많이 들어서 알기는 하지만 선정을 닦아 도의 힘을 기르지 못했음을 부끄럽게 여겨 깊이 후회하고, 부처님께 '위대한 선정의 법[首楞嚴定]'을 청하게 됨으로부터 이 경이 설해지게 된 것이다. 부처님이 설하신 능엄주에 의해 악마의 장애를 물리치고 수행에 전념해 여래의 진실한 지혜를 얻게 함으로써 생사의 괴로움을 벗어나게 하려는 것이 이 경의 목적이다. 경전의 내용이 참선과 관계가 깊기 때문에 예로부터 우리 나라 불교계에서도 매우 존중되어 온 경전이다. 그래서 전문 강원의 교과목 중 〈금강경〉·〈원각경〉·〈대승기신론〉과 함께 사교과(四教科)의 한 과목으로 학습되어 왔다.

■ 여래장경(如來藏經)

〈여래장경〉 여래장을 설명한 최초의 경전이다. 〈대방등여래장경〉 또는 〈대방광여래장경〉이라고도 부른다. 중생 속에 실재하는 여래장(如來藏)을 아홉 가지 비유를 들어 설명하였고 각 비유의 뒤에는 반드시 게송을 제시하여 같은 내용을 반복하는 형식을 취하였다. 그 내용은 '일체중생여래지장상주불변(一切衆生如來之藏常住不變)'이라는 말로 요약할 수 있다. 이는 대승 〈열반경〉에 나오는 '일체중생실유불성(一切衆生悉有佛性, 모든 중생은 다 불성을 지니고 있다) 사상을 계승한 것이다.

■ 대승열반경(大乘涅槃經)

〈대승열반경〉은 북전 열반경으로 남전 열반경과 같이 경의 이름이 〈대반열반경(大般涅槃經)〉이다. 이 경은 부처님이 열반하였을 때의 사건을 중심으로 서술하는데, 불신(佛身)의 상주, 열반의 상락아정(常樂我淨), 그리고 '일체의 중생은 모두 불성을 가지고 있다.[一切衆生悉有佛性]'는 사상에 기초하고 있다.

　석가모니부처님의 육신은 곧 법신(法身)으로서 상주하고 변하지 않으며, 나타남이 아닌 데서 나타남이 있고, 육신의 모습에서 한량 없고, 그지없는 법신을 보게 되며, 무아(無我)에 한정되지 않은 진아(眞我)로서의 불성은 깨끗하며 즐거움을 나타내는 것이라 한다. 중도관(中道觀)에 입각하여 일체 중생이 반드시 불성이 있다고 하면 그것은 집착이고 없다고 하면 그것은 허망한 것이라고 하며, 말할 수 없는 이러한 경계 자체는 있다고 하여 일체중생의 성불(成佛) 가능성을 제시하였다.

5) 유식경전(唯識經典)
■ **능가경(楞伽經)**

　〈능가경〉은 석가모니부처님이 능가성(楞伽城)에서 설했다고 전하는 경전으로 여래장사상(如來藏思想)에 중요한 위치를 차지하고 있고, 유식설(唯識說)에 큰 영향을 주었다. 불교 여러 학파의 교설을 풍부하게 채택하여 혼합시켰으므로, 여러 교설들이 어떻게 종교적으로 결부되고 있는가를 보여주고 있다.

　이 경에서 특히 강조되고 있는 중심사상은 무분별(無分別)에 의한 깨달음이다. 즉 중생은 미혹하여 과거로부터 쌓아온 습기(習氣)로 말미암아 대상에 집착하기 때문에 모든 현상이 스스로의 마음에 의해서 나타난 것임을 알지 못한다. 하지만 모든 현상이 스스로의 마음이 나타낸 바임을 깨달으면 집착하는 자[能取]와 집착하게 되는 대상[所取]의 대립을 떠나서 무분별의 세계에 이를 수 있다는 것이다. 이 경전은 여래장(如來藏, 중생 속에 감추어져 있는 여래가 될 수 있는 씨앗)과 아뢰야식(阿賴耶識, 인간 내면 깊은 곳의 종자가 되는 심층의식) 사상을 결합시켜서 만든 〈대승기신론(大乘起信論)〉의 선구적인 경전이 되었다. 또한 선(禪)을 우부소행선(愚夫所行禪)·관찰의선(觀察義禪)·반연여선(攀緣如禪)·여래선(如來禪)의 네 가지로 구분하여 선의 역사에서 주목해야 할 자료를 제공하였으며, 우리 나라에서 채택된 후기 유식설(唯識說), 특히 호법(護法)의 유식설에 큰 영향을 주었다. 이 경은 일찍이 선종(禪宗)에서 많이 채택되었는데, 중국 선종의 제1조인 달마(達磨)가 중요하게 여겼던 것에서 비롯된다.

■ 해심밀경(解深密經)

'해심밀'은 긴밀하고 깊게 얽힌 것을 푼다는 뜻에서 지어진 이름이다. 이 경은 마음에 의하여 세상의 만사가 얽힌 상태로 전개된 것임을 해명하기 위하여 설해졌다.

유식학파의 '삼계유심(三界唯心) 만법유식(萬法唯識)', 즉 삼계가 오직 마음이고, 만법이 오직 마음이라는 사상은 아뢰야식과 종자식을 설명하는 이 경전에 의지하여 그 철학적 체계를 정립하였다. 이 경의 특징은 비로자나불(毘盧遮那佛)이 인간 세계가 아닌 화엄세계에서 미륵과 문수 등을 향해 설법한 경전으로 우주의 법체를 그대로 드러내는 경지에서 설법의 대상을 의식하지 않고 설하고 있다.

이 경에 대한 주석서를 신라시대 유식학자인 원측(圓測)·원효(元曉)·경흥(憬興) 스님이 저술하였으나 이 중 유일하게 원측 스님의 〈해심밀경소〉(10권)가 현존한다. 이 경에 대한 주석서는 중국에서도 남아 있지 않으며, 원측의 주석서는 티베트본으로도 남아 있어 이를 통해 한문본이 보충되고 있다.

6) 재가주의(在家主義) 경전(經典)

■ 유마경(維摩經)

<유마경>은 <유마힐소설경>, <유마힐경>이라고도 하며, 이 경의 취지가 유마힐이 증득한 불가사의한 해탈법문을 펴는 것이기 때문에 <불가사의해탈경>이라고도 한다.

이 경의 주인공인 유마힐은 석가모니부처님의 재가 제자로서 중인도 바이샬리의 대부호이다. 이 경은 유마힐이 병에 들어서 누워 석가모니부처님의 제자와 보살들이 문병하러 온 것을 기회로 문수보살 등과 불법에 대하여 대화하는 매우 극적인 형식으로 이루어져 있다. 이 경은 먼저 출가 수행자인 사리불 등 부처님 십대 제자들이 선정, 지계, 걸식, 불신 등에 대하여 가지고 있는 사상이나 실천수행에 대하여 재가 거사인 유마힐이 그 잘못을 지적하고 그들을 참된 진리의 길로 인도하는 데서 보이듯이 재가 불교운동의 이상을 표현하고 있다. 그렇기 때문에 후대에 여성 재가 신도인 승만부인을 주인공으로 하여 성립된 <승만경>과 함께 재가 불교운동의 대표적인 경전으로 간주되고 있다.

■ 승만경(勝鬘經)

<승만경>은 '누구나 다 여래의 씨앗을 품고 있으므로 부처가 될 수 있다.'는 여래장사상을 설파하는 대승불교의 대표적인 경전이다. 또한 <유마경>과 함께 대승불교의 재가득도(在家得道) 신앙을 표방하는 경전으로서도 중요하다.

승만부인은 몸으로써 체험하려는 10가지 서원을 세우고(十大受), 이 10대수를 요약해서 3대원으로 강조하며, 이 3대원은 다시 섭수정법(攝受正法)이라는 일대원(一大願)으로 향한다고 강조한다.

이것은 〈법화경〉의 일승사상과도 일맥상통한다. 그래서 승만경은 법화경의 일승사상을 계승하고 여래장 사상을 천명함으로써 여래장 사상을 대승의 정계(正系)로서 자리잡게 한 점에서 높이 평가되는 경전이다. 뿐만 아니라 승만이라는 재가 여성의 설법을 사자후라고 하여 부처님 설법의 지위와 같은 위치에 올려 놓음으로써 대승불교에서의 여성에 대한 관점을 엿볼 수 있는 경전이기도 하다.

7) 밀교경전(密敎經典)

■ 대일경(大日經)

〈대일경〉은 밀교사상의 이론적 원리를 밝힌 밀교의 근본 경전으로 비로자나불(대일여래)이 체험한 성불의 경지를 설하고 있다. 밀교의 2대 법문 중 하나인 태장계(胎藏界) 진언의 본경(本經)으로 알려져 있고 경의 본래 명칭은 〈대비로자나성불신변가지경(大毘蘆遮那成佛身變加持經)〉으로, 비로자나는 '일(日)'의 다른 이름이므로 〈대일경〉이라고 한다.

내용상 크게 두 부분으로 나뉜다. 첫부분은 초품인 〈입진언문주심품〉은 진언밀교에 대한 교리를 해석한 교설이다. 두번째 부분은 제2품부터 제31품까지로 구체적인 진언과 단의 설치, 관정(灌頂), 인계(印契) 등 수행법에 관한 내용이다.

■ 금강정경(金剛頂經)

〈금강정경〉은 광본(廣本)과 약본(略本)이 있는데, 광본은 18부(部)의 경전을 집대성한 10만 송(頌)으로 되어 있다고 하지만 현존하지는 않으며, 약본만이 남아 있다. 〈금강정경〉 상・중・하 3권의 내용은, 석가모니부처님이 일체 부처님들의 가피력(加被力)을 받아 오상관(五相觀)을 닦고 보리도량(菩提道場)에서 깨달음을 얻은 뒤에 도리천에 올라가 설법을 행하고, 다시 보리도량에 돌아와 법을 선포하고 설법하는 것으로 되어 있다.

특히 하권에서는 수행자가 신체로는 인계(印契)를 맺고, 입으로는 진언(眞言)을 외우고, 마음으로는 부처님을 깊이 주시하여, 부처님의 삼밀(三密)과 수행자의 삼밀이 수행자의 체험 속에서 서로 합일됨으로써 현재의 이 육신이 그대로 부처가 되는 즉신성불(卽身成佛)을 설하고 있다. 또 만다라를 제작하는 방법, 관정(灌頂)의식과 진언(眞言), 여러 가지 수인(手印)과 인명(印明), 공양법(供養法) 등을 설하고 있는데, 이 경(經)의 세계를 상징적으로 묘사한 것이 금강계만다라(金剛界曼茶羅)이다.

■ 천수경(千手經)

〈천수경〉은 우리나라 불자들이 가장 많이 독송하는 관세음보살의 광대한 자비심을 찬양하는 다라니경(陀羅尼經)이다. 경의 원래 명칭은 〈천수천안관자재보살광대원만무애대비심대다라니경(千手千眼觀自在菩薩廣大圓滿無礙大悲心大陀羅尼經)〉으로, '한량 없는 손과 눈을 가지신 관세음보살이 넓고 크고 걸림없는 대자비심을 간직한 큰 다라니에 관해 설법한 말씀'이라는 뜻으로 〈천수다라니경〉이라고도 한다. 흔히 불공을 드릴 때 독송하는 〈천수경(千手經)〉은 이 경전을 토대로 하여 의식과 독송의 편리를 위해서 여러 시대에 걸쳐 편집·정리된 경전이다. 〈천수다라니경〉에서는 관세음보살이 어떤 연유로 천수천안 관세음보살(千手千眼觀世音菩薩)이 되었는지, 또 다라니(陀羅尼)의 본질이 무엇인지, 그리고 다라니의 지송공덕이 무엇인지에 대하여 상세하게 설명하고 있다. 우리나라에서 유통되고 있는 〈천수경〉은 이 〈천수다라니경〉의 앞과 뒤로 정구업진언(淨口業眞言) 등의 진언과 개경게(開經偈)·대다라니계청(大陀羅尼啓請)·사방찬(四方讚)·도량찬(道場讚)·참회게(懺悔偈)·준제주(准提呪)·여래십대발원문(如來十大發願文)·사홍서원(四弘誓願)·귀명삼보(歸命三寶) 등이 수록되어 있다. 이는 이 경을 완전히 의식경전으로 탈바꿈시킨 것이다. 현재 우리나라 대부분의 불교의식에는 이 경이 독송되고 있다.

8) 대승(大乘) 계율경전(戒律經典)
■ 대승범망경(大乘梵網經)

우리 나라 불교 계율의 기초를 이루는 경전으로 원명은 〈범망경노사나불설보살심지계품제십(梵網經盧舍那佛說菩薩心地戒品第十)〉이지만 〈범망경〉으로 부르고 있다. 우리 나라에서 유통되고 있는 한역본(漢譯本)은 후진의 구마라습(鳩摩羅什)이 번역한 것으로 전해지는데, 중국에서 찬술되었다는 설도 있다. 상권과 하권 2권으로 이루어져 있으나 우리 나라에서 널리 전승된 것은 하권의 계율이다. 하권에 대승의 보살이 지켜야 하는 십중대계(十重大戒)와 가벼운 허물을 다스리는 48가지 계율인 48경계(輕戒), 재가신도를 위하여 육중계(六重戒)와 28경계를 따로 설하고 있다. 우리 나라에서는 이 하권만을 따로 뽑아 〈보살계본(菩薩戒本)〉이라 부르고 있다. 〈사분율(四分律)〉·〈오분율(五分律)〉 등이 출가 스님에게만 적용되는 데 반해 이 경의 대승계는 출가와 재가자에게 두루 통용되는 보편성을 가지고 있다. 이 경은 중국 뿐만 아니라 우리 나라에서도 신라시대 이래로 대단히 중요시되어 한국불교에 큰 영향을 미쳤다. 이와 별도로 유의하여 구분해야 할 내용은 불교에서 똑같이 〈범망경〉이라 부르는 경전이 있는데, 바로 〈범망육십이견경(梵網六十二見經)〉이다. 이 경전은 오(吳)의 지겸(支謙)이 번역한 1권으로 된 경전으로서, 부처님 재세시에 인도의 외도들이 주장한 62가지 견해에 대해 설하고 있다.

■ 보살영락본업경(菩薩瓔珞本業經)

〈보살영락본업경〉은 〈보살영락경〉 또는 〈영락경〉이라고도 하며, 〈범망경〉·〈보살지지경〉과 함께 대승불교의 계율사상을 담고 있는 경전으로 중요시되어왔다. 원래 '영락본업'이란 화엄사상의 용어인데 이 경전이 담고 있는 사상도 화엄사상에 부합되는 부분이 많이 있다. 특히 이 경전에서는 보살의 수행 계위를 십신·십주·십행·십회향·십지·등각·묘각 등의 52보살계위로 체계화했다. 이 경전이 대승의 율전으로 받아들여지는 이유는 〈대중수학품〉에서 대표적인 대승보살계인 3취정계를 설하기 때문이다. 3취정계란 ①8만 4천 개의 법문을 지님으로써 선(善)을 행하는 섭선법계, ②자(慈)·비(悲)·희(喜)·사(捨)의 사무량심으로서 중생의 이익과 교화를 위해 힘을 다하는 섭중생계, ③십바라이(十波羅夷, 비구나 비구니가 승단을 떠나야 하는 무거운 죄)를 지키는 섭율의계의 3가지를 말한다.

여기서 설하는 십바라이는 〈범망경(梵網經)〉의 십중금계와 동일한 것으로 보아 〈범망경〉의 보살계를 받아들이고 있다. 그러나 〈영락경〉에서는 "보살계법은 받기만 할 뿐 버릴 수 없는 법이다."라고 하여 한 번 얻으면 영원히 잃지 않는 보살계를 설하고 있다. 또한 "십바라이를 범하더라도 계(戒)의 본체를 잃은 것은 아니다. 계는 마음을 본체로 하며 마음은 다함이 없기 때문에 계 또한 다함이 없다."라고 함으로써 보다 대승적인 계율관을 제시하고 있다.

■ 보살지지경(菩薩地持經)

〈보살지지경〉은 인도의 무착(無着)이 미륵보살의 설법을 기록했다고 전하는 것으로 경이라는 이름이 붙어 있으나 본래는 논(論)이라고 할 수 있다. 모두 10권이며, 크게 초방편처(初方便處)와 차법방편처(次法方便處), 필경방편처(畢竟方便處)의 세 부분으로 이루어진다. 이 중 대승계(大乘戒)의 의미를 밝힌 초방편처가 가장 중요한 부분으로, 보살의 계바라밀을 자성계와 일체계 등 9종의 계로 제시하고, 삼취정계(三聚淨戒)와 사중사십이범사(四重四十二犯事, 네 가지 무거운 죄와 마흔 두 가지 가벼운 죄)를 설명하여 대승의 계율을 종합하였다. 대승계에 관한 경전 중 〈범망보살계경〉과 함께 쌍벽을 이룬다. 이 책의 계만 모아 만든 책이 〈보살계본〉이다.

9) 지장경전(地藏經典)

■ 지장경(地藏經)

〈지장경〉은 우리나라 지장신앙(地藏信仰)의 기본 경전으로 원래 제목은 〈지장보살본원경(地藏菩薩本願經)〉이며, 우리나라에서는 당나라 때의 실차난타(實叉難陀)가 번역한 2권본이 널리 유통되고 있다. 이 경은 부처님이 도리천에서 어머니 마야부인(摩耶夫人)을 위하여 설법한 것을 모은 것이다. 이 경전에서 부처님은 갖가지 방편으로 지옥·아귀·축생·아수라·인간·천상의 육도중생(六

道衆生)을 교화하기 위하여 노력하는 지장보살의 모습과, 죄를 짓고 지옥의 온갖 고통을 받고 있는 중생들을 평등하게 제도하여 해탈하게 하려는 지장보살의 큰 서원을 경전에서 설하고 있다.

특히 이 경전에서 지장보살은 한 명의 중생이라도 지옥의 고통을 받는 자가 있으면 성불하지 않을 것이고, 모든 중생이 모두 성불하고 난 다음에야 성불하겠다는 서원을 세움에 따라 우리나라에서는 이에 근거하여 지장보살을 대원본존(大願本尊)으로 신봉하고 있다.

■ 지장십륜경(地藏十輪經)

원래 경전의 제목이 〈대승대집지장십륜경(大乘大集地藏十輪經)〉인데 〈대승지장십륜경〉 또는 줄여서 〈십륜경〉이라 부르기도 하고 별칭으로 〈대방등십륜경〉이라고도 한다. 당나라 현장 스님이 번역하였고, 이 경의 내용은 지장보살의 물음에 대해 부처님이 10종의 불륜(佛輪)을 설한 것으로, 여기서 10륜은 부처님의 10력이며 그 하나하나의 힘을 전륜성왕에 비유한 것이다.

■ 지장점찰선악업보경(地藏占察善惡業報經)

〈지장점찰선악업보경〉은 수나라의 보리등(菩提燈)이 번역하였다. 상권에서는 말세에 중생이 바른 믿음을 지니지 못하여 여러 가지 어려움에 부딪치면 많은 선악의 종류를 적은 여러 개의 나무 조각을 던져 점(占)을 쳐서 과거에 지은 잘못을 관찰하고 참회하여 마음의 평안을 얻으라고 설하고 있고, 하권에서는 중생들은 모두 여래가 될 성품을 지니고 있다는 여래장(如來藏)을 설한다.

10) 미륵경전(彌勒經典)

■ 미륵하생경(彌勒下生經)

〈미륵하생경〉은 〈관미륵보살하생경(觀彌勒菩薩下生經)〉이라고도 하는데, 이 다음 세상에 미륵보살이 성불할 때, 도솔천에서 인간세상에 내려와 용화수(龍華樹) 아래에서 성도한 뒤 세 번에 걸친 설법으로 중생을 제도한다는 내용을 설한 경전이다. 여러 한역본 중에서 축법호(竺法護)의 것이 널리 유통되고 있다.

미륵은 범어로 마이트레야(Maitreya)를 소리나는 대로 한자말로 바꾼 것이며, '자비'의 뜻을 가지고 있다. 그래서 미륵을 '자씨(慈氏)'라 번역하기도 한다.

이 경의 구성은 ①미래 용화세계(龍華世界)의 상황, ②미륵의 탄생과 성장, ③미륵의 출가와 성도(成道), ④미륵불의 설법(說法)과 제도(濟度), ⑤미륵불의 입멸(入滅)로 구성되어 있다. 이 중 우리 나라의 미륵신앙 형성에 가장 큰 영향을 끼친 것은 미륵불의 설법과 제도이다. 미륵불의 최초 설법내용은 사제(四諦)・팔정도(八正道)・십이인연(十二因緣)・삼십칠도품(三十七道品)이며, 이 설법은 3회에 걸쳐 행해진다. 제1회는 96억 명이 아라한과(阿羅漢果)를 얻고, 제2회는 94억 명, 제3회는 92억 명이 각각 아라한의 과를 증득하는데, 이를 용화삼회(龍華三會)라고 한다. 이 법회에 참석할 수 있는 이는 과거에 공덕을 쌓은 사람으로서, 삼장(三藏)을 독송하고, 남을 위하여 옷을 보시하고 지계(持戒)와 지혜(智慧)의 공덕을 쌓거나, 부처님께 향화(香花)를 공양하거나, 고뇌중생을 위하여 깊은 자비심을 내는 일, 지계(持戒)・인욕(忍辱)을 닦고 청정한 자비심을 내어 스님들에게 음식을 보시하며, 탑과 사리(舍利)에게 공양하는 사람 등은 모두가 미륵불에 의하여 구원

될 것이라고 하였다. 이러한 사상은 석가모니불이 구제하지 못한 중생들을 남김 없이 구제하려는 대승의 자비에 근거한 것으로, 미래의 이상세계를 제시한 희망의 신앙으로 널리 신봉되었다.

■ 미륵상생경(彌勒上生經)

〈미륵상생경〉은 〈미륵하생경〉·〈미륵대성불경〉과 함께 미륵삼부경을 이루고 있다. 〈미륵상생경〉의 원래 명칭은 〈불설관미륵보살상생도솔천경(佛說觀彌勒菩薩上生兜率天經)〉으로, 미륵삼부경 가운데 가장 늦게 성립된 경으로 알려져 있고, 455년 유송(劉宋)의 저거경성(沮渠京聲)이 번역하였다. 그러나 인도에서는 이 제목에 해당하는 산스크리트 경전의 이름이 발견되지 않기 때문에 현재의 중앙아시아 지역에서 성립된 것으로 추정한다. 그러나 한국·중국·일본에서는 미륵관계 경전 중에서 가장 영향이 크며 신라 때의 4대 불교 저술가인 원효·원측·경흥·태현 스님은 모두 이 경전에 대한 주석서를 남기고 있다.

이 경전의 주요내용은 10가지 착한 행위로 태어나는 도솔천의 장엄한 묘사, 그리고 도솔천의 일생은 인간 세계의 시간 계산으로는 약 56억 년에 해당되는데 미륵보살이 그곳에서 일생 동안 설법한 후 인간 세상에 내려와 중생들을 구제한다. 미륵보살에 대한 공경과 예배를 통해 도솔천에 태어날 수 있으며, 만일 악한 행위가 많으면 하늘에는 태어나지 못하여도 먼 훗날 미륵이 하생하여 설법하는 용화회(龍華會)에서 큰 마음을 일으킨다고 한다.

이 경전은 미륵관계 경전의 발전 과정에서 가장 늦게 성립되어 종합 정리되었기 때문에 비록 경전의 제목이 상생경이지만, 하생의 내용도 포함되어 있다.

■ 미륵성불경(彌勒成佛經)

〈미륵성불경〉은 후진 때 구마라습이 번역한 〈불설미륵대성불경〉을 말하는 것으로 〈미륵하생경〉과 대동소이한 내용을 담고 있어서 문장상의 차이에도 불구하고 같은 경전으로 보고 있다.

이 경은 미래에 미륵이 이 세상에 태어나서 부처가 되고 용화삼회(龍華三會)의 법회를 통하여 수십억의 중생을 제도하는 것을 주제로 삼고 있다. 경전의 내용은 미래 용화세계의 상황, 미륵의 탄생과 성장, 미륵의 출가와 성도, 미륵불의 설법과 제도, 미륵불의 입멸(入滅) 등으로 구성되어 있다. 이 경에는 미륵 사후의 도솔천 탄생과 설법을 중심으로 하는 미륵상생신앙 내용이 없고, 하생하여 3회 설법으로 중생을 구제하는 내용이 중심이다.

11) 그 외 대승경전
■ 금광명경(金光明經)

〈금강명경〉은 5세기 중엽 인도 출신의 학승 담무참이 번역하였다. 총 4권 19품으로 된 이 경은 금으로 된 북에서 울려나오는 이 경의 설법을 믿고 자기의 죄를 참회하면 자신은 물론 나라와 왕도 귀신들의 보호를 받게 된다는 것을 설법하고 있다. 요점은 부처님의 법신이 상주불멸함을 설하면서 부처님 수명의 영원함을 강조하고 있다. 그런 다음 열반의 깊은 뜻과 법신·응신·화신의 삼신(三身)에 대해 매우 정밀하고 상세하게 설하고 있다.

이 경전은 신라와 고려에서 매우 존숭된 호국경전의 하나로 〈법화경〉·〈인왕반야경〉과 함께 호국삼부경이라 불리우며 사천왕 신앙의 근거가 되고 있는 경전이다. 현재 네팔에서는 9대 법보(法寶)의 하나로서 불교도들에게 존숭되고 있다.

■ 대보적경(大寶積經)

〈대보적경〉은 8세기 초 인도 출신의 학승 보리유지가 편집하였다. 총 120권 49회로 구성된 이 경은 한 교파의 주장을 일관되게 내세우고 있는 다른 경전들과는 달리 수십 종의 독립된 여러 경들을 모아 놓은 일종의 혼합경전이라고 할 수 있다. 그래서 대승불교의 여러 교파들의 교리 내용과 초기불교의 교리들까지도 일부 섞여 있다. 예를 들면 아뇩다라삼먁삼보리를 증득하여 불퇴전을 얻는 방법이 나오는가 하면, 초기 불교의 중심 사상이라고 할 수 있는 3법인과 12인연이 나오고, 또 무량수불의 인위(因位)에 관한 설명과 48대원으로 극락세계를 장엄하는 법문이 나오기도 한다. 또 초기 대승경전으로 알려져 있는 반야경 계통의 '문수사리소설반야회'가 들어 있는가 하면 후기 밀교와 연관성이 있는 '무변장엄회', '밀적금강역사회' 같은 것도 들어 있다. 이러한 점에서 보적(寶積)은 법보(法寶)를 쌓는다는 의미와 통한다. 대승불교의 법보를 담고 있는 여러 경들을 한데 모아 놓은 것으로, 각 회마다 독립적인 내용으로 되어 있다는 것이다. 따라서 이 경은 인도에서 만들어진 형식과 체계가 아닌 한역장경의 산물이라고 파악된다. 오늘날 티벳대장경에도 이 경전이 들어 있는데, 그 체계나 내용이 한역과 완전히 일치하는 점으로 보아 학자들은 이 티벳어 번역은 한역으로부터의 중역(重譯)이라고 보고 있다.

■ 보현행원품(普賢行願品)

〈보현행원품〉은 보현보살의 행원(行願)을 기록한 경전으로 〈화엄경〉 안에 수록되어 있다. 선재동자가 문수보살에 의해 보리심을 내어 53선지식을 차례로 찾아가서 도를 묻고, 마지막으로 보현보살을 찾았을 때 보현보살이 설한 법문을 담고 있다. 우리나라에서는 옛부터 보현보살의 행원을 특별히 중요하게 생각하여 방대한 〈화엄경〉에서 따로 분리시켜서 이 한 품을 별도 책으로 간행, 유포시켰다.

그 내용은 부처님의 공덕을 성취하고자 하면 보현보살의 열 가지 큰 행원을 닦아야 함을 밝힌 것이다. 보현보살의 10대원은, ①모든 부처님께 예배하고 공경하는 것, ②부처님을 찬탄하는 것, ③널리 공양(供養) 올리는 것, ④업장(業障)을 참회하는 것, ⑤남이 짓는 공덕을 기뻐하는 것, ⑥설법하여 주기를 청하는 것, ⑦부처님께 이 세상에 오래 계시기를 청하는 것, ⑧항상 부처님을 따라 배우는 것, ⑨항상 중생을 수순(隨順)하는 것, ⑩지은 바 모든 공덕을 회향하는 것이다. 경전에서는 10대원의 실천이 지니는 공덕이 그 어느 것과도 비교될 수 없음과, 이 10대원을 듣고 읽고 외우고 남을 위하여 설하는 사람의 공덕이 어떠한지를 밝힌 뒤, 이 모든 사람들이 마침내 생사에서 벗어나 아미타불의 극락세계에 왕생하게 됨을 밝히고 있다.

■ 부모은중경(父母恩重經)

〈부모은중경〉은 〈불설대보부모은중경(佛說大報父母恩重經)〉이라고도 한다. 수나라 말기에서 당나라 초기에 중국에서 나온 경전으로 파악된다. 이 경의 내용은 부모의 은혜가 한량없이 크다는 것에 역점을 두고 있다. 구체적인 예로서, 어머니가 아이를 낳을 때는 3말 8되의 응혈(凝血)을 흘리고 8섬 4말의 혈유(血乳)를 먹인다고 하였다. 그렇기 때문에 이와 같은 부모의 은덕을 생각하면 자식은 아버지를 왼쪽 어깨에 업고 어머니를 오른쪽 어깨에 업고서 수미산(須彌山)을 백천 번 돌더라도 그 은혜를 다 갚을 수 없다고 설하였다.

  이 경의 특징은 크게 네 가지로 분류할 수 있으며, 첫째는 부모의 은혜를 구체적으로 십대은(十大恩)으로 나누어서 설명하고 있다. 십대은은 ①어머니 품에 품고 지켜 주는 은혜[懷耽守護恩], ②해산날에 즈음하여 고통을 이기시는 어머니 은혜[臨産受苦恩], ③자식을 낳고 근심을 잊는 은혜[生子忘憂恩], ④쓴 것을 삼키고 단 것을 뱉아 먹이는 은혜[咽苦甘恩], ⑤진 자리 마른 자리 가려 누이는 은혜[廻乾就濕恩], ⑥젖을 먹여서 기르는 은혜[乳哺養育恩], ⑦손발이 닳도록 깨끗이 씻어주시는 은혜[洗濯不淨恩], ⑧먼 길을 떠나갔을 때 걱정하시는 은혜[遠行憶念恩], ⑨자식을 위하여 나쁜 일까지 짓는 은혜[爲造惡業恩], ⑩끝까지 불쌍히 여기고 사랑해 주는 은혜[究竟憐愍恩] 등이다.

  둘째는 생태학적인 관점에서 보아 매우 과학적으로 서술하고 있다. 어머니가 자식을 잉태하여 10개월이 될 때까지를 1개월 단위로 나누어서 생태학적으로 고찰하고 있다. 셋째는 아버지보다 어머니의 은혜를 강조하고 있어 유교의 〈효경(孝經)〉이 아버지의 은혜를 두드러지게 내세우는 점과 대조를 보이고 있다.

  넷째는 〈효경〉이 효도를 강조한 것인 데 비하여 이 경은 은혜를 강조하고 있다는 것이다. 은혜를 갚는 구체적인 방법으로서 7월 15일의 우란분재(盂蘭盆齋)에 부모를 위해서 삼보(三寶)에 공양하고, 이 경을 간행하여 널리 보급하도록 하였다. 그리고 부모를 위해서 이 경의 한 구절 한 게송을 잘 익혀 마음에 새기면 오역(五逆)의 중한 죄라도 소멸된다고 하였다.

  한국에서는 조선 전기부터 삽화를 곁들인 판본이 많이 간행되었고, 중기 이후에는 언해본도 간행되었다. 현존 최고의 판본은 1378년(우왕 4)에 간행된 고려본이며, 삽화본 중에는 정조가 부모의 은혜를 기리는 뜻에서 김홍도(金弘道)로 하여금 삽화를 그리게 하여 개판한 용주사본(龍珠寺本)이 있다.

■ 백유경(百喩經)

〈백유경〉은 〈백구비유경(百句譬喩經)〉 혹은 〈백구비유집경(百句譬喩集經)〉이라는 이름으로도 불려지는데, 총 4권으로 인도의 상가세나(僧伽斯那)가 편집한 것을 그의 제자 구나비디(求那毘地)가 한역한 경전이다. 이름 그대로 하자면 백 가지 비유를 담은 경전이 되겠지만, 경전에 실려 있는 비유는 모두 98종이다.

이 경전은 재미있고도 쉬운 비유를 통해 부처님의 말씀을 설명해주는 경전으로 유명하다. 여기에 실린 우화 가운데 널리 알려진 것으로는, 음식에 소금을 넣어 맛을 내는 것을 보고 입에 소금을 가득 채워넣고 고생한 바보 이야기, 손님에게 될수록 많은 양의 우유를 대접하기 위해 젖소를 송아지로부터 떼어놓고 젖을 짜지 않은 채 두었다가 막상 손님이 온 날에 젖이 안 나오는 젖소 앞에서 조롱당하는 어리석은 사람 이야기 등이 있다.

고려팔만대장경 속에 있는 〈잡비유경〉은 이 경전의 이역본으로 알려져 있다.

■ 우란분경(盂蘭盆經)

〈우란분경〉은 불교적 효도를 강조한 경전으로 우란분재(盂蘭盆齋)의 기원을 설하고 있다. 원전은 전하지 않고, 중국 서진(西晉) 시대에 축법호(竺法護)가 번역한 〈불설우란분경(佛說盂蘭盆經)〉이 원래 명칭이다. 경전의 내용은 부처님의 신통제일 제자인 목갈라나 존자가 천상천하를 살펴보니, 자기 어머니 청련(靑蓮)부인이 생전의 죄에 대한 업보로 아귀지옥에서 굶주림으로 고통을 받고 있었다. 이를 본 목갈라나는 가슴이 아파 음식을 마련하여 가지고 가서 드렸으나, 음식은 어머니의 입에 들어가기도 전에 뜨거운 불길로 변해 버렸다. 이 광경을 본 목갈라나는 대성통곡하며 부처님께 달려가 어머니를 구해달라고 청하였다. 그러자 부처님은 "네 어머니가 지은 죄는 너무 무거워 너 혼자 힘으로는 어찌할 도리가 없다. 그러나 시방(十方)에 계시는 대덕(大德)들의 힘을 빌면 가능할 것이다. 이들이 안거를 끝내고 참회 의식을 갖는 자자일(自恣日), 즉 7월 15일에 좋은 음식과 5가지 과일, 향촉과 의복으로 공양하라. 그러면 이 스님들의 힘으로 살아 있는 부모는 물론 7대의 선망(先亡) 부모와 친척들이 모두 고통에서 벗어나 천상에서 장수를 누릴 것이다."라고 설하셨다. 이로써 불가에서는 매년 안거가 끝나는 7월 15일에 우란분재를 드리게 되었다.

■ 목련경(目連經)

〈목련경〉은 송나라 때 법천삼장(法天三藏)이 한역했다고 하지만, 〈우란분경(盂蘭盆經)〉을 원본으로 목갈라나 존자의 효행에 다른 불제자의 효행을 더해서 만든 위경(僞經)이라는 설이 지배적이다. 목갈라나가 지옥에 떨어진 그의 어머니를 구하는 것을 주된 내용으로 한다. 우리나라에서는 고려시대부터 효도의 경전으로 널리 독송되었다.

■ 약사여래본원경(藥師如來本願經)

〈약사유리광여래본원공덕경〉·〈약사본원공덕경〉이라고도 하며, 당나라 현장 스님이 650년에 대자은사(大慈恩寺)에서 번역하였다.

약사유리광여래는 유리광왕 또는 대의왕불(大醫王佛)이라고도 하는데, 중생들의 온갖 병을 치료하고 모든 재난을 없애며 수명을 연장시키는 부처님이다. 경의 내용은 부처님께서 문수보살에게 약사유리광여래의 본원과 공덕에 대해 설한 경으로 중생의 질병치유를 기원하기 위한 경전이다. 약사유리광여래는 보살로서 수행할 때에 모든 불구자의 몸을 온전하게 하고 사람들의 병을 다 치료하여 깨달음에 이르게 하겠다는 등의 12가지 큰 서원을 세우고 수행하여 성불하였으며, 그의 세계는 서방의 극락세계와 같이 괴로움이 없고 보석으로 장엄되어 있다고 한다. 누구든지 약사유리광여래의 이름을 외우는 사람은 살아서는 온갖 재앙이 없어지고 죽을 때에는 8보살이 극락세계로 인도하며, 약사유리광여래의 불상을 세워 놓고 이 경전을 읽으면 모든 소원이 성취된다고 설한다.

부처님의 힘으로 병을 치료하고자 하는 현실적인 바람을 수용한 이 경전이 널리 유포되면서 약사신앙이 행하여졌으며, 한국에서는 삼국시대부터 고려시대까지 크게 성행하였다.

■ 원각경(圓覺經)

〈원각경〉은 우리나라 불교전문강원 사교과(四敎科) 과정의 필수과목이다. 우리나라에서 유통되고 있는 것은 693년 북인도의 스님 불타다라(佛陀多羅)의 한역본이다. 이 경은 1권 12장으로 구성되어 있는데, 이 12장은 석가모니부처님이 12보살과 문답한 것을 각각 1장으로 하여 구성한 것이다.

제1 문수보살장은 이 경의 안목이 되는 부분으로 원각을 닦는 자가 모든 현실이 허공의 꽃이요 몽환인 줄을 알면 곧 생사윤회가 없어질 뿐 아니라 생사가 곧 열반이 되고 윤회가 곧 해탈이 된다고 설하고 있다. 제2 보현보살장에서는 중생들이 원각의 청정경계(淸淨境界)를 듣고 수행하는 방법에 관하여 설하고 있고, 제3 보안보살장에서는 중생들이 어떻게 사유하고 가르침을 보존해야 하는가에 대해 설하고 있다. 제4 금강장보살장에서는 무명(無明)과 성불의 관계, 제5 미륵보살장에서는 윤회를 끊는 방법, 제6 청정혜보살장에서는 성문·연각·보살·여래·외도 등 오성(五性)의 차별에 대하여 설하고 있다. 제7 위덕자재보살장에서는 중생의 세 가지 근성(根性)에 따른 수행방법을 설하고, 제8 변음보살장에서는 원각문(圓覺門)에 의하여 수습(修習)하는 길에 대해 설한다. 제9 정제업장보살장에서는 말세중생(末世衆生)을 위한 장래안(將來眼)에 관하여 설하였다. 제10 보각보살장에서는 수행하는 자가 닦아야 할 법(法)과 행(行), 발심하는 방법, 사견(邪見)에 떨어지지 않는 법 등을 설하고 있다. 제11 원각보살장에서는 원각경계(圓覺境界)를 닦기 위하여 안거(安居)하는 방법을 설하고, 제12 현선수보살장에서는 이 경의 이름과 신수봉행(信受奉行)하는 방법, 이 경을 수지(受持)하는 공덕과 이익 등에 대하여 설하고 있다.

이 경이 널리 독송, 연구되고 많은 주석서가 만들어져서 불교수행의 길잡이가 되었던 것은 이 경이 훌륭한 이론과 실천을 말하고 있을 뿐만 아니라, 그 문체가 유려하고 사상이 심원하며, 철학적으로나 문학적으로 뛰어난 작품이기 때문이다.

4. 선사의 법어집

1) 우리 나라의 조사어록
■ **발심수행장(發心修行章)**

〈발심수행장〉은 원효(元曉) 스님이 출가 수행자를 위하여 지은 발심(發心)에 관한 1권의 글이다. 불교 전문강원의 사미과(沙彌科) 교과목 중 하나이며, 처음 출가 수행자가 되기 위하여 반드시 읽고 닦아야 할 입문서이다. 내용은 ①애욕을 끊고 고행(苦行)할 것, ②참된 수행자가 될 것, ③늙은 몸은 닦을 수 없으니 부지런히 닦을 것 등에 관해 수록되어 있다.

■ **대승육정참회문(大乘六情懺悔)**

〈대승육정참회문〉은 원효 스님이 대승의 진실한 참회법을 요약하여 설파한 책으로 중생이 눈·귀·코·혀·몸·뜻의 6정(六情)으로 여러 가지 번뇌를 만들어서 괴로워하지만, 근본무명(根本無明)을 버리고 죄업의 체(體)가 없음을 관찰하면 합리적인 생활을 할 수 있다는 것을 밝힌 참회문이다.

참회는 생활과 살아 있는 동작 하나하나에서 찾아야 하며, 참회가 모든 부처님과의 합일을 향한 수행임을 밝히고 있다. 원효 스님은 〈대승육정참회문〉을 통해서 이전의 소극적인 참회를 적극적인 참회로 바꾸어 놓았다.

그래서 참회사상을 이론적으로 체계화시킨 것 중 가장 심오한 것으로 평가받고 있으며, 이 참회문의 이론적 근거는 〈대승기신론(大乘起信論)〉에 두었다.

■ 의상조사 법성게(義湘祖師 法性偈)

〈의상조사 법성게〉는 신라 의상(義湘) 스님이 〈화엄경(華嚴經)〉의 진리를 요약하여 지은 게송이다. 이것은 법(法)자에서 불(佛)자까지 210자로 만든 '화엄일승법계도(華嚴一乘法界圖)'에 수록되어 있으며 7언 30구의 한문으로 되어 있다. 내용은 화엄경에서 설한 부처님의 진리를 압축하여 표현하고 있는데, 짧으면서도 불법(佛法)의 핵심이 함축된 게송이다. '화엄일승법계도'는 우주법계(천상천하 일체법계)를 도표화한 것이다. 법성게 이전에도 의상 스님의 은사인 지엄 선사가 72개 구로 먼저 지은 것이 있었다. 의상 스님이 7년동안 화엄경을 공부한 후, 꿈에 나타난 청의동자의 요청에 의하여 깨달은 바를 중생들이 이름에 집착하지 않고 이름 없는 참근원으로 돌아가게 하고자 지은 것인데, 처음 지은 것을 보신 지엄 스님이 너무 길다고 하자 불전에 나아가 불사르며 "부처님 뜻에 맞지 않으시면 태우소서." 하고 불붙은 것을 던졌다. 그랬더니 다 타지 않고 남은 210자를 부처님 사리처럼 주워 모아 도표화하여 만든 것이 도장모양의 '화엄일승법계도'라고 한다. 이 게송을 보신 지엄 선사께서 "내가 지은 게송보다 더 좋다."고 하면서 자신의 것을 없애버렸다고 한다.

■ 백화도량발원문([白花道場發願文)

〈백화도량발원문〉 의상 스님이 관세음보살을 친견하기 위해 지은 발원문으로 알려져 있다. 의상 스님은 670년(문무왕 10)에 당나라에서 귀국한 뒤 관세음보살의 진신(眞身)을 친견하기 위해 동해의 낙산(洛山)으로 갔다. 7일 동안의 기도 끝에 의상 스님은 관세음보살로부터 수기(授記)를 받고 671년에 낙산사를 창건하였다.

〈백화도량발원문〉은 관세음보살의 진신을 친견하기 위해서 기도할 때 의상 스님의 신앙 고백을 담은 발원문이다. 백화도량은 관세음보살의 도량으로서 백화산(白華山)에 있으며, 그 위치는 비로자나불이 설법하고 있는 화장세계(華藏世界) 제13중(重)에 해당한다고 한다. 이 발원문은 1328년(충숙왕 15)에 체원(體元)이 해인사에서 원문을 세분하여 주석한 〈백화도량발원문약해(白花道場發願文略解)〉에 수록되어 있다.

■ 수심결(修心訣)

〈수심결〉은 고려 보조국사 지눌(知訥) 스님이 찬술한 대표적인 저서의 하나로 〈목우자수심결(牧牛子修心訣)〉 또는 〈보조국사수심결(普照國師修心訣)〉이라고도 일컫는다. 수행자들이 마음을 닦는 요결(要訣)을 간결하게 밝혀 놓은 문헌으로서 중심 내용은 확실한 깨달음인 돈오(頓悟)와 점차로 닦아 나가는 점수(漸修)의 두 수행에 관한 것이다. 돈오란 자아의 본성이 모든 부처님과 조금도 다르지 않음을 깨닫는 것이고, 점수란 그 깨달음에 입각해서 과거부터 익혀온 수많은 그릇된 버릇[無始習氣]의 망념(妄念)을 닦아 없애는 것이다. 지눌 스님은 해탈의 방법에는 돈오후점수(頓悟後漸修)라는 한 가지 길밖에 없음을 시사하여 종래의 점수후돈오(漸修後頓悟)의 입장을 거부하였다.

또한 지눌스님은 〈수심결〉을 통해 선정과 지혜를 균등하게 닦아야 한다는 정혜쌍수(定慧雙修)를 주장하며 특유의 수심관(修心觀)을 체계화하였다. 이 책의 중심사상인 돈오점수와 정혜쌍수 사상은 뒤에 한국불교 선종과 교종의 수행지표가 되었다. 〈수심결〉은 명나라 대장경인 〈명장(明藏)〉과 청나라의 〈빈가대장경(頻伽大藏經)〉, 그리고 일본의 〈대정신수대장경(大正新修大藏經)〉 등 높은 권위를 가진 여러 나라의 대장경 안에 모두 수록되어 있다.

■ 진심직설(眞心直說)

〈진심직설〉은 지눌 스님이 저술한 책으로 만법(萬法)의 근본이 진심(眞心)임을 밝히고 진심을 바로 믿는 일(正信), 진심의 정체, 기능, 진심을 일반인이 보지 못하는 이유, 진심의 소재, 진심을 닦는 방법, 진심의 공덕 등을 총 15장으로 나누어 설명했다.

진심은 곧 인간 본래의 성품이 부처임을 믿는 것이며, 여러 불경에 표현된 보리·여래·불성·원각 등의 개념도 곧 진심의 다른 이름이라고 한다. 지눌 스님은 근본적인 어리석음이 곧 불성이며, 깨달음인 열반과 대립된 개념이 아니라고 한다. 그러나 인간은 이를 깨닫지 못하여 진심이 미혹 속에 있다고 가르친다. 진심을 드러내고 망상을 없애기 위한 방법으로 10가지 방법을 제시했는데, 이중 어느 한 문(門)의 경지라도 얻으면 진심의 경지인 무심(無心)을 얻는다고 했다. 〈진심직설〉은 지눌 스님의 저술 가운데 가장 높은 평가를 받고 있는 책이다.

■ 선가귀감(禪家龜鑑)

〈선가귀감〉은 조선시대 휴정(休靜) 서산대사가 지은 대표적 저서로서 제목 그대로 선가(禪家), 즉 참선공부를 하는 수행자들이 귀감으로 삼을 수 있도록, 50여 종의 경전과 어록(語錄) 등을 참고로 체계 정연하게 엮어 놓은 글이다.

〈선가귀감〉은 경전의 가르침 위에 곧바로 깨닫는 바른 문(悟

門)과 깨달음 뒤에 다시 발심해서 만행(萬行)을 닦아야 하는 법을 밝히고 있다. 특히 당시의 불교계가 선종(禪宗)과 교종(敎宗)이 서로 혼합되어 있어, 불교인들이 수행의 본질을 찾지 못하고 있을 때, 선문(禪門)은 견성법(見性法)을 전하고 교문(敎門)은 일심법(一心法)을 전하는 것임을 밝혀, 사람들로 하여금 괴로움에서 해탈하는 올바른 길을 밝히기 위해 저술한 것이다.

이 책을 저술하게 된 동기는, 첫째 당시의 승려들이 불교학에 마음을 두지 않고 유생(儒生)들의 문장이나 시만을 읊고 귀중히 여기는 타락된 풍조를 시정하여 승단(僧團)의 가풍(家風)을 바로 잡고자 함이며, 둘째 불교문헌들이 너무나 방대하여 갈피를 잡기 어려우므로 그 가장 중요하고 핵심된 사상을 뽑아서 후학(後學)들로 하여금 쉽게 불교를 이해할 수 있도록 하기 위함이며, 셋째 당시에 불교의 입문자를 위한 알맞은 교과서가 없었으므로 후학의 지도를 위한 그 지침서로 삼고자 함이었다. 일본 선가에서도 매우 중요시하여 판본과 주석서를 적지 않게 남기고 있다.

2) 중국의 조사어록

■ 신심명(信心銘)

〈신심명〉은 중국 선종(禪宗)의 제3대 조사인 승찬(僧璨) 스님이 지은 글로 선(禪)과 중도(中道) 사상의 핵심을 간명하게 나타내고 있다. '신심(信心)에 대해 명심(銘心)해야 할 글'이라는 뜻을 지닌다. 사언절구(四言絶句)의 시문(詩文)으로 되어 있는데, "지극한 도는 어렵지 않고 / 오직 가리고 선택함을 꺼릴 뿐이니 / 다만 미워하고 사랑하지 않으면 / 확 트여 명백하리라(至道無難 唯嫌揀擇 但莫憎愛 洞然明白)."는 게송에서 시작하여, "믿는 마음은 둘이 아니요 / 둘이 아님이 믿는 마음이니 / 언어의 길이 끊어져서 / 과거도 미래도 현재도 아니로다(信心不二 不二信心 言語道斷 非去來今)."라는 게송으로 끝마친다. 이는 편견과 집착, 미워함[憎]과 사랑함[愛]과 같은 차별을 벗어나야 불도(佛道)를 깨우칠 수 있으며, 언어와 지적인 분별에서 벗어나 모든 차별이 사라진 불이(不二)의 세계, 곧 인간 본연의 마음을 향해야 신심(信心)을 키울 수 있음을 나타낸다.

이처럼 〈신심명〉은 나와 남[自他], 미워함과 사랑함[憎愛], 거슬림과 따름[逆順], 있음과 없음[有無], 옳고 그름[是非] 등의 분별과 집착을 벗어난 '중도(中道)' 사상을 간명하게 잘 나타내고 있다. 때문에 선종에서는 이 글이 팔만대장경의 요체와 깨달음을 얻기 위한 1,700개의 화두(話頭)의 본질이 모두 포함되어 있다고 높게 평가해왔다. 뿐만 아니라 중국에 불법(佛法)이 전래된 이후 나타난 경문(經文) 가운데 '최고의 문자(文字)'라는 평가를 받으며 6조 혜능(慧能) 스님이 남긴 〈육조단경〉과 함께 보전(寶典)으로 파악된다.

■ 육조단경(六祖壇經)

〈육조단경〉은 중국 남종선(南宗禪)의 근본이 되는 선서(禪書)로 중국 선종의 제6대조인 혜능(慧能, 638-713)의 자서전적 일대기이다. 〈육조법보단경(六祖法寶壇經)〉・〈법보단경(法寶壇經)〉이라고도 하는데, 엄밀한 의미로 말하면 경(經)일 수 없고, 조사어록(祖師語錄)으로 분류되어야 한다. 그럼에도 불구하고 그 해박한 사상성과 간결한 문체 때문에 우리 나라・중국・일본 등의 여러 나라에서 경과 같은 존숭을 받아오고 있다.

달마(達磨)에 의해서 시작된 중국 선의 흐름은 6대째가 되는 혜능(慧能)에 오게 되면 〈금강경〉의 반야사상에 근거한 새로운 경향을 띠게 되는데, 이 혜능을 등장인물로 하여 대상의 모양이나 불성의 근본에 집착하지 않고 자재로운 좌선을 강조하며, 견성(見性)할 것을 내용으로 하는 달마의 전통이 남종선으로 이어지고 있다고 서술되었다.

〈육조단경〉에서 특히 강조하는 부분은 다음과 같다.

첫째, 혜능은 부처님 이래 전수되어 온 심인(心印)의 계승자라는 점이다. 여기에서부터 선사들의 법맥을 강조하는 학풍이 생겨났고 따라서 불교에 대한 조교(助敎)의 강조라는 측면이 강하게 부각된다. 둘째, 견성(見性)이 수도(修道)의 목적이며, 따라서 자성(自性)을 떠난 부처는 없다는 교설이다. 이것은 중국불교의 특성을 대변하는 학설이다. 셋째, 돈오(頓悟)의 수행이다. 불도를 이룸에 있어서 서서히 깨달음을 추구해 들어가는 방법을 점수(漸修)라 하며, 주로 교종(敎宗)에 의하여 선호된다. 그러나 이 돈오의 수행방법은 선종의 요체이며, 그 근원은 바로 이 책에서 비롯된다. 또한 남종(南宗)과 북종(北宗)의 대립에 대한 부분이다. 즉, 혜능을 중심으로 하는 남종선과 신수(神秀)를 중심으로 하는 북종선의 대립을 묘사하고 있는데, 이 책은 남종선의 입장에서 서술된 것이기 때문에 북종선에 대한 우월감을 내세우고 있다.

육조의 문하에서 임제(臨濟)라는 선승(禪僧)이 출현하여 남종선의 맥을 이었는데, 그 뒤의 우리 나라 고승들은 거의 임제의 선맥을 잇고 있다. 따라서 이 책은 사상적으로뿐만 아니라 실천적인 면에서도 우리 나라의 불교에 지대한 영향을 끼쳤다.

우리 나라에서 이 책을 종지(宗旨)로 삼은 고승으로는 고려 때의 지눌(知訥) 스님이다. 지눌스님은 혜능이 머물던 조계산의 이름을 따서 자신이 머물던 송광사(松廣寺)의 산명까지 조계산으로 바꾸었다. 또한 그곳에서 정혜(定慧)를 이상으로 삼는 정혜결사(定慧結社)를 시도하였는데, 그때 후학들을 지도한 내용이 〈육조단경〉과 〈금강경〉이었다.

■ 마조록(馬祖錄)

임제종(臨濟宗)에서는 마조도일(馬祖道一)의 〈마조록〉, 백장회해(百丈懷海)의 〈백장광록〉, 황벽희운(黃檗希運)의 〈황벽록(전심법요와 완릉록)〉, 임제의현(臨濟義玄)의 〈임제록〉을 '사가어록(四家語錄)'이라고 하여 종문의 보고(寶庫)로 여기고 있다.

마조 스님의 어록이 독립적으로 전하는 것은 이 '사가어록' 뿐인데, 현존하는 '사가어록'의 첫째 권이 마조 스님의 〈마조록〉이고, 나머지는 백장(百丈), 황벽(黃檗), 임제(臨濟) 스님의 어록이다.

마조도일의 선풍은 소위 조사선(祖師禪)의 가풍을 일으켜 이후 모든 선종사에 그 귀감이 되었다. 조사선 가풍의 특색은 인도에서 전래된 불교의 신비한 명상과 입산수도의 은둔성을 탈피하여 완전하게 생활선으로 승화된 것이라 할 수 있다. 그래서 당시 본격적으로 등장하기 시작한 선어록에 '개에게 불성이 있느냐 없느냐?' 하는 문제가 대두되는 것은 이런 맥락에 있는 것이다.

마조록에는 〈능가경〉·〈유마경〉을 비롯하여 〈금강경〉·〈화엄경〉·〈법구경〉·〈42장경〉 등의 경전이 광범위하게 인용되고 있다. 또한 "즉심즉불(卽心卽佛)", "평상심이 도이다." 하는 말씀 등이 마조 스님 법문의 특색이다. 마조록을 비롯한 송(宋)대 이후의 어록들은 경론을 자구해석(字句解釋)하던 기존의 방식과는 달리, 선(禪)적인 안목으로 불법을 재해석했다는 특징을 가진다.

■ **백장광록(百丈廣錄)**

〈백장광록〉은 당나라 선승인 백장회해(百丈懷海) 선사의 어록이다. 백장 스님의 어록은 〈조당집(祖堂集)〉에 "교화한 인연은 실록(實錄)에 자세히 실려 있다."고 할 정도로 일찍부터 독립된 본이 있었다. 백장 스님은 마조도일 선사의 법을 잇고 강서성 대웅산에서 대지성수선사(大智聖壽禪寺)를 개창하고 선풍을 널리 드날렸다. "하루 일하지 않으면 하루 먹지 않는다(一日不作 一日不食)."는 금언(金言)을 통해 선승의 수행에 생산노동을 도입한 스님은 선원의 조직과 교단제도를 집대성한 '백장청규(百丈淸規)'를 제정하여 선원 수행생활의 기틀을 확립했다.

백장 스님 이후, 선원(禪院)은 생활면에서 근본적인 변화가 생겼다. 이전에는 율원(律院)등에 속해 있던 선원이 독립적인 체계를 갖추게 되었고, 상당(上堂)하여 공개적으로 설법하는 설법당(說法堂)이 마련되었다. 또한 대중운력이나 10가지 소임 등 선원생활을 규율하는 청규(淸規)가 백장 스님에서부터 발달하게 되었다. 이렇게 엄격한 규율과 대중운력을 통한 경제적 자립은 당시 폐불 속에서도 선문(禪門)이 살아남을 수 있었던 점으로 평가되기도 한다. "하루 일하지 않으면 하루 먹지 않는다(一日不作 一日不食)."는 말은 스님의 일상생활을 기록한 대표적인 어록이다.

백장 스님의 스승인 마조도일 선사는 법을 물으러 온 학인이 문답을 마치고 돌아서 나갈 때, 다시 불러 세워서 "이 무엇인가?" 하고 묻곤 했고 이것이 기연(機緣)이 되어 깨친 제자들이 나왔다. 마조도일 선사의 시자로 있으면서 스승의 법 쓰는 법을 면밀히 탐구한 백장 스님 역시 뒷날 대중에게 상당설법을 마치고 나서 대중을 다시 불러 "무엇인가?" 하고 물어주었다고 전한다.

■ 전심법요(傳心法要)

〈전심법요〉는 당나라 말기, 배휴(裴休)가 황벽 희운(黃檗 希運) 선사의 설법을 편집하여 임제종(臨濟宗)의 기초를 세운 어록이다. 배휴(797~870)는 황벽 선사의 재가신자로 842년 종릉(鐘陵) 관찰사로 부임한 뒤 황벽 선사를 홍주(洪州) 용흥사로 모셔와 도를 물었고, 848년에도 완릉(宛陵) 관찰사로 일하며 황벽 선사를 개원사에 머물게 하고는 도를 물었다.

이때 받은 가르침을 적어두었다가 황벽 선사가 입적한 뒤인 857년에 간행한 것이 바로 〈전심법요〉이다.

내용의 구성은 배휴의 서문과 황벽 선사의 설법, 배휴의 질문에 대한 황벽 선사의 대답과 법어로 이루어져 있다. 특히 답변에는 〈금강경〉·〈법화경〉·〈유마경〉·〈대반열반경〉에 나오는 내용이 인용되어 있어서 선승인 황벽 스님이 대승경전에도 상당한 조예가 있었음을 알 수 있다. 선종의 입장에서는 일심(一心), 즉 한마음의 도리를 제외하고는 불교의 사상이 성립되지 않는다. 이러한 일심에의 가르침이 명료하게 드러나는 어록이 바로 황벽 희운 선사의 〈전심법요〉이다.

이 어록은 중국 조사선의 핵심대의를 잘 담고 있다고 평가되는데, 한국불교 선맥에도 큰 영향을 미쳤다. 선의 요체를 간명하고 쉬운 언어로 풀어낸 것이 특징이다.

■ 임제록(臨濟錄)

〈임제록〉은 당나라의 선승(禪僧) 임제의현(臨濟義玄) 선사의 가르침을 그가 입적한 뒤에 제자인 삼성혜연(三聖慧然)이 편집한 것이다. 현존하는 문헌은 의현 선사 사후 254년이 지난 1,120년(북송의 선화 2년)에 원각종연(圓覺宗演)이 중각·인본한 것이다. 마조(馬祖)·백장(百丈)·황벽(黃檗)의 어록과 나란히 4가(家) 어록의 하나이며, 선종(禪宗)어록의 대표적인 어록으로 꼽힌다.

〈임제록〉의 원래 제목은 〈진주임제혜조선사어록(鎭州臨濟慧照禪師語錄)〉으로 선종(禪宗)의 일파인 임제종(臨濟宗)의 기본이 되는 책일 뿐만 아니라, 실천적인 선(禪)의 진수를 설파한 책으로서 널리 알려져 있다. 임제 스님은 매우 준엄한 선풍(禪風)으로 알려져 있다. 임제 스님은 중국 하북 진주의 임제선원에서 많은 제자를 양성하고 임제종의 시조(始祖)가 되었는데, 평소에 "할!"이라는 고함소리를 질러 제자들을 이끌었다고 해서 "임제할(臨濟喝)"이라고 일컬어졌다. 〈임제록〉에는 후세에 큰 영향을 끼친 공안(公案)이 많이 수록되어 있다.

■ 돈오입도요문론(頓悟入道要門論)

이 논(論)을 지은이는 당나라의 선승 마조도일(馬祖道一) 스님의 제자인 대주혜해(大株慧海) 스님이다. 저자는 마조 스님의 문하에서 6년간 수행하며 깨달음을 얻은 체험을 바탕으로 하여 돈오입도(頓悟入道)의 요지를 서술하였다. 그에 따르면 해탈은 오로지 돈오에만 있다. 여기서 '돈(頓)'은 일시에 망념을 없애는 것이며, '오(悟)'는 무소득(無所得)을 깨닫는 것이다. 그리고 돈오를 이루려면 좌선(坐禪)이 가장 중요하다고 적고 있다.

〈돈오입도요문론〉의 문장은 대부분 평이하며, 기발한 표현도 보이지 않는다. 그러나 불교에 대한 폭넓은 이해와 깊은 선체험이 담겨 있어 주목된다. 내용 중에 〈유마경〉과 〈금강경〉이 가장 큰 비중으로 언급되고 있고, 〈대반열반경〉·〈화엄경〉·〈법화경〉

・〈대승기신론〉 등도 자주 언급된다. 이는 저자가 반야사상을 중심으로 활동하였음을 반영하는 것이다.

■ 전등록(傳燈錄)

〈전등록〉은 중국 송(宋)나라 때 도원(道原)이 저술하고 양억(楊億)이 첨삭한 불서(佛書)이다. 원래 명칭은 〈경덕전등록(景德傳燈錄)〉으로 경덕(景德)은 남송의 연호로 〈전등록〉이 편찬된 시대를 나타낸다. 과거칠불에서부터 석가모니불을 거쳐 보리달마에 이르는 인도의 선종 조사들과, 보리달마 이후 법안문익(法眼文益)의 법제자들에게 이르기까지 중국의 전등법계(傳燈法系)를 밝힌 불서이다. 조사들의 어록과 함께 모든 공안(公案)의 자료를 제공하고 있는 것이 특징이다. 저자인 도원에 대해서는 연대·경력 등이 모두 미상이지만, 매우 상세한 승전(僧傳)을 기록하고 있어 선종 승전으로서 매우 높이 평가받고 있다. 우리나라에서는 〈선문염송〉과 더불어 승과시험의 필수과목이었다.

■ 벽암록(碧巖錄)

〈벽암록〉은 임제종(臨濟宗)의 공안집(公案集)의 하나로, 1125년에 완성되었다. 중국 선종의 5가 중 운문종의 제4조인 설두중현(980~1052) 선사가 〈전등록(傳燈錄)〉 1,700칙(則)의 공안 가운데 학인(學人)의 선(禪) 공부에 참고할 만한 것으로서 가장 중요하다고 생각되는 100칙을 골라, 하나하나에 종지를 들추어내어 알리는 게송(偈頌)을 달아 정리하고 저술하였다. 이는 내용뿐 아니라 시적 격조가 매우 빼어나 널리 애송되었다. 나중에 임제종의 제11조인 원오 선사가 부연하여 저술하여 〈벽암록〉이 되었고, 이것을 원오의 제자들이 편집하고 간행하였다.

설두중현 선사의 문학적 표현과 원오 선사의 철학적 견해가 혼연일체가 되어 종교서인 동시에 뛰어난 문학서로도 평가받고 있다. 임제종에서는 최고의 지침서로 간주되었고 선종에서는 가장 중요한 전적(典籍)으로 여긴다. 특히 간화선의 발전은 이 책에 의지하는 바가 크며, 이 책을 모방하여 〈종용록(從容錄)〉이나 〈무문관(無門關)〉이 저작되었다.

■ 무문관(無門關)

〈무문관〉은 중국 남송(南宋)의 무문혜개(無門慧開) 선사가 공안 48칙(公案四十八則)을 선별하여 각각에 해설과 게송을 붙인 것을 미연종소(彌衍宗紹)가 엮은 책으로 〈선종무문관(禪宗無門關)〉이라고도 한다. 이 48칙의 총칙(總則)이라고 할 제1칙 '조주무자(趙州無字)'에서 저자는 '무(無)'를 종문(宗門)의 일관(一關)이라 부르고, "이 일관을 뚫고 나아가면 몸소 조주(趙州, 778~897)로 모실 뿐 아니라 역대 조사(祖師)와 손을 잡고 함께 행동하며 더불어 견문을 나누는 즐거움을 같이 하게 된다."고 하였다.

조주 선사에게 한 스님이 "개[狗子]에게도 불성(佛性)이 있습니까?" 하고 묻자, "없다[無]"고 대답한 것은 세상에서 말하는 유무상대(有無相對)의 '무(無)'가 아니라 유무의 분별을 끊은 절대적 '무'를 의미한다. 깨달음의 절대 경지를 '무'라고 표현한 것이라고 하였는데, 무문관에는 이 '무자(無字)'의 탐구가 전편에 깔려 있다.

■ 증도가(證道歌)

〈증도가〉의 원래 제목은 〈영가진각대사증도가(永嘉眞覺大師證道歌)〉이며, 중국 당나라 때의 영가현각(永嘉 玄覺, 665~713) 선사의 시편이다. 선사는 천태(天台) 사상을 공부했으며 남종선의 시조인 6조 혜능(慧能) 스님에게서 선요(禪要)를 듣고 하룻밤에 증오(證悟)를 얻어 그 대오의 심경에서 중도(中道)의 요지를 267구 1,814자의 고시체로 읊은 시이다. 깨달음의 경지를 시로 노래한 만큼 내용을 이해하기 어려워 역대 많은 선승들이 주해를 해 왔다. 하지만 유려한 문체일 뿐 아니라 선의 진수를 기술한 것이기 때문에 예로부터 널리 독송·해설되어 왔다.

〈증도가〉는 우리나라에서 가장 널리 유통되어 수많은 선사들의 수행 지침서가 되었을 뿐만 아니라 오늘날에도 한국의 선불교에서 깨달음에 대한 정수를 전하고 있어 여러 선사들의 법문이나 저술 등에 자주 인용된다.

참고한 책

『신역 불교성전』, 서경보 스님, 1966.
『불교성전』, 성전편찬회(법정스님), 1978.
『불교성전』, 서경보 스님, 1990.
『통일불교성전』, 통일불교성전 편찬위원회, 대한불교진흥원
『청소년 불교성전』, 청소년불교성전 편찬위원회, 대한불교진흥원
『한글대장경』, 동국역경원, 1965~2001.

『불교학개론』, 김동화, 보련각
『불교교리발달사』, 김동화, 불교통신연구원
『불교학개론』, 동국대 교양교재편찬위원회, 동국대출판부
『한글세대를 위한 불교』, Edward. Cones, 한형조 옮김, 세계사
『불교철학사』, Davide J. Kallupahana, 김종욱 옮김, 시공사
『원시불교사상』, 김동화, 보련각
『아비달마의 철학, 사쿠라베 하지메』, 정호영 옮김, 민족사
『'나' 라고 할 만한 것이 없다는 사실이 있다』,
　　　　　　　　　Walpola Rahula, 이승훈 옮김, 경서원
『불타의 가르침』, Walpola Rahula, 전재성 옮김, 한길사
『대승불교사상』, 김동화, 보련각
『인간붓다, 그 위대한 삶과 사상』, 최석호, 중앙불교교육원 출판부
『세계종교사입문』, 한국종교연구회, 청년사
『경전의 성립과 전개』, 미즈노 고겐, 이미령 옮김, 시공사

「붓다의 탄생 전설에 관한 고찰」, 안양규, 한국불교학회
「윤회의 공간적·시간적 조망」, 김성철, 불교평론
「초기불교 중심교리와 선정수행의 제문제」, 조준호, 불교학연구회

『불교사전』, 동국대역경원
『불교대사전』, 김길상, 홍법원

책 속의 이야기

인물탐구
나가세나 존자와 밀린다 왕 / 180
라훌라 / 50
마왕 파순 / 65
마하나마 / 113
마하파자파티 / 40
보조국사 지눌 / 367
사리풋타와 목갈라나 / 74
서산대사 휴정 / 379
수부티 / 247
소오나 스님의 출가 / 121
아난다 / 75
아시타 선인과 가전연 / 39
아자타샷투 / 93
야사 / 322
위두다바 왕 / 220
위제희 부인 / 275
의상조사 / 363
원효대사 / 353
찬다카와 묵빈대처 / 53
프라세짓 왕 / 215

유래 이야기
고오피 선녀와 불교 혼례식 / 24
기원정사(祇園精舍) / 117
붓다가야와 보리수 / 70
죽림정사(竹林精舍) / 118
제석천과 한국의 문화 / 36
탑돌이와 옥야부인 / 137

교리탐구
고행주의(苦行主義) / 55
공(空) / 101
관세음보살(觀世音菩薩) / 255
나형외도(裸形外道) / 96
남방과 북방의 대반열반경 / 202
대승불교와 소승불교 / 336
무간지옥과 아비규환 / 329
무상·고·무아 / 101
무위(無爲) / 290
미륵보살(彌勒菩薩) / 286
바라문(婆羅門) / 97
범천(梵天) / 105

복덕(福德) / 308
비내야파승사(毘奈耶破僧事) / 205
사고(四苦)와 팔고(八苦) / 102
사념처(四念處) / 109
사무량심(四無量心) / 291
사문(沙門) / 97
사명외도(邪命外道) / 71
사섭법(四攝法) / 307
사성제(四聖諦) / 67
사화외도(事火外道) / 73
삼베다(三明, 3veda) / 105
부처님 탄생설화의 상징 / 37
사마타(奢摩他) / 109
성문사과(聲聞四果) / 237
성문승·연각승·보살승 / 260
수능엄경(首楞嚴經) / 325
수정주의(修定主義) / 58
십선업(十善業) / 276
아라한(阿羅漢) / 323
연등불 / 21
연기법(緣起法) / 67
열반·반열반·무여열반 / 80
오온(五蘊) / 101
육바라밀(六波羅蜜) / 265
위빠싸나(Vipassana) / 109
인(因)과 연(緣), 그리고 인연 / 169
인과법이 아닌 불성(佛性) / 333

일대사인연(一大事因緣) / 262
일불승(一佛乘) / 261
일체종지(一切種智) / 25
자타카 전생담 이야기 / 207
정념(正念) / 109
정정(正定) / 109
정토사상(淨土思想) / 277
천상천하 유아독존 / 37
팔관재계(八關齋戒) / 323

낱말풀이

겁(劫) / 29
견성(見性) / 371
공적영지(空寂英智) / 375
근기(根氣) / 327
계율(戒律) / 321
나유타 아승기겁 / 263
나찰(羅刹) / 201
도량(道場) / 331
도솔천(兜率天) / 33
돈오점수(頓悟漸修) / 371
두타행(頭陀行) / 346
마군(魔軍) / 332
말세(末世) / 278
무꾸리 / 317

무상정등각(無上正等覺) / 69
무생인(無生忍) / 362
반연(攀緣) / 159
방일(放逸) / 147
법랍(法臘) / 160
법사(法師) / 334
법왕(法王) / 332
보리(菩提) / 287
보처보살(補處菩薩) / 33
복전(福田) /125
불과(佛果) / 327
사대(四大) / 279
사중오역죄(四重五逆罪) / 360
삼결(三結) / 131
삼계(三界) / 213
삼존(三尊) / 316
삼천세계(三千世界) / 212
상주불멸(常住不滅) / 273
선근(善根) / 289
숙명지(宿命智) / 192
시주(施主) / 136
아뇩다라삼먁삼보리 / 264
아승기겁(阿僧祇劫) / 29
안거(安居) / 346
업(業, Karma) / 115
영상(影像) / 280
오관(五官) / 147

오역죄(五逆罪) / 156
오욕(五欲) / 147
오하분결(五下分結) / 131
왕생(往生) / 273
육근(六根) / 279
육도(六道) / 341
육정(六情) / 361
육진(六塵) / 280 · 361
원리(遠離) / 152
자성(自性) / 289
적멸(寂滅) / 282
적정무위(寂靜無爲) / 151
재계(齋戒)와 지계(持戒) / 313
진여(眞如) / 298
참괴(慚愧) / 362
천안(天眼) / 212
초정(初定) / 234
포살(布薩)과 자자(自恣) / 348
프라티목샤(Pratimoksya) / 146
훈습(薰習) / 372
회향(廻向) / 287

이 책을 엮은 **범철스님**은 1977년 지리산 청송사에서 출가하여 1983년 비구계를 받고 1984년 범어사 승가대학을 졸업한 뒤, 국립 결핵요양원내 관해사·정신박약원·나환자촌에서 봉사활동을 하였다. 현재까지 독거인과 소년소녀 가장 돕기, 복지원 나눔행사를 진행하고 있다.
2004년 계간지 〈자비동산〉을 발행하고, 2006년 부산 붓다중창단을 창립하였다. 2010년 대한불교조계종 통화불교 전강원을 졸업하였고, 현재 세계최대 木와불 몸속법당을 모신 대한불교조계종 기장 금산사 주지를 역임하고 있으며, 팔만대장경 석경대전 최대가람(사찰) 불사를 기획하여 총괄하고 있다.

알기쉽게 풀어놓은

불교고전

1판 1쇄 발행 2016년 8월 1일

판 권
본사소유

엮은이 / 범철스님(부산 기장 금산사 現 주지)
감수 / 각성스님(동국역경원 증의위원, 화엄학연구원장)
펴낸이 / 최영철
펴낸곳 / 한영출판사
기획 및 교열 / 최진혁 주간
책임편집 / 이수애

등록 / 1975년 8월 19일 라 118호
주소 / 대구광역시 중구 태평로 1가 187 태평라이프 330호
전화 / (053)423-6690, 423-7790
팩스 / (053)427-5600

*잘못된 책은 교환해 드립니다.
*이 책은 저작권법 제98조에 따라 보호받는 저작물이므로 무단 전제와 무단 복제를 금합니다.

정가 : 18,000원
ISBN 978-89-88670-90-3 03220

이 도서의 국립중앙도서관 출판예정도서목록(CIP)은 서지정보유통지원시스템 홈페이지(http://seoji.nl.go.kr)와 국가자료공동목록시스템(http://www.nl.go.kr/kolisnet)에서 이용하실 수 있습니다. (CIP제어번호 : CIP2016008585)

편집자 주 : 〈고려대장경〉과 고승들의 저술을 번역하신 운허스님, 법정스님 外 대덕스님들과 이 책을 감수, 지도해주신 동국역경원 역경사 증의위원 각성 큰스님께 깊이 감사드립니다.